MARKETING

市场营销原理与实务

——新环境 新趋势 新热点

主　编　郑文坚　林　娟　黄　辉

副主编　(按姓氏笔画排序)

王素涛　王　静　刘韵竹　连智华　周功建

周利星　郭鹏飞　黄灏斌

厦门大学出版社 XIAMEN UNIVERSITY PRESS | 国家一级出版社 全国百佳图书出版单位

图书在版编目(CIP)数据

市场营销原理与实务:新环境 新趋势 新热点/郑文坚,林娟,黄辉主编.—2版.—厦门:厦门大学出版社,2022.1

ISBN 978-7-5615-8469-9

Ⅰ.①市… Ⅱ.①郑… ②林… ③黄… Ⅲ.①市场营销学—教材 Ⅳ.①F713.50

中国版本图书馆CIP数据核字(2021)第275085号

出 版 人 郑文礼
责任编辑 江珏玙
封面设计 李嘉彬
技术编辑 许克华

出版发行 厦门大学出版社
社　　址 厦门市软件园二期望海路39号
邮政编码 361008
总　　机 0592-2181111　0592-2181406(传真)
营销中心 0592-2184458　0592-2181365
网　　址 http://www.xmupress.com
邮　　箱 xmup@xmupress.com
印　　刷 厦门市明亮彩印有限公司

开本 787 mm×1 092 mm　1/16
印张 24.5
字数 580千字
版次 2022年1月第1版
印次 2022年1月第1次印刷
定价 49.00元

厦门大学出版社
微信二维码

厦门大学出版社
微博二维码

前 言

在互联网尤其是移动互联网迅猛发展的当下，市场营销很重要是共识；但也存在大量的观点，认为市场营销学的那些基本理论和知识只是正确的废话，已经过时了，诸如新零售、新媒体、微营销、社群营销、直播营销、短视频营销等各种新名词层出不穷，人们你追我赶，唯恐落后半步。

置身快速变化的时代，我们既要看到个中变化，更要看到不变的东西。变化在于互联网尤其是移动互联网给营销实践带来了很多新的手段和玩法，无法跟上这种变化，很难在当下做好营销工作；而不变的则是营销的本质与商业的逻辑，当下形形色色的营销手法，目前也都可以在经典营销学理论中找到相应的位置。

基于这样的背景和思考，本书尝试将营销学原理的内容与互联网环境中营销手段的演进进行结合与贯通。一方面强调基本理论与核心知识的准确呈现和完整表达，另一方面保持对趋势与热点的敏感，理论与应用相结合，经典与潮流相融合。

本书是面向本科与高职院校学生的经济学科、管理学科基础教材。作为一门经济学科、管理学科的核心专业基础课，本书系统介绍了市场营销学的相关概念、基本原理与方法，同时结合互联网环境对营销原理的应用作了适当的延伸和拓展。本书包含四大模块：一是营销与营销学的综述（第一章），二是营销分析（第二、三、四、五章），三是营销战略（第六章，也包含部分第四章的内容），四是营销策略（第七、八、九、十章）。

本书在编排上有三个主要特点：

一是紧跟趋势与热点。各章内容都尝试以互联网视角诠释市场营销原理的应用，并在主要章节增加“趋势与热点”，梳理市场营销基础理论与方法在当前的演变与热点。同时，在案例选择上尽量选择经典案例或鲜活案例，确保案例的代表性和生动性。

二是侧重应用性。各章节编写中采用“核心知识＋拓展阅读＋案例解析”的方法，精简核心理论表达，通过案例与拓展增加可读性，方便理解；并在各章设计案例分析与实训专题，引导学生学用结合，增强实践性。

三是探索课程思政。本书各章结尾增加了“思政专题”，首次在营销类教材中尝试专业教育与思政教育相结合，实现教书和育人的统一。

本书由郑文坚、林娟、黄辉担任主编，参加编写的人员及分工为：第一章（郑文坚、林娟、王静）、第二章（郑文坚、刘韵竹、王素涛）、第三章（黄辉、王静、周利星）、第四章（郭鹏飞、连智华、黄灏斌）、第五章（郭鹏飞、连智华）、第六章（林娟、黄辉）、第七章（黄辉、刘韵竹、林娟）、第八章（王静、黄辉、刘韵竹）、第九章（黄辉、周功建）、第十章（林娟、郑文坚、周功建）。全书由郑文坚总定稿。

本书的编写还借鉴了国内外营销学者的研究成果，限于体例未能一一列出。本书在编写过程中，也得到了厦门大学出版社的支持。在此，向众多市场营销学者、老师和出版单位表示衷心的谢意！由于我们的能力与水平局限，书中难免会有不妥甚至错误之处，敬请读者批评指正。

本书编写组

2022 年 1 月

目　录

第一章　市场营销概论

学习目标

1.理解和掌握市场营销的含义，能够有效区别营销与推销（促销）；

2.理解市场营销的延伸概念，尤其是需要、欲望、需求、市场、价值、交换等；

3.理解市场营销观念演进的逻辑，能够区别不同观念的内涵和局限；

4.理解市场营销组合的含义与演进逻辑；

5.掌握4P与4C理论，了解4P理论的相关扩展，区别4P、4C与4R；

6.了解战略营销过程，掌握营销计划书的基本组成；

7.了解市场营销学的产生与发展，理解市场营销学的性质与研究对象。

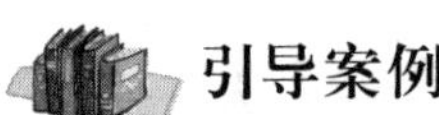

引导案例

王永庆卖米的故事

中国台湾地区的“经营之神”王永庆是台塑集团创始人。作为台湾著名企业家，他的第一桶金来自米店的生意。

那年，王永庆15岁，小学毕业后到一家小米店当学徒。第二年，他用父亲借来的200元钱自己开了一家小米店，开始卖米挣钱。

米店开张后，任凭永庆喊破嗓子，也没卖出去多少，过了几天生意更加冷清。

经过观察，王永庆发现大部分顾客都习惯在一家店买米，而且总是选最近的那一家；他还发现每家的米里面都有很多糠、沙砾和小石头等杂物。这样他们兄弟三人就分了一下工，三弟外向善交际，就照顾客人和店面，二弟内向就专挑杂物，他自己则去走街串巷搞推销。不久他们挑过的米开始走俏，三兄弟要晚上加班加点才能供应得上白天的需求。

如此虽然米的质量是提高了，但米的分量却减少了，要想弥补损失，只有增加销售量。为此王永庆又在冥思苦想。有一天，一位主妇慕名来米店，一下子要买三斗，但因为太重拎不动又改要一斗，王永庆灵机一动主动提出帮顾客把米送回家。

在送米的过程中，有认识王永庆的人就问：“阿庆仔，怎么送米上门吗？”这样问了几次，把王永庆问醒悟了，为什么不送米上门？就这样，米送到后王永庆还主动问人家三斗米大概能吃多久，下次直接送过来就可以，不用去店里跑了。

这件事后，王永庆把送米上门提到米店经营的日程上来，他开始添置一些运输工具，这样就可以同时送很多家，减少路上消耗的时间。同时他又做了一些精心的统计，比如这家有几口人，每天用米量是多少，需要多长时间送一次，每次送多少都一一列在本子上。送米的时候他会细心地为顾客擦洗米缸，记下米缸的容量，并把新米放在下面，陈米放在上面。同时还了解一下顾客家发工资的日子，并记录下来，在他们发了工资一两天内去讨米钱。就这样，王永庆米店最多一天可以卖出一百多斗的米，其良好的口碑在嘉义广为流传，同行开始争相效仿，王永庆在米店行业的地位也就提高了。

引导问题：

1.王永庆的米店生意从开始的冷清到起色再到红火，他所做的哪件事是根本原因？

2.王永庆是用哪种观念在经营市场？

3.王永庆在市场经营中应用了哪些手段和策略组合？

第一节 认识市场营销

一、市场的含义

“市场”最早指的是场所，即买方和卖方在一起进行交换的聚集地。经济学中所研究的市场包括了买卖双方以及双方交易过程中的秩序和规则。而市场营销学所指的市场侧重于买方角度的表达。所谓市场，是某种产品的实际购买者和潜在购买者的集合。这些购买者具有共同的需要和欲望，愿意并能够通过特定的交换得到满足。买方集合构成市场，卖方集合构成行业，如图 1-1 所示。

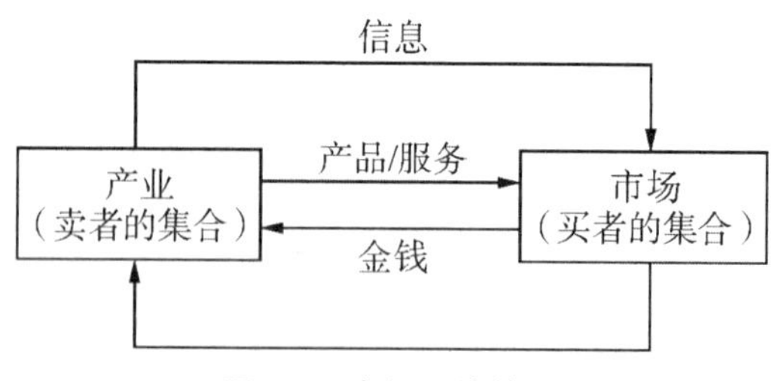

图 1-1 市场系统简图

基于市场的这一界定，我们可以看到，市场包含三个基本要素：有某种需要的人、为满足这种需要的购买能力、为满足这种需要的购买欲望，如图 1-2 所示。市场的这三个因素相互制约、互为条件，缺一不可。市场规模大小就取决于这三个基本因素。需要的人越多，购买能力越强，购买欲望越强烈，市场就越大。在这三个基本因素中，购买欲望是核心，如何有效刺激和调动购买欲望是营销的重要工作。

市场 = 人口 + 购买能力 + 购买欲望

图 1-2　市场三要素

通常，我们可以按照购买动机把市场划为四种：一是消费者市场，即为了个人消费而购买产品及服务的个人或家族；二是组织市场，即为了将来或现阶段生产或服务过程需要而购买产品和服务的组织；三是中间商市场，即为了再次销售而购买产品和服务的各类中间商；四是政府市场，即为了公共服务或将产品、服务转移到需要的人手里而购买产品、服务的政府机构。不同的市场有不同的需求和购买行为，这就要求企业认真地研究市场。

二、市场营销与推销或促销

市场营销容易被等同于推销、销售、促销这样的活动。事实上，这些活动只是营销的一个环节或一种活动，甚至不是重要的部分，市场营销的内容和活动更加丰富。现在企业的市场营销活动包括了市场研究、市场需求预测、产品开发和设计、产品组合管理、品牌化、服务、定价、分销与物流、广告、公共关系、人员推销、销售促进、直复营销、售后服务等众多手段和活动。

学者与企业家论营销与推销

1.营销学之父菲利普·科特勒："营销最重要的内容并非推销，推销只不过是营销冰山上的顶点……，如果营销者把认识消费者的各种需求，开发适合的产品，以及定价、分销和促销等工作做得很好，这些产品就会很容易地销售出去。"

2.管理学大师彼得·德鲁克："可以设想，某些推销工作总是需要的，然而营销的目的就是要使推销成为多余，营销的目的在于深刻地认识和了解顾客，从而使产品或服务完全地适合它的需要而形成产品自我销售，理想的营销会产生一个已经准备来购买的顾客，剩下的事就是如何便于顾客得到产品或服务……"

3.海尔集团董事局主席、首席执行官张瑞敏："促销只是一种手段，但营销却是一种真正的战略。""从本质上讲，营销不是卖出东西而是买。买进来的是用户的意见，然后根据用户意见改进，达到用户的满意，最后才能得到用户的忠诚度，企业也才能获得成功。"

三、市场营销的含义

对于市场营销的定义，中外学者各有差异，具有代表性的有以下几种，如表 1-1 所示。

表 1-1 关于市场营销的若干定义

学者或机构	主要观点
美国市场营销协会(AMA)	市场营销是在创造、沟通、传播和交换产品中,为顾客、客户、合作伙伴以及整个社会带来价值的一系列活动、过程和体系。(该定义于 2013 年 7 月通过美国市场营销协会董事会一致审核)
杰罗姆·麦卡锡(E.Jerome McCarthy)	市场营销是引导物品及劳务从生产者到消费者或使用者的企业活动,以满足顾客并实现企业的目标。
克里斯琴·格罗路斯(Christian Gronroos)	市场营销,就是在变化的市场环境中,旨在满足消费需要、实现企业目标的商务活动过程,包括市场调研、选择目标市场、产品开发、产品促销等一系列与市场有关的企业业务经营活动。
史坦顿(W.J.Stanton)	市场营销是一个完整的企业活动,即以计划、产品、定价、推广与分销来满足现在与未来顾客的需求。
菲利普·科特勒(Philip Kotler)	市场营销是企业为了从顾客身上获得利益回报,为顾客创造价值并与之建立稳固顾客关系的过程。

在本书中,我们采用菲利普·科特勒的定义,以顾客价值导向来理解营销。为此,我们可以简单地勾勒出市场营销的价值发现、创造、传递、满足、转化过程。当然,这个过程不是一成不变的,而是不断循环不断迭代的。如图 1-3 所示。

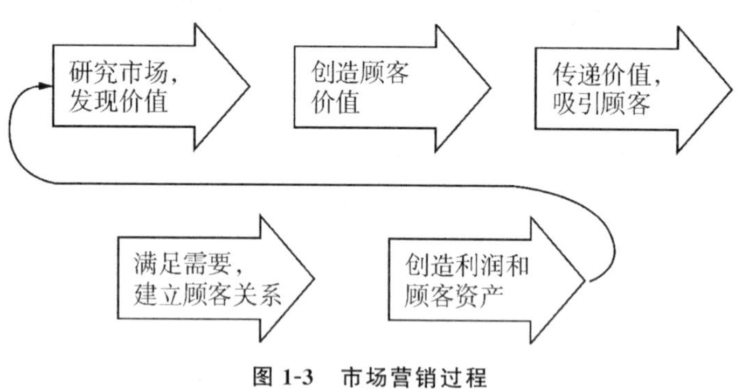

图 1-3 市场营销过程

拓展阅读 1-2 菲利普·科特勒:什么是真正的市场营销

如果你定义市场营销为通过销售团队、广告来提升销量,这是过去的定义。

现在的市场营销,我们叫 CCDV(create, communicate, and deliver value),即目标市场创造、沟通和交付价值。

同时,最新的一个观点,市场营销是驱动企业增长的商业准则,也就是说它的功能是促进企业来增长。

为什么说市场营销可以比企业其他职能部门为企业带来更多的增长呢?因为市场营销是唯一一个花时间和客户在一起并希望客户产生购买的部门。所以对于市场营销部门来说,如果营销人员培训得好,他们和客户待的时间长,他们会最先发现市场的机会。

同时市场营销部门会最先发现客户有哪些需求,在企业别的部门没有注意到的时候,市场营销部门就可以感受到。另外市场营销部门也可以感受到企业存在哪些威胁，或者说在客户买你的产品的时候存在哪些障碍。对于市场营销人员来说，我们必须真正接触到市场，真正接触到客户，把密切的观察传回到我们的企业当中。

资料来源：菲利普·科特勒.营销的未来[R].未来营销峰会主题演讲，2019.

四、市场营销的相关概念

为了更好地理解市场营销的内涵和外延，我们需要进一步阐明相关的核心概念。

（一）需要、欲望和需求

人的需要和欲望是市场营销活动的出发点。需要是指人们没有得到某些基本满足的感受状态。欲望是指人们想要得到满足某种基本需要的具体供给物的愿望。如人渴了，需要喝的东西，这是人的共性需要，存在于人类自身的生理结构中，不是营销者所能创造的；而渴了之后，有的人想喝水，有的人想喝牛奶，有的人想喝果汁，有的人想喝可乐，或者有的人直接就想喝可口可乐，这是不同人的不同欲望。企业和营销者要让自己的产品和服务成为消费者欲望中优先考虑的品类和品牌，甚至通过营销活动刺激这种欲望的产生；当消费者有欲望并有购买力作后盾时，需求就产生了。所以需要是想买又能买得起的欲望，企业和营销者同样需要考虑消费者的购买力或通过各种手段提高消费者的购买力（如信贷）。

五种需要模型

有学者总结了五种需要模型，让我们去从中分析和研究：

（1）明确表述的需要，比如说顾客想要一辆不是很贵的汽车。

（2）真正的需要，顾客想要一辆使用成本很低的汽车，而不只是初始价格很低。

（3）没有明确表达的需要，顾客期盼能购买到优质的服务。

（4）令人愉悦的需要，顾客希望获赠车载导航系统。

（5）秘密需要，顾客希望朋友把自己当作内行。

从这五种需要模型中分析，我们可以知道，如果仅仅是对消费者明确表达的需要做出反应，可能是不够的。还需要从这五个维度去分析顾客到底想要什么？这样我们才能用更合适的方法去营销，去满足他们的需求，从而创造出利润、价值。

区分需要、欲望和需求的意义在于：营销人员不能创造需要，因为它已先于营销活动而存在，但营销者可以通过自己的工作来刺激欲望、创造需求或影响需求。

需求洞察与挖掘：老太太买水果的故事

一位老太太每天去菜市场买菜买水果。一天早晨，她来到菜市场，遇到第一个卖水果的小贩，问她："你要买水果吗？"老太太说："你有什么水果？"小贩说："我这里有李子、桃子、苹果、香蕉，你要买哪种呢？"老太太说："我正要买李子。"小贩赶忙介绍他的李子又红又甜又大，特好吃。老太太仔细一看，果然如此。但老太太却摇摇头，没有买，走了。

老太太继续在菜市场里逛。遇到第二个卖水果的小贩。这个小贩也像第一个一样，问老太太买什么水果，老太太说买李子。小贩接着问，我这里有很多李子，有大的，有小的，有酸的，有甜的，你要什么样的呢？老太太说要买酸李子，小贩说我这堆李子特别酸，你尝尝看。老太太一咬，果然很酸，满口的酸水。老太太受不了了，但越酸越高兴，马上买了一斤李子。

但老太太没有回家，继续在市场转。遇到第三个卖水果的小贩，同样问老太太买什么，老太太还是说买李子。小贩接着问买什么李子，老太太说要买酸李子。但他很好奇，又接着问："别人都买又甜又大的李子，你为什么要买酸李子？"老太太说："我儿媳妇怀孕了，想吃酸的。"小贩马上说："老太太，你对儿媳妇真好！"小贩又问老太太知道不知道孕妇最需要什么样的营养，老太太说不知道。小贩说："其实孕妇最需要的是维生素，因为她需要供给胎儿维生素，所以光吃酸的还不够，还要多补充维生素，而在水果之中，猕猴桃含维生素最丰富，所以你要经常给儿媳妇买猕猴桃才行！这样的话，确保你儿媳妇生出一个漂亮健康的宝宝。"老太太一听很高兴，马上买了一斤猕猴桃。当老太太要离开的时候，小贩又说："我天天在这里摆摊，每天进的水果都是最新鲜的，下次来就到我这里来买，还能给你优惠。"从此以后，这个老太太每天在他这里买水果。

(二)营销供给物

任何需要的满足必须依靠适当的供给物。这是用来满足人类某种需要或欲望的任何东西。它可以是有形的物品也可以是无形的服务或创意，或者是以上的综合体。如人们买洗衣机不是为了得到多大体积的大箱子，而是为了得到洗涤服务。再如，当我们看到某消费者在市场上寻找钻头时，以一般人的眼光来看，这个人的需要似乎就是"钻头"。但若以市场营销者的眼光去看，这个人的需要并不是"钻头"，而是要打一个"洞"，那么企业也许就能创造出一种比钻头打得更快、更好、更便宜的打洞工具，这种创意从而使企业生产出更具竞争力的产品。

(三)价值和满意

供给物必须为顾客带来价值。由于各方面条件的差异，同一产品对不同的人来说会带来不同的价值。可见，价值是指人们对营销供给物满足各种需要的能力的评估与感知。顾客通常不能准确或客观判断价值。价值大小依赖于顾客感知。

作为购买者，一方面希望获得营销供给物所带来的价值，一方面要支付相应的成本，两者的差额影响了顾客的价值感知，我们称之为顾客让渡价值。如图 1-4 所示。

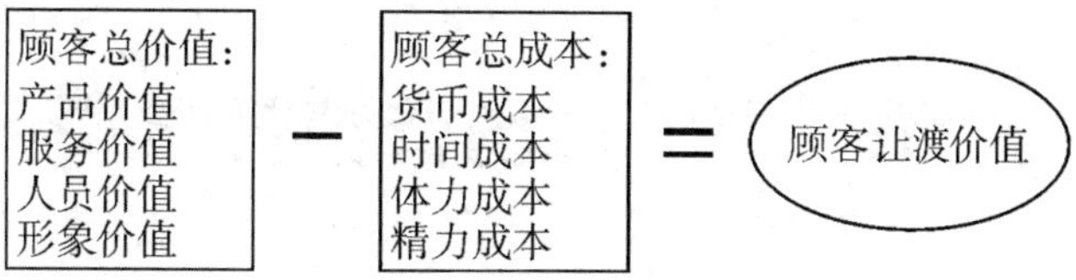

顾客总价值：
产品价值
服务价值
人员价值
形象价值

－

顾客总成本：
货币成本
时间成本
体力成本
精力成本

＝

顾客让渡价值

图 1-4　顾客让渡价值

顾客满意取决于消费者所感知的产品和服务价值与期望相符合的程度。如果感知价值低于期望，购买者就会不满，落差越大，越不满意；如果感知价值与期望一致，顾客就会基本满意；如果感知价值超出顾客期望，顾客就会比较满意，超出越多，顾客满意度越高。

为什么这样促销？——集中损失与分散利益

我们经常会看到这样的广告：

“买 4988 元电脑，送蓝牙耳机、高游戏键盘”，而不是“4988 元买耳机＋键盘＋电脑”？

“买 2280 手机，送小巧移动电源一个”，而不是说“2280 元买手机＋移动电源”？

为什么这些活动促销或者广告文案要把这些产品的某些部分说成是免费送的呢？

这是因为人对损失和收益的感知是完全不一样的，有先后缓急之说。人们对损失的感受比对收益的感受强烈得多。

那么，如果把所有的成本加到一起，给消费者一个总价，让消费者一次支出 2280，而不是感觉到是在多次支出，为手机支出 2200 元，为移动电源支出 80 元……消费者就觉得付出这些金钱没有那么痛苦。

每次都收钱或者每个东西都收一遍钱，会让用户感觉很不痛快的，而且“免费”出来的东西本身也可以作为优惠政策让用户“得到”，更愿意购买。

这就是所谓的集中损失。

而同样，分散利益就是尽可能地把利益都列出来，进行放大，让消费者感知到的“利益”在增加。

比如说上面的电脑，用下面两种说法，你看哪一种好：

(1)买 4988 元电脑，送蓝牙耳机、高游戏键盘、无线鼠标、3 年保修。

(2)买 4988 元电脑，送蓝牙耳机等套装。

所以说，在促销的时候，你得千方百计地集中损失，不要让用户觉得他不断在损失，损失一次就够了，而随之而来的不断分散利益，让他觉得好处接踵而至，而且还有超预期的东西。

当然，还有凸显“限时”“限量”，以及“倒计时”的方法，营造一种紧张感。这也是用得非常多的方法，像双十一主要就是营造出一种“抢”的紧张氛围，减少用户犹豫，赶紧下决定。

第二节 市场营销哲学

一、市场营销哲学概述

市场营销哲学是企业市场行为的指导思想，即企业在开展市场营销管理的过程中，处理企业、顾客和社会三者利益方面所持的态度、思想和观念。从19世纪到现在，企业的市场营销哲学可分为五种：生产观念、产品观念、推销观念、市场营销观念和社会营销观念。

二战结束之前，即约20世纪50年代前，市场物资紧缺，供不应求，企业在市场上居于主动地位，企业的营销观念是以企业为中心的，相继出现了生产观念、产品观念和推销观念，这三个观念也统称为传统营销观念；到了20世纪50年代中期，二战之后世界进入和平发展时期，科技进步大大推动生产效率的提高，市场由卖方市场逐步转向买方市场，同时，伴随着西方20世纪60年代出现的消费者主权运动的兴起，以顾客为中心的营销观念逐渐成为主流；到了近代，尤其是20世纪70年代以来，西方国家的能源短缺、通货膨胀、失业增加、环境污染等社会问题迫使企业的营销活动不仅要考虑企业利益和顾客利益，也要考虑社会长远利益，于是，社会营销观念出现了，这是对市场营销观念的补充与提升。这两种观念也被统称为现代营销观念，这些观念的演进过程如图1-5所示。

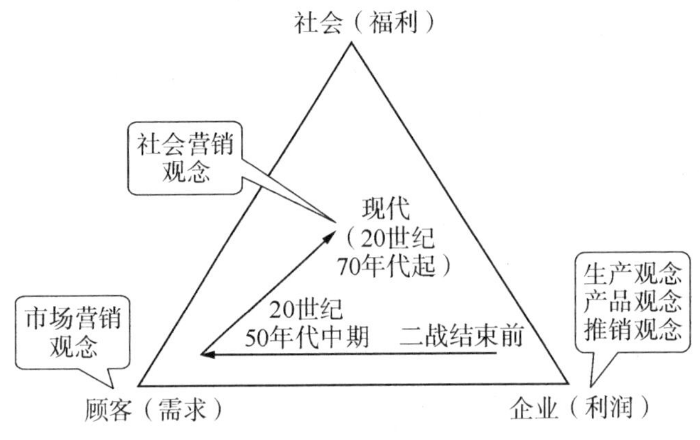

图1-5 市场营销观念的演进

二、传统营销观念

（一）生产观念

生产观念是一种古老的商业观念。生产观念认为，生产是最重要的，只要生产出有用的产品，就一定有人要。顾客关心的主要是产品价格低廉和可以随处购得等。以此观念为指导，企业应把注意力集中在追求生产率和建立广阔的销售网络上。

生产观念是一种重生产、轻市场的商业哲学。

福特的 T 型车

图 1-6　福特的 T 型车

福特 T 型车(英文:Ford Model T;俗称:Tin Lizzie 或 Flivver,见图 1-6)是美国亨利·福特创办的福特汽车公司于 1908—1927 年推出的一款汽车产品。T 型车是世界上第一种以大量通用零部件进行大规模流水线装配作业的汽车,它的目标市场是美国社会的中产阶级。T 型车一出来,供不应求,到 1921 年,福特 T 型车在美国汽车市场上的占有率达到 56%。

福特公司生产的大多数 T 型车都是黑色的,亨利·福特曾傲慢地宣称:"不管顾客需要什么颜色的汽车,我只有一种黑色的。"事实上,在 1908 年至 1914 年间,福特公司也曾生产过其他不同颜色的汽车,但在 1915 年至 1925 年间,为了提高生产速率,福特公司只使用价格低廉、干燥迅速的日本黑涂料(后替换为低氮硝化纤维素亮漆)。亨利·福特这种极端的做法使其市场份额逐渐为竞争对手所蚕食,1926 年至 1927 年不得不重新生产不同颜色涂装的汽车。

(二)产品观念

产品观念认为,产品是最重要的因素,消费者总是欢迎质量最优、性能最好的产品,只要物美价廉,顾客必然会找上门。以此观念为指导,企业应致力于制造优质产品,并经常改进,不断提高产品质量。

产品观念容易掉入"营销近视症"的陷阱,即过分关注产品本身,而忽略市场的真正需要。最好的产品不一定是适销对路的产品,同时,市场需求不断变化,只关注当下的产品,容易自以为是,陷入经营困境。

从四楼扔下也不会坏的公文柜

有一家办公用公文柜生产商抱怨他的公文柜不好销,他认为这种公文柜"货真价实、质量很好",应该是很好销的,因为它是世界上最好的,好就好在"把他们从四楼扔下去也不会损坏",而他的市场营销部经理回答说:"的确是这样,但是我们的顾客并不打算把他们从四楼扔下去。"

(三)推销观念

推销观念产生于 20 世纪 20 年代末到 20 世纪 50 年代前。当时社会生产力有了巨大发展,市场处在卖方市场向买方市场的过渡阶段,尤其是 1929 开始的资本主义经济危机中，大量产品积压，迫使企业重视推销工作以缓解压力。

推销观念认为消费者通常有购买迟钝或抗拒购买的表现，如果听其自然，消费者不会购买本企业太多的产品。以此观念为指导，企业必须大力开展推销和促销活动，刺激消费者购买更多的产品。

推销观念实质上是以生产为中心的，它所倡导的哲学是消费者请注意，而不是注意消费者，难免脱离市场需求，掉入以自我为中心的强推强卖的陷阱。

小案例 1-5　美国皮尔斯堡面粉公司：从制造面粉到推销面粉

美国皮尔斯堡面粉公司，于1869年成立，从成立到20世纪20年代以前，这家公司提出"本公司旨在制造面粉"的口号。因为在那个年代，人们的消费水平很低，面粉公司无须太多宣传，只要保持面粉质量、降低成本与售价，销量就会大增，利润也会增加，而不必研究市场需求特点和推销方法。1930年左右，美国皮尔斯堡公司发现，竞争加剧，销量开始下降。公司为扭转这一局面，第一次在公司内部成立商情调研部门，并选派大量推销员，扩大销售量，同时把口号变为"本公司旨在推销面粉"，更加注意推销技巧，进行大量广告宣传，甚至开始硬性兜售。然而随着人们生活水平的提高，各种强力推销未能满足顾客变化的新需求，公司面临成长困境。

三、现代营销观念

(一)市场营销观念

市场营销观念在思想上古已有之，但直到20世纪50年代中期才相对定型。在这一时期，生产力快速提升，买方市场逐渐成为趋势，顾客中心论也逐渐成为共识。

市场营销观念认为，要达到企业目标，关键在于断定目标市场的需要和欲望，并且比竞争者更有效地满足顾客，并使顾客感到满意。以此观念为指导，企业必须认真分析和研究市场，通过协调的市场营销来不断满足消费者的需要。

市场营销观念摆脱了传统营销观念以企业为中心的思维定式，确立了以顾客中心的理念，成为一种新型的商业哲学，是市场营销观念的一次根本性变化，影响深远。

西奥多·莱维特(Theodore Levitt)对市场营销观念和推销观念做了深刻比较，如表1-2所示。

表 1-2　市场营销观念与推销观念的主要区别

观念	出发点	重点	手段	目的
推销观念	企业	产品	推销与促销	通过销售获利
市场营销观念	市场	顾客需求	协调和整合的营销	通过顾客满意获利

市场营销观念同样存在一定的陷阱：

第一个可能的陷阱是，市场营销观念可能导致过分强调满足顾客需求，而忽略了创造需求。实际上,很多时候顾客可能并不知道自己想要什么,一味满足顾客需求往往容易陷入被动的局面。以创新的产品和创新的推广来引导顾客需求是可能做到的。

第二个可能的陷阱是,市场营销观念可能局限于满足顾客需求,忽视其他利益相关者的需求。企业在让顾客满意、让企业盈利的同时,如果损害了利益相关者的利益,是社会责任缺失的表现,最终势必损害自身品牌和长远发展。

小案例 1-6

美国皮尔斯堡面粉公司:从推销到营销

从制造面粉到推销面粉的发展历程中,美国皮尔斯堡面粉公司意识到必须审视市场,从满足顾客心理实际需求的角度出发,对市场进行分析研究。20 世纪 50 年代前后,美国皮尔斯堡面粉公司经过调查,了解到战后美国人民的生活方式已发生了变化,家庭妇女采购食品时,日益要求多种多样的半成品或成品(如各式饼干、点心、面包等等)来代替购买面粉回家做饭。针对消费者需求的这种变化,这家公司主动采取措施,开始生产和推销多种成品或半成品的食品,使销售量迅速上升,1958 年,这家公司又进一步成立了皮尔斯堡销售公司,着眼于长期占领食品市场,着重研究今后 3 年至 30 年的消费趋势,不断设计和制造新产品,培训新的销售人员。

(二)社会营销观念

正是由于市场营销观念存在的可能忽略利益相关者利益的陷阱,社会营销观念出现了。社会营销观念产生于 20 世纪 70 年代,这一时期西方世界出现了各种社会问题,如能源危机、失业问题、通货膨胀、环境污染等,这些问题向企业经营和市场营销提出了社会责任的要求。

拓展阅读 1-4

利益相关者理论

“利益相关者(stakeholder)”这一词的提出最早可以追溯到 1984 年,弗里曼出版了《战略管理:利益相关者管理的分析方法》一书,明确提出了利益相关者管理理论。利益相关者管理理论是指企业的经营管理者为综合平衡各个利益相关者的利益要求而进行的管理活动。与传统的股东至上主义相比较,该理论认为任何一个公司的发展都离不开各利益相关者的投入或参与,企业追求的是利益相关者的整体利益,而不仅仅是某些主体的利益。

利益相关者包括企业的股东、债权人、雇员、消费者、供应商等交易伙伴,也包括政府部门、本地居民、本地社区、媒体、环保主义等压力集团,甚至包括自然环境、人类后代等受到企业经营活动直接或间接影响的客体。这些利益相关者与企业的生存和发展密切相关,他们有的分担了企业的经营风险,有的为企业的经营活动付出了代价,有的对企业进行监督和制约,企业的经营决策必须要考虑他们的利益或接受他们的约束。

社会营销观念认为，企业向市场提供的产品和劳务，不仅要满足消费者的个别的、眼前的需要，而且要符合消费者总体和整个社会的长远利益，求得企业、消费者和社会三者利益的平衡。以此观念为指导，企业必须确定诸目标市场的需要、欲望和利益，并以保护或提高消费者和社会福利的方式，比竞争者更有效、更有利地向目标市场提供所期待的满足。

小案例 1-7　大众“开车别看手机”公益广告

如今，手机已经完全侵入了我们的生活，因为开车看手机酿成的交通事故数量也在逐年递增。如何有效地向人们强调“开车看手机的危害”，大众的互动广告让人印象深刻。

香港大众汽车为了宣传“开车别看手机”这一公益主题，包下了电影院影片开播前的广告位，播放了一段第一视觉的汽车前进画面，再用 LBS 技术推送短信给现场观众。当观众听到短信提示音后，都纷纷拿起手机查看，而这时电影屏幕中的汽车也发生了事故。在最后的画面中，大家看到提示：“玩手机是当前交通事故的主要发生原因，珍惜生命，勿玩手机。”这种广告方式让大家不再是以旁观者的视角来观看影片，而是作为第一人物深刻体会到，效果特别震撼。

四、数字时代的营销导向

营销理论把市场营销的导向分为生产阶段、产品阶段、推销阶段、销售阶段、营销阶段和社会营销阶段。菲利普·科特勒从战略性营销导向的角度，将其分为产品导向、客户导向、品牌导向、价值导向，以及价值观与共创导向。

营销 1.0 就是工业化时代以产品为中心的营销，营销 1.0 始于工业革命时期的生产技术开发。当时的营销就是把工厂生产的产品全部卖给有支付能力的人。这些产品通常都比较初级，其生产目的就是满足大众市场需求。在这种情况下，企业尽可能地扩大规模、标准化产品，不断降低成本以形成低价格来吸引顾客，最典型的例子莫过于当年只有一种颜色的福特 T 型车——“无论你需要什么颜色的汽车，福特只有黑色的”。

营销 2.0 是以消费者为导向的营销，其核心技术是信息科技，企业向消费者诉求情感与形象。20 世纪 70 年代，西方发达国家信息技术的逐步普及使产品和服务信息更易为消费者所获得，消费者可以更加方便地对相似的产品进行对比。营销 2.0 的目标是满足并维护消费者，企业获得成功的黄金法则就是“客户即上帝”。这个时代里，企业眼中的市场已经变成有思想和选择能力的聪明消费者，企业需要通过满足消费者特定的需求来吸引消费者，正如宝洁、联合利华等快速消费品企业开发出几千种不同档次的日化产品来满足不同人的需求。

营销 3.0 就是合作性、文化性和精神性的营销，也是价值驱动的营销。和以消费者为中心的 2.0 营销时代一样，3.0 营销也致力于满足消费者的需求。但是，3.0 营销时代的企业必须具备更远大的，服务整个世界的使命、远景和价值观，它们必须努力解决当今社会存在的各种问题。换句话说,3.0营销已经把营销理念提升到了一个关注人类期望、价值和精神的新高度,它认为消费者是具有独立意识和感情的完整的人,他们的任何需求和希望都不能忽视。3.0营销把情感营销和人类精神营销很好地结合到了一起。在全球化经济震荡发生时,3.0营销和消费者的生活更加密切相关,这是因为快速出现的社会、经济和环境变化与动荡对消费者的影响正在加剧。3.0营销时代的企业努力为应对这些问题的人寻求答案并带来希望,因此它们也就更容易和消费者形成内心共鸣。在3.0营销时代,企业之间靠彼此不同的价值观来区分定位。在经济形势动荡的年代,这种差异化定位方式对企业来说是非常有效的。因此,科特勒也把营销3.0称为"价值观驱动的营销(values-driven marketing)"。

营销4.0是菲利普科特勒提出的进一步升级——实现自我价值的营销。在当今社会,马斯洛需求下面生理、安全、归属、尊重的四层需求相对容易被满足,于是客户的自我实现变成了一个很大的诉求,营销4.0正是要解决这一问题。随着移动互联网以及新的传播技术的出现,客户能够更加容易地接触到所需要的产品和服务,也更加容易和与自己有相同需求的人进行交流,于是出现了社交媒体,出现了客户社群。企业将营销的中心转移到如何与消费者积极互动、尊重消费者作为"主体"的价值观,让消费者更多地参与到营销价值的创造中来。而在客户与客户、客户与企业不断交流的过程中,由于移动互联网、物联网所造成的"连接红利",大量的消费者行为、轨迹都留有痕迹,产生了大量的行为数据,我们将其称为"消费者比特化"。这些行为数据的背后实际上代表着无数与客户接触的连接点。如何洞察与满足这些连接点所代表的需求,帮助客户实现自我价值,就是营销4.0所需要面对和解决的问题,它是以价值观、连接、大数据、社区、新一代分析技术为基础来造就的。

第三节 市场营销组合

企业从事市场营销活动,需要综合利用自身可以控制的因素,与外部环境因素相协调,从而有效地影响市场,实现企业的目标。这些因素和手段的总称,我们称之为市场营销组合。市场营销组合这一概念是由美国哈佛大学教授尼尔·鲍顿(N.H.Borden)于1953年最早提出的。市场营销组合随着企业实践的发展和学者研究的深入,出现了不同的内容,包括4P组合、6P组合、7P组合、11P组合、4C组合、4R组合等。

一、4P组合

1960年,麦卡锡(E.J.Mclarthy)教授提出了著名的4P组合。麦卡锡认为,企业从事市场营销活动,一方面要考虑企业的各种外部环境,另一方面要制定市场营销组合策略,通过策略的实施,适应环境,满足目标市场的需要,实现企业的目标。4P组合至今依然是影响最为深远、最为基础的策略组合。

这一策略组合分别是产品(product)、价格(price)、地点(place)、促销(promotion),主要内容见表 1-3。

表 1-3 4P 营销组合

产品(product)	它是指企业提供给目标市场的货物、服务的集合,主要包括产品的实体、服务、品牌、包装、服务和保证等。
价格(price)	它是指企业出售产品所追求的经济回报,主要包括基本价格、折扣价格、付款时间、借贷条件等。
地点(place)	它代表企业为使其产品进入和达到目标市场所组织实施的各种活动,主要包括分销渠道、储存设施、运输设施、存货控制。
促销(promotion)	它是指企业利用各种信息载体与目标市场进行沟通的传播活动,主要包括广告、人员推销、营业推广与公共关系等等。

从 4P 的组合来看,它具有四个主要特点:

(1)可控性。构成市场营销组合的各种手段是企业可以调节、控制和运用的因素,如企业根据目标市场情况,能够自主决定生产什么产品,制定什么价格,选择什么销售渠道,采用什么促销方式。

(2)复合性:市场营销组合每个组合变量中又有一些子变量。如促销手段就包含了广告、公共关系、销售促进、人员推销等不同的子手段,它们共同构成了促销组合。

(3)动态性:市场营销组合不是固定不变的静态组合,而是变化无穷的动态组合。企业受到内部条件、外部环境变化的影响必须能动地做出相应的反应。

(4)整体性:市场营销组合的各种手段及组成因素不是简单的相加或拼凑集合,而应成为一个有机的整体。在统一目标指导下,彼此配合,相互补充,能够求得大于局部功能之和的整体效应。

4P 的缺陷也是比较明显的,它是以企业为中心的,以追求利润最大化为原则,努力采用各种手段让消费者了解他的产品,从而有机会购买其产品。这势必会产生企业与顾客之间的矛盾,最终影响企业市场目标的实现。

二、4P 的拓展:6P、11P、7P 组合

(一)6P 组合

20 世纪 80 年代以来,世界经济走向滞缓发展,在国际国内市场竞争都日趋激烈、各种形式的政府干预和贸易保护主义再度兴起的新形势下,政治和社会因素对市场营销的影响和制约越来越大。一般市场营销理论只看到外部环境对市场营销活动的影响和制约,而忽视了企业经营活动也可以影响外部环境。1984 年,菲利普·科特勒(Philip Kotler)提出要运用政治力量和公共关系,打破国际或国内市场上的贸易壁垒,为企业的市场营销开辟道路。大市场营销策略,即 6P 组合应运而生,如图 1-7 所示。

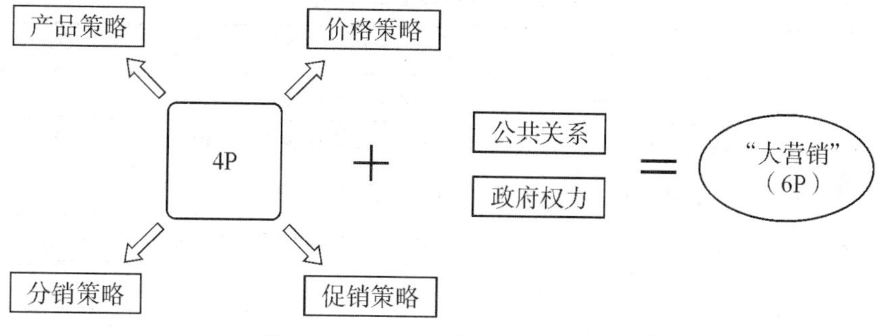

图 1-7 大市场营销策略组合(6P)

(二)11P 组合

20 世纪 90 年代,营销学者们认为,包括产品、价格、销售渠道、促销、政治力量和公共关系的 6P 组合是战术性组合,企业要有效地开展营销活动,首先要有为人们(people)服务的正确的指导思想,又要有正确的战略性营销组合(市场调研 probing、市场细分 partitioning、市场择优 prioritizing、市场定位 positioning)的指导。这种战略的 4P 营销组合与正确的指导思想(people)和战术性的 6P 组合就形成了市场营销的 11P 组合,如图 1-8 所示。

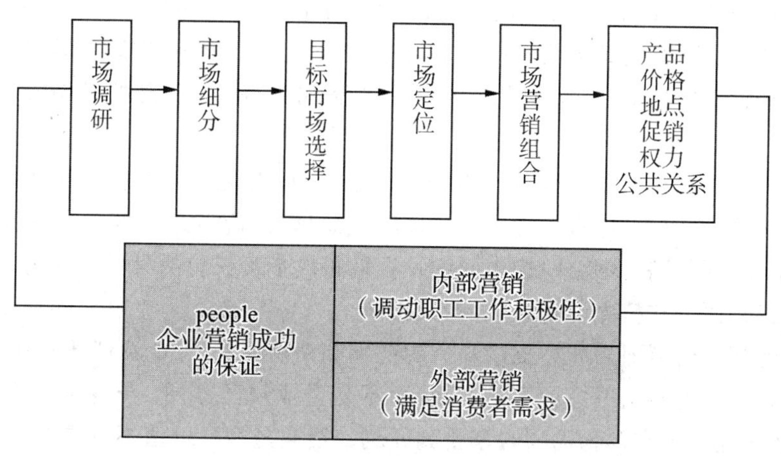

图 1-8 11P 组合

(三)7P 组合

20 世纪 70 年代以来,服务业发展迅速,服务市场营销要素与产品市场营销要素显示出越来越多的差异。1981 年,布姆斯(Booms)和比特纳(Bitner)在原有的 4P(产品、价格、促销、渠道)营销组合中增加三个要素,形成了包括产品、价格、渠道、促销、人员(people)、有形展示(physical evidence)和服务过程(process)等七个要素的组合,如表 1-4 所示。

表 1-4 服务营销组合(7P)

要素	内 容
产品	质量、水准、品牌、服务项目、保证、售后服务
价格	折扣、付款条件、顾客认知价值、质量价格比、差异化
分销	所在地、可及性、分销渠道、分销范围
促销	广告、人员推销、宣传、公关、形象促销、营业推广
人	态度与行为、可靠性、负责、沟通、顾客参与
有形展示	环境设计、设备设施
过程	员工决断权、活动流程、顾客参与度

三、4C 组合

20 世纪 90 年代初,世界进入了一个全新的电子商务时代,消费个性化和感性化更加突出,企业为了了解消费者的需求和欲望,迫切需要与消费者进行双向信息沟通。1990 年美国市场营销专家罗伯特·劳特朋教授(R.F.Lauterborn)提出了 4C 理论,即 customer(顾客)、cost(成本)、convenience(便利)和 communication(沟通)。

第一,顾客。顾客主要指顾客的需求,企业必须首先了解和研究顾客,根据顾客的需求来提供产品。同时,企业提供的不仅仅是产品和服务,更重要的是由此产生的客户价值。

第二,成本。成本主要不是指企业的生产成本,或者说 4P 中的 price(价格),它主要指的是顾客的购买成本,这意味着产品定价的理想情况,应该是既低于顾客的心理价格,亦能够让企业有所盈利。此外,这中间的顾客购买成本不仅包括其货币支出,还包括其为此耗费的时间、体力和精力消耗,以及购买风险。

第三,便利。便利即为顾客提供最大的购物和使用便利。4C 营销理论强调企业在制定分销策略时,要更多地考虑顾客的方便,而不是企业自己方便。要通过好的售前、售中和售后服务来让顾客在购物的同时享受到便利。便利是客户价值不可或缺的一部分。

第四,沟通。沟通主要是指企业应与顾客进行积极有效的双向沟通,建立基于共同利益的新型企业/顾客关系。这不再是企业单向的促销和劝导顾客,而是在双方的沟通中找到能同时实现各自目标的通途。

相对于 4Ps 理论,4C 就是“4 忘掉,4 考虑”:忘掉产品,考虑消费者的需要和欲求(consumer wants and needs);忘掉定价,考虑消费者为满足其需求愿意付出多少(cost);忘掉渠道,考虑如何让消费者方便(convenience);忘掉促销,考虑如何同消费者进行双向沟通(communication)。

4C 理论坚持以顾客为导向,始终围绕“顾客需要什么”“如何才能更好地满足顾客”两大主题,进行持续的改进活动,以追求顾客满意为目标。它是一种由外而内的拉动型营销模式,它宣传的是“请消费者注意”,而非“消费者请注意”。

4C 克服了 4P 策略只从企业考虑的局限，但是，从企业的营销实践和市场发展的趋势来看，4C 策略也有一些不足。首先，它立足于顾客导向而不是竞争导向，而在市场竞争中，要取得成功既要考虑到客户，也要考虑到竞争对手。另外，4C 策略在强调以顾客需求为导向的时候却没有结合企业的实际情况。最后，4C 策略仍然没有体现既赢得客户，又长期地拥有客户的关系营销思想，被动适应顾客需求的色彩较浓，没有解决满足顾客需求的操作性问题。

四、4R 组合

2001 年，美国学者艾略特·艾登伯格和唐·舒尔茨在 4C 营销理论的基础上提出了 4R 理论：关联（relevancy）、反应（reaction）、关系（relationship）和回报（return）。

第一，关联，即认为企业与顾客是一个命运共同体。建立并发展与顾客之间的长期关系是企业经营的核心理念和最重要的内容。

第二，反应，在相互影响的市场中，对经营者来说最难实现的问题不在于如何控制、制订和实施计划，而在于如何转变为高度回应需求的商业模式。

第三，关系，在企业与客户的关系发生了本质性变化的市场环境中，抢占市场的关键已转变为与顾客建立长期而稳固的关系。与此相适应产生了 5 个转向：从一次性交易转向强调建立长期友好合作关系；从着眼于短期利益转向重视长期利益；从顾客被动适应企业单一销售转向顾客主动参与到生产过程中来；从相互的利益冲突转向共同的和谐发展；从管理营销组合转向管理企业与顾客的互动关系。

第四，回报，任何交易与合作关系的巩固和发展，都是经济利益问题。因此，一定的合理回报既是正确处理营销活动中各种矛盾的出发点，也是营销的落脚点。

4R 营销策略的最大特点是以竞争为导向，弥补了 4C 策略的不足，主动地创造需求、运用优化和系统的思想去整合营销，通过关联、关系、反应等形式与客户形成独特的关系，把企业与客户联系在一起，形成竞争优势。其追求回报，企业必然实施低成本战略，充分考虑顾客愿意付出的成本，实现成本的最小化，并在此基础上获得更多的市场份额，形成规模效益。这样，企业为顾客提供价值和追求回报相辅相成、相互促进，客观上达到的是一种双赢的效果。当然 4R 策略也有缺陷，它要求同顾客建立关联，需要实力基础或某些特殊条件，并不是所有的企业可以轻易做到的。

五、4S 组合

随着互联网在人们生活中所扮演的角色越来越重要，网络营销成为网络时代营销发展的全新领域，网络营销成为最有活力的现代营销理论并在营销组合理论中得到反映。

2002 年康斯汀奈德斯（E.Con-stantinides）提出了网络营销组合理论的 4S 组合理论，即范围（scope）、网站（site）、协同（syner-gy）、和系统（system）。

范围主要指确定网络营销的战略目标，进行市场和企业内部网络营销准备情况的分析，确定网络营销在企业总的战略中所承担的角色。网站是企业与顾客交流的交互界面，是交流的工具和场所，其基本的使命是吸引顾客、树立企业网络形象等。协同是指对各网络流程的整合。系统是指对网络营销中的技术和网站服务问题的解决。4S是针对网络营销而言的，反映了网络营销中必须关注和解决的问题。

第四节 战略营销过程

一、战略营销过程概述

战略是公司前进的方向，是公司经营的蓝图，公司依此建立其对客户的忠诚度，赢得一个相对其竞争对手持续的竞争优势。战略的目的在于建立公司在市场中的地位，成功地同竞争对手进行竞争，满足客户的需求，获得卓越的公司业绩。

所有的营销决策都是战略性的。每个公司都必须根据自己在行业中的市场地位以及它的市场目标、市场机会和可利用资源确定一个最有意义的营销战略。营销战略和营销计划是整个公司总体战略制定和规划的核心所在。正如通用电气公司的战略计划经理所说："营销经理在战略制定的过程中至关重要，他在确定企业任务中负有领导的责任：分析环境、竞争和企业形势；制定目标、方向和策略；拟定产品、市场、分销渠道和质量计划，从而执行企业战略。他还要进一步参与同战略密切相关的方案制订和计划实施活动。"

战略营销过程可分为三个阶段：营销战略规划、营销计划制订和营销管理，见图1-9。

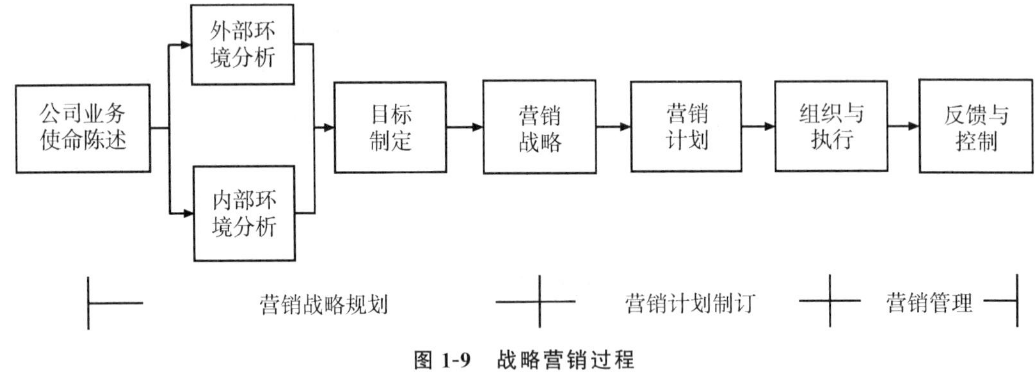

图1-9 战略营销过程

二、营销战略规划

营销战略规划就是营销战略制定的过程，通常包括：

（一）公司业务使命陈述

任何营销计划的基础都与业务使命相关，业务使命回答了"我们公司从事什么业务"

这一问题。使命陈述应坚持市场导向的原则，即按照目标顾客的需要来规定和表达，而不是局限于当下提供的产品。

(二)公司外部环境分析

外部环境分析的目的是让公司发现营销机会和所面临的威胁及挑战，通常包括宏观环境因素与微观环境因素，这些我们将在第三章展开阐述。

(三)内部环境分析

内部环境分析的目的是通过对公司的资源、竞争能力、企业文化和决策者的风格等进行客观的评估，找出相对竞争对手的优势和劣势。

(四)目标制定

基于公司业务定位和内外环境的分析，制定出具体的战略目标，诸如利润率、销售增长额、市场份额的提高、创新和声誉等。目标必须是定时的、量化的和可实现的，它可以衡量并转化为具体的计划加以实施、控制和评估。目标是跟踪公司业绩和进度的标尺，所以它制定得越清晰越好。

(五)战略制定

目标说明公司欲向何处发展，战略则说明如何达到目标。战略包括公司总体战略和营销战略的制定。战略制定要解决下列几个问题：如何完成公司目标？如何打败竞争对手？如何获取持续的竞争优势？如何加强公司长期的市场地位？

三、营销计划制订

通过战略规划，公司确定它将对每个业务单元做些什么。营销计划制订是将营销战略转化成具体可执行的营销方案，这需要在营销预算、营销组合和营销资源分配上做出基本决策。

每一种业务、产品或品牌都需要一份详细的营销计划。表 1-5 列出了一份典型的产品或品牌计划的主要组成部分。

表 1-5　营销计划的组成

组成部分	目　标
行政总结	主要目标和建议，帮助管理层快速发现计划的要点。
目前的营销努力	描述目标市场和公司在其中所处的位置，包括： • 市场描述：定义市场和主要细分市场，了解顾客需求和影响顾客购买的环境因素； • 产品状况：显示销售额、价格、产品线上主要产品的毛利润； • 竞争状况：评估主要竞争者的市场地位、产品质量、价格、渠道和促销战略； • 渠道状况：评估现有的销售趋势和主要分销渠道的发展。
威胁和机会分析	评估产品面临的主要威胁和机会，帮助管理者预见可能会对公司和公司战略产生影响的趋势。
目标	指明公司的长期发展目标以及影响公司发展的因素。

续表

组成部分	目　标
市场战略	指明业务部门达到目标的方式、目标市场、市场定位和市场预算；指明营销组合战略以及营销组合的每一个部分是如何规避风险和抓住机会的。
行动方案	明确营销方案如何转换成具体的行动方案。需要回答：将要做什么？什么时候做？谁对此负责？成本是多少？
预算	制定详细的利润表，指明期望收入和期望成本。
控制	给出可以用来监控进程和允许高层审阅实施效果的工具，包括评估市场投资回报。

四、营销管理

制定好的战略和计划是成功营销的开始。如果没有后续强力的落地执行，再好的营销规划与计划都流于空谈。营销管理就是具体组织、执行、控制和评估营销计划的过程，并通过市场信息的反馈不断对营销计划和营销战略进行调整，以便公司更加灵活有效地参与市场竞争。

（一）组织与执行

营销组织与执行就是为了实现营销战略目标，把营销战略和计划变为营销行动的过程。营销计划主要强调的是营销活动的为什么和是什么，实施则侧重于由谁、在哪儿、在什么时候做以及如何做。

一个好的营销计划，如果执行不当，就会使整个计划受损。有效的营销执行要求建立一个有很强执行能力的组织，将资源分配给对营销计划起关键作用的活动，制定出相关的营销政策，建立起完善的运作程序和有效的监控评估体系，使得计划执行过程中的任何问题都能快速得到解决，任何偏离行为都能得到及时纠正和改善。在计划执行过程中，对内要特别注意营销部门和其他部门之间的协调配合，对外要动员经销商、零售商、广告代理商等提供有力的配合和支持。

（二）反馈与控制

在实施营销方案时，会出现很多意外，营销部门必须采取营销控制。营销控制指度量和评价市场营销战略和计划的结果，采取修正行动以保证目标的达成。营销控制采取四个步骤：(1)管理部门首先设定特定目标；(2)评估市场表现；(3)分析现实表现和期望表现存在差距的原因；(4)管理者采取矫正措施来缩小现实表现与期望表现之间的差距。这可能会需要企业改变其行动方案甚至改变目标。

第五节 关于市场营销学

一、市场营销学的性质与研究对象

市场营销学于20世纪初脱胎于经济学，是一门建立在经济科学、行为科学、管理科学和现代科学技术基础之上的应用科学，属于管理学的范畴。

市场营销学的研究对象是以满足消费者需求为中心的企业市场营销活动过程及其规律性，即在特定的市场营销环境中，企业以市场调研分析为基础，为满足现实和潜在的市场需求，所实施的以产品(product)、定价(price)、地点(place)、促销(promotion)为主要决策内容的市场营销管理过程及其客观规律性。市场营销学的研究内容具有综合性、实践性、应用性的特点。

二、市场营销学的产生与发展

市场营销学于20世纪初期产生于美国，自20世纪初诞生以来，其发展经历了六个阶段。

(一)萌芽阶段(1900—1920年)

这一时期，各主要资本主义国家经过工业革命，生产力迅速提高，城市经济迅猛发展，商品需求量亦迅速增多，出现了需过于供的卖方市场，企业产品价值实现不成问题。与此相适应，市场营销学开始创立。早在1902年，美国密执安大学、加州大学和伊利诺大学的经济系开设了市场学课程。以后相继在宾夕法尼亚大学、匹茨堡大学、威斯康星大学开设此课。

在这一时期，出现了一些市场营销研究的先驱者，其中最著名的有阿切·W.肖(Arch.W.Shaw)、巴特勒(Ralph Star.Bulter)、约翰·B.斯威尼(John B.Swirniy)及赫杰特齐(J.E.Hagerty)。哈佛大学教授赫杰特齐走访了大企业主，了解他们如何进行市场营销活动，于1912年出版了第一本销售学教科书，它是市场营销学作为一门独立学科出现的里程碑。阿切·W.肖于1915年出版了《关于分销的若干问题》一书，率先把商业活动从生产活动中分离出来，并从整体上考察分销的职能。但当时他尚未能使用“市场营销”一词，而是把分销与市场营销视为一回事。韦尔达、巴特勒和威尼斯在美国最早使用“市场营销”术语。韦尔达提出：“经济学家通常把经济活动划分为三大类：生产、分配、消费……生产被认为是效用的创造。”“市场营销应当定义为生产的一个组成部分”，“生产是创造形态效用，营销则是创造时间、场所和占有效用”，并认为“市场营销开始于制造过程结束之时”。

这一阶段的市场营销理论同企业经营哲学相适应，即同生产观念相适应，其依据是传统的经济学是以供给为中心的。

(二)功能研究阶段(1921—1945 年)

这一阶段以营销功能研究为其特点。此阶段最著名的代表者有:克拉克(F.E. Clerk)、韦尔达(L.D.H.Weld)、亚历山大(Alexander)、瑟菲斯(Sarfare)、埃尔德(Ilder)及奥尔德逊(Alderson)。1932 年,克拉克和韦尔达出版了《美国农产品营销》一书,对美国农产品营销进行了全面的论述,指出市场营销的目的是“使产品从种植者那儿顺利地转到使用者手中。这一过程包括三个重要又相互有关的内容:集中(购买剩余农产品)、平衡(调节供需)、分散(把农产品化整为零)”。这一过程包括七种市场营销功能:集中、储藏、财务、承担风险、标准化、推销和运输。1942 年,克拉克出版的《市场营销学原理》一书,在功能研究上有创新,把功能归结为交换功能、实体分配功能、辅助功能等,并提出了推销是创造需求的观点,实际上是市场营销的雏形。

(三)形成和巩固时期(1946—1955 年)

这一时期的代表人物有范利(Vaile)、格雷特(Grether)、考克斯(Cox)、梅纳德(Maynard)及贝克曼(Beckman)。1952 年,范利、格雷斯和考克斯合作出版了《美国经济中的市场营销》一书,全面阐述了市场营销如何分配资源、指导资源的使用,尤其是指导稀缺资源的使用;市场营销如何影响个人分配,而个人收入又如何制约营销;市场营销还包括为市场提供适销对路的产品。同年,梅纳德和贝克曼在出版的《市场营销学原理》一书中,提出了市场营销的定义,认为它是“影响商品交换或商品所有权转移,以及为商品实体分配服务的一切必要的企业活动”。梅纳德归纳了研究市场营销学的五种方法,即商品研究法、机构研究法、历史研究法、成本研究法及功能研究法。由此可见,这一时期已形成市场营销的原理及研究方法,传统市场营销学已形成。

(四)市场营销管理导向时期(1956—1965 年)

这一时期的代表人物主要有:罗·奥尔德逊(Wraoe Alderson),约翰·霍华德(John A.Howard)及麦卡锡(E.J.Mclarthy)。奥尔德逊在 1957 年出版的《市场营销活动和经济行动》一书中,提出了“功能主义”。霍华德在出版的《市场营销管理:分析和决策》一书中,率先提出从营销管理角度论述市场营销理论和应用,从企业环境与营销策略二者关系来研究营销管理问题,强调企业必须适应外部环境。麦卡锡在 1960 年出版的《基础市场营销学》一书中,对市场营销管理提出了新的见解。他把消费者视为一个特定的群体,即目标市场;企业制定市场营销组合策略,适应外部环境,满足目标顾客的需求,实现企业经营目标。

(五)协同和发展时期(1966—1980 年)

这一时期,市场营销学逐渐从经济学中独立出来,同管理科学、行为科学、心理学、社会心理学等理论相结合,使市场营销学理论更加成熟。

在此时期,乔治·道宁(George S.Downing)于 1971 年出版的《基础市场营销:系统研究法》一书,提出了系统研究法,认为公司就是一个市场营销系统,“企业活动的总体系统,通过定价、促销、分配活动,并通过各种渠道把产品和服务供给现实的和潜在的顾客”。他还指出,公司作为一个系统,同时又存在于一个由市场、资源和各种社会组织等组成的大系统之中,它将受到大系统的影响,同时又反作用于大系统。

1967 年,美国著名市场营销学教授菲利普·科特勒(Philip Kotler)出版了《市场营销管理:分析、计划与控制》一书,该著作更全面、系统地发展了现代市场营销理论。他对营销管理下了定义:营销管理就是通过创造、建立和保持与目标市场之间的有益交换和联系,以达到组织的各种目标而进行的分析、计划、执行和控制过程,并提出,市场营销管理过程包括分析市场营销机会,进行营销调研,选择目标市场,制定营销战略和战术,制定、执行及调控市场营销计划。

菲利普·科特勒突破了传统市场营销学认为营销管理的任务只是刺激消费者需求的观点,进一步提出了营销管理任务还影响需求的水平、时机和构成,因而提出营销管理的实质是需求管理,还提出了市场营销是与市场有关的人类活动,既适用于营利性组织,也适用于非营利组织,扩大了市场营销学的范围。

(六)分化和扩展时期(1981—)

在此期间,市场营销领域又出现了大量丰富的新概念,使得市场营销这门学科出现了变形和分化的趋势,其应用范围也在不断地扩展。

1981 年,莱维·辛格和菲利普·科特勒对"市场营销战"这一概念以及军事理论在市场营销战中的应用进行了研究,几年后,列斯和特罗出版了《市场营销战》一书。1981 年,瑞典经济学院的克里斯琴·格罗路斯发表了论述"内部市场营销"的论文,科特勒也提出要在企业内部创造一种市场营销文化,即使企业市场营销化的观点。1983 年,西奥多·莱维特对"全球市场营销"问题进行了研究,提出过于强调对各个当地市场的适应性,将导致生产、分销和广告方面规模经济的损失,从而使成本增加。因此,他呼吁多国公司向全世界提供一种统一的产品,并采用统一的沟通手段。1985 年,巴巴拉·本德·杰克逊提出了"关系营销""协商推销"等新观点。1986 年,科特勒提出了"大市场营销"这一概念,提出了企业如何打进被保护市场的问题。在此期间,"直接市场营销"也是一个引人注目的新问题,其实质是以数据资料为基础的市场营销,由于事先获得大量信息和电视通信技术的发展,才使直接市场营销成为可能。

进入 20 世纪 90 年代以后,关于市场营销、市场营销网络、政治市场营销、市场营销决策支持系统、市场营销专家系统等新的理论与实践问题开始引起学术界和企业界的关注。进入 21 世纪,互联网的发展和应用,基于互联网的网络营销得到迅猛发展。

本章小结

在营销学中,市场是客户的集合,包括了实际购买者和潜在购买者。营销也不等同于推销或促销,市场营销是一个为顾客创造价值并与之建立稳固顾客关系的过程。需要、欲望和需求是市场研究的起点,交换是营销的核心概念,而顾客价值和顾客满意则是客户关系管理的关键。

市场营销哲学是处理顾客、企业、社会三者利益关系的思想与观念,经历了以生产观念、产品观念和推销观念为代表的传统营销观念,到以市场营销观念与社会营销观念为代表的现代营销观念;市场营销组合是企业从事市场活动的手段和策略的总称,4P 是影响最为深远至今仍然经典的营销组合,6P、7P、11P 都是 4P 的拓展,而 4C 和 4R 则是 4P 的迭代和演进，4P是企业导向的，4C则是消费者导向的，4R则是竞争导向的，4S则是针对网络营销的一个策略组合。它们各有侧重各有不足；营销战略和营销计划是整个公司总体战略制定和规划的核心所在。这一过程可分为三个阶段：营销战略规划、营销计划制定和营销管理。

市场营销学是一门建立在经济科学、行为科学、管理科学和现代科学技术基础之上的应用科学，起源于20世纪初的美国。研究对象是以满足消费者需求为中心的企业市场营销活动过程及其规律性，其内容具有综合性、实践性、应用性的特点。

重要名词

市场　消费者市场　组织市场　市场营销　需要　欲望　需求价值　顾客让渡价值
交换　生产观念　产品观念　推销观念　市场营销观念　社会营销观念　营销3.0
营销4.0　市场营销组合　4P　4C　4R　营销计划　营销管理

案例评析

鸿星尔克以情服人，但道德只是商业的底线

鸿星尔克火了。

现象：鸿星尔克从“下沉”到“封神”

河南暴雨，灾情告急，7月21日下午鸿星尔克官方微博宣布紧急捐赠5000万元物资驰援灾区。7月22日晚，话题“鸿星尔克的微博评论好心酸”冲上微博热榜，网友拥入鸿星尔克直播间下单购物。截至7月24日下午，鸿星尔克抖音直播间销售额突破1亿元，总销量超60万件，累计观看数达1.48亿。其间，主播与顾客互动出了不少“酸甜梗”。此外，线下门店也销售火爆。

随着事件深入，质疑声随之而起，主要围绕两点：一是鸿星尔克是否存在“诈捐”“少捐”等不诚信行为，二是极个别消费者对其他同业品牌的滋扰、攻讦等不理性行为。几经舆论报道及相关方澄清，加之鸿星尔克在回应公众诉求上整体而言“温、良、恭、让”，因此，目前尚未出现剧情反转或舆情反噬。至7月26日，中央纪委国家监委网站发布评论指出“善引发善”，可谓激浊扬清、因势利导。一般而言，在4P营销组合中，捐赠属于公关类活动，但鸿星尔克因赈济灾区而直接带火销量，从艰难转型的下沉状态到全民热捧的登顶“封神”，如此迅速且立竿见影的营销效果，恐怕是连董事长吴荣照也没有想到的。

那么，这起现象级的“互联网发酵＋直播带货”事件，底层逻辑是什么？有怎样的启示？对于未来的品牌营销又将产生怎样的影响？本案例从互联网环境下消费行为的情绪化特征出发，对品牌营销策略的价值基础进行反思。

原因：热点的本质是社交化叙事

我们先就事论事，分析一下鸿星尔克直播间爆火的原因。

其一,反差的戏剧性。在网友的描述中,鸿星尔克顶着“濒临破产”的标签,居然还捐赠了 5000 万元,并且还很低调,因此网友们觉得“好心酸”。请注意:这一段描述,带有极强的社交叙事特点,并在此后互联网传播中被网友们主观设想或拼凑成为一条完整的三段式故事情节:

落难好人(悲情人设)—舍己为人(感人情节)—亟待拯救(行动呼吁)

此后,网友在直播间喊出的“让你老板不要多管闲事”“就是要野性消费”“上最贵的”等,其实都是这一剧情设定下的情节展开而已。

其二,亲民友好的价格。定位大众消费的鸿星尔克,产品的一般定价为 150～600 元不等,属于中低档。网友在直播间要求“上最贵的”也不过二三百元(当然,这又成了热传的一个梗)。但在商言商,二三百元确实也是爆款的价格区间。如果商品动辄上千元,恐怕对于相当一部分网友而言,热烈的情绪也很难转化成现实的购买行动。

其三,克制的互动进一步强化了人设。在冲上热搜并火爆直播间之后,我们观察到:作为厂家的鸿星尔克看起来并没有趁机消费流量、收割变现,而是较为克制地与广大网友互动,并不断呼吁理性消费。加上吴荣照亲自出镜,顺应了网友的热情并符合其预期,这又进一步满足了网友的成就感,自然也就收获了更加热烈的反馈。

情绪传播理论认为,传播情绪是人的内在的、自适应的需求。人类天然有欲望和冲动来分享情绪事件,从而得到情感共鸣,并加深社会联系。在整个事件过程中,消费者始终扮演着一个全知全能的社交叙事角色。在鸿星尔克事件中,消费者主权得到充分张扬并获得自我满足,作为消费者的网民在互联网社交媒体的放大效应下,完成了一次“自编、自导、自演”的网络狂欢。

由此,我们发现:

(1)新世代网络消费行为带有强烈的情绪特征。支撑这种情绪性反应的背后,是与社会问题高度关联的道德判断。社会问题越大、形势越激烈,消费者越倾向于以消费表达自己的道德判断和道德倾向。

(2)新世代网络消费行为带有强烈的自我满足。消费者不仅消费商品,更消费消费行为本身,并从中获得自我满足。

(3)这种自我满足是通过叙事方式来实现的,具有戏剧性、互动性和传播性。在鸿星尔克事件中,尽管后来吴荣照特意发博文澄清,表示企业正在艰难转型,绝非“濒临破产”,但却被网友们持续的热情释放淹没了。从某种程度上来说,这其实是网友们出于自身叙事需要的自然反应。

启示:以品牌价值观驱动情绪消费

市场营销学专家唐·éEé.舒尔茨曾刻画市场权力的对角线转移趋势,即随着市场的发展,市场权力最终由消费者控制的演变过程。互联网时代的消费者主权崛起真切地证实了这一点。

许多在互联网舆情中“翻车”的案例,往往都与企业抱着以自我为中心的“老皇历”不放的傲慢态度有关,而所谓态度正是价值观外化的行为表现。这表明,消费者权力转移给企业营销行为所带来的影响,不仅是战术层面上的技术、方法和工具的创新,更是深层次的价值层面的自我革新。

从某种意义上讲，情绪消费是消费者主权的一种体现，消费者可以“任性”，也有“任性”的权利。背后有其必然的底层逻辑，那就是：新一代消费者在满足了基本生存需求之后，产生了更高层次的自我实现诉求。换言之，马斯洛需求层次的高阶需求已成为驱动消费的主要因素。也正由于来自消费者群体的这一变化，使得“价值观驱动”“重塑企业品牌伦理”不再是一句空话。

从以企业为中心到以消费者为中心，从以封闭式单向灌输变为开放式双向互动，从以“品牌—顾客”关系为核心的单一映射变为“品牌—顾客—第三方”多元生态社群，所有身处互联网时代的企业都必须承认如上事实，并据此重塑企业的品牌价值观。正如美国企业公共关系专家加瑞特在谈及顾客关系营销时所说：“无论大小企业都必须永远按下述信念来计划自己的方向，这个信念就是，企业要为消费者所有，为消费者所治，为消费者所享。”

行动：从责任到边界

行动一：构建共创型社会责任新模式

毋庸讳言，对于鸿星尔克因履行其作为企业公民的社会责任而爆红网络的这起现象级事件，始终有一股谨慎质疑甚至批判的声音存在。理性派观察者最惮虑之处是：在互联网空间下集体爆发的情绪化可以是正面的表达，如这一次以慈善之名；在某些条件下，也可能会演变成为负面的宣泄，如网络暴力。比较幸运的是，本次热点事件中广大网友和消费者是持积极情绪对厂商的社会责任行为予以“奖励”。但反过来设想一下：如果鸿星尔克是一家销量领先、赢利丰厚的顶流品牌，网友们的评判尺度恐怕不是“捐没捐”，而是“捐了多少”“才这么一点”，甚至演变成站在道德高地上“逼捐”。从积极情绪变成消极情绪，在逻辑上，两者是一致的。

这种担心，不无道理。但我们必须看到也必须承认，互联网实质上就是一个情绪化的空间，因为网络分享行为本身就是情绪化的。试图将网络情绪与互联网剥离，或者还原一个纯粹的、理性的互联网世界是不切实际的幻想。关键在于，我们需要引导、营造和共创一种充满积极情绪的互联网氛围，并实现厂商与消费者之间的良性互动，从而形成一个共创型社会责任模式。

所谓共创型社会责任（co-created social responsibility），是一场由企业和消费者共同完成的“爱心接力”，是企业和消费者在互动中共同参与（有时是企业发起，邀请消费者参与；有时是消费者发起，邀请企业参与）社会责任活动的一种公益行为。在这一过程中，所有社会单元（企业、公众和消费者）都具有担当社会责任、体现自我价值的伦理诉求。正是由于互联网传播所独有的共享机制，共创型社会责任与传统的单边主导的企业社会责任有着根本性的差别。

这种差别体现在三方面：

其一，打破以企业为中心的单向灌输，以消费者为中心展开双向互动，并直接产生互惠性反馈。在这次鸿星尔克捐赠活动中，网友便直接以购买行为回馈了企业的社会责任。

其二，消费者自主参与，避免出现“事不关己”“这是企业花钱买名声”之类的旁观者心态。通过主动承担社会责任，不仅满足了个体消费者自我实现的欲望，更形成了良好的社会风尚氛围。

其三，有利于社会公众和第三方力量的参与。在这次鸿星尔克事件中，与品牌方深度互动的不仅有普通网友，还有一些顶流，互联网条件下“共创型社会责任”的多元互动性具有何其庞大的卷入能量，不言而喻。

行动二：筑牢情绪消费的产品本位边界

产品类型通常分为 4 种：(1)快消品，如日化、食品、服装等高频低价商品；(2)耐用品，如家电、汽车等；(3)投资品，如房地产、保险品等；(4)特殊品，如教育、医疗服务等。从心理学的维度看，情绪具有两极性：符合主体的需要和愿望，会引起积极的、肯定的情绪；反之，就会引起消极的、否定的情绪。

那么，哪一类产品更易于激发消费者的情绪消费？营销行为应该唤醒消费者的何种情绪状态？情绪唤醒是否应该有其边界？

一般意义上，快消品营销更倾向于激发消费者情绪，譬如饮料、日化产品广告，无一不是试图唤起消费者的快乐、满足和幸福感。耐用消费品，通常更注重产品质量、品质诉求，以强化消费者的理性选择。至于投资品和特殊品，由于用户卷入度更高，也更依赖于专业的知识。

快消品营销通过刺激顾客情绪来促进消费，无可厚非，毕竟对于价格低廉、使用量大、购买频繁的商品来说，冲动消费的成本并不高。但最近几年，在房地产、教育和医疗市场中，刺激消费者情绪的营销操作频频出现，且尤其热衷于刺激消费者的恐惧、厌恶和焦虑等负面情绪。比如房地产行业的“饥饿营销”，医疗行业的“恐吓营销”，教辅培训行业的“别让孩子输在起跑线上”，凡此种种，不胜枚举。由于住房、医疗、教育等领域涉及千家万户的切身利益，企业出于商业利益的营销操作，即使没有加深或激化社会矛盾，也在一定程度上影响了社会情绪的张力。一旦相关领域的管理部门完成顶层设计和大政方针，出台强势的行业治理政策也就不意外了。

所以，对于企业而言，通过诱发用户情绪促成消费，带有相当的偶发性。有时是机遇，但更多时候是挑战。任何一个追求品牌长期发展的企业，都不应该把企业的命脉建立在偶然机遇(互联网企业称之为“窗口期”或“风口”)上。我们始终认为：

(1)企业应矢志打造产品的核心竞争力，而不是一味追求品牌故事带来的暂时曝光；

(2)企业应矢志追求可以把控节奏的稳健增长，而不能寄希望于机会主义带来超额回报；

(3)企业应担负起与发展阶段和规模相适应的社会责任，而不能盲目追逐社会问题带来的个人(企业家)情绪表达。

归结到一点：“商业是最大的慈善。”说到底就是，企业必须以提供产品价值来实现对社会的最终贡献。

反思：商业道德而非道德商业

自亚当·斯密出版《道德情操论》(1759 年)和《国富论》(1776 年)以来，商业与道德的关系就一直是经济学、政治哲学和商业学研讨的一个极为复杂的命题。这里不打算深入辨析，但仅试图指出：道德是商业的底线而非标高。

在商业经营中，企业的道德行为，首先是一种商业道德，即市场经济主体能够自觉地遵守伦理规范并用伦理价值观来指导自己的经营行为。通俗而言，就是产品货真价实、经营诚信合规与生产绿色环保等；其次才是更高层次的社会责任，如慈善、捐赠等。企业所履行的社会道德，是一种基于企业公民的非经济道德责任。

企业社会道德，诚然是企业伦理的最后屏障，但却不是消费者选择的理由，也不是商品等价交换的基础。如果企业社会道德本身可以成为商品，或成为营销的手段，那将极大消解和破坏市场交易的基础——诚信。

资料来源：胡志刚，郭立新.鸿星尔克以情服人，但道德只是商业的底线[EB/OL](2021-09-10).https://www.cmmo.cn/article-221223-1.html)

问题：

1.请了解更多鸿星尔克捐款事件的资料，试评价该公司的市场营销观念。

2.结合该文对该事件的反思，谈谈你是如何理解商业与道德的？

实训专题

任选一个消费类产品，并尝试分别以产品观念、推销观念、营销观念与社会营销观念为指导为该产品设计一份广告词。

思政专题

市场营销哲学应该如何与我国的社会主义核心价值观相结合？试举一个实例来分析与说明。

第二章　市场营销环境

学习目标

1.理解营销活动与营销环境的关系；

2.掌握营销环境的构成，区别宏观环境与微观环境；

3.理解并掌握宏观环境与微观环境的构成要素；

4.理解不同环境因素对营销活动的影响；

5.理解并掌握 PEST 分析法、五力模型、3C 分析法、价值链分析、SWOT 分析法的分析思路与适用情景；

6.理解并区别环境威胁与市场机会，掌握机会与威胁应对策略。

引导案例

赚 20 亿的李宁和"失意"的阿迪，野性消费的年轻人站国货

国人对国货品牌的热爱，不仅仅体现在直播间买鸿星尔克了。

(2021 年)8 月 13 日，李宁发布最新一季财报：截至 2021 年 6 月底，公司营收同比增长 65％至 101.97 亿元，净利润同比大涨 187.2％，达到 19.6 亿元。综合各项数据，算得上李宁登陆港股以来历史同期最好水平。

这样的利好，几乎成了国产品牌的"雨露均沾"。从安踏、特步、361 度发布的业绩盈利预警来看，上半年净利润增长分别不少于 55％、65％、30％。

这难免与不久前刚公布财报的阿迪达斯形成鲜明对比。2021 年第二季度，阿迪营收 50.77 亿欧元，同比增长超过 50％，营业利润为 5.43 亿欧元，其中最引人注意的，是它在大中华地区的销量下降了近 16％，连阿迪达斯 CEO 卡斯珀·罗斯特德也感叹，"中国的市场需求已经偏向中国本土品牌而非全球品牌"。

一升一降之间，是市场份额的重新排序，也是消费者在为自己的感情做选择——年轻人决定穿回国货了。

"新疆棉"事件是国货崛起的直接引线，但同时，基于成熟的供应链体系＋深谙电商运营之道，也是国货抢下市场先机的重要铺垫。

从前年轻人对国际大牌有多追捧，对今天的新国货就有多热情。当国潮成为全民趋势，李宁们该用怎样的姿势去接住？

点燃的国潮热情

李宁的增长势头会否持续，成了外界最为关注的话题。

可以肯定的是，外部环境的变化，带来了更大的增长空间，不仅之于李宁，更是大部分的国货品牌。从安踏、特步、361度发布的上半年业绩来看，净利润都很喜人。

反观阿迪达斯第二财季报告，4月1日至6月30日，虽然营收上涨52%，但大中华区收入下滑近16%，其中电商是大中华区受影响最大的业务。

宝胜国际的数据似乎更有代表性，作为耐克、阿迪达斯等品牌在中国的经销商，7月综合经营收益净额（即相当于总销售额减销售折扣及销售退货）为17.45亿元，同比下跌13.3%，这一指标已连跌4个月。资料显示，宝胜国际90%的营收来自耐克、阿迪达斯、匡威、彪马等品牌。

运动品牌市场份额的洗牌似乎已经开始，首先，对于国潮文化的认同感和自信心增强，是推动国内品牌消费增长的基本面。

其次，国内常年为国际运动品牌代工，已经孵化了足够成熟的供应链体系，具备高效生产有一定设计水准、质量可靠的产品的能力。而在这一方面，国内头部品牌因为有资源优势和设计能力，更容易拔得头筹。

再一点，国货品牌更善于把握国内消费者心理和电商发展之道。毕竟国内的电商营销渠道多元化，从短视频、直播到种草平台等，相比国外品牌要花力气"投其所好"，国内品牌更占据"地利人和"。

国货正在成为90后和00后消费的首选。天猫数据显示，过去一年，90后人均国货消费已经超过6000元。

但国货品牌夺回的"失地"，接下来该如何耕耘是个重要命题。在产品研发与设计能力上能否与海外品牌真正比肩，关系着品牌能否站住脚跟。

资料来源（节选）：杨泥娃.赚20亿的李宁和"失意"的阿迪，野性消费的年轻人站国货[OL].微信公众号：电商在线，2021-8-17.

思考题：

1.搜索更多资料，请问哪些环境的变化成为运动品国潮崛起的驱动因素？

2.面对环境变化，企业应该如何做好环境管理？

第一节 营销环境概述

一、营销环境的含义与构成

任何企业的营销活动都离不开不断变化的外部环境。市场营销环境是影响企业营销活动及其目标实现的各种因素和力量。

营销环境的内容比较广泛，可以根据不同标志加以分类。营销环境按其对企业营销活动的影响，也可分为威胁环境与机会环境，前者指对企业市场营销不利的各项因素的总和，后者指对企业市场营销有利的各项因素的总和。营销环境按其对企业营销活动影响时间的长短，还可分为企业的长期环境与短期环境，前者持续时间较长或相当长，后者对企业市场营销的影响则比较短暂。

菲利普·科特勒则采用划分为微观环境和宏观环境的方法。微观环境指与企业紧密相连，直接影响企业营销能力的各种参与者，包括企业本身、市场营销中间商、顾客、竞争者以及社会公众。宏观环境指影响微观环境的一系列巨大的社会力量，主要是人口、经济、政治法律、科学技术、社会文化及自然生态等因素。如图 2-1 所示。

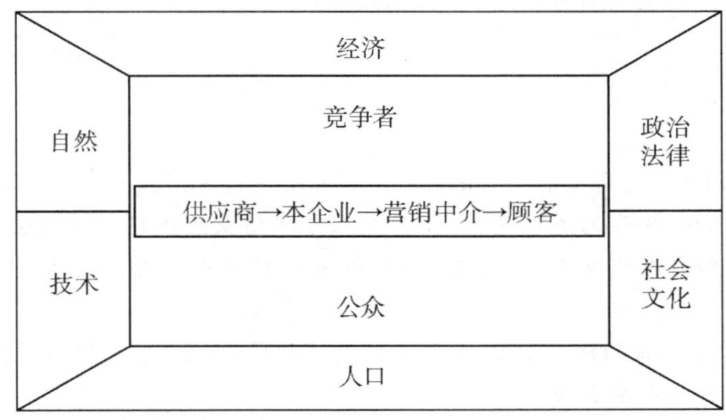

图 2-1 市场营销环境

微观环境与宏观环境之间不是并列关系，而是主从关系。微观环境通常直接影响与制约企业的营销活动，多半与企业具有或多或少的经济联系，也称直接营销环境，又称行业环境。宏观环境一般以微观环境为媒介去影响和制约企业的营销活动，在特定场合，也可直接影响企业的营销活动。宏观环境被称作间接营销环境。宏观环境因素与微观环境因素共同构成多因素、多层次、多变的企业市场营销环境的综合体。

二、营销环境的特点

(一)客观性

环境作为营销部门外在的不以营销者意志为转移的因素，对企业营销活动的影响具有强制性和不可控性的特点。一般说来，营销部门无法摆脱和控制营销环境，特别是宏观环境，企业难以按自身的要求和意愿随意改变它。

(二)差异性

不同的国家或地区之间，宏观环境存在着广泛的差异，不同的企业，微观环境也千差万别。正因为营销环境的差异，企业为适应不同的环境及其变化，必须采用各有特点和针对性的营销策略。环境的差异性也表现为同一环境的变化对不同企业的影响不同。

(三)多变性

市场营销环境是一个动态系统。构成营销环境的诸因素都受众多因素的影响,每一环境因素都随着社会经济的发展而不断变化。营销环境的变化,既会给企业提供机会,也会给企业带来威胁。

(四)相关性

营销环境诸因素间相互影响、相互制约,某一因素的变化会带动其他因素的变化,形成新的营销环境。例如,竞争者是企业重要的微观环境因素之一,而宏观环境中的政治法律因素或经济政策的变动,均能影响一个行业竞争者加入的多少,从而形成不同的竞争格局。又如,市场需求不仅受消费者收入水平、爱好以及社会文化等方面因素的影响,政治、法律因素的变化往往也会对其产生决定性的影响。

拓展阅读 2-1 乌卡时代

乌卡时代(VUCA),是 volatile uncertain complexity ambiguity 的缩写。“VUCA”一词起源于 20 世纪 90 年代的美国军方,指的是在冷战结束后出现的多边世界,其特征比以往任何时候都更加复杂以及不确定,在 2008 年全球金融危机发生后 VUCA 时代的概念再度兴起。

VUCA 中每个元素的深层含义是用来提高 VUCA 的预见性和洞察力的战略意义,以及要提高组织和个人在企业中的行动力。

V=volatility(易变性)是变化的本质和动力,也是由变化驱使和催化产生的。

U=uncertainty(不确定性)是缺少预见性,缺乏对意外的预期和对事情的理解和意识。

C=complexity(复杂性)是企业为各种力量、各种因素、各种事情所困扰。

A=ambiguity(模糊性)是对现实的模糊,是误解的根源,是各种条件和因果关系的混杂。

这些因素描述了企业在展望他们当前和未来的状态的情景,表明了企业在制定政策或计划时的边缘性。这些因素使我们制订计划或者向未来展望的时候变得微不足道。VUCA 更鼓励企业或者个人具备以下的能力:

(1)预期改变条件的事情;

(2)明白事情和行为的结果;

(3)鉴别各个变量之间的内在关联;

(4)为现实的各种情况和改变做准备;

(5)明白各种相关的机会。

资料来源:百度百科.乌卡时代[EB/OL]. https://baike. baidu. com/item/VUCA/7072481? fr=aladdin.

三、营销活动与营销环境的关系

市场营销环境通过内容的不断扩大及其自身各因素的不断变化，对企业营销活动发生影响。首先，市场营销环境的内容随着市场经济的发展而不断变化。21 世纪初，西方企业仅将销售市场作为营销环境。其次，市场环境因素处于不断变化之中。环境的变化既有环境因素主次地位的互换，也有可控性质的变化，还有矛盾关系的协调。随着我国社会主义市场经济体制的建立与完善，市场营销宏观环境的变化也将日益显著。

营销环境是企业营销活动的制约因素，营销活动依赖于这些环境才得以正常进行。这表现在：营销管理者虽可控制企业的大部分营销活动，但必须注意环境对营销决策的影响，不得超越环境的限制；营销管理者虽能分析、认识营销环境提供的机会，但无法控制所有有利因素的变化，更无法有效地控制竞争对手；由于营销决策与环境之间的关系复杂多变，营销管理者无法直接把握企业营销决策实施的最终结果。此外，企业营销活动所需的各种资源，需要从环境许可的条件下取得，企业生产与经营的各种产品，也需要获得消费者或用户的认可与接纳。

虽然企业营销活动必须与其所处的外部和内部环境相适应，但营销活动绝非只能被动地接受环境的影响，营销管理者应采取积极、主动的态度能动地去适应营销环境。就宏观环境而言，企业可以以不同的方式增强适应环境的能力，避免来自环境的威胁，有效地把握市场机会。在一定条件下，也可运用自身的资源，积极影响和改变环境因素，创造更有利于企业营销活动的空间。

第二节　市场营销宏观环境

宏观营销环境指对企业营销活动造成市场机会和环境威胁的主要社会力量，包括人口、经济、政治、自然、技术、文化等因素。企业及其微观环境的参与者，无不处于宏观环境之中。

一、人口环境

人口是构成市场的第一位因素。市场是由有购买欲望同时又有支付能力的人构成的，人口的多少直接影响市场的潜在容量。从影响消费需求的角度，对人口因素可做如下分析：

（一）人口总量

一个国家或地区的总人口数量多少，是衡量市场潜在容量的重要因素。人口越多，对衣食住用行各方面的需求自然会增多，那么市场机会也会更多。对企业而言，应该掌握目标市场的人口规模以帮助企业评估和判断现有市场规模及未来市场潜力。

(二)人口结构

人口结构主要包括人口的年龄结构、性别结构、家族结构及民族结构等。

1.年龄结构

随着社会经济的发展、科学技术的进步、生活条件和医疗条件的改善,人们的平均寿命大大延长。同时,许多国家人口老龄化加速、出生率下降引起市场需求变化。相应的,这些变化对不同行业带来不同程度的机会和威胁。

2.性别结构

性别差异给消费需求带来差异,购买习惯与购买行为也有差别。一般说来,在一个国家或地区,男、女人口总数相差并不大。但在一个较小的地区,如矿区、林区、较大的工地,往往是男性占较大比重;而在某些女职工占极大比重的行业集中区,则女性人口又可能较多。

3.家庭结构

家族是购买和消费的基本单位。一个市场拥有家族单位和家族平均成员的多少以及家族组成状况等,对市场消费需求都有十分重要的影响。同时,以一个以家长为代表的家庭生活的全过程,即家庭生命周期在不同阶段也会形成不同的需求和消费行为。

4.民族结构

民族不同,其生活习性、文化传统也不尽相同。企业在营销活动中也要考虑民族市场的这些差异,才能保证营销活动的有效性。

(三)地理分布

地理分布指人口在不同地区上的密集程度。居住在不同地区的人群,由于地理环境、气候条件、自然资源、风俗习惯的不同,消费需求的内容和数量也存在差异。

(四)人口流动

人口流动包括国家之间、地区之间、城市之间以及城市与农村之间的人口流动。研究表明,发达国家人口流动有一个突出的现象就是城市人口向农村流动,而在发展中国家则是农村人口向城市流动。对于人口流入较多的地方而言,一方面由于劳动力增加,就业问题突出,从而加剧行业竞争;另一方面,人口增多也使当地基本需求量增加,消费结构也发生一定的变化,从而给当地企业带来较多的市场机会。

拓展阅读 2-2 **三胎政策**

2021 年 5 月 31 日,中共中央政治局召开会议,会议指出,进一步优化生育政策,实施一对夫妻可以生育三个子女政策及配套支持措施,有利于改善我国人口结构、落实积极应对人口老龄化国家战略、保持我国人力资源禀赋优势。

未来,随着新生儿增加和人口结构的改变,相关大消费赛道会迎来新的增长红利。

二、经济环境

经济环境一般指影响企业市场营销方式与规模的经济条件及运行状况和发展趋势,

如消费者收入与支出状况、经济发展状况等。

(一)经济发展状况

企业的市场营销活动要受到一个国家或地区经济发展状况的制约,在经济全球化的条件下,国际经济形势也是企业营销活动的重要影响因素。

1.经济发展周期

经济发展具有周期性,完整的周期通常由危机、停滞、复苏和高潮四个阶段组成。危机阶段,市场行情恶化,产品销售困难,库存增加,价格下跌,工商业大量倒闭。停滞阶段,市场低迷,销售不旺,整个经济处于不景气状态,产品库存逐步消散,价格相对稳定于低水平。复苏阶段,整个经济开始活跃,企业利用危机时期形成的低价格水平恢复生产,提高产量,进而是新产品的开发和生产,带来对初级产品和固定资产的需求,商业开始活跃,价格开始回升。高潮阶段,生产指数越过危机前的最高点继续攀升,市场逐渐兴旺,导致大量投资建设新厂,价格也同时攀升,经济又到了新的危急关头。二战以来,随着政府对经济干预的增加,经济危机的周期变长了,波动幅度也减少了。

2.经济形势

国际、国内经济形势,国家、地区乃至全球的经济繁荣与萧条,对企业市场营销都有重要的影响。问题还在于,国际或国内经济形势都是复杂多变的,机遇与挑战并存,企业必须认真研究,力求正确认识与判断,相应制定营销战略和计划。

(二)收入与支出状况

1.消费者收入

市场消费需求指人们有支付能力的需求。仅仅有消费欲望,或仅仅有绝对消费力,并不能创造市场;只有既有消费欲望,又有购买力,才具有现实意义。

拓展阅读 2-3 **相关收入指标简介**

(1)人均国内生产总值:一般指价值形态的人均GDP,将一个国家核算期内(通常是一年)实现的国内生产总值与这个国家的常住人口(或户籍人口)相比进行计算,得到人均国内生产总值。常作为发展经济学中衡量经济发展状况的指标,是人们了解和把握一个国家或地区的宏观经济运行状况的有效工具,是衡量各国人民生活水平的一个标准。

(2)人均国民收入:一国在一定时期内(通常为一年)按人口平均的国民收入占有量,反映国民收入总量与人口数量的对比关系,是衡量一国的经济实力和人民富裕程度的一个重要指标。

(3)名义收入:人们以货币形式获得的收入量,就是名义货币收入量,它是在没有考虑市场因素的情况下的收入。

(4)实际收入:名义收入的购买力。它是与前期相比名义收入能够购买的商品和服务。

(5)个人可支配收入。从个人收入中,减除缴纳税收和其他经常性转移支出后,所余下的实际收入,即能够用以作为个人消费或储蓄的数额。

(6)可任意支配收入。只有在可支配收入中减去这部分维持生活的必需支出,才是个人可任意支配收入，这是影响消费需求变化的最活跃的因素。

2.消费者支出

消费者支出主要指消费者支出模式和消费结构。收入在很大程度上影响着消费者支出模式与消费结构。随着消费者收入的变化，支出模式与消费结构也会发生相应变化。

研究表明，消费者支出模式与消费结构，不仅与消费者收入有关，而且受以下因素影响：(1)家庭生命周期所处的阶段；(2)家庭所在地址与消费品生产、供应状况；(3)城市化水平；(4)商品化水平；(5)劳务社会化水平；(6)食物价格指数与消费品价格指数变动是否一致等。

拓展阅读 2-4　**恩格尔系数**

恩格尔系数是根据恩格尔定律而得出的比例数。19世纪中期，德国统计学家和经济学家恩格尔对比利时不同收入的家庭的消费情况进行了调查，研究了收入增加对消费需求支出构成的影响，提出了带有规律性的原理，由此被命名为恩格尔定律。

恩格尔定律主要内容是指一个家庭或个人收入越少，用于购买生存性的食物的支出在家庭或个人收入中所占的比重就越大。对一个国家而言，一个国家越穷，每个国民的平均支出中用来购买食物的费用所占比例就越大。恩格尔系数则由食物支出金额在总支出金额中所占的比重来最后决定。恩格尔系数达59%以上为贫困，50%～59%为温饱，40%～50%为小康，30%～40%为富裕，低于30%为最富裕。

3.消费者的储蓄与信贷

(1)储蓄，指城乡居民将可任意支配收入的一部分储存待用。储蓄的形式，可以是银行存款，可以是购买债券，也可以是手持现金。较高储蓄率会推迟现实的消费支出，加大潜在的购买力。

(2)信贷，指金融或商业机构向有一定支付能力的消费者融通资金的行为。信贷的主要形式有短期赊销、分期付款、消费贷款等。消费信贷的规模与期限在一定程度上影响着某一时限内现实购买力的大小，也影响着提供信贷的商品的销售量。如购买住宅、汽车及其他昂贵消费品，消费信贷可提前实现这些商品的销售。

三、自然环境

自然环境主要指营销者所需要或受营销活动所影响的自然资源。营销活动要受自然环境的影响，也对自然环境的变化负有责任。营销管理者当前应注意自然环境面临的难题和趋势，如资源短缺、环境污染严重、能源成本上升等。因此，从长期的观点来看，自然环境应包括资源状况、生态环境和环境保护等方面，许多国家政府对自然资源管理的干预也日益加强。人类只有一个地球，自然环境的破坏往往是不可弥补的，企业营销战略中实行生态营销、绿色营销等，都是维护全社会的长期福利所必然要求的。

自然环境与绿色营销

英国威尔斯大学肯·毕提(Ken Beattie)教授在其所著的《绿色营销——化危机为商机的经营趋势》一书中指出:“绿色营销是一种能辨识、预期及符合消费的社会需求,并且可带来利润及永续经营的管理过程。”绿色营销观念认为,企业在营销活动中,要顺应时代可持续发展战略的要求,注重地球生态环境保护,促进经济与生态环境协调发展,以实现企业利益、消费者利益、社会利益及生态环境利益的协调统一。从这些界定中可知,绿色营销是以满足社会和企业的共同利益为目的的社会绿色需求管理,以保护生态环境为宗旨的绿色市场营销模式。经济发达国家的绿色营销发展过程已经基本上形成了绿色需求—绿色研发—绿色生产—绿色产品—绿色价格—绿色市场开发—绿色消费为主线的消费链条。

四、政治法律环境

(一)政治环境

政治环境主要指企业市场营销的外部政治形势,包括:

(1)国内政治环境,包括党和政府的各项方针、路线、政策的制定和调整对企业市场营销的影响。企业要认真进行研究,领会其实质,了解和接受国家的宏观管理,而且还要随时了解和研究各个不同阶段的各项具体的方针和政策及其变化的趋势。

(2)国际市场营销政治环境,一般分为“政治权力”和“政治冲突”两部分。随着经济的全球化发展,国际营销环境越来越重要。政治权力指一国政府通过正式手段对外来企业权利予以约束,包括进口限制、外汇控制、劳工限制、国有化等方面。政治冲突主要指国际上重大事件和突发性事件对企业营销活动的影响,内容包括直接冲突与间接冲突两类。

(二)法律环境

法律环境指国家或地方政府颁布的各项法规、法令和条例等。法律环境对市场消费需求的形成和实现,具有一定的调节作用。企业研究并熟悉法律环境,既保证自身严格依法管理和经营,也可运用法律手段保障自身的权益。

各个国家的社会制度不同、经济发展阶段和国情不同,体现统治阶级意志的法制也不同,从事国际市场营销的企业,必须熟悉有关国家的法律制度和有关的国际法规、国际惯例。

人民日报新论:法治是最好的营商环境

法治既是市场经济的内在要求,也是其良性运行的根本保障。习近平总书记主持召开的中央全面依法治国委员会第二次会议强调,“法治是最好的营商环境”。这一重要论断,为优化营商环境,支持市场主体平等竞争、蓬勃发展,推动中国经济实现高质量发展指明了方向。将优化营商环境建设全面纳入法治化轨道,把依法平等保护各类市场主体产权和合法权益贯彻到立法、执法、司法、守法等各个环节，将对构建统一开放、竞争有序的现代市场体系，推进国家治理体系和治理能力现代化，产生更加深远的影响。

创造法治化的营商环境，科学立法是前提。“立善法于天下，则天下治；立善法于一国，则一国治。”良法善治是政府行使经济职能的制度性安排和权威性表达，具有稳定性和可预期性，是企业投资兴业的主要参考和决策依据。当前，我国基本建立了以《优化营商环境条例》为主干，以各类政策文件为补充，以地方优化营商环境立法为支干的优化营商环境立法体系。继续用好立法这一重要抓手，制定完善契合现代化经济体系需要的法治体系，才能更好发挥法治固根本、稳预期、利长远的作用。

严格执法是关键。执法是行政机关的基本职能，也是与投资者联系最直接、最密切的职能。可以说，没有严格执法，就没有法治政府，也没有一流的营商环境。越是严格执法、依法执法，就越能在招商引资等方面有大作为。各级政府既要做到法无授权不可为，又要做到法定职责必须为。严格执法意味着在市场准入、审批许可、经营运行、招投标等方面打造公平竞争环境，打破各种各样的“卷帘门”“玻璃门”“旋转门”，给各类市场主体发展创造充足、公平的市场空间。

公正司法是保障。司法是维护社会公平正义的最后一道防线，也是依法平等保护各类市场主体产权和合法权益的最后一道防线。通过公正司法依法有效保护各种所有制经济组织和公民财产权，增强人民群众财产财富安全感，是优化营商环境的题中应有之义。司法机关必须平等公正保护各类投资者合法权益，让各种市场主体真切感受到公平正义就在身边。司法公平公正，各类产权的所有者安心放心，市场的创业创新创造动力才能更加强劲。

全民守法是基础。营造全民守法的法治氛围，才能让遵纪守法的企业不吃亏，使企业家安心经营、放心投资、专心创业。一方面，政府要带头尊法学法守法用法，进一步深化放管服改革，对投资者从法律上加以平等保护。另一方面，投资者要相信法律，养成遇事找法、办事依法、解决问题靠法的行为习惯，在法律范围内通过正当有序的竞争而获利，推动构建“亲”“清”的新型政商关系。

习近平总书记强调：“营商环境只有更好，没有最好。”谁拥有法治化营商环境，谁就拥有竞争优势，才能促进经济转型升级和高质量发展。营造一流营商环境必须发挥好法治的保障作用，坚持科学立法、严格执法、公正司法、全民守法，为各类市场主体营造稳定、公平、透明、可预期的良好环境，进而更好激发市场活力和社会创造力。

资料来源：北京市习近平新时代中国特色社会主义思想研究中心.法治是最好的营商环境(新论)[N].人民日报，2021-10-16.

五、科学技术环境

科学技术是第一生产力，科技的发展对经济发展有巨大的影响，不仅直接影响企业内部的生产和经营，还同时与其他环境因素互相依赖、互相作用，给企业营销活动带来有利与不利的影响。例如，一种新技术的应用，可以为企业创造一个明星产品，产生巨大的经济效益；也可以迫使企业的一种成功的传统产品，不得不退出市场。新技术的应用，会引起企业市场营销策略的变化，也会引起企业经营管理的变化，还会改变零售商业业态结构和消费者购物习惯。

科学技术是社会生产力的新的和最活跃的因素。科技环境不仅直接影响企业内部的生产与经营，还同时与其他环境因素互相依赖、相互作用。企业在进行科技环境分析研究时应注意：

(1)新技术的出现，可能对本企业的营销活动造成的直接和间接的冲击；

(2)了解和学习新技术，掌握新的发展动向，以便采用新技术、开发新产品或转入新行业，以求生存和发展；

(3)利用新技术改善服务，提高企业的服务质量和效率；

(4)利用新技术对企业管理，提高管理水平和企业营销活动效率；

(5)新技术的出现对人民生活方式带来的变化及其由此对企业营销活动可能造成的影响；

(6)新技术的出现引起商品实体流动的变化；

(7)国际营销活动中要对目标市场的技术环境进行考察，以明确其技术上的可接受性。

AI在市场营销中能做什么？

提到市场营销中的AI，你可能会立刻想到聊天机器人和AI导购，其实，这只是其中很小的一部分应用。现在AI应用遍地开花，到处都在积极开展AI试验和面向消费者的AI整合。AI展现出愈发强大的洞察力，在极为复杂的营销场景中也能提供有价值的洞见，协助人类决策，完成面向客户的任务。

那么，AI在市场营销中到底能做什么？

数字营销的自动化——何时何地、以何种方式对电子邮件、社交媒体和其他形式的市场营销投入资源？要很好地解答这个问题，单靠猜测是不行的。许多公司正在打造AI系统，以期实现决策自动化，并使之更具战略意义，如图2-2所示。

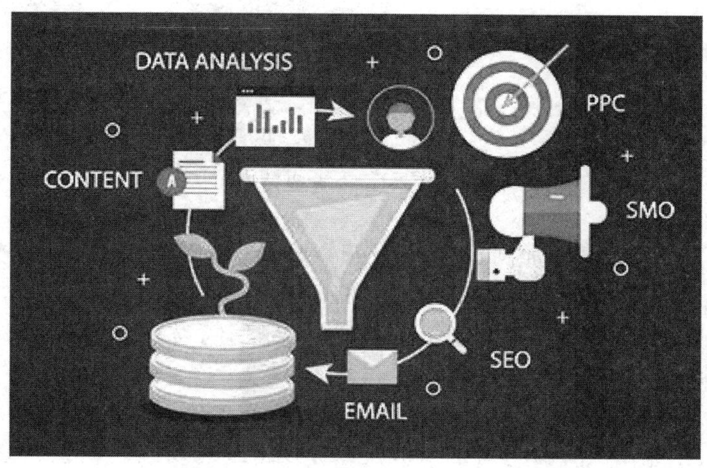

图2-2　数字营销的自动化

动态定价——AI 可以基于产品数字化、用户数据化，结合历史定价和当前市场竞争态势，实现自动化定价决策，如图 2-3 所示。

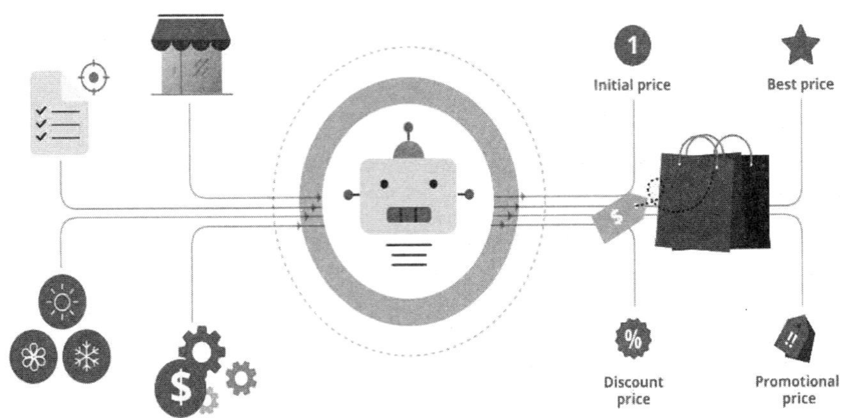

图 2-3 动态定价

内容营销——营销人员总想搞清楚为何某些类型的内容比其他内容效果好。AI 可以拆解内容并进行效果评估，通过图像、文本、音频分析（语速、语气、表情等），更准确地预测其表现。因此，AI 能够协助营销人员对内容策略进行测试，并实时、动态地选择出最优的内容营销设计，如图 2-4 所示。

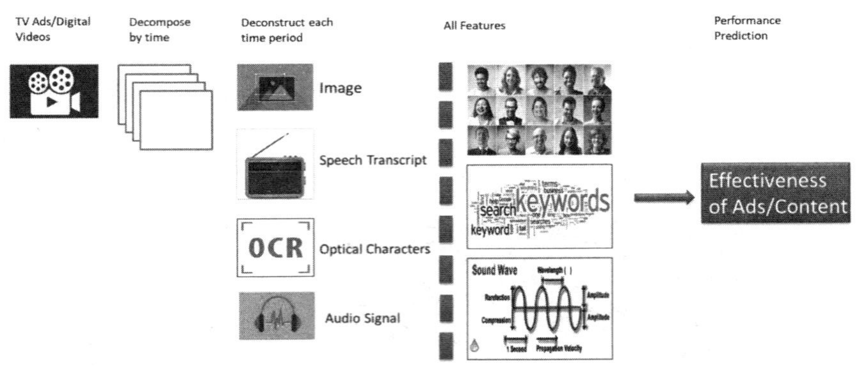

图 2-4 内容营销

产品开发——随着竞争加剧，产品生命周期缩短，企业要在创新和新产品开发方面取得成功，面临着前所未有的压力。AI 可以通过分析来自社交媒体、电商平台等的大数据，挖掘未来市场趋势，并结合过往销售业绩，优化产品设计，缩短开发时间，提升企业产品创新能力与成功概率。

客户体验——越来越多品牌在尝试运营有 AI 赋能的实体店。例如，阿里巴巴在香港开设了一个 AI 时尚服饰概念店。到店顾客可以通过移动端扫码或刷脸登录。店里的服装都带有电子标签，当顾客挑中一件服装时，近旁的智能镜屏上就会自动显示相关信息，还会给出服饰搭配建议。员工也能借助覆盖全店的AI系统获取实时信息，从而更好地改善库存管理，创新客户体验和增强客户黏性。

资料来源(节选)：王琪.AI时代，人类营销与AI营销，谁更胜一筹？[EB/OL].(2021-08-03).https://m.thepaper.cn/baijiahao_13866135.

六、社会文化环境

社会文化主要指一个国家、地区的民族特征、价值观念、生活方式、风俗习惯、宗教信仰、伦理道德、教育水平、语言文字等的总和。主体文化是占据支配地位的、起凝聚整个国家和民族的作用，由千百年的历史所形成的文化，包括价值观、人生观等；次级文化是在主体文化支配下所形成的文化分支，包括种族、地域、宗教等。文化对所有营销的参与者的影响是多层次、全方位、渗透性的，它不仅影响企业营销组合，而且影响消费心理、消费习惯等。这些影响多半是通过间接的、潜移默化的方式来进行的。这里择要分析以下几方面：

(1)教育水平。教育程度不仅影响劳动者收入水平，而且影响着消费者对商品的鉴别力，影响消费者心理、购买的理性程度和消费结构，从而影响着企业营销策略的制定和实施。

(2)宗教信仰。宗教对营销活动的影响可以从宗教分布状况、宗教要求与禁忌、宗教组织与宗教派别三个方面来分析。

(3)价值观念。价值观念指人们对社会生活中各种事物的态度和看法。不同的文化背景下，人们的价值观念差异很大，消费需求和购买行为也有所不同。对于不同的价值观念，营销管理者应研究并采取不同的营销策略。

(4)消费习俗。消费习俗指历代传递下来的一种消费方式，是风俗习惯的一项重要内容。消费习俗在饮食、服饰、居住、婚丧、节日、人情往来等方面都表现出独特的心理特征和行为方式。

(5)消费流行。由于社会文化多方面的影响，消费者产生共同的审美观念、生活方式和情趣爱好，从而出现社会需求的一致性，这就是消费流行。消费流行在服饰、家电以及某些保健品方面表现最为突出。

(6)亚文化群。亚文化群可以按地域、宗教、种族、年龄、兴趣爱好等特征划分。企业在用亚文化群来分析需求时，可以把每一个亚文化群视为一个细分市场，分别制订不同的营销方案。

第三节 市场营销微观环境

企业的微观营销环境包括即企业、供应商、营销中介、目标顾客、竞争者和公众，如图2-5所示。营销活动能否成功，除营销部门本身的因素外，还要受这些因素的直接影响。

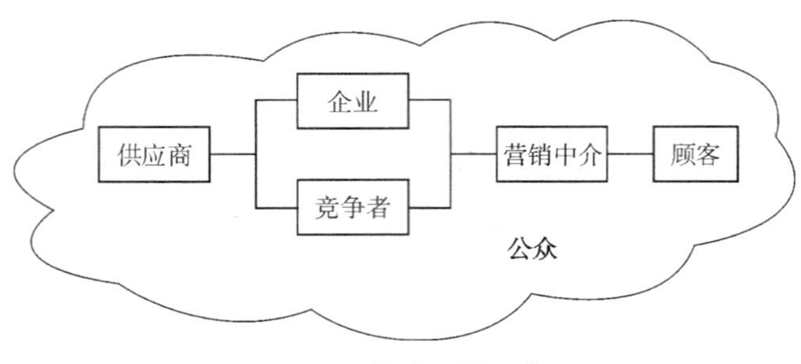

图 2-5 微观环境要素

一、企业

企业本身包括市场营销管理的相关部门、其他职能部门和最高管理层。市场营销部门一般由市场营销副总裁、销售经理、推销人员、广告经理、营销研究与计划以及定价专家等组成。营销部门在制定和实施营销目标与计划时,不仅要考虑企业外部环境力量,还必须注意企业其他业务部门的协调与配合,如生产、采购、研发、财务等,而且要充分考虑企业内部环境力量,争取高层管理部门和其他职能部门的理解和支持。

二、供应商

供应商是向企业及其竞争者提供生产经营所需资源的企业或个人,包括提供原材料、零配件、设备、能源、劳务及其他用品等。供应商对企业营销业务有实质性的影响,其所供应的原材料数量和质量将直接影响产品的数量和质量;所提供的资源价格会直接影响产品成本、价格和利润。在物资供应紧张时,供应商更起着决定性的作用。

三、营销中介

营销中介主要指协助企业促销、销售和经销其产品给最终购买者的机构,包括中间商、物流公司、营销服务机构和财务中介机构。

(1)中间商,包括商人中间商和代理中间商。

(2)物流公司,主要职能是协助厂商储存并把货物运送至目的地的仓储公司。实体分配的要素包括包装、运输、仓储、装卸、搬运、库存控制和订单处理六个方面,其基本功能是调节生产与消费之间的矛盾,弥合产销时空上的背离,提供商品的时间效用和空间效用,以利适时、适地和适量地把商品提供给消费者。

(3)营销服务机构,如广告公司、传播公司等。企业可自设营销服务机构,也可委托外部营销服务机构代理有关业务,并定期评估其绩效,促进提高创造力、质量和服务水平。

(4)财务中介机构。协助厂商融资或分担货物购销储运风险的机构,如银行、保险公司等。财务中介机构不直接从事商业活动,但对工商企业的经营发展至关重要。

四、顾客

微观环境的第四种力量就是顾客，即目标市场。这是企业服务的对象，是企业的“上帝”。企业需要仔细了解自己的顾客市场，应按照顾客及其购买目的的不同来细分目标市场。市场上顾客不断变化的消费需求，要求企业提供不断更新的产品。我们将在第三章重点探讨顾客市场的购买行为。

五、竞争者

企业微观环境中的第五种力量是企业面对着的一系列竞争者。每个企业的产品在市场上都存在数量不等的业内产品竞争者。企业的营销活动时刻处于业内竞争者的干扰和影响的环境之下。因此，任何企业在市场竞争中，主要是研究如何加强对竞争对手的辨认与抗争，采取适当而高明的战略与策略谋取胜利，以不断巩固和扩大市场。我们将在第四章展开竞争者分析与竞争策略的探讨。

六、公众

公司是指对本组织实现其营销目的的能力具有实际的或潜在影响力的群体。

(1)融资公众：指影响企业融资能力的金融机构，如银行、投资公司、证券经纪公司、保险公司等。

(2)媒介公众：主要是报纸、杂志、广播电台和电视台等大众传播媒体。

(3)政府公众：指负责管理企业营销业务的有关政府机构。企业的发展战略与营销计划，必须和政府的发展计划、产业政策、法律法规保持一致，注意咨询有关产品安全卫生、广告真实性等法律问题，倡导同业者遵纪守法，向有关部门反映行业的实情，争取立法有利于产业的发展。

(4)社团公众：包括保护消费者权益的组织、环保组织及其他群众团体等。

(5)社区公众：指企业所在地邻近的居民和社区组织。

(6)一般公众：指上述各种关系公众之外的社会公众。一般公众虽未有组织地对企业采取行动，但企业形象会影响他们的惠顾。

(7)内部公众：企业的员工，包括高层管理人员和一般职工，都属于内部公众。企业的营销计划，需要全体职工的充分理解、支持和具体执行。经常向员工通报有关情况，介绍企业发展计划，发动员工出谋献策，关心职工福利，奖励有功人员，从而增强内部凝聚力，提升员工的责任感和满意度，必然传播并影响外部公众，从而有利于塑造良好的企业形象。

第四节 环境分析与管理

一、宏观环境分析方法:PEST 分析法

PEST 分析法是战略外部环境分析的基本工具,适合于外部的宏观环境分析。它通过政治的(politics)、经济的(economic)、社会的(society)和技术的(technology)角度或四个方面的因素分析从总体上把握宏观环境,并评价这些因素对企业战略目标和战略制定的影响。

与我们第二节中宏观环境的六个因素相比,PEST 分析法把六因素中的人口、自然和社会文化环境都放在 S 这个因素中,其他因素则相同。PEST 分析法的四大因素展开来看,主要由以下一些子因素构成,如表 2-1 所示。企业需要根据行业与自身情况,有所侧重地把握宏观环境中的这些因素,从而为企业营销战略制定提供基本的依据。

表 2-1 PEST 分析法主要因素

政治(包括法律)	经济	社会	技术
环保制度	经济增长	收入分布	政府研究开支
税收政策	利率与货币政策	人口统计、人口增长率与年龄分布	产业技术关注
国际贸易章程与限制	政府开支	劳动力与社会流动性	新型发明与技术发展
合同执行法 消费者保护法	失业政策	生活方式变革	技术转让率
雇用法律	征税	职业与休闲态度 企业家精神	技术更新速度与生命周期
政府组织/态度	汇率	教育	能源利用与成本
竞争规则	通货膨胀率	潮流与风尚	信息技术变革
政治稳定性	商业周期的所处阶段	健康意识、社会福利及安全感	互联网的变革
安全规定	消费者信心	生活条件	移动技术变革

有时,宏观环境分析中也会用到 PEST 分析的扩展变形形式,如 SLEPT 分析、STEEPLE 分析,STEEPLE 是以下因素英文单词的缩写:社会/人口(social/demographic)、技术(technological)、经济(economic)、环境/自然(environmental/natural)、政治(political)、法律(legal)、道德(ethical)。

二、微观环境分析方法:五力模型与 3C 分析法

(一)五力模型

五力模型是由美国哈佛大学教授迈克尔·波特(Michael Porter)于 20 世纪 80 年代初提出的。波特认为行业中存在着决定竞争规模和程度的五种力量,这五种力量综合起来影响着产业的吸引力以及现有企业的竞争战略决策。五种力量分别为同行业内现有竞争者的竞争能力、潜在竞争者进入的能力、替代品的替代能力、供应商的讨价还价能力、购买者的讨价还价能力,如图 2-6 所示。相较微观环境要素图,我们可以明白,五力模型所提及的五种力量实际上包含了微观环境的要素,除了公众因素。

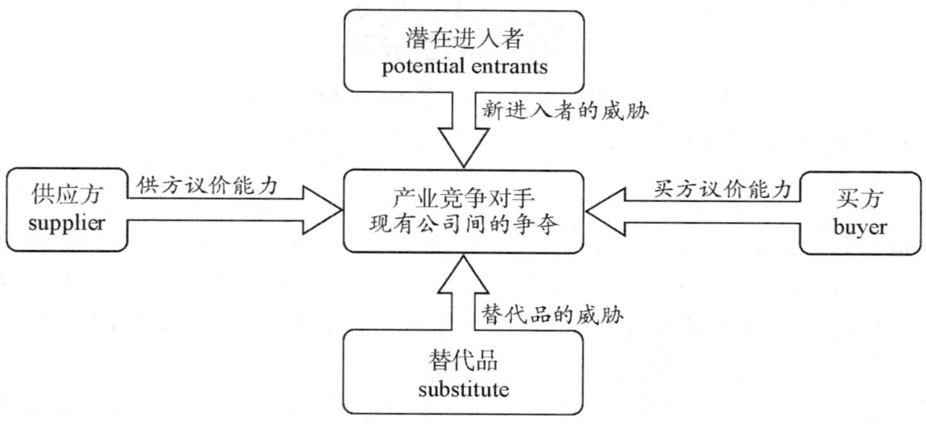

图 2-6 迈克尔·波特的五力模型

竞争战略从一定意义上讲是源于企业对决定产业吸引力的竞争规律的深刻理解。任何产业,无论是国内的还是国际的,无论是生产产品的还是提供服务的,竞争规律都将体现在这五种竞争的作用力上。因此,波特五力模型是企业制定竞争战略时经常利用的战略分析工具。对此,我们将在本书第四章中展开进行说明,在此不再重复。

小案例 2-1 基于五力模型的宁德时代竞争力分析

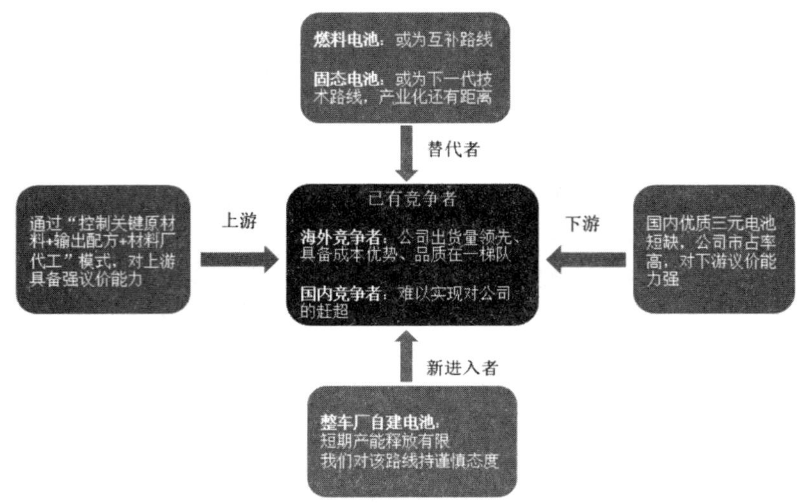

图 2-7 基于波特五力模型对宁德时代的竞争力分析

资料来源：华泰证券研究所，研究员：黄斌、边文姣，2019-8-13。

(二)价值链

价值链概念也是迈克尔·波特于 1985 年提出来的。作为一种强有力的战略分析框架，其在战略管理、环境分析中有着极为广泛的应用。根据价值链分析的范围和目的不同，可以将其分为产业价值链分析和公司价值链分析。前者着眼于企业外部资源，分析较宏观；后者侧重于企业内部资源，分析较微观。

产业价值链是随着产业内分工不断向纵深发展的，传统产业内部不同类型的价值创造活动逐步由以一个企业为主导分离为多个企业的活动，这些企业相互构成上下游关系，共同创造价值。围绕服务于某种特定需求或进行特定产品生产(及提供服务)所涉及的一系列互为基础、相互依存的上下游链条关系构成了产业链，如图 2-8 所示。

辅助增值活动
企业基础管理
人力资源管理
技术开发
采购
毛利
基本增值活动
来料储运
生产作业
成品储运
市场营销
售后服务
毛利
价值链上游环节
价值链下游环节

图 2-8 不同行业的产业价值链简图(示例)

企业价值链是以企业内部价值活动为核心所形成的价值链体系。企业的价值活动可以分为两类活动，即基本活动和辅助活动，共计九项一般的活动类型。基本活动是指涉及产品实物形态的生产、营销和向买方的支付，以及产品支持和售后服务等。辅助活动指的是那些对企业基本活动有辅助作用的投入和基础设施。不同行业的企业价值链如图 2-9 所示。

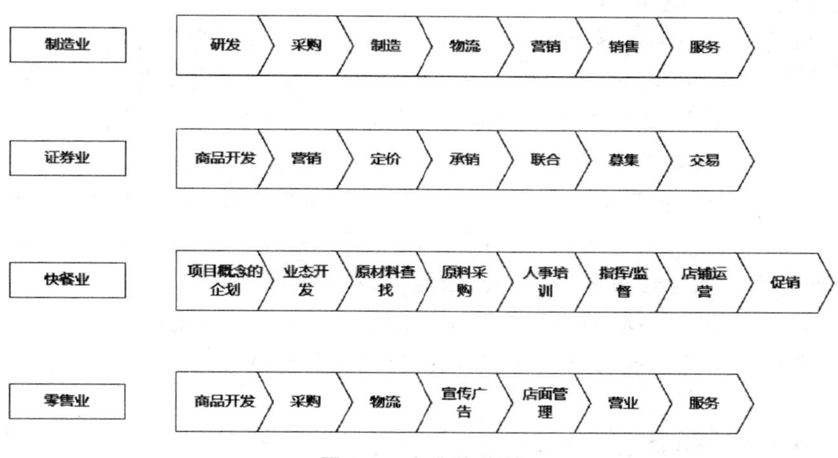

图 2-9　企业价值链

产业价值链分析有助于我们系统地认识产业价值创造过程中的核心环节及企业在产业中的位置，进而发现有利的产业位置或产业机会，采取相应的发展战略；企业价值链分析有助于我们系统地考察企业内部各项活动和相互关系，从而寻找具有竞争优势的资源。

化妆品产业价值链

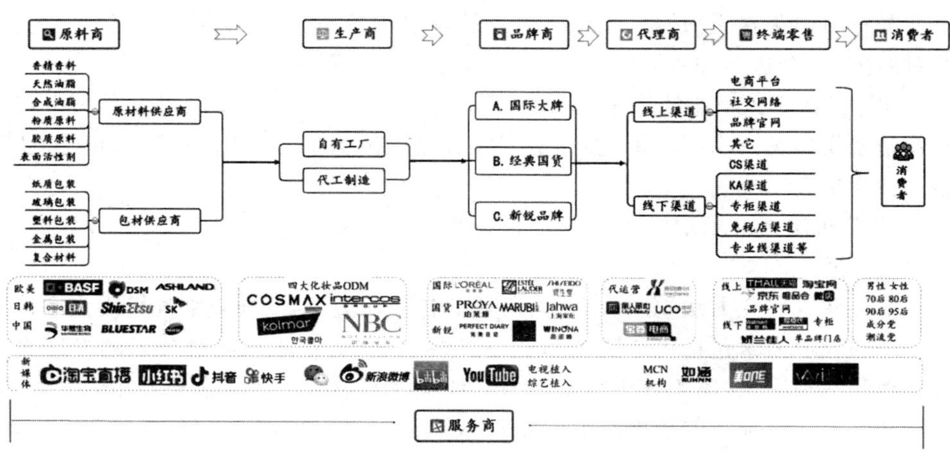

图 2-10　化妆品产业链图谱

资料来源：浙商证券，分析师：邱冠华，2020-6-1。

(三)3C 分析法

3C 分析法是指针对企业所处的微观环境——消费者(customer)、竞争者(competitor)、企业自身(corporation)三大方面进行全面的营销扫描。

(1)消费者分析:企业目标消费群体的需求与消费行为,主要包括消费者的人口统计特征(包括年龄、性别、职业、收入、教育程度等)、消费者的个性特征、消费者的生活方式、消费者的品牌偏好与品牌忠诚、消费者的消费习惯与行为模式等内容。

(2)竞争者分析:企业主要竞争对手的竞争策略,主要包括企业的主要竞争对手、企业在竞争中的优势与劣势、竞争对手的产品特征与业务模式、竞争品牌的品牌定位与品牌形象、竞争对手的营销策略等。

(3)企业分析:企业自身资源与能力的评估,主要包括企业的产品特征、企业现有的目标市场、企业在市场中的竞争现状、消费者心目中的品牌认知、企业现有的商业模式与营销策略、企业进行市场运作可整合的资源与能力等。

3C 分析法撇开微观环境中的众多要素,抓住了企业市场活动的三个核心主体,简单直接地把握企业所处的市场与行业现实,从而提高了分析的效率。

三、内外部环境的综合分析方法:SOWT 分析法

SWOT 分析法(也称 TOWS 分析法、道斯矩阵)即态势分析法,于 20 世纪 80 年代初由美国旧金山大学的管理学教授韦里克提出,经常被用于企业战略制定、竞争对手分析等场合。其中,“S”指企业内部的能力优势(strengths),“W”指企业的薄弱点(weaknesses),“O”表示来自企业外部的机会(opportunities),“T”表示企业面临外部的威胁(threats)。SW 分析侧重于内部,OT 分析侧重于外部。所以从整体上,SWOT 分析法是内外部环境综合分析的有效方法。

运用 SWOT 方法,不仅可以分析本企业的实力与弱点,还可以分析主要竞争对手。通过企业与竞争对手在人力、物力、财力以及管理能力等方面的比较,做出企业的实力和弱点的对照表,结合机会和威胁的分析,最后确定企业的营销战略。为了更有效地运用好 SWOT 分析法,在研究企业的战略性营销规划的发展时,要强调寻找四个方面中与企业战略性营销密切相关的主要因素,而不是把所有企业能力、薄弱点、外部机会与威胁相关的内容逐项列出和汇集。

SWOT 分析法在应用中一般包括以下内容:

(一)分析环境因素

运用各种调查研究方法,分析出公司所处的各种环境因素,即外部环境因素和内部环境因素。外部环境因素包括机会因素和威胁因素,它们是外部环境对公司的发展直接有影响的有利和不利因素,属于客观因素。内部环境因素包括优势因素和弱势因素,它们是公司在其发展中自身存在的积极和消极因素,属主动因素。在调查分析这些因素时,不仅要考虑到历史与现状,还要考虑未来发展问题。

(二)构造 SWOT 矩阵

将调查得出的各种因素根据轻重缓急或影响程度等排序方式,构造 SWOT 矩阵,如

图 2-11 所示。在此过程中，将那些对公司发展有直接的、重要的、大量的、迫切的、久远的影响因素优先排列出来，而将那些间接的、次要的、少许的、不急的、短暂的影响因素排列在后面。

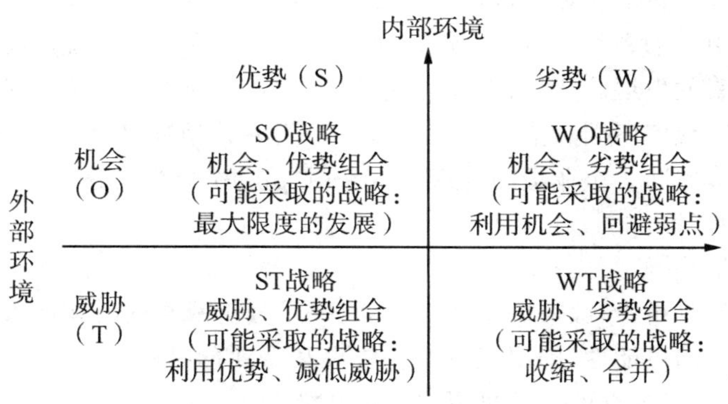

图 2-11　SWOT 矩阵分析

（三）制订行动计划

在完成环境因素分析和 SWOT 矩阵的构造后，便可以制订出相应的行动计划。制订计划的基本思路是：发挥优势因素，克服弱点因素，利用机会因素，化解威胁因素；考虑过去，立足当前，着眼未来。运用系统分析的综合分析方法，将排列与考虑的各种环境因素相互匹配起来加以组合，得出一系列公司可选择或采取的营销对策。

某项目的 SWOT 分析

图 2-12　未来面馆——智慧餐厅解决方案的 SWOT 分析

资料来源：华创证券，分析师：欧阳予、董广阳，2021-8-6。

四、环境评估与管理方法：机会威胁分析矩阵

市场营销环境通过对企业构成威胁或提供机会而影响营销活动。市场机会指对企业营销活动富有吸引力的领域，在这些领域，企业拥有竞争优势。环境威胁是指环境中不利于企业营销的因素的发展趋势，对企业形成挑战，对企业的市场地位构成威胁。

企业面对威胁程度不同和市场机会吸引力不同的营销环境，需要通过环境分析来评估环境机会与环境威胁。企业最高管理层可采用“威胁分析矩阵图”和“机会分析矩阵图”来分析、评价营销环境。

（一）威胁分析矩阵

对环境威胁的分析，一般着眼于两个方面：一是分析威胁的潜在严重性，即影响程度；二是分析威胁出现的可能性，即出现概率。假设某企业的某项业务在环境威胁中有 8 个动向，通过严重性和可能性的分析可得出其威胁分析矩阵，如图 2-13 所示。

影响程度 \ 出现概率	高	低
大	3 5	1 6
小	2 4 8	7

图 2-13 威胁分析矩阵图

在上图中，处于 3、5 位置的威胁出现的概率和影响程度都大，必须特别重视，制定因应对策；处于 7 位置的威胁出现的概率和影响程度均小，企业不必过于担心，但应注意其发展变化；处于 1、6 位置的威胁出现概率虽小，但影响程度较大，必须密切注意监视其出现与发展；处于 2、4、8 位置的威胁影响程度较小，但出现的概率大，也必须充分重视。

（二）机会分析矩阵

机会分析主要考虑其潜在的吸引力（营利性）和成功的可能性（企业优势）大小。同样，假设某企业的某项业务在市场机会中有 8 个动向，通过吸引吸引力和可能性的分析，其机会分析矩阵如图 2-14 所示。

潜在吸引力 \ 成功的可能性	大	小
大	3 7	4 2
小	6	1 5 8

图 2-14 机会分析矩阵图

在上图中，处于 3、7 位置的机会，潜在的吸引力和威胁的可能性都大，有极大可能为企业带来巨额利润，企业应把握战机，全力发展；而处于 1、5、8 位置的机会，不仅潜在利益小，成功的概率也小，企业应改善自身条件，注意机会的发展变化，审慎而适时地开展营销活动。

（三）分析结果与对策

用上述矩阵法分析、评价营销环境，可能出现四种不同的结果，综合如图 2-15 所示。

机会水平 \ 威胁水平	低	高
高	理想业务	冒险业务
低	成熟业务	困难业务

图 2-15　环境分析综合评价图

在环境分析与评价的基础上，企业对威胁与机会水平不等的各种营销业务，要分别采取不同的对策。

对理想业务，应看到机会难得，甚至转瞬即逝，必须抓住机遇，迅速行动；否则丧失战机，将追悔莫及。

对冒险业务，面对高利润与高风险，既不宜盲目冒进，也不应迟疑不决、坐失良机，应全面分析自身的优势与劣势，扬长避短，创造条件，争取突破性的发展。

对成熟业务，机会与威胁处于较低水平，可作为企业的常规业务，用以维持企业的正常运转，并为开展理想业务和冒险业务准备必要的条件。

对困难业务，要么是努力改变环境，走出困境或减轻威胁，要么是立即转移，摆脱无法扭转的困境。

（四）对机会的反应

对企业业务所面临的主要机会，还必须深入分析机会的性质，以便企业寻找对自身发展最有利的市场机会。

（1）环境市场机会与企业市场机会。市场机会实质上是“未满足的需求”。伴随着需求的变化和产品生命周期的演变，会不断出现新的市场机会。但对不同企业而言，环境机会并非都是最佳机会，只有理想业务和成熟业务才是最适宜的机会。

（2）行业市场机会与边缘市场机会。企业通常都有其特定的经营领域，出现在本企业经营领域内的市场机会，即行业市场机会，出现于不同行业之间的交叉与结合部分的市场机会，则称为边缘市场机会。一般说来，边缘市场机会的业务，进入难度要大于行业市场机会的业务，但行业与行业之间的边缘地带，有时会存在市场空隙，企业在发展中也可用以发挥自身的优势。

（3）目前市场机会与未来市场机会。从环境变化的动态性来分析，企业既要注意发现目前环境变化中的市场机会，也要面对未来，预测未来可能出现的大量需求或大多数人的消费倾向，发现和把握未来的市场机会。

（四）对威胁的反应

面对环境对企业可能造成的威胁，企业常用的方法有三种：

（1）对抗策略，也称抗争策略，即试图通过自己的努力限制或扭转环境中不利因素的发展。如通过各种方式促使（或阻止）政府通过某种法令或有关权威组织达成某种协议、努力促使某项政策或协议的形成以抵销不利因素的影响。

（2）减轻策略，也称削弱策略，即企业力图通过改变自己的某些策略，达到降低环境变化威胁对企业的负面影响程度。

(3)转移策略,也称转变或回避策略,即指企业通过改变自己受到威胁的主要产品的现有市场或转移投资方向来避免环境变化对企业的威胁。转移策略包含以下不同的“转移”:①企业原有销售市场的转移;②企业往往不仅仅限于目标市场的改变,而常常是做自身行业方面的调整;③企业依据营销环境的变化,放弃自己原有的主营产品或服务,将主要力量转移到另一个新的行业中。

本章小结

任何企业的营销活动都离不开不断变化的外部环境。营销环境是影响企业营销活动及其目标实现的各种因素和力量。环境具有客观性、差异性、多变性和相关性的特点。一般的,我们把营销环境分为宏观环境与微观环境,宏观环境通常由人口、经济、政治、自然、社会和技术等六个主要因素构成,PEST 分析法是宏观环境扫描的常用分析框架;微观环境也称行业环境,通常由供应商、营销中介、竞争者、顾客、公众和企业自身构成,五力模型、价值链和 3C 分析法是常用的分析工具。这些因素在不同程度上直接或间接地影响着企业的战略选择与营销活动。企业要积极地适合环境变化采取相应的对策。SWOT 分析法和机会威胁分析矩阵能够帮助企业梳理环境因素、评估环境影响并给出相应的策略思路。

重要名词

营销环境　宏观环境　微观环境　PEST 分析法　五力模型　产业价值链　企业价值链　3C　SWOT 分析法　环境威胁　市场机会　机会威胁矩阵

案例评析

MUJI 开菜场,到底想卖什么?

如今,不少品牌都打起了菜市场的主意。

前有 Prada 在上海市中心开出快闪菜市场,后有诚品书店跨界生鲜市集,而最近,无印良品(MUJI)在上海的首家“生鲜复合店”更是赚足了媒体与大众的关注——除传统的商品外,店里从果蔬、肉类到海鲜、烘焙咖啡,应有尽有。

显然,跨界生鲜开菜市,MUJI 不会是最后一家,而零售君感到好奇的是——为什么这么多品牌都盯上了市井气爆棚的菜市场?生鲜是否会成为今后品牌开线下门店的跨界首选?作为生活方式的品牌代表,MUJI 频频探索新业态,意欲何为?

带着这些问题,零售君实地探访了 MUJI 的这家生鲜复合店。

何为“生鲜复合”？

MUJI 的首家生鲜复合店坐落于上海虹口区的瑞虹天地太阳宫。

零售君查阅相关资料后了解到，瑞虹区域经过 20 多年的开发建设，已经成为上海内环内极负盛名的国际综合性社区，社区内常住家庭近 1 万户，常住人口 3 万多，10 分钟步行范围内有约 20 万常住人口，30 分钟车行范围内有约 432 万住宅人群。

毫无疑问，太阳宫辐射的周边中产阶层正是 MUJI 的目标消费人群。

据 MUJI 中国总部相关负责人介绍，之所以选择瑞虹天地太阳宫开店，主要是因为这里地理位置优越、人口密集、交通便利。

“我们认为这里非常适合超市业态的开展，选址在此也是希望能够为附近居民提供满足他们日常生活所需的各种商品，并将 MUJI 所倡导的‘这样就好’的生活理念带给更多消费者。”

这家生鲜复合店的整体装修风格延续了其传统的木质简约“MUJI 风”。整个店铺被厚重的木门隔成 MUJI 店铺和生鲜超市两大区域，营业期间，木门相向敞开，形成了天然的通道。

与其他 MUJI 店铺相比，这家 MUJI 店铺取消了床品和大型家具，食品陈列区域明显扩大，且品类也更为丰富。

零售君在这里找到了上海特色的青团、蝴蝶酥，以及拉面、麦片等速食商品，一长排冰柜里则摆放着冰激凌、甜品、冷冻 Pizza 等。

在生鲜超市区域，零售君发现，除粮油调味、休闲零售、酒水饮料等常规标识外，在食品区域的各个冷柜上还摆上了如甜品、简餐、传统熟食等更为细分的标牌；

一旁货架上，展示的是一款进口松饼粉，工作人员正在向顾客详细介绍这款产品的使用方法，以及配料成分、营养配比；

继续往里走，可以看到一些日本特色食品，如北海道特色小吃与清酒等，在商品上方的标签上注明了 MUJI 的字样，同时还有对北海道风土人情的简短介绍。

这些细节让零售君对于超市的定位——饮食提案型超市——有了更直观的理解。

所谓“饮食提案型”是指，除了售卖食材，还为顾客提供烹饪菜单、介绍食材背后的故事，包括采购渠道、食物本身的特性及食用方法、生长季节和区域特点，等等。

这显然与 MUJI 生活方式品牌的定位一脉相承。据超市工作人员介绍，生鲜超市由京东旗下的七鲜负责运营，而生鲜复合店的整体设计则由 MUJI 负责，以保持风格的统一。

结账区位于超市和 MUJI 店铺的中间，既有人工收银，也有自助结算机。

这样的操作提醒零售君：MUJI 与七鲜已经在商品与会员系统等多个层面进行了深度的融合。

从生鲜复合店结账出来，已经到了午餐时间。结了账的人拎着大包小包走出来，又有不少隔壁写字楼的白领，生活在附近的阿姨爷叔，熙攘着走进店去，还有一些是前来打卡的年轻人，他们往往是还没迈进门就拿着手机“咔嚓”起来了……

显然，有了生鲜超市的 MUJI，多了不少烟火气。

为什么是菜市？

烟火气，被认为是很多品牌跨界开菜市的最直接目的。

早前，奢侈品品牌 Prada 与上海“乌中市集”跨界联名开了一家快闪菜市场，主要是为了配合 Prada2021 秋冬广告大片的发布，菜市场的内外都包装上了 Prada 标志性印花图案。

这家为期 14 天的快闪店，成功将生活气息注入 Prada 原本的“高冷”人设，引得网友直呼：终于买得起奢侈品了！

除了奢侈品牌，“盯上”菜市场的还有诚品书店。早在 2018 年，诚品生活就在中国台北信义店打造了一个全新的生鲜菜市场——诚品知味市集，除包装食品、零食外，首度售卖逾 150 种当地农民栽种的生鲜蔬果、鱼虾肉品等。

经过 2 年多的摸索，今年 10 月末，诚品生活又在中国台湾开出了首家小型社区店——诚品生活时光，除了卖书，还售卖生鲜蔬菜，并提供送货上门服务。

很明显，不同于 Prada 的快闪菜市场，诚品书店卖菜更多的是在于探索新业态。

受互联网浪潮的冲击，实体书店纷纷开启了转型升级之路，言几又、西西弗、茑屋书店等都在试水“咖啡＋书＋文创产品”的模式，而诚品跨界生鲜，算是“玩”出了新意。

相比于前两者，MUJI 卖菜并不让人感觉突兀。2017 年，MUJI 在日本东京有乐町的旗舰店开设了蔬果卖场；2018 年，在大阪开业了号称全球面积最大的 MUJI 菜市场，占地面积达到 4300 平方米，主打高端食材的销售。

MUJI 上述负责人向新零售商业评论介绍，以往大家对 MUJI 的印象，可能更多的是服饰与生活用品，但其实“食”也是人们生活中最基本、最重要的一环。

太阳宫的这家生鲜复合店，借鉴了日本东京和大阪店合作经营的模式和理念，并结合多年来对中国消费者饮食、生活、消费习惯的观察与思考。

“我们希望通过这家生鲜复合店，给大家提供安心健康的食品和与饮食相关的生活提案，传递 MUJI 的‘食生活’理念，也希望以此为桥梁，让更多消费者认识和理解 MUJI。”

对于跨界菜市的品牌而言，除了让品牌更具烟火气，从而赚足更多消费者的关注外，中国菜市场的规模与前景似乎更具有新引力。

在这个“民以食为天”的国家，居民日常饮食生活几乎离不开菜市场。

据艾瑞咨询数据，2020 年中国菜市场零售规模逾 3 万亿元，占据生鲜购物 56％的市场份额。即便过去几年消费趋于线上化，菜市场的份额始终稳定，且在居民社区内拥有稳固的用户基础。

可以说，菜市场是我国生鲜零售市场占比最大的渠道，同时能触达更广阔的人群，再加上生鲜的高购买频次，这些都使其拥有了巨大的发展潜力，也成为吸引品牌跨界的最佳选择。

不止菜市这么简单

回到 MUJI 的生鲜复合店，事实上，在此之前，MUJI 探索新业态的尝试便从未停止。

2015 年，MUJI 在上海淮海中路开了一家三层旗舰店，其中包含书店及餐饮等业态。

2018 年 1 月，MUJI 全球首家酒店落户深圳，选址于深圳深业上城商圈，坐拥三大中央公园，与店铺、餐厅组成 MUJI 三合一综合体，酒店与餐厅的装潢保持 MUJI 一贯的简洁风格。同年 3 月，MUJI 在北京的酒店也开门营业。

继书店、酒店、餐厅之后，MUJI 在京东园区内开了一家便利店，随后在上海宝杨宝龙广场开出第二家便利店。值得一提的是，便利店所在的建筑主体宝龙公寓也是由 MUJI 设计的。

今年 1 月，MUJI 又在上海开出一间大型旗舰店，除咖啡、甜品和餐厅区域外，首次引入了家装服务。

据 MUJI 上述负责人透露，不仅是生鲜类市场，未来 MUJI 将继续探索和提供更加丰富的涵盖衣、食、住、行各方面的生活方式新提案，具体的开店计划还在讨论规划中。

在零售君看来，从咖啡、甜品、简餐等餐饮，到便利店、超市、酒店，看似眼花缭乱的业态，其实都是 MUJI 生活方式品牌定位的延续与拓展，而这或许预示着，在消费升级的趋势下，生活方式品牌们正在迈入 2.0 时代。

小红书 CEO 毛文超曾说过："未来所有的品牌都是生活方式品牌。"

这一断言在当下中国人均 GDP 超过 1 万美元的背景下，显得尤为有意义——这意味着，消费者的需求将由物理价值转变为心理价值，相应的，生活方式品牌也将逐渐兴起，取代传统的功能性品牌。

这很好地解释了许多新品牌都热衷于开发周边产品的现象。以奈雪的茶为例，其在招股说明书中明确提出，"计划通过扩大茶礼盒、即饮茶品、茶袋、预包装甜点及休闲零食的食品类别创建更多顾客接触点，从而突破品牌界限以使奈雪的茶成为一个生活方式品牌……"

作为生活方式品牌的先行者，MUJI 早已围绕品牌定位拓展出了丰富的产品线，从食品、洗护日用品、文具，到鞋服、家具，等等。

如今，MUJI 已经不满足于单纯靠已有的产品线触达消费者，而是要通过更丰富的线下零售业态的探索，以及线上、线下的融合，将品牌真正融入消费者的日常生活。

基于零售君的这一观点来看，同样进入 2.0 时代的另一个生活方式品牌是宜家。

城市店、体验空间、购物中心、餐馆、咖啡厅、烘焙工坊……宜家对于线下新业态的每一次尝试，都能引发大众与媒体的热议。

菜市场，只是生活方式品牌们开启 2.0 时代过程中的一个选择，在可预知的未来，围绕着消费者生活的方方面面，或许都能看到生活方式品牌的身影…

资料来源：王梓旭.MUJI 开菜场，到底想卖什么？[OL].微信公众号：新零售商业评论，2021-11-17.

问题：

1.搜集相关资料，试从宏观和微观角度思考不少品牌做菜市场背后的环境影响因素？你认为这一跨界能否成功？

2.如何理解和评价"未来所有的品牌都是生活方式品牌"的论断。

实训专题

选择一个行业，分析互联网尤其是移动互联网对这个行业带来的机会和威胁，并提出该行业顺应环境变化的应对策略。

思政专题

“当今世界处于百年未有之大变局”，请试着结合 PEST 的四个分析维度，分别列出 1～3 个具体的变化因素，思考这些因素对行业的机会与挑战。

第三章 购买行为分析

学习目标

1.熟悉消费者购买行为模式；
2.掌握影响消费者购买的因素；
3.掌握消费者购买的决策过程；
4.理解和掌握组织市场的含义、特点和构成；
5.了解产业市场和中间商市场购买的决策过程；
6.掌握政府采购行为的决策过程；
7.理解和掌握网络消费者的类型和特征；
8.掌握网络消费者需求的特征；
9.理解网络消费者购买行为模式。

引导案例

国潮香水“收割”年轻人

中国人使用香水已有千年历史，但香水行业在中国起步较晚、市场渗透率低。2020年，相对全球4063亿元的香水市场而言，中国香水市场规模仍然很小，占比不过2.5%。

一个有趣的趋势是，在全球香水市场近年增速放缓的同时，中国香水市场却高速成长并引发关注。艾瑞咨询报告显示，2017年至2020年，中国香水消费规模从61.6亿元飙升至125.27亿元。到2030年，中国将有望成为全球第二大香水市场。过去4年，天猫平台香水行业的销售额增长了3倍。2021年上半年，仅香薰摆件这一品类，就在天猫实现了同比17倍的增长。

年轻一代消费者追求个性化表达以及热衷尝新的特点，为国产香水出圈创造了条件。在传统文化底蕴的加持下，凭借区分于国际大牌的独特香气，国产香水正在吸引着越来越多的年轻人尝试。

如今，伴随国潮的兴起，国产香水也尝试在产品中延续传统文化中的“精神内核”。

近年大火的国产品牌香水，大多结合“传统”与“国潮”概念，在调香、产品命名和外观设计上追随东方传统美学，以迎合消费者对“东方情结”的偏爱。观夏和RE调香室出品的国风香水被命名为“昆仑煮雪”“江南竹海”“书院莲池”“青梅煮酒”“月落桂子”等，饱含诗意和东方意境的名字，往往令消费者还没闻到味道，就已对香水产生好奇与期待。在香味上，除了沿用桂花、茉莉、栀子花、白玉兰、竹子等传统中式植物香，一些国货还引入了焚香、墨香等更加小众的香气。其香味不再被描述成一件具体事物，而是传达出清风明月、山川雨雪、春夏秋冬等更加复杂的意象味道。

其中，北京故宫以《凤求凰》《广陵散》等古曲及藏品十二花神杯为灵感，分别调配出了古琴香水和十二花神香水；苏州博物馆则推出固体香膏、香薰蜡烛、香薰精油等香氛产品。

另一些国产香水走的则是接地气的怀旧路线。

在气味图书馆推出的系列香水中，就包括还原铝壶烧水味道的“凉白开”，洋溢香甜奶糖味的“大白兔”，以及走家常美食路线的“西红柿蘸白糖”“豆浆”“白砂糖”等。

Z世代重塑香水流行趋势。头豹《2020年中国化妆品行业深度报告》显示，中国香水香氛消费者多为收入水平偏高的90后。其中，超过6成人将香水视为像口红一样的消费品，不到4成人愿意复购几款香水。为迎合消费者的多变口味，香水品牌需要不断推陈出新。

追求独特个性是Z世代的标签，他们在香水的选择上也力求与众不同。在年轻一代的引领下，香水的流行趋势正在重塑。英敏特公司报告显示，年轻用户正趋向尝试更加小众的香水品牌和形式。其中，30至39岁的女性是传统香水的核心用户，而20多岁的消费者更有可能尝试其他形式的香水。此外，随着无性别风格的日益盛行，只有31%的消费者在选择香水时认为“专为某一性别设计”是重要因素。

中国年轻消费者对男女通用香水的需求也在上升。天猫国际表示，诸如宝格丽男士香水、CK One等面向男性的产品，在女性消费者中也很流行。一位发言人指出，Z世代尤其不受传统的限制，他们会大量选择带有木香、海洋木香和玫瑰木香的产品。

近年“国潮”概念在年轻群体中的盛行，为国产品牌带来了发展契机，让其可以背靠传统文化，与消费者快速建立联系。而气味营造出的记忆和想象空间，为这层联系添上了更多感性色彩。

资料来源：麻吉.国潮香水“收割”年轻人[OL].财富号：霞光社，2021-10-22.

引导问题：

1.在新兴市场，Z世代如何重塑香水流行趋势？

2.“国潮香水”如何激发中国消费者的购买动机？

管理学大师彼得·德鲁克说：“关于企业的目的，只有一个正确而有效的定义：创造顾客。”“社会将财富资源托付给企业，也是为了满足顾客的需求。”市场是由购买者组成的，认识和理解市场中的购买者是市场营销中最为基础的部分，因此企业要以购买者为中心，分析购买者的行为，才能够有效开发针对购买者的有价值的产品，并运用有效的策略将产品呈现给购买者。

市场的购买者按照购买的目的或用途的不同可以分为消费者市场的购买者和组织市场的购买者。消费者市场购买者是指个人或家庭购买者，这些购买者购买产品或服务是为了满足个人或家庭的生活消费。而组织市场购买者一般包括工商企业、政府部门和非营利性组织等。工商企业是为了从事生产、销售等业务活动而购买所构成的市场，一般称之为营利性组织市场。政府部门和非营利性组织是为了履行职责而购买所形成的市场，一般称之为非营利性市场。无论是哪一种购买者，我们都要深入了解其购买行为的影响因素及其购买的决策过程，这对于开展有效的市场营销活动至关重要。

第一节 消费者购买行为分析

消费者市场的购买者是由个人和家庭构成，其主体是人。人的行为受人的心理支配，不同的人，其心理也不同，其行为也不同。因为人是复杂的，我们要分析消费者的购买行为就要分析人的心理，所以消费者的购买行为就变得尤为复杂。

一、消费者购买行为概述

从开篇的案例中我们就可以看出消费者购买行为的复杂性，如果我们在不了解消费者的情况下盲目应用营销策略，必然导致企业的失败。作为企业的营销工作者，要深入了解消费者，了解消费者购买行为背后复杂的影响因素，掌握消费购买决策的流程，才能制定合理的营销组合。

（一）消费者市场的含义与特点

消费者市场是指所有为了满足个人消费而购买产品或服务的个人和家庭所构成的市场，又称为消费市场或生活资料市场。产品或服务流通的终点就是消费者市场，故消费者市场也被称为最终产品市场。

一般的，消费者市场呈现出以下这些特点：

（1）分散性。消费者市场的主体是个人和家庭，个人和家庭的分布和地理区域是分不开的。像我们国家幅员辽阔，各个区域的人口分布也是不同，东部人口分布和西部人口分布、城镇人口和农村人口分布都存在较大差异。由于消费者分布的分散性，因此面向消费者市场的企业要特别注意分销渠道的选择、设计以及管理。

（2）差异性。消费者购买行为受到年龄、性别、身体状况、性格、习惯、文化、职业、受教育程度、社会地位、收入水平等各种因素的影响，从而形成了不同的消费需求和消费行为。随着消费者生活水平的不断提高，消费者的购买选择会更加个性化，需求的差异性有不断扩大的趋势。作为企业的营销人员，要对消费者市场进行准确的市场细分，针对所选择的细分市场开展有效的营销活动，满足消费者的差异性的需求。

（3）易变性。无论是个体消费者还是家庭消费者，其购买行为都不是一成不变的。一方面社会生产力的提高、科技的发展进步，使得新的产品和服务层出不穷，消费者面临更多的选择。另一方面，消费者自身的消费水平、消费观念等也是发展变化的，对产品和服务的需求也是发展变化的。作为企业的营销人员要密切关注消费者市场的变化，把握消费者市场变化的趋势，通过不断变化的营销活动满足消费者变化的需求。

（4）替代性。由于消费者的购买力是有限的，所以消费者在购买时必然要进行慎重的选择。一方面不同的厂家提供不同品牌选择,另一方面在不同品种之间也可以实现功能替代,所以消费者的购买选择会根据购买力的情况做出调整。作为企业的营销人员要注重客户关系管理,把自己的客户发展成忠诚客户,同时积极争取新的客户。

(5)非专业性。消费者市场主体是个人和家庭,其知识面的有限性导致对相关产品或服务的质量、性能、维修、保管以及市场行情等都不太理解,只能根据个人偏好来做出购买选择,因此其购买行为属于非专业性购买。另一方面,消费者市场购买决策属于个人决策,一般具有自发性、感情冲动的特点,这也是非专业性购买的特点。作为企业的营销人员,要做好宣传广告,明晰产品定位、产品特征,努力做好消费者的参谋,积极引导消费者的购买行为。

(二)消费者购买行为研究的内容

消费者购买行为是指消费者为了满足自身需要和欲望而寻找、选择、购买、使用、评价及处置产品、服务时介入的过程活动,包括消费者的主观心理活动和客观物质活动两个方面(菲利普·科特勒,2000)。消费者的购买活动涉及很多方面的问题,企业营销人员可以通过观察消费者的行为得到部分答案,但是想要深入了解消费者为什么购买却是不容易的,需要我们积极进行探索。

一般而言,企业营销人员只要能够分析清楚 7 个方面的问题(5W2H),就能针对消费者的实际情况,设计具体的营销策略。如图 3-1 所示。

图 3-1 消费者购买行为的研究框架

(1)谁来购买(who)?谁构成该市场?谁购买?谁参与购买?谁决定购买?谁使用该产品?谁影响购买?

(2)购买什么(what)?消费者需要什么样的产品或服务?对消费者而言最有价值的是什么?消费者追求的核心利益是什么?

(3)为何购买(why)?消费者购买的目的是什么?为什么喜欢?为什么讨厌?为什么喜欢买这不买那?

(4)何时购买(when)?什么季节购买?何时需要?何时使用?何时换代?

(5)何地购买(where)?在超市购买还是在商场购买?是就近购买还是到商业中心购买?

(6)如何购买(how)?以什么方式购买(现场购买、网络购买、邮购、电视购物等)?按什么程序购买?

(7)购买多少(how many)?每次购买的数量是多少?一定时期购买次数是多少?人均购买量是多少?

以上七个问题的英文首个字母组合为5W2H,因此称之为5W2H分析模型。

(三)消费者购买行为的研究模式(刺激—反应模式)

在对消费者购买行为的研究中,不同的学者从不同角度进行研究,形成了不同的研究模式。如英国经济学家马歇尔的经济学模式、维布雷宁的心理学模式、巴甫洛夫的学习模式,当然最典型的莫过于菲利普科特勒提出的刺激—反应模式。刺激—反应模式认为消费者的行为是消费者的一种内在心理过程,是在消费者内部自我完成的。外部的刺激经过消费者的内在心理过程产生反应,从而才引发消费者的购买行为。这一模式包括三个变量:内外部刺激因素、消费者心理活动过程和消费者的行为反应,如图3-2所示。

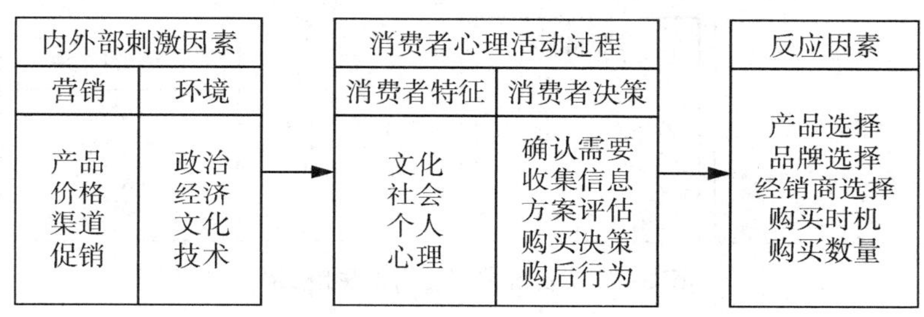

图3-2 消费者行为模型

(1)内外部刺激因素。刺激—反应模式表明,所有消费者的购买行为都是刺激所引起的,这种刺激包括消费者内部自身的生理和心理因素,也包括消费者外部的刺激。内部刺激一般包括消费者自身的生理需要、动机、个性、观念、习惯等。外部刺激一方面指企业的营销刺激,一般包括产品、价格、渠道和促销四个因素;另一方面指企业之外的环境刺激,一般包括经济、政治、技术和文化。

(2)反应因素。刺激—反应模式的反应因素指消费者的购买行为,包括产品的选择、品牌的选择、经销商的选择、购买时间、购买地点、购买方式等。它是对一次具体购买行为的评价。

(3)消费者的心理活动过程。在刺激因素和反应因素之间是消费者内在的心理活动过程,由于是消费者内部自我完成的,看不见摸不着,心理学上称之为暗箱或黑箱。这个黑箱包括两个方面:一方面是购买者的特性,包括购买者的文化、社会、个人和心理的特征。不同特征的消费者会对同一刺激产生不同的理解和反应。比如,同一部手机,价格较贵但是配置较高、款式新颖,追求时尚潮流且经济能力较强的消费者就可能感觉可以接受,会做出相应的购买行为;而收入水平较低的消费者可能更注重商品的实用价值,他们可能会放弃购买。这就是不同的心理特性的消费者对同一刺激的不同反应。另一方面是指消费者购买的决策过程,决策过程中的每一步骤都可能对消费者的最终选择产生影响。

消费者在种种刺激因素作用下，经过复杂的心理活动过程产生购买动机，在动机的驱使下做出购买决策，然后采取购买行动，在消费中或消费后对购买活动进行评价，由此完成一次完整的购买活动。

二、消费者购买行为的影响因素分析

研究刺激—反应模式中的消费者心理活动过程，首先要研究的是消费者自身的特征，它在很大程度上影响着消费者购买的决策。消费者自身的特性我们一般从文化、社会、个人和心理四个方面入手(见图 3-3)，虽然大部分的特性是营销人员无法控制的，但是我们也要深入学习，了解和掌握这四个因素对于我们制定正确的营销策略也是有很大帮助的。

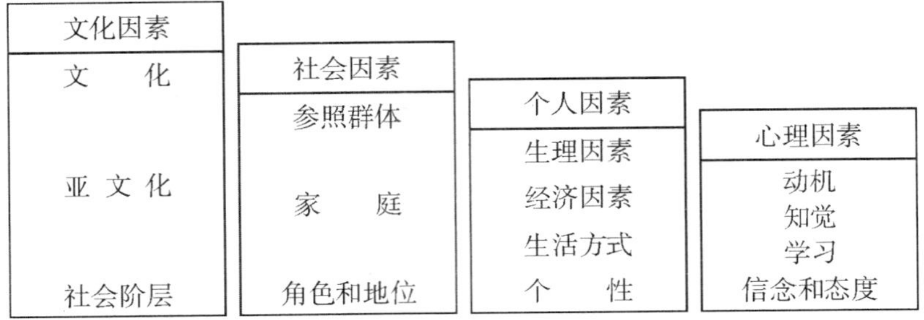

图 3-3　消费者购买行为的影响因素

(一)文化因素

文化因素对消费者的行为具有最广泛和最深远的影响。一般而言文化因素体现在文化、亚文化和社会阶层三个方面。

肯德基卖豆花 洋品牌卖中餐

“你喜欢吃甜豆花还是咸豆花?”，“什么，豆花还有咸的?”一直以来，南北“甜咸党”为了豆花的口味争论不休，不过这场争论可能会迎来终结，因为肯德基为了中国的南北“和平”，推出了咸、甜共 4 种口味的豆花。

百胜中国研究了一番南北饮食文化差异。首先是咸味豆花，一共有 3 种口味，分别是经典风味豆花、雪菜鸡肉豆花、招牌香麻鸡丝豆花，如图 3-4 所示。咸豆花全国都有供应，而甜豆花只在广州、深圳等某些城市有供应。这不是肯德基第一次推出中式餐品，早在几年前，肯德基就尝试先在早餐添加中式口味，推出了油条、豆浆、粥类等具有中餐本土特色风味的产品，特别是前几年推出的“小龙虾堡”，将风靡全国的小龙虾作为原料与汉堡结合，获得了大众的一致好评，成为继嫩牛五方后的又一爆款。不止肯德基，众多洋快餐品牌近几年都加快了本土化的速度，推出了种类繁多的中式风味产品。比如隔壁麦当劳的谷物鸡肉麦鲜粥、那么大鸡排；星巴克则入乡随俗，依据中国的传统节日推出过粽子、月饼等节日食品，在迎合中国人口味的道路上走得更前一步。

图 3-4　肯德基豆花

……餐饮洋品牌的本土化是一个趋向，想要在中国庞大的餐饮市场占有一席之地，入乡随俗，适当推出本土化的产品是一个好的尝试。但是品牌需保持住自身明显的特色，以避免陷入品牌定位不清的困境之中。

资料来源：中国国家品牌网[EB/OL].(2020-05-07).https://www.sohu.com/a/396751737_100154767.

(1)文化。文化是人类在长期的生活实践中所建立的价值观念、道德、理想和其他有意义的象征体。人类的行为大多数都是通过学习形成的，人类在其成长过程中通过不断学习建立起自身的价值观念、理想、道德等，而这些内在的因素又影响和制约人类的行为。文化是引发人类愿望和行为的最根本原因。

(2)亚文化。在一个国家的大文化中，包括若干个亚文化群。亚文化群体中的人对整体的大文化持相同观点，但是也具有该群体所独有的文化成分，同一亚文化群内的消费相似度更高。由于不同亚文化群的差异，同一社会可以进一步形成不同的风俗习惯、道德观念，并对消费者的购买行为产生直接或间接的影响。

亚文化群主要包括：

①民族亚文化群。世界上许多国家都存在不同的民族，每个民族都在漫长的历史发展过程中形成了独特的风俗习惯和文化传统。民族亚文化是预测消费者购买习惯、消费偏好时非常重要的参考依据。

②宗教亚文化群。不同的宗教有不同的教规和戒律，从而形成对商品的不同偏好和禁忌。营销人员应该充分了解消费者的宗教信仰，制定适合其特点的营销策略满足其消费需求。

③种族亚文化群：不同种族有自己独特的生活习惯和文化传统，其购买行为各不相同。

④区域亚文化群：我国是幅员辽阔的国家，南方和北方、城市和农村、沿海和内地、山区和平原等不同区域的地理环境、风俗习惯和经济发展水平的差异，人们具有不同的生活方式、兴趣爱好，这也会影响他们的购买行为。

小案例3-2 **“指南针地毯”的启示**

比利时一个地毯商把脑筋动到了穆斯林身上。这个名叫范德维格的商人，聪明地将扁平的指南针嵌入祈祷地毯。这种特殊的指南针，不是指南或指北，而是直指圣城麦加。这样，伊斯兰教徒不管走到哪里，只要把地毯往地上一铺，顷刻之间就能准确找到麦加方向。这种地毯一推出，在穆斯林居住区立即成了抢手货，几个月内，范德维格在中东和非洲一下子就卖掉了25000多张地毯，赚了大钱。

(3)社会阶层。所有社会都有社会阶层，即在一个社会中具有相对的同质和持久性的群体，他们是按等级排列的，每一个阶层成员具有相似的价值观、兴趣爱好和行为方式。由于处于不同的社会阶层的消费者的社会地位、经济基础、价值观念和生活方式等有所不同，他们反映出不同的消费需求和购买行为。社会阶层的划分是综合衡量职业、收入、教育和财富等变量而形成的，其分层不是那么固定和严格，相邻阶层间的界限是比较模糊的。人们既可能升到更高的层次，也可能降到更低的层次。

拓展阅读3-1 **当前中国社会各阶层分析**

习近平总书记在第十二届全国人民代表大会第一次会议上的讲话中指出：“全国广大工人、农民、知识分子，要发挥聪明才智，勤奋工作，积极在经济社会发展中发挥主力军和生力军作用。一切国家机关工作人员，要克己奉公，廉政勤政，关心人民疾苦，为人民办实事。中国人民解放军全体指战员，中国人民武装警察部队全体官兵，要按照听党指挥、能打胜仗、作风优良的强军目标，提高履行使命能力，坚决捍卫国家主权、安全、发展利益，坚决保卫人民生命财产安全。一切非公有制经济人士和其他新的社会阶层人士，要发扬劳动创造精神和创业精神，回馈社会，造福人民，做合格的中国特色社会主义事业的建设者。全国广大青少年，要志存高远，增长知识，锤炼意志，让青春在时代进步中焕发出绚丽的光彩。”习近平总书记的上段论述，实际上对我国现阶段的社会阶层结构，做了一个科学的分析和概括。

据此，可以将我国现阶段的社会阶层划分如下：

(1)普通工人阶层，即习近平总书记讲的首个阶层：工人，即与企业管理者、经营者、技术人员、一般管理人员相区别的企业“一线”劳动者。

(2)农民阶层，即习近平总书记讲的第二个阶层：农民。

(3)知识分子阶层，即习近平总书记讲的第三个阶层：知识分子。

(4)公务人员阶层，即习近平总书记讲的“一切国家机关工作人员”。广义上讲，习近平总书记提到的“中国人民解放军全体指战员，中国人民武装警察部队全体官兵”，也可以纳入公务人员阶层。

(5)公有企事业管理者阶层。尽管习近平总书记在此次讲话中没有直接提到这一阶层，但他一直非常重视这个阶层。这是由公有企事业的地位和作用决定的。习近平总书记在中央全面深化改革委员会第四次会议上指出："国有企业特别是中央管理企业，在关系国家安全和国民经济命脉的主要行业和关键领域占据支配地位，是国民经济的重要支柱，在我们党执政和我国社会主义国家政权的经济基础中也是起支柱作用的，必须搞好。"而要搞好以国有企业为主的公有企业，也"关键在人"。所以，应该将其单列为一个阶层。

(6)非公企事业主阶层，即习近平总书记讲的"非公有制经济人士和其他新的社会阶层人士"中的一个阶层。

(7)个体户阶层，即习近平总书记讲的"非公有制经济人士和其他新的社会阶层人士"中的另一个阶层。

资料来源：苏伟.当前中国社会各阶层分析[J].马克思主义研究，2016，7：103-117.

(二)社会因素

消费者的购买行为也经常受到一系列社会因素的影响。影响消费者购买行为的社会因素主要包括消费者的相关群体、家庭、角色与地位等。

1.相关群体

相关群体又称参照群体，是指能够直接或间接影响消费者的消费态度、价值观念和购买行为的个人或集体。一个人的消费习惯、生活方式、对产品品牌的选择，都在不同程度上受相关群体的影响。相关群体可分为直接相关群体和间接相关群体，如表 3-1 所示。

表 3-1 相关群体的划分

相关群体	直接相关群体	首要群体
		次要群体
	间接相关群体	向往群体
		厌恶群体

直接相关群体又称为成员群体，即某人所属的群体或与其有直接关系的群体。成员群体可以进一步细分为首要群体和次要群体两种。首要群体是指与某人直接和经常接触的一群人，一般都是非正式样体，如家庭成员、亲戚朋友、同事、邻居等。次要群体是对其成员影响并不频繁但一般都较为正式的群体，如宗教组织、职业协会等。

间接相关群体是指某人的非成员群体，即此人不属于其中的成员，但又受其影响的一群人。这种间接相关群体又分为向往群体和厌恶群体。向往群体是指某人推崇的一些人或希望加入的集团，例如体育明星、影视明星就是其崇拜的向往群体。厌恶群体是指某人讨厌或反对的一群人。一个人总是不愿意与厌恶群体发生任何联系的，在各方面都希望与其保持一定距离。

直播卖货——利用权威，让用户心服口服

为什么他们通过直播就能如此轻易地让客户下单，让屏幕前的你疯狂按下购买键？因为他们拥有"营销逻辑"，懂得洞察用户心理。

利用权威，让用户心服口服。权威效应是指人们更容易相信一个地位高、专业度高、有威信、受人敬重的人所说的话和所做的事，更愿意按照他们的指导去做。

在李佳琦的直播间你经常能听到他这样说：一线明星大牌都有在用，包括我自己也在用……女明星同款、古力娜扎同款、王菲色、欧阳娜娜的颜色……用明星大牌做硬核背书，做到让用户心服口服。

除此之外，他在介绍某美妆品牌的时候，还会提道：这是很多专业的化妆师都在用的；在播生活类用品的时候，会说：我送了超多明星这个……在播零食的时候，他会强调说：有很多明星在我直播间抢这个零食……

三句话不离明星的李佳琦，正是用这种方式，无形中增强了用户的信任感，让用户听得服气。

李佳琦从柜台销售做到直播顶流，就是因为他懂得洞察客户的心理，并给客户植入产品的优点，让客户主迫不及待地掏钱购买。

资料来源："直播卖货怎么做？佳琦秘密掌握了让客户下单的关键心理！"[OL].微信公众号：成智营销，2020-07-28.

相关群体主要通过以下方式对消费者购买行为产生影响：

(1)示范性影响。相关群体的成员为其他群体成员展示新的生活方式和行为模式，比如意见领袖。意见领袖凭借特殊技能、学识、个性或其他特征，在群体中有较大的影响力和号召力。

(2)仿效性影响。仿效性影响包括仿效和反对两个方面，消费者有仿效或反对其相关群体的倾向，如向往群体中的明星。消费者的消费行为也会仿效相关群体成员的行为，可能反对群体成员而抵制某种行为。

(3)一致性影响。一旦群体的价值观和行为方式形成一致性的规范，会促使群体成员的行为趋于一致，从而影响消费者对产品的选择。

作为企业的营销人员要充分研究相关群体对消费者购买行为的影响，即要利用相关群体的正面影响，减少其负面影响，扩大产品的销售。

2.家庭

家庭是由居住在一起的，彼此有血缘、婚姻或抚养关系的人群组成。家庭给成员以种种倾向性的影响，这种影响能伴随其一生。家庭又是一个消费单位和购买决策单位，是社会中最重要的购买决策单位。家庭的生活方式、文化程度、价值观念、购买习惯及家庭成员对消费者购买行为影响很大，这种影响既是直接的，也是一种潜意识。

(1)"家庭权威中心点"的差异。由于各种家庭的特点不同，购买决策的权威中心点也就不同。有社会学家把现实社会中的家庭分为四种不同的类型："各自做主型"——每个家庭成员都有权利相对独立地做出自己的决策；"丈夫支配型"——家庭最终决策权在丈夫手中；"妻子支配型"——家庭最终决策权在妻子手中；"共同决策型"——大部分决策权由家庭各成员共同协商做出。世界上许多国家都同时存在这四种类型的家庭，但是随着社会政治经济情况的变化，"家庭权威中心"也会转移。如由于社会教育水平的提高，妇女就业机会增多，越来越多的家庭从"丈夫支配型"变为"共同支配型"，有的甚至变为"妻子支配型”。

(2)家庭寿命周期的差异。家庭寿命周期是指一个家庭从产生到消亡的整个过程。根据家庭成员的数量和年龄结构的变化状况,市场营销学家将家庭寿命周期大体分为以下七个阶段(见表 3-2)。在家庭生命周期阶段中,家庭所处的不同阶段对商品的需求和兴趣会有明显的差别。所以,家庭处于不同的阶段,家庭组织的购买行为也有明显的区别。

表 3-2 家庭生命周期的七个阶段

家庭生命周期阶段	购买和行为模式
单身阶段:年轻、不住在家里	几乎没有经济负担、新观念的带头人,娱乐导向。
新婚阶段:年轻、无子女	经济比下一阶段要好,购买力最强、耐用品购买力高。
满巢阶段Ⅰ:最年幼的子女不到 6 岁	家庭用品采购的高峰期,不满足现有经济状态。储蓄部分钱,喜欢新产品。
满巢阶段Ⅱ:最年幼的子女超过 6 岁	经济状况较好,开始增加教育投资,对广告不敏感,购买大包装商品。
满巢阶段Ⅲ:年长的夫妇和尚未独立的子女同住	经济状况仍然较好,教育投资增加。
空巢阶段Ⅰ:年长的夫妇,无子女同住,户主仍在工作	大量拥有自己的住宅,经济富裕有储蓄,对旅游、娱乐感兴趣。
空巢阶段Ⅱ:年老的夫妇,无子女同住,已退休	收入锐减,购买有助于健康、睡眠和消化的保健品。

3.社会角色与地位

一个人在一生之中会参加许多群体——家庭、俱乐部和各类其他的组织。每个人在各群体中的位置可以用角色和地位来确定。角色由一个人应该进行的各项活动组成。每个角色都伴随着一种地位。消费者在购买商品时,往往结合自己在社会中所处的角色和地位来考虑,购买符合自己角色和社会地位的商品。大型公司的高级经理人员坐豪华汽车、入住高档酒店、穿昂贵的服装;而普通职员搭公共汽车、在小饭馆用餐、穿普通的职业装,这都符合他们的角色和社会地位。企业将自己的产品或品牌塑造成某种身份或地位的象征,会吸引来符合该身份和地位的顾客。

(三)个人因素

消费者的购买行为也受到其自身的特征的影响,特别是受其年龄和生命周期阶段、职业和经济状况、个性与自我观念、生活方式和价值观的影响。作为企业营销人员,必须认真研究这些个人因素,因为这些因素直接影响了消费者的购买行为。

(1)年龄及生命周期阶段。消费者的年龄通常是决定其需求的重要因素。不同年龄阶段的消费者对商品和服务的需求是不断变化的。儿童消费者偏爱糖果和玩具等消费品,需要看护、幼儿教育等服务,中年消费者则是住房、汽车等商品的追随者,保健品的购买者或使用者主要是老年人。

(2)职业和经济状况。消费者的职业对其购买决策和购买行为也有较大影响。不同职业有不同的价值观和职业准则,对商品的需求和兴趣也各不相同。娱乐明星需要大量购买服装和化妆品以保持他们的光鲜形象，而蓝领工人一般穿工作服。消费者的经济状况对其产品的选择和购买也具有重要的影响，它包括消费者的可支配收入、储蓄与个人资产、举债能力和对花钱和储蓄的态度等。作为企业的营销人员，不仅要关注消费者的职业状况，还要注意其收入、支出、利息和储蓄等的变化，并通过调整或重新设计产品方案、营销方案等来适应这些变化。

(3)个性和自我观念。每个人的独特个性对其购买行为的影响也是不容忽视的。个性是指个人独特的心理结构，以及这种结构如何长期、稳定地影响个人对环境做出反应的方式。它具体表现在一个人的气质、性格、能力和兴趣方面，如外向与内向、乐观与悲观、温柔与坚毅、活泼与安静、自信心的高与低等。消费者千差万别的购买行为往往是与他们独特的个性心理特征有关的。如外向的人爱穿浅色的和时髦的衣服，而内向的人爱穿深色的和庄重的衣服；自信心强的人往往是新产品的早期购买者。消费者在进行品牌选择时，个性是一个重要的变量。很多品牌都有一定的个性特征，消费者在选择和使用品牌时，往往会选样和使用那些自身个性相一致的品牌，避免选择和使用那些与自身个性相抵触的产品。

自我观念是指一个人所持有的关于自身特征的信念，以及他(她)对于这些特征的评价。但自我观念是比较复杂的，现实自我观念是指我们对自己所拥有的和缺乏的特性做的更加真实的评价，理想自我观念是指一个人希望自身所成为的人的概念，他人自我观念是指自我认为别人是如何看待和评价自身的。在我国，他人自我观念对消费者的影响较大。我国消费者强调“面子”的重要性，即他人眼中的自我以及在他人眼中保持自己所渴望的地位。我国消费者往往会为了维护面子而去购买一项产品或服务。

(4)生活方式。生活方式是指一个人在他的活动、兴趣和看法中表现出来的生活模式。简而言之，就是人们生活、花费时间和金钱的方式的统称。企业的营销人员应研究具有不同生活方式的各群体的不同需要，从而推出适合不同生活方式的产品或服务来满足这些需要。另外一个人或一个群体的生活方式是在不断变化的，但这种变化是比较缓慢的。科技的进步和不同文化的冲击正在不断地改变着人们的生活方式，营销者应该把握这种大趋势。

生活方式对消费行为的主要影响取决于消费者是比较在乎金钱还是比较在乎时间。对于比较在乎金钱的消费者，营销者可以为其提供低价格的产品和服务。对于比较在乎时间的消费者，营销者应该为其提供便利的产品和服务。

(四)心理因素

消费的购买行为受到动机、知觉、学习以及信念与态度等主要的心理因素的影响。心理因素的影响涉及消费者购买活动的各个方面和全过程。企业营销人员需要研究这些心理因素。

1.动机

动机是引起个体活动，维持已引起的活动，并促使活动朝向某一目标进行的内在作用。动机是一种驱动力，它能够产生足够的推动力去驱使人行动。当消费者希望满足的需要被激活时，动机就产生了。一旦一种需要被激活，就有一种紧张的状态驱使消费者试图减轻或除去这种需要。消费者当前的状态和理想的状态之间总是存在差距的，而这种差距造成了一种紧张状态，紧张的轻重程度决定了消费者缓解紧张的迫切程度。一旦紧张状态被消除或减轻，动机就会消退。总之，动机是产生行动的直接原因，研究消费者购买行为就必须研究动机。动机是由需要引发的，要研究动机可以从研究需要入手。

小案例 3-4 5个影响客户购买决策的人性心理

(1)占便宜心理

乔布斯说：迎合用户的心理，才能赢得顾客。“顾客不是要占便宜，而是要有一种占了便宜的感觉。”

占便宜心理是指人们为自己争取利益和好处的心理倾向，在大家的观念中，能够省下来的利益，也就是额外得到的惊喜与奖赏，这种奖赏会带给人们心理的满足感。

第一次去星巴克喝咖啡，点单的时候，咖啡师会问：“您有我们这的会员卡吗？没有的话，今天办一张卡，这杯咖啡可以免单哦。”“怎么办卡呢？”“会员卡只要88元一张，同时，您的会员卡里还会赠送三种买一赠一券、升杯券……”于是，大部分人都选择办理一张。一杯咖啡就要30多，而一张88的会员卡，不仅可以赠送一杯，里面还有优惠券，让客户感觉实实在在的占便宜了！利用占便宜心理，让用户迫不及待地付钱给你！

(2)攀比效应

有句话说，人们有两种生活方式，一种是：生活给别人看；另外一种：看别人生活。看别人生活最明显的表现就是，攀比心理。

攀比心理是指，当一项产品、服务或身份开始比较容易获得，并且开始逐级形成一种趋势，人们会因为与其他消费者的比较，而产生心理的失衡，因此会产生想要获得这项产品的欲望。

攀比效应的关键在于，制造攀比对象。如果有人告诉你小米CEO雷军买了一辆直升机，你会产生攀比心理吗？不会！只会说：真豪！但是你同事买了一辆车，你会产生攀比心理吗？会！你会想：什么时候我也要去买一辆！

再比如：排行榜。从小到大的考试，总要分一二三四名，于是有了别人家的孩子；玩游戏有排行榜，为了截个图在朋友圈炫耀，催生了代练；微信运动有排行榜，为了占据榜首不掉队，甚至有人拿着手机摇晃。通过制造攀比对象，激发客户的攀比心理，刺激客户主动采取行动。

(3)棘轮效应

棘轮效应是经济学家杜森贝提出的，是指人的消费习惯形成之后有不可逆性，即易于向上调整，而难以向下调整。简单来说，就是由俭入奢易，由奢入俭难。

原来没有美团与饿了么的时候，每天都要跑去楼下吃饭。后来有了饿了么美团等外卖，我们几乎可以一整天不出门，坐在家里一样可以吃遍各种想吃的东西。

棘轮效应告诉我们：要让客户的体验更好，让客户更舒适、更懒惰，客户会因为人性中的享乐、懒惰，不由自主地掏钱。

当消费者习惯了海底捞的优良服务，再去一家对客户冷冷淡淡的火锅店，总感觉很不舒服、不自在。

商家们总是在想方设法让人们变得更懒惰，以销售更多的产品和服务。运用棘轮效应，从客户的痒点出发，寻找我们可以优化的地方！

(4)暗示效应

心理学中，在无对抗条件下，用含蓄、抽象、诱导的方法，对人们的心理和行为产生影响，从而使人们按照一定的方式去行动，或接受一定的意见，使其思想、行为与暗示者期望的相符合，这种现象称为"暗示效应"。

暗示效应，是一种润物细无声的营销艺术。你还记得那句"送长辈，黄金酒"吗？这句广告语通过场景暗示消费者，过年过节，给长辈送礼，不需要想太多，选黄金酒就对了。需要注意的是，运用场景暗示，要思考人们最常见、最高频的生活场景，并且，能够让消费者感同身受。

许多人都有看书看着看着睡着了的经历。茑屋书店新宿店，在书架与书架之间设有一个个木制的小房间，暗示人们你可以随手拿起图书，到小房间里慢慢看，看累了可以直接睡在书店。而书店又设有餐饮区，顾客睡醒还可以直接去吃饭。在实体书店越来越难做的大环境下，茑屋书店在日本开了1400家门店，每月盈利上亿日元。

(5)稀缺性

稀缺性原理是指当一件东西数量越少，得到的可能性越低，人们就会觉得它越珍贵，内心也就越渴望得到它。用最通俗的话来形容就是物以稀为贵。

订机票的时候，你想等等看有没有更多的优惠，点进去看总提示你只剩2张、只剩3张，于是，你害怕错过现有的折扣，赶紧下单。

购物网站在页面用放大的字体，醒目的挂着倒计时、剩余库存，促使你按下立即购买的按钮。

优惠折扣+限时限量的方式，会给人一种"错了这个村就没这个店"的心理暗示。如果当下没有做出购买决策，第二天看到商品涨价了，心理还会产生落差感，懊恼自己昨天为什么不买！

苹果从来都不会备足货才上市！虽然提前一天去线下店购买的场景已不复存在，但每当新品上市，也总是很快就抢购一空。

当下很流行的盲盒也同理，一个系列里总有一两个隐藏款，为了抽到隐藏款，得买一大堆盲盒回来，甚至造就了二级市场高价买卖的现象。

稀缺性就是这样一点点掏空消费者的钱包！作为商家，如果能够合理利用稀缺性原理，可以让客户抢着购买！

资料来源：成智天天.5个影响客户购买决策的人性心理！营销高手都在用！[OL].微信公众号：成智营销，2021-09-07.

美国心理学家亚伯拉罕·马斯洛认为，人类的需要可按层次排列，先满足最迫切的需要，然后再满足其他需要。将人类的需要按重要程度从低到高排列，分别为生理需要、安全需要、社会需要、尊重需要和自我实现需要，如图3-5所示。

(1)生理需要，是指人们对生存不可或缺的吃、喝、睡眠等的需要。这是人类最基本的需要。

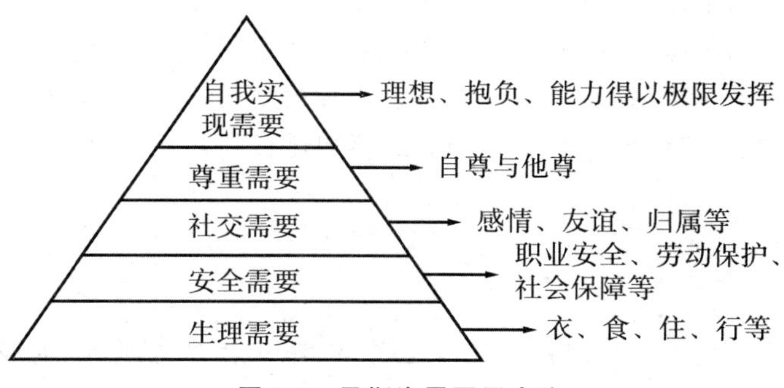

图 3-5 马斯洛需要层次论

(2)安全需要,是指人们对于人身安全、财产安全、社会秩序和稳定生活等的需要。

(3)社会需要,是指人们为了被群体接受而对于归属感、友谊和爱情等的需要。

(4)尊重需要,是指人们对于实现自尊和赢得他人赏识、尊重等的需要。

(5)自我实现需要,是指人们对于发挥个人才能,实现理想和抱负,获得成功的需要。这是人类的最高需要。

马斯洛认为,一个人同时存在多种需要,但在某一特定时期每种需要的重要性并不相同。一般而言,一个人总是首先满足其基础的需要,当他满足了基础的需要之后,就转向满足下一个重要的需要。在低层次需要得到满足后,高层次需要才会出现,但也有例外情况。同时,任何一种需要都不会由于高层次需要的产生而结束,只是对行为的影响力有所降低。作为企业的营销人员,要分析消费者的需要,并应用营销因素刺激消费者,将消费者需要转化为动机并产生消费行为。

2.感知

一个被刺激的人随时准备行动。然而,他如何行动则受其对信息的感知程度的影响。由于个体感知的差异,即使处于相同的刺激状态和目标情况下的两个人,其行为也大不一样。感知首先源自感觉,所谓感觉是指通过视、听、嗅、味、触五种感官对刺激物的反应,收集来自外部的刺激信息。随着感觉的深入,人们将感觉收集到的材料通过大脑进行整理、分析和解释,从而形成有意义的世界观的过程,从而得到知觉。人们之所以对同一刺激物产生不同的感知,是因为人们要经历三种感知过程。

(1)选择性注意。选择性注意是指人们在收集外界信息过程中,在面对外界诸多刺激中仅仅注意到某些刺激或刺激的某些方面,而忽略了其他刺激。选择性注意使得人能够把注意力集中到重要的刺激或刺激的重要方面,排除次要刺激的干扰,更有效地感知和适应外界环境。

(2)选择性扭曲。选择性扭曲是指人们在整理、分析收集来的信息时,有选择地将某些信息加以扭曲,使之符合自己的认识或意愿的倾向。在消费品购买中,受选择性扭曲的影响,人们往往会忽视所喜爱品牌的缺点和其他品牌的优点。

(3)选择性保留。选择性保留是指人们倾向于保留那些与其态度和信念相符合的信息。

作为企业的营销人员,要注意研究人们选择哪些刺激物作为感知对象以及对刺激物的感知过程和对感知结果的保留，整个感知过程如何受到主观和客观两方面同时的影响。企业提供同样的营销刺激，不同的消费者会产生截然不同的感知反应，与企业的预期可能并不一致。企业应当分析消费者的特点，从消费者角度设计信息，使本企业的营销信息被选择成为其感知对象，并形成有利于本企业的感知过程和知觉效果。

小案例 3-5 **盲人摸象**

很久很久以前，印度有一位国王，他心地善良，很乐意帮助别人，对臣民们也是如此。有一次，几个盲人相携来到王宫求见国王。国王问他们说："有什么事我可以帮你们的吗？"盲人们答道："感谢国王陛下的仁慈。我们天生就什么也看不见，听人家说，大象是一种个头巨大的动物，可是我们从来没有见过，很是好奇，求陛下让我们亲手摸一摸象，也好知道象究竟是什么样子的。"

国王欣然应允，就命令手下的大臣说："你去牵一头大象来让他们摸一摸，也好了结了他们的心愿。"大臣遵命去了。

不一会儿，大臣便牵着大象回来了，"象来了，象来了，你们快过来摸吧"！

于是，几个盲人高高兴兴地各自向大象走了过去。大象实在太大了，他们几个人有的摸到了大象的鼻子，有的摸到了大象的耳朵，有的摸到了大象的牙齿，有的碰到了大象的身子，有的触到了大象的腿，还有的抓住了大象的尾巴。他们都以为自己摸到的就是大象，仔仔细细地摸索和思量起来。

过了好一会儿，他们都摸得差不多了。国王问道："现在你们明白大象是什么样子的了吗？"盲人们齐声回答："明白了！"国王说："那你们都说说看。"

摸到象鼻子的人说："大象又粗又长，就像一根管子。"摸到象耳朵的人忙说："不对不对，大象又宽又大又扁，像一把扇子。"摸到象牙的人驳斥说："哪里，大象像一根大萝卜！"摸到象身的人也说："大象明明又厚又大，就像一堵墙一样嘛。"摸到象腿的人也发表意见道："我认为大象就像一根柱子。"最后，抓到象尾巴的人慢条斯理地说："你们都错了！依我看，大象又细又长，活像一条绳子。"

盲人们谁也不服谁，都认为自己一定没错，就这样吵个没完。

我们对事物的感知，首先都是根据自己所感觉到外部的刺激物的信息，经过自己头脑的加工再创造出符合自己意愿或认识的主观产物，这就是人们的感知过程。

3.学习

人类行为大都来源于学习。学习是指由于经验而引起的个人行为的改变。学习过程是驱使力、刺激物、提示物、反应和强化诸因素相互影响和相互作用的过程，如图 3-6 所示。假设某消费者具有提高外语听说能力的驱使力，当这种驱使力被引向一种可减弱它的刺激物，如外语培训时，就成为一种动机。在这种动机的推动下，他将做出报名参加培训班的反应。但是，他何时、何地和怎样做出反应，常常取决于周围的一些较小的或较次要的刺激，即提示物，如亲属的鼓励，参加过培训班同学的介绍，看到有关的广告、文章、优惠价格等信息。他报名参加这个外语培训班，如果感到满意，他就会强化这一反应，以后若遇到同样的情况，他会做出相同的反应，甚至在相似的刺激物上推广他的反应——报名该机构或开办其他培训班。反之如果他参加培训班后感到失望，那他以后就不会做出相似的反应。因此，作为企业的营销人员，为了扩大某种商品的销售，可以反复提供诱发购买该商品的提示物，尽量使消费者购买后感到满意从而强化积极的反应。

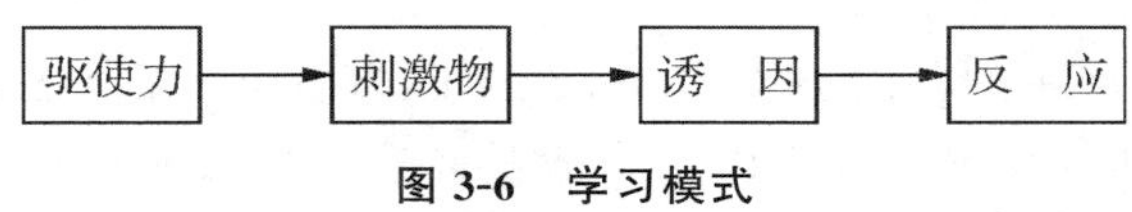

图 3-6　学习模式

由于营销环境不断变化，新产品、新品牌不断涌现，消费者必须经过多方收集有关信息之后，才能做出购买决策，这本身就是一个学习过程。

4.信念和态度

通过实践和学习，人们形成了自身稳定的信念和态度，而信念和态度又反过来影响人们的购买行为。所谓信念是指一个人对某些事物所持有的描述性思想。企业应关注人们头脑中对其产品或服务所持有的确定性思想。企业应关注人们头脑中对其产品或服务所持有的信念，即对本企业产品和品牌的总体形象。所谓态度是指一个人对某些事物或观念长期持有的好与坏的认识上的评价、情感上的感受和行动倾向。态度的基本特性是持久性和广泛性。持久性是指一种态度会在相当长的时间内保持不变。广泛性是指一种态度适用于所有同类事物，而不仅仅适用于单一事物。企业的营销人员要深入了解消费者的信念和态度，一方面可尽量使企业的产品或品牌能够迎合消费者的信念和态度；另一方面也可以通过沟通努力，尽力修正消费者的信念和态度，使之和企业的信念和态度保持一致。

综上所述，消费者的购买行为是文化、社会、个人和心理因素之间相互影响和相互作用的结果。其中很多因素是企业及其市场营销活动无法改变的，但对这些因素的识别能够帮助企业对市场进行细分，也为制定正确的营销策略提供依据。

三、消费者购买行为的决策过程分析

消费者购买决策过程是消费者将购买动机转化为购买活动的过程。不同消费者的购买决策过程既有特殊性，也有一般性，研究消费者购买行为的决策过程能够帮助决策者更有针对性地制定营销组合策略，从而满足消费者需求、扩大销售。

（一）消费者购买行为的参与角色

在消费者的购买行为的决策过程中，可能有不同的人参与到购买决策中。通常我们把人们在购买决策过程中参与人按不同角色进行划分。这些角色包括：

（1）发起者。提出购买想法和需求的人。

（2）影响者。其意见或想法对最终的购买决策具有某些直接的或间接的影响的人。

（3）决策者。对是否买、为何买、如何买、何处买等购买决策做出完全或部分最后决定的人。

（4）购买者。实际进行购买的人。

(5)使用者。直接使用或消费所购买商品的人。

在消费者购买行为中,可能由不同的人担任不同的角色,也可能由一个人担任所有角色。企业的营销人员需要了解和确定每次购买活动中扮演不同购买角色的成员,针对不同的角色采取不同的营销活动。

(二)消费者购买行为的类型

消费者购买行为的类型会因为购买产品的不同而变化。消费者购买行为的多样化受到诸多因素影响,其中最主要的两大因素是消费者的参与程度与品牌差异的大小。美国营销学者阿塞尔(1987)根据消费者的介入程度和品牌间的差异程度,对消费者的购买行为进行了分类,如表3-3所示。消费者的介入度可以定义为消费者在购买过程中对于一些营销刺激的反应和参与程度。一般来说,介入度的水平可能受个人特征、购物情境和购买对象这三个因素中一个或多个的影响,并可能发生个人特征、购物情境和购买对象间的相互影响。如果要购买的产品价格昂贵,消费者又缺乏产品知识和购买经验,这类购买行为存在着较大的风险,消费者需要对产品进行深入的了解和仔细的选择,这属于高介入度的购买行为;如果要购买的产品价格低廉或消费者对所购买的产品非常熟悉,这类购买行为没有什么风险,属于低介入度的购买行为。同类产品的不同品牌之间的差异也是决定消费者购买行为类型的重要参数,差异大,消费者需要花费较多的心思去选择,购买行为复杂;差异小,消费者选择起来比较简单,购买行为简单。

表3-3　消费者购买行为类型表

介入程度 / 品牌差异	高度介入	低度介入
品牌差异大	复杂的购买行为	寻求变化的购买行为
品牌差异小	寻求平衡的购买行为	习惯性的行为

1.复杂的购买行为

当消费者购买一件贵重的、不经常购买的、有风险而且意义重大的产品时,由于产品品牌差异较大,消费者对产品缺乏了解,因而需要一个介入程度较高的学习过程,来广泛了解产品性能和特点,从而对产品产生某种信念,然后逐步形成态度,接着对产品产生喜好,最后做出慎重的购买选择,这就是复杂的购买行为。复杂的购买行为指消费者购买决策过程完整,要经历大量的信息收集、全面的产品评估、慎重的购买决策和认真的购后评价等各个阶段。例如,某消费者想要购买家用电脑,由于家用电脑价格昂贵、不同品牌间差异大,且该消费者对电脑的内存、中央处理器、主板等专业知识不熟悉,如果贸然购买会带来极大的风险,因此该消费者需要大量搜集资料,树立对产品的信念,才会做出购买决策。

对于复杂的购买行为,营销者必须了解消费者进行信息收集并加以评价的行为;营销者应采取有效措施帮助消费者了解产品的各种属性、各种属性的相对重要程度以及本企业品牌的比较重要属性的声望;营销者还必须注意运用多种信息沟通手段来突出本企业品牌的这些特征,介绍产品的优势及其能给购买者带来的利益,从而影响消费者的最终选择。

2.寻求平衡的购买行为

有些产品品牌差异不大，价格相对较高，消费者并不经常购买，购买要冒一定的风险，使消费者参与购买的决策程度较高，如购买家用电器。当消费者对产品进行比较时，由于产品品牌间差异不明显，购买决策过程迅速而简单，但是在购买之后会认为自己所买产品具有某些缺陷或其他同类产品有更多的优点，进而产生失调感，怀疑原先购买决策的正确性。

对于这类购买行为，营销者要提供完善的售后服务并通过各种途径经常提供有利于本企业的产品信息，使顾客相信自己的购买决定是正确的。

3.寻求变化的购买行为

这是指消费者对产品品牌间差异大、功效近似的产品会表现出很大的随意性，他们并不深入收集信息和评估比较就决定购买某一品牌。这种购买行为在消费时才对产品加以评估，但是在下次购买时可能转换其他品牌。转换的原因是厌倦原口味或想试试新口味，是寻求产品的多样性而不一定是有不满意之处。比如，消费者今天选择美汁源果粒奶优，明天可能就选择椰树椰汁。

对于寻求多样性的购买行为，市场领导者和挑战者的营销策略是不同的。市场领导者通过占有货架、避免脱销和提醒购买的广告来鼓励消费者形成习惯性购买行为。而挑战者则以较低的价格、折扣、赠券、免费赠送样品和强调试用新品牌的广告来鼓励消费者改变原习惯性购买行为。

4.习惯性的购买行为

如果消费者对所购买的产品是低度介入，并且认为各品牌之间没有什么显著的差异，就会产生习惯性购买行为。习惯性购买行为是指消费者并没有深入地收集信息、评价品牌，对决定购买什么品牌并不重视，他们只会被动地接受信息，不会真正形成对某一品牌的态度，之所以选择某一品牌，仅仅是因为熟悉，在购买行为完成后，可能会评价产品，也可能不评价产品。消费者对大多数价格低廉、经常购买的产品的购买行为就是习惯性购买行为，如购买食盐、洁面乳、洗洁精等便利品。

对于习惯性的购买行为的主要营销策略有：(1)如果消费者还未曾购买本企业的产品，则营销者应该采用各种策略提高企业或品牌的知名度，加深消费者对其产品的熟悉程度。在习惯性购买行为中，消费者不主动收集信息，也不评估品牌，他们被动接受信息，然后根据这些信息所建立的对品牌的熟悉程度做出购买决策，因此企业必须采用持续的广告、显著的广告牌、积极的公关手段来增加消费者对该品牌的熟悉程度，促成消费者的购买行为。(2)如果消费者已经购买本企业的产品，则企业营销者应该努力巩固消费者的购买习惯，如开展大量重复性广告，加深消费者印象，也可以通过营销活动增加消费者的介入程度和品牌差异。

(三)消费者购买行为的决策过程

消费者购买决策是指消费者为了满足某种需求，在一定的购买动机的支配下，在可供选择的两个或者两个以上的购买方案中，经过分析、评价、选择并且实施最佳的购买方案，以及购后评价的活动过程。

消费者在做出购买决策时，由于产品性质和重要程度的不同，在不同产品购买上所花的时间和精力也是不同的。有时几秒钟、几分钟就可决定购买，有时却要花几个月甚至几年的时间,消费者的购买过程也是随之而变化的。但是消费者的购买过程也有其共同性或一般性,西方营销学者对消费者购买决策的一般过程作了深入研究,提出若干模式,采用较多的是五阶段模式,如图 3-7 所示。

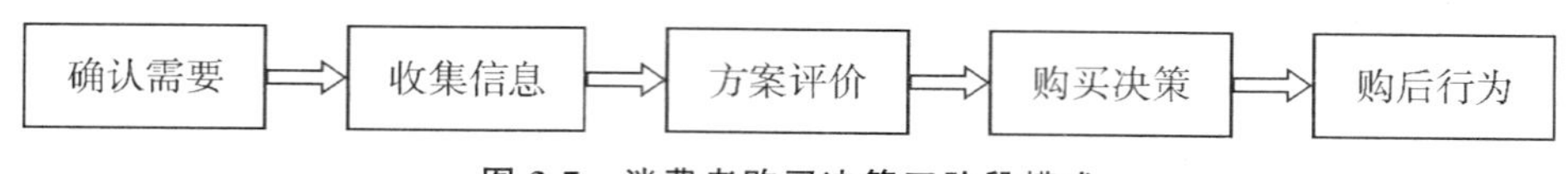

图 3-7 消费者购买决策五阶段模式

1.确认需要

消费者认识到自身有某种需要时,是其购买决策的起点。这种需要,可能是由内部刺激引起的,一个人的正常需要,如饥饿、口渴等达到一定程度就成为一个人的动机。需要的产生也可能来源于外界的某种刺激,或是内、外刺激两方面的共同作用,这一需要会驱使消费者寻找合适的购买对象以使这一需要得到满足。

企业营销人员在这个阶段的任务是:(1)了解与本企业产品有关的现实和潜在的需要。在价格和质量等因素既定的条件下,一种产品如果能够满足消费者现实和潜在的需要就能吸引其购买。(2)设计诱因,增强刺激,唤起并强化消费者的需要,最终促成消费者采取购买行动。

2.收集信息

消费者的某些需要能够通过常规购买行为随时得到满足。如日常生活需要的日用品的购买即是如此。但如果消费者还不知道或不确切知道哪些商品或哪些服务能够满足自己的特定需要。为增进对有关商品的了解,他们需要收集满足与其需要有关的各种信息,并依此做出购买决策。根据经验,消费者的信息来源主要有以下四个方面:一是经验来源,来自消费者自身购买、试用和使用产品的经验。二是个人来源,即从家庭、朋友、邻居、同事和其他熟人处得到的信息。三是公共来源,从消费者权益组织、政府部门、新媒介、消费者、大众传播等处得到信息。四是商业性来源,从广告、售货员介绍、商品展览、包装、经销商等途径得到的信息。

企业的营销人员在这一阶段的任务是:(1)营销人员要了解消费者从何处以及如何收集信息。(2)了解不同信息来源对消费者的影响程度。一般而言,消费者有关产品的信息大部分来自商业性来源,亦即营销者所能控制的来源,其次是公众来源和个人来源,经验来源的信息相对要少。然而,在消费者购买决策中,商业来源的信息更多地扮演传达和告知的角色。个人来源与经验来源却发挥权衡和鉴定的作用。而消费者对经验来源的信息最为相信,其次是个人来源,最后才是商业来源。营销人员应通过市场调查了解消费者的信息来源以及何种来源的信息最有影响力。(3)设计有效的信息传播策略,要综合利用多种来源设计信息传播策略,以增加信息沟通的影响力或有效性。

3.方案评价

消费者收集了相关产品的信息后,不可能把收集到的产品都买下来,这就有一个比较评价的筛选过程。顾客会对自己所要购买的产品列出一系列自己认为重要的属性,并就这些属性对备选产品进行评价,然后做出购买选择。消费者对于备选方案的评价一般涉及以下几个问题。

(1)产品属性,即产品能够满足消费者需要的特性。

(2)属性权重,即消费者对产品的有关属性所赋予的不同的重要性权数。

(3)品牌信念,即消费者对某种品牌优劣程度的总的看法。

(4)效用函数,即描述消费者所期望的产品满足感随产品属性的不同而有所变化的函数关系。

(5)评价模型,即消费者对不同的品牌进行评价和选择的程序和方法。

企业的营销人员在本阶段的任务是:(1)了解不同的消费者分别对那些属性感兴趣,对不同需求的消费者提供具有不同属性的产品;(2)关心消费者在评价中的属性权重和品牌信念,使本企业提供的产品符合消费者的要求;(3)掌握消费者效用函数和评价模型有利于我们制定相应的营销策略去影响消费者的评价和选择。

4.购买决策

做出购买决定和实现购买,是购买决策过程的中心环节。消费者对商品信息进行比较和评价后,已经形成购买意图,然而从购买意图到实际购买,还要受两个因素的影响:第一个因素是他人的态度。如果他人持反对意见,可能就会影响购买者的购买意图,反对意见越强烈,或持反对意见者与购买者的关系越密切,购买者修改购买意图的可能性就越大。第二个因素是意外的情况。购买意图的形成是在预期家庭收入、预期价格和预期获益的基础上形成的,如果发生了意外的情况,如失业、产品涨价、新出现的有关该产品令人失望的信息等等,都可能导致购买意图的修改。

消费者修改、推迟或取消某个购买决定,往往受已察觉的风险的影响。因此,企业的营销人员在本阶段的任务,是设法使消费者所承担的风险降到最低,促使消费者做出购买决定并付诸行动。

5.购后行为

消费者完成购买后,并不是购买过程的结束,消费者在消费产品的过程中或消费之后产生不同的感受。这种感受将影响消费者以后的行动,并对相关群体产生影响。有研究表明,消费者的购后满意度是其对产品的期望和其对该产品的认知绩效之间的函数。如果认知绩效不符合期望,消费者就会不满意;如果认知绩效符合期望,消费者就会满意;如果认知绩效超过期望,消费者就会欣喜。可用函数公式表示为:$S=f(E,P)$其中,S 表示消费者的满意程度,E 表示消费者对产品的期望,P 表示消费者的认知绩效。如果 $P=E$,则消费者满意;如果 $P<E$,则消费者不满意,感知绩效同期望之间的差距越大,消费者的不满意度就越大;如果 $P>E$,则消费者欣喜。

消费者对产品的满意度会影响到消费者以后的购买行为。如果消费者对产品满意,甚至非常满意的话,在下次购买时极有可能仍然继续购买该产品,而且这些消费者会向其亲朋好友宣传该产品。如果消费者对产品不满意,他们可以寻求各种途径减少或消除心理的失调感。消费者消除失调感的途径可以通过寻找能够表明该产品具有高价值的信息或避免能够表明该产品具有低价值的信息,以证实自己当初的选择是正确的。也可能通过讨回或补偿损失,例如要求企业退货、维修产品,补偿在购买过程中造成的损失等。

企业的营销人员在本阶段的任务,是采取有效的措施来减少和消除消费者的购后失调感。例如通过完善的售后服务,通过与顾客的长期联系来维持顾客关系;建立良好的渠道来维护和补偿消费者因产品问题而产生的故障和损失等。

小案例 3-6

"小顽童"变"科蒙"

消费者胡女士在某宝网上花了320元给孩子购买了三套小顽童品牌的科学实验玩具，到货后发现和网上的商品照片不一样，品牌也不一样。而且通过某宝全网搜索发现，寄过来的品牌为科蒙的玩具，价格比小顽童的要便宜100元左右。于是，胡女士找到卖家，卖家却说如果不想要可以退货退款，东西没问题。胡女士认为，卖家的行为已经涉嫌欺诈。

胡女士向某宝客户服务部门投诉，但某宝方面回复说，胡女士遇到的情况叫"与货物描述不符"，而不是假货。他们也劝说胡女士退货退款。某宝客户服务人员的判定直接影响了卖家的态度。卖家说，只能给胡女士退货退款。于是，胡女士向某宝客户服务人员提出了披露卖家信息的要求，想要自己去维权，但也被某宝客户服务人员拒绝了。

最终，某宝的客户服务人员告诉胡女士，他们并不能认定卖家是不是欺诈，胡女士只有退货才能减少自己的损失。胡女士对于这样的处理决定不能认同。另外，胡女士还注意到一个细节，就是按照快递单上发货人的手机号打过去，对方说自己就是科蒙玩具厂家。所以胡女士肯定某宝的卖家肯定不是无意中发错货了。

胡女士最终的诉求是，要求卖家退一赔三，同时，希望某宝能够完善售后服务机制。卖家把钱退给了胡女士，商品也不用再退回商家了。某宝客户服务人员表示，从2017年的4月份开始，某宝运行了一套新的假货处理机制，将对消费者维权更有帮助。

资料来源：消费者在淘宝购小顽童玩具 到货后"小顽童"变"科蒙"[EB/OL].2017-5-31.中华网.

总之，研究和了解消费者的购买决策过程是市场营销成功的基础。市场营销人员通过了解消费者如何经历认识需要、收集信息、方案评价、购买决策和购后行为的全过程，就可以获得许多有助于满足消费者需求的有用线索；通过了解购买过程的各种参与者及其购买行为的影响，就可以为目标市场设计有效的市场营销计划。

第二节　组织购买行为分析

对产品和服务有需求的顾客不仅仅是指以个人及家庭为代表的个人消费者，还有大量的工商企业、政府和各类组织，它们往往出于生产、再销售、资本设备的维修、研究与发展及为公众提供服务等目的而购买，并构成了组织市场。与消费者市场的购买者相比，组织市场的顾客在购买目的及购买的产品等方面也存在显著的差别。对于很多企业来说，其主要市场可能是组织类顾客，了解它们的购买特点及行为特征是非常必要的。

一、组织购买行为概述

(一)组织市场的含义与特点

组织市场是指企业为从事生产、销售等业务活动,以及政府部门和非营利性组织为履行职责而购买产品和服务所构成的市场。与以个人和家庭为购买主体的消费者市场相比,组织市场有如下特点。

(1)组织市场的需求后引发需求(亦称派生需求)。组织机构购买商品是为了满足其顾客的需求,也就是说,组织机构对产品和服务的需求是由消费者对消费品的需求引致的。组织市场渴求的品种、数量、时间最终由消费者市场的需求品种、数量及时间决定。

(2)购买者数量少,但单次购买数量大。组织市场购买是组织行为,数量比个体消费者明显要少,但每次购买量却明显要大,因而,许多供应商往往将组织市场作为主要用户,而将个体消费者作为次要用户。

(3)更多的购买参与者,购买过程持续时间较长。组织机构购买的商品由于批量大、价值或其总额高,购买决策受更多人影响,参与者众多。如大多数企业设置采购中心,即采购中心做出决策,对重要购买决策还要由技术专家和高级管理者共同做出;除了慎重决策外,还要求提供详尽的产品说明书甚至寄送样品,当采取招、投采购方式时,还需要寄送标书、评标、开标、正式批准等环节,整个购买过程持续时间较长,尤其对那些大型、价高、技术性能的设备。调查显示,工业销售从报价到产品发送通常以年为单位。

(4)专业采购,对服务的要求较高。组织市场上的采购是理性的,采购人员大都经过专业训练,具有丰富的专业知识,对所要采购的产品事先做了较详细的调查,掌握相关产品的性能、技术参数、规格与价格、主要生产者及其产品的特色与价格等等,再加上参与购买决策者多,所以比消费者市场的购买要理性得多。同时,专业的采购者往往更熟悉设备等产品的服务要求,因而,除了注重产品本身的性能外,还对技术支持、人员培训、零配件供应、安装维修与调试、信贷优惠、按时交货等提出较为严格的要求。

(5)重视建立互惠互利的长期关系。由于组织机构的购买行为具有较强的连续性和重复性,买卖双方往往建立较长期的互惠互利关系。

(二)组织市场的构成

(1)生产者市场,是指购买产品或服务用于制造其他产品或劳务,然后销售或租赁给他人以获取利润的单位和个人。组成生产者市场的主要行业是工业、农业、林业、渔业、采矿业、制造业、建筑业、运输业、通讯业、公共事业、金融业、服务业。

(2)中间商市场,是指那些通过购买商品和劳务以转售或出租给他人,以获取利润为目的的个人和组织,包括批发商和零售商。

(3)非营利组织市场,指所有不以营利为目的、不从事营利性活动的组织。我国通常把非营利性组织称为“机关团体、事业单位”。非营利性组织市场是指为了维持正常运作和履行职能而购买产品和服务的各类非营利组织所构成的市场。

(4)政府市场,是指那些为执行政府的主要职能而采购或租用商品的各级政府单位。政府通过税收、财政预算掌握了相当部分的国民收入,形成了潜力极大的政府采购市场。

二、营利性组织购买行为分析

(一)生产者购买行为分析

在组织市场中,生产者市场的购买行为有典型意义,它与消费者市场的购买行为有相似性,又有较大差异性,特别是在市场结构与需求、购买单位性质、购买行为类型与购买决策过程等方面。

1.生产者购买行为的主要类型

企业购买决策过程的复杂性取决于购买类型。生产者购买的类型可分为三种:直接重购、修正重购和新购。

(1)直接重购。这是一种在供应者、购买对象、购买方式都不变的情况下而购买以前曾经购买过的产品的购买类型。这种购买类型所购买的多是低值易耗品,花费的人力较少,无须联合采购。面对这种采购类型,原有的供应商不必重复推销,而应努力使产品的质量和服务保持一定的水平,减少购买者花费的时间,争取稳定的关系。未列入名单的供应商要努力提供新产品或者更优质服务,同时设法先争取一部分订单。

(2)修正重购。这是指购买者想改变产品的规格、价格、交货条件等,需要调整或修订采购方案,包括增加或调整决策人数。对于这样的购买类型,原有的供应商要清醒认识面临的挑战,积极改进产品规格和服务质量,大力提高生产率,降低成本,以保持现有的客户;新的供应商要抓住机遇,积极开拓,争取更多的业务。

(3)新购。这是指生产者首次购买某种产品或服务。由于是第一次购买,买方对新购产品心中无数,因而在购买决策前要收集大量的信息,因而,制定决策所花时间也就越长。首次购买的成本越大,风险就越大,参加购买决策人员就越多。“新购”是营销人员的机会,他们要采取措施,影响决策的中心人物;要通过实事求是的广告宣传,使购买者了解本产品。为了达到这一目标,企业应挑选最优秀的推销人员组成一支庞大的营销队伍,以赢得采购者信任和采取行动。

2.生产者购买决策的参与者

产业用品供货企业不仅要了解谁在市场上购买和产业市场的特点,而且要了解谁参与产业购买者的购买决策过程,他们在购买决策过程中充当什么角色,起什么作用,也就是说要了解其顾客的采购组织。

各企业采购组织有所不同。小企业只有几个采购人员,大公司有很大的采购部门,由一位副总裁主管。有些公司的采购经理有权决定采购什么规格的产品、由谁供应;有些采购经理只负责把订货单交给供应商。通常,采购经理只对小产业用品有决策权,至于主要设备的采购,采购经理只能按照决策者的意图办事。在任何一个企业中,除了专职的采购人员之外,还有一些其他人员也参与购买决策过程。所有参与购买决策过程的人员构成采购组织的决策单位,市场营销学称之为采购中心。企业的“采购中心”一般由下列五种人组成:

(1)使用者。这是具体使用欲购买的某种产业用品的人员。公司要购买实验室用的电脑,其使用者是实验室的技术人员;要购买打字机,其使用者是办公室的秘书。使用者往往是最初提出购买某种产业用品意见的人,他们在计划购买产品的品种、规格中起着重要作用。

(2)影响者。这是从企业的内部和外部直接或间接影响购买决策的人。他们常协助企业确定产品规格。在众多的影响者中,企业外部的咨询机构和企业内部的技术人员影响最大。

(3)采购者。这是企业中具体执行采购决定的人。他们是企业里有组织采购工作的人员,其主要任务是交易谈判和选择供应者。在较复杂的采购工作中,采购者还包括企业的高层管理人员。

(4)决定者。这是企业里有权决定购买产品和供应者的人。在通常的采购中,采购者就是决定者。而在复杂的采购中,决定者通常是公司的主管。

(5)信息控制者。这是控制企业外界信息流向的人,诸如采购代理商、技术人员、秘书等,他们可以阻止供应商的营销人员与使用者和决定者见面。

应该指出的是,并不是所有的企业采购任何产品都必有上述五种人员参加决策。一个企业的采购中心的规模和参加的人员,会因欲购产品种类的不同和企业自身规模的大小及企业组织结构的不同而有所区别。在一些企业,采购的中心成员只有一人或几人,而另一些企业则由数人或数十人组成,有的企业还设有专管采购的副总裁。

对生产资料供应者的营销人员来说,关键是了解一个企业的采购中心的组成人员,他们各自所具有的相对决定权,以及采购中心的决策方式,以便采取富有针对性的营销措施。供货企业的市场营销人员必须了解谁是主要的决策参与者,以便影响最有影响力的重要人物。对采购中心成员较多的企业,营销人员可以只针对几个主要成员做工作,如果本企业的实力较强,则可采取分层次、分轻重、层层推进、步步深入的营销方针。

3.影响生产者购买决策的主要因素

同消费者购买行为一样,生产者的购买行为也同样会受到各种因素的影响。美国的韦伯斯特和温德将影响生产者购买行为的各种因素概括为四个主要因素,即环境因素、组织因素、人际因素和个人因素。

(1)环境因素

在影响生产者购买行为的诸多因素中,经济环境是主要的。生产资料购买者受当前经济状况和预期经济状况的严重影响,当经济不景气或前景不佳时,生产者就会缩减投资,减少采购,压缩原材料的库存和采购。此外,生产资料购买者也受科技、政治和竞争发展的影响。营销者要密切注视这些环境因素的作用,力争将问题变成机遇。

(2)组织因素

每个企业的采购部门都会有自己的目标、政策、工作程序和组织结构。产业市场营销者应了解并掌握购买者企业内部的采购部门在它的企业里处于什么地位——是一般的参谋部门,还是专业职能部门;它们的购买决策权是集中决定还是分散决定;在决定购买的过程中,哪些参与最后的决策等等。只有对这些问题做到心中有数,才能使自己的营销有的放矢。

(3)人际因素

这是企业内部的人事关系的因素。生产资料购买的决定,是由公司各个部门和各个不同层次的人员组成的“采购中心”做出的。“采购中心”的成员由质量管理者、采购申请者、财务主管者、工程技术人员等组成。这些成员的地位不同、权力有异，说服力有区别，他们之间的关系亦有所不同，而且对生产资料的采购决定所起的作用也不同，因而在购买决定上呈现较纷繁复杂的人际关系。生产资料营销人员必须了解用户购买决策的主要人员、他们的决策方式和评价标准、决策中心成员间相互影响的程度等，以便采取有效的营销措施，获得用户的青睐。

(4)个人因素。产业市场的购买行为虽为理性活动，但参加采购决策的仍然是一个一个具体的人，而每个人在做出决定和采取行动时，都不可避免地受其年龄、收入、所受教育、职位和个人特性以及对风险态度的影响。因此，市场营销人员应了解产业市场采购员的个人情况，以便采取“因人而异”的营销措施。

4.生产者购买决策过程

生产资料的购买者和消费资料的购买者一样，也有决策过程，供货企业的最高管理层和市场营销人员还要了解其顾客购买过程的各个阶段的情况，并采取适当措施，以适应顾客在各个阶段的需要。产业购买者购买过程的阶段如何，也取决于产业购买者购买情况的复杂程度。在直接重购这种最简单的购买情况下，产业购买者的购买过程的阶段最少；在修正重购情况下，购买过程的阶段多一些；而在新购这种最复杂的情况下，购买过程的阶段最多，要经过八个步骤，如表 3-4 所示。

表 3-4 产业购买者购买过程的主要阶段

购买类型 购买阶段	直接重购	修正重购	新购
1.认识需要	不需要	可能需要	需要
2.确定需要	不需要	可能需要	需要
3.说明需要	需要	需要	需要
6.物色供应商	不需要	可能需要	需要
5.征求供应建议书	不需要	可能需要	需要
6.选择供应商	不需要	可能需要	需要
7.签订合约	不需要	可能需要	需要
8.绩效评价	需要	需要	需要

(1)提出需要(问题识别)。提出需求是生产者购买决策过程的起点。需求的提出，既可以是内部的刺激，也可以是外部的刺激。如内部的刺激，或因企业决定生产新产品，需要新的设备和原材料；或因存货水平开始下降，需要购进生产资料；或因发现过去采购的原料质量不好，需更换供应者。外部刺激诸如商品广告、营销人员的上门推销等，使采购人员发现了质量更好、价格更低的产品，促使他们提出采购需求。

(2)确定需要(总需要说明)。确定所需产品的数量和规格。简单的采购由采购人员直接决定，而复杂的采购，则须由企业内部的使用者和工程技术人员共同决定，包括：①对设备的确认需求。为生产某新产品，提高某种老产品的质量、产量或降低消耗，经工艺研究需购置某种设备，并已被厂务会批准购置若干台。②对原材料、标准件的确认需求。根据企业计划产量和定额资料可以确定某种原材料、标准件的需要量，再查阅该物资的库存量，进而确定需购买的数量。

企业的采购组织确定需要以后，要指定专家小组对所需品种进行价值分析，做出详细的技术说明。价值分析是美国通用电气公司采购经理迈尔斯于 1947 年发明的。1954 年美国国防部开始采用价值分析技术，并改称为价值工程。价值分析中所说的"价值"，是指某种产品的"功能"与这种产品所耗费的资源（即成本或费用）之间的比例关系，也就是经营效益（或经营效果）。其公式为：V（价值）$=F/C$。公式中的 F（功能）是指产品的用途、效用、作用，也就是产品的使用价值；C 为成本或费用。

迈尔斯看到，人们购买某种产品，实际上要购买的是这种产品的功能。价值分析的目的是：耗费最少的资源，生产出或取得最大的功能，提高经营效益。产业购买者在采购工作中要进行价值分析，调查研究本企业要采购的产品是否具备必要的功能。

(3)说明需要（明确产品规格）。由专业技术人员对所需产品的规格、型号、功能等技术指标做具体分析，并做出详细的说明，供采购人员做参考。

(4)物色供应商。为了选购满意的产品，采购人员要通过工商企业名录等途径，物色服务周到、产品质量高、声誉好的供应商。生产者对所需原材料、标准件及外协件的供应者，必须做深入的调查、了解、分析和比较后才能确定。对原材料、标准件供应商，主要从产品的质量、价格、信誉及售后服务方面进行分析、比较。对大批量外协件的供应商了解内容，除上述的几个方面外，还必须深入提供外协件的各企业内部，调查了解该企业的生产技术检验水平及企业管理的能力，经分析、比较后再确定。供货企业应通过广告等方式，努力提高企业在市场上的知名度。

(5)征求供应建议书。对已物色的多个候选供应商，购买者应请他们提交供应建议书，尤其是对价值高、价格贵的产品，还要求他们写出详细的说明，对经过筛选后留下的供应商，要他们提出正式的说明。因此，供应商的营销人员应根据市场情况，写出实事求是而又能打动人心的产品说明，力求全面而形象地表达所推销产品的优点和特性，力争在众多的竞争者中获得成交。

(6)选择供应商。在收到多个供应商的有关资料后，采购者将根据资料选择比较满意的供应商。在选择供应商时，不仅考虑其技术能力，还要考虑其能否及时供货、能否提供必要的服务。其遴选的主要条件是：交货快慢、产品质量、产品价格、企业信誉、产品品种、技术能力和生产设备、服务质量、付款结算方式、财务状况、地理位置。

根据上述条件遴选出数个供应商，企业在最后确定供应商之前，有时还要和供应商面谈，争取更优惠的条件。不少企业最后确定的供应商，不限于一个，其目的在于，一方面有多个供应商，以免受制于人；另一方面，也可以通过几个供应商的竞争，促使他们改进服务质量。当然，企业在确定的几个供应商中，必定有一个为主，其他几个为辅。比如购买者最后确定了三个供应商，可以向为主的供应商购买所需产品总量的 60%，向为辅的两个供应商分别购买所需产品总量的 30%和 10%。

(7)签订合约。企业的采购中心最后选定供应商以后，第七步是采购经理开订货单给选定的供应商，在订货单上列举技术说明、需要数量、期望交货期等。现在许多企业日趋采用"一揽子合同",即和某供应商建立长期的供货关系,这个供应商允许只要购买者需要购买时,供应商就会按原定的价格条件及时供货。这种"一揽子合同"给供求双方都带来了方便。对采购者而言,不但减少了多次购买签约的麻烦和由此增加的费用,也减轻了库存的压力——因为由于这一"合同",实际上购买者将存货放在了供应商的库里。如果需要进货时,只需用计算机自动打印或电传一份订单给供应商。因此"一揽子合同"又被称为"无库存采购计划"。就供应商而论,他的产品有了固定的销路,减轻了竞争的压力。

(8)绩效评价。产品购进后,采购者还会及时向使用者了解其对产品的评价,考查各个供应商的履约情况,并根据了解和考查的结果,决定今后是否继续采购某供应商的产品。为此,供应商在产品销售出去以后,要加强追踪调查和售后服务,以赢得采购者的信任,保持长久的供求关系。同时,对本次购买活动进行总结,包括两个方面的内容:一方面对购买的工业品的质量要验证,看是否符合明细表和设计图纸的要求;另一方面对所付出的购买金额和差旅费等进行分析,是突破还是节余,查明原因,以利继续购买或改换供应单位。

(二)中间商购买行为分析

中间商市场是沟通生产和消费的桥梁,其职能在于有效地促进产品从生产者向消费者转移。中间商市场采购者的采购行为与产业市场存在很多相似之处,但在购买组织、购买决策类型和购买方式上各有其特点。

1.中间商市场的概念

绝大多数制造商并不是将其产品直接销售给最终用户,即使是在网络营销时代,生产者也不可能将其产品直接销售给每一个消费者,在产销之间仍然需要中介机构架起一座座桥梁,这些中介机构的集合就构成了中间商市场。

中间商市场是指从生产企业或其他中间商处购买商品,再将其转售给消费者、社会集团、中间商或生产者的企业和个人。中间商市场按其经营产品的用途分,可以分为生产资料中间商和消费资料中间商;按其经营产品是否发生所有权转移分,可以分为经销中间商和代理中间商;按其销售对象分,可分为批发中间商和零售中间商。

2.中间商采购决策的内容

中间商在进行采购决策时,涉及的主要内容有:产品编配决策,选择供应商决策、购买条件和定价决策等,其中,产品编配决策在批发商和零售商的采购决策中是最重要的。产品编配决策是指中间商经营产品品种的搭配策略。它既决定了中间商在市场中的位置,也制约着中间商的采购范围。产品编配决策包括以下四种策略:

第一,独家编配。这是指中间商只经营一家企业提供的各种花色品种的产品。

第二,深度编配。这是指中间商经营来自同行业不同厂家的各种花色品种的同类产品。

第三,广度编配。这是指中间商经营来自同行业多家企业的多种花色品种的不同类产品。

第四,混合编配。这是指中间商经营来自不同行业多家企业的各种产品,这些产品关联性不强。

3.中间商采购的进货方式

中间商的进货方式,批发企业与零售企业有所不同。批发企业在进货批量、进货途径等方面与产业用户采购差别不大，都向“一揽子合同”（无库存采购）和合作广告等方面转化。而零售商的进货方式一般有三种类型：

第一，集中进货。这是指零售企业设置专门采购人员统一进货，然后分配到各商品组（框台）销售。这种方式一般适用于人员少、资金少、经营品种少的小型零售店和专卖店。

第二，分散进货。这是指由零售企业各商品部在核定的资金范围内自行采购。一般适用于大型零售商店。

第三，联购分销。它是指由若干个零售企业统一从配送中心进货，然后再分别销售。它的优点是可以降低进货成本，节约交易和运输费用，缺点是在组织工作上有一定的难度。联购分销是伴随着物流革命和现代化的大规模配送中心的兴起而发展起来的连锁业普遍采用的一种进货方式。

三、非营利性组织与政府机构购买行为分析

非营利组织市场和政府市场是组织机构市场的重要组成部分，它们与产业市场和中间商市场存在明显的差异，购买行为具有鲜明的特点，需要专门进行研究。

（一）非营利性组织购买行为分析

1.非营利组织市场的类型

按照职能的不同，非营利组织市场可分为两个类型：

（1）促进社会群体交流的非营利组织。指促进某群体内成员之间的交流、推动某项事业发展、维护社会群体利益的各种社会组织，包括各种职业团体、业余团体、宗教组织、专业学会和行业协会等。

（2）提供社会服务的非营利组织。指为某些公众的特定需要提供服务的非营利组织，包括学校、医院、红十字会、卫生保健组织、新闻机构、图书馆、博物馆、文艺团体、基金会、福利和慈善机构等。

2.非营利组织的购买特点

（1）限定总额。非营利组织的采购经费总额是既定的，不能随意突破。比如，一些经费来源于财政拨款的组织，拨款不增加，采购经费就不可能增加。

（2）保证质量。非营利组织的采购不是为了盈利，而是为了维持组织运行和履行组织职能，对所购商品的质量和性能都特别重视。

（3）受到控制。非营利组织采购人员受到社会公众或上级机构的严格监督和控制，只能按照条件购买，缺乏自主性。

（4）程序复杂。非营利组织购买过程的参与者较多，经过的审批环节繁杂，故采购程序复杂。

3.非营利组织的采购方式

（1）公开招标方式。非营利组织的采购部门通过传播媒体发布广告或发出信函，说明拟采购商品的名称、规格、数量等要求，邀请供应商在规定的期限内投标。投标者进行密封投标。招标单位在规定的日期开标，由专家委员会选择最符合要求的供应商为中标单位。

(2)议价合约选购。非营利组织的采购部门同时与若干供应商就某一采购项目展开商务谈判,最后与最符合要求的供应商签约。该方式适用于复杂的大型工程项目。

(3)日常性采购。非营利组织为了维持日常办公和组织运行的需要而进行的采购。这类采购金额少,一般是即期付款、即期交货。

(二)政府市场购买行为分析

政府市场是指为执行政府职能而采购商品或租用货物的各级政府单位。政府市场是服务于国家和社会,以实现社会整体利益为目标的有关组织,包括各级政府和下属各部门、军队、警察、消防队和监狱等。

1.影响政府采购的主要因素

政府采购者的采购行为同样也受到环境因素、组织因素、人际关系因素和个人因素的影响,但值得指出的是,政府采购者的行为还要受到社会公众的制约。纳税人有责任监督和制约政府采购者的采购行为。在我国,这种公众制约是通过各级人民代表大会行使权力来完成的。近年来,随着各级人大监督机制的日益增强,社会公众对政府采购行为的制约力度在不断加大。

2.政府采购者的决策过程

政府采购者的决策过程因购买情况不同而各异,这一点与产业市场的采购者决策过程基本一致。在政府的常规性商品的采购活动中,由于购买对象、数量和时间有较强的计划性,供应商的更换频率不高,所以,决策的内容并不复杂,但审批手续比较烦琐,拖延的时间很长。根据政府采购者决策程序的特点,政府市场的营销者应做到两点:第一,对于政府的常规性采购,在进行大力促销工作的同时,要有较强的耐心和自制力,以保持长期的供货关系;第二,对于新购,特别是投资巨大的复杂项目,企业要给予高度的重视,要组成技术专家、财务专家和公关专家的专家小组进行行之有效的促销工作,在竞争中充分显示公司的实力。

总之,消费者市场是个人和家庭为了生存而购买产品和服务的市场,具有分散性、差异性、易变性、替代性和非专业性的特点。消费者购买行为受到四种主要因素的影响:(1)文化因素,包括文化、亚文化和社会阶层;(2)社会因素,包括相关群体、家庭和角色地位;(3)个人因素,包括年龄与生命阶段、职业、经济状况、生活方式、个性与自我观念;(4)心理因素,包括动机、知觉、学习、信念和态度。

消费者可以是购买行为的发起者、影响着、决策者、购买者和使用者,营销人员需要对不同的角色展开有目的的营销活动。根据消费者对购买行为的介入程度和品牌之间的差异程度将消费者购买行为划分为四种类型:复杂的购买行为、习惯性的购买行为、寻求多样化的购买行为和减少失调的购买行为。典型的消费者的购买过程包括以下五个阶段:认识需要、收集信息、评价方案、购买决策和购后行为。营销者需要认识到消费者在每一阶段的行为,并针对这些行为开展营销活动。

组织市场是指企业为从事生产、销售等业务活动,以及政府部门和非营利组织为履行职责而购买产品和服务所构成的市场。它具有派生需求,参与购买决策的人数较多,购买过程持续时间较长,重视互惠互利与长期合作关系等特点。组织市场可划分为产业市场、中间商市场、政府市场、非营利组织市场。

产业市场购买方式分为直接重购、修正重购、新购；产业购买决策经历提出需要、确定需要、说明需要、寻找供应商、征求供应建议、选择供应商、签订合同、绩效评估等八个步骤；购买决策受环境、组织、人际、个人等四大类因素的影响。中间商市场购买决策包括独家编配、深度标配、广度编配和混合编配，进货方式包括集中进货、分散进货和联购分销。非营利性组织购买特点包括限定总额、保证质量、受到控制、程序复杂；采购方式包括公开招标方式、议价合约选购、日常性采购。政府市场采购方式多样和特殊、受社会公众监督及购买目标多重性等特点；政府市场主要购买方式有公开招标选购、议价合约选购、日常性采购。

第三节　趋势与热点：网络消费者购买行为分析

随着互联网技术的高度发展，网络消费已逐渐成为人们消费的主流形式之一。网络消费者是推动网络营销发展的主要动力，它的现状决定了网络营销未来的发展趋势和道路。要切实做好网络市场营销工作，就必须对网络消费者的购买行为进行分析以便采取相应的对策。

一、网络消费者购买行为概述

（一）网络消费者概念与特征

网络消费者是指以互联网为工具，在电子商务市场中进行消费和购物等活动的消费者人群。在这个消费者主导的时代，面临着更为丰富的商品选择，网络消费者购买行为呈现出如下新的特征。

（1）注重表现自我，追求个性化。网络购物是源自个人消费意向的积极行为，网络消费者愿意花费较多的时间到网上虚拟商店进行浏览、比较、选择和评价。因此，消费者可以根据自己的意愿，以自我为中心，向商家提出挑战，在消费中充分表现自我。由于目前网络用户多以年轻、高学历用户为主，他们拥有不同于他人的思想和喜好，有自己独立的见解和想法，渴望变化、喜欢创新、富裕想象力，所以他们的具体要求越来越独特，而且变化多端，个性化消费越来越明显。因此，网络营销企业应想办法满足其独特的需求，尊重用户的意见和建议，而不是用大众化的标准来寻找大批的消费者。

（2）追求新鲜事物，求知欲强。网络消费者爱好广泛，无论是对新闻、股票市场还是网上娱乐都具有浓厚的兴趣，对未知的领域也有永不疲倦的好奇心。

（3）头脑冷静，理性分析。由于目前网络消费者是以大城市、高学历的年轻人为主，他们不会轻易受舆论左右，对各种产品宣传有较强的分析判断能力，因此从事网络营销的企业应该加强信息的组织和管理，加强企业自身文化的建设，以诚信待人。

（4）缺乏耐心。年轻的网络消费者比较缺乏耐心，当他们搜索信息时，经常比较注重搜索所花费的时间，如果链接、传输的速度比较慢的话，网络消费者一般会马上离开这个站点。

企业想要吸引顾客，保持强劲的竞争力，就必须对网络消费者情况进行仔细分析，了解他们的特点，制定相应的对策。

（二）网络消费者类型

网络消费者可以分为如下六种类型：

1.简单型网络消费者

简单型网络消费者偏爱方便直接的网上购物体验。这类消费者每月只花七小时上网，但他们的网上交易却占了一半。零售商们必须为网络消费者提供真正的便利，让他们感觉到在这个网站购买商品能节约更多的时间成本、体力成本及精力成本。

2.定期型和运动型网络消费者

定期型与运动型网络消费者通常都是为网站的精彩内容所吸引。定期型网络用户常常访问新闻和商务网站，而运动型网络用户则喜欢运动和娱乐网站。对该类消费者，零售商务必保证站点包含他们所需要的及感兴趣的信息。

3.冲浪型消费者

冲浪型的消费者占了网络用户的8%，然而该类消费者在网站花费的时间却占了32%，并且他们访问的网页是其他网络用户的4倍之多。冲浪者在网站逗留仅是为了寻找乐趣与刺激，他们对经常更新、具有创新设计特征的网站很感兴趣。正是该类消费者的存在，才使网站投其目标用户所好成为可能。

4.接入型消费者

新接触网络的消费者称为接入型消费者，占36%的比例。该类消费者很少进行购物，而是喜欢在网上聊天和发送免费问候卡。网络新手们由于上网经验不足，一般对网页中的简介、常见问题解答、名词解释等连接感兴趣，其次，他们更愿意相信生活中熟悉的品牌。因此，那些有着著名传统品牌的企业应对这类消费者保持足够的重视。

5.议价型消费者

议价型消费者有一种趋向购买便宜商品的本能，占网民的8%。该类消费者喜欢讨价还价，因此站点上“大减价”这类字眼，对他们具有较强的吸引力。

二、网络消费需求的特征

互联网商务的出现，人们的消费观念、消费方式和消费者的地位正在发生着重要的变化，互联网技术的发展促进了消费者主权地位的提高；网络大数据的信息处理能力，为消费者挑选商品提供了前所未有的选择空间，使消费者的购买行为更加理性化。网络消费需求主要呈现出如下八个方面的特点：

（一）网络消费者需求的差异性

不同的网络消费者因其所处的环境不同，会产生不同的需求。即便他们在同一需求层次上，其需求也会有所不同。因为网络消费者来自世界各地，有不同的国别、民族、信仰和生活习惯，因而会产生明显的需求差异性。从事网络营销的企业，在整个生产过程中应该从产品的构思、设计、制造，到产品的包装、运输、销售，认真思考各差异性，并针对不同消费者的特点采取相应的策略。

拓展阅读 3-2 2020年各国跨境电商市场消费需求

近年来跨境电商的不断发展也吸引了无数卖家纷纷进入这个行业，大部分出口跨境电商面对的都是国外消费者，卖家的目的就是要把自己的商品卖出去，有销量才能谈发展，而获得销量的关键就是消费者，所以卖家需要明确自己的商品如何高效地出口到其他国家就需要了解消费者的消费心理和习惯，这对卖家来说有很重要的借鉴意义。

中国卖家选择的最多的应该就是北美市场了，北美市场发展早，市场发展和消费者人群成熟稳定且质量高，在线买家数量众多，市场容量大。并且美国人均消费能力强，超前消费观念深入人心，这对卖家来说是个很有机会的超级市场。但是美国人对商标和专利产品非常重视，卖家如果想在北美市场长久生存，就不能在这方面有差错，同时要严格遵守北美的法律制度，在环保、税务、仓储等问题上都要注意，另外，美国的节日氛围特别浓厚，消费者也特别重视，卖家可以利用节日做大量的促销活动，争取获得更大的曝光率。

南美电商市场大部分都属于中小型平台，因为南美大多都是发展中国家，随着经济的不断发展，跨境电商在南美逐渐成为新兴市场，卖家选择南美市场是抓住了市场发展的潜力，一些年轻的南美消费者的购买能力并不比中国差，并且这种趋势在不断增长，卖家要注意的是售后问题，由于物流发展比较缓慢，南美市场的发展受到了一定的阻碍，但是近年来都在不断扩建基础设施，相信不久之后，南美将会是个很大的潜力市场。

北欧市场大都为发达国家，消费水平高，消费者质量也高，相对的对产品的要求也会有一定的标准，所以卖家想要在北欧市场立足，首先就得明白当地人的要求，比如德国人严谨，英国人注重礼仪、关注细节，法国人购物目的性很强。卖家必须先弄清楚各国消费者的消费心理和习惯，才能更好地销售商品，获得更多的利润。

资料来源(节选)：佚名.2020年各国跨境电商市场消费需求概述[EB/OL].(2020-04—07).https://zhuanlan.zhihu.com/p/132479067.

(二)网络消费者消费个性回归

21世纪的到来，消费品市场变得越来越丰富，消费者进行产品选择的范围全球化、产品的设计多样化，消费者开始制定自己的消费准则，市场营销又回到了个性化的基础之上。网络营销企业应认识到，每一个网络消费者都是一个细小的消费市场，个性化消费已成为消费的主流。针对淘宝冲击了线下传统超市的说法，马云指出消费者需求越来越个性化，而这就是社会的发展。

(三)网络消费的主动性增强

消费主动性的增强源于现代社会不确定性因素的增加和人们需求心理稳定和平衡的欲望。在许多大额或高档的消费中，网络消费者往往会主动通过各种可能的渠道获取与商品有关的信息并进行分析和比较，从中得到心理的平衡以减轻风险感，增加对产品的信任程度和心理上的满足感。网络营销企业必须提高产品和服务的质量，以增强消费者的购买感知信任。

(四)网络消费者直接参与生产和流通的全过程

传统的销售渠道由生产厂商、商业机构和消费者组成。商业机构在其中起着重要的作用,生产者不能直观地了解市场,消费者也不能直接向生产者表达自己的消费需求。而在虚拟网络环境下,消费者能直接参与到生产和流通中来,与生产商直接进行沟通,减少了市场的不确定性。

(五)追求消费过程的方便与享受

消费者在网上购物,除了能够完成实际的购物需求以外,在购买商品的同时,还能得到许多信息,并得到在各种传统线下实体店没有的乐趣。人们对现实消费过程出现了两种追求的趋势:一部分工作压力较大、紧张程度高的消费者以方便性购买为目标,他们追求的是时间和劳动成本的尽量节省;而另一部分消费者,是由于劳动生产率的提高,自由支配时间增多,希望通过消费来寻找生活的乐趣。将来,这两种相反的消费心理将会在较长的时间内并存。

(六)选择商品的理性化

网络大数据的信息处理能力,为消费者挑选商品提供了前所未有的选择空间,网络消费者会利用在网上得到的信息对商品进行反复比较,以决定是否购买。对企业的采购人员来说,可利用预先设计好的计算程序,迅速比较进货价格、运输费用、优惠、折扣、时间效率等综合指标,最终选择有利的进货渠道和途径。

(七)价格是影响网络消费心理的重要因素

价格不是决定消费者购买的唯一因素,但却是网络消费者购买商品时考虑的必要因素。网上购物之所以散发出生命力,其重要的原因之一是因为网上商品价格普遍低廉。价格始终对消费者的心理产生重要的影响。因消费者可以通过互联网联合起来向厂商讨价还价,产品的定价逐步由企业定价转变为消费者引导定价。

小案例 3-7　　日本千禧一代掀起二手商品交易热潮

Mercariə 是日本知名的二手物品交易网站,有"日本闲鱼"之称。其实购买二手化妆品的趋势并非日本独有。在美国也有类似的二手化妆品交易平台 Glambot。购物 App Depop、Lithuanian Vinted、Reddit,还为用户提供购买二手化妆品的平台和论坛。而且,随着日本的共享经济日趋成熟,少数千禧一代似乎更愿意以大幅折扣来抵消高昂的奢侈品价格。

东京的卖家 Moe Miura 表示:"我的绝大部分 listing 都在几天内售出。"她在 Mercari 卖掉了她开封且使用过的 Chanel、YSL Beauty 和 Clinique 产品。她表示,把二手化妆品放在 Instagram 和 Youtube 做宣传,会在短时间内售出。可见,Mercari 已成为人们获取高端化妆品的理想平台,让年轻的日本客户可以不使用正价即可试用到心仪的色调和配方,或是不能直接在该国购买到的美容品牌。

市场研究公司 Gartner 亚太地区咨询专家 Yo Douglas 表示:"当你想尝试新的香奈儿唇膏时,你可以通过 Mercari 以较低的价格购买,如果你真的喜欢它再入手一个新的,这与从朋友那里购买二手化妆品并没有什么不同。"

Yo Douglas 表示，买家和卖家之间的相互理解和高度信任，已经大大降低了日本消费者对于卫生的敏感性，且这种趋势已经生根发芽。卖家甚至会在向新主人寄出粉底时，主动更换用过的粉扑。

由于高端美容产品很少减价促销，二手化妆品恰好把握了当地年轻消费者对品牌商品的渴望。根据贝恩公司（咨询公司）的数据，2018 年整体奢侈品销售额增长了 6%，达到 220 亿欧元（约合 240 亿美元），入境旅游业是其中一个重要的驱动力。

据了解，有些日本年轻人表示，购买二手化妆品还特别受到社媒平台上的化妆品测评达人或美妆博主的喜爱。

……

日本年轻人 Hashimoto 表示，虽然许多人的消费习惯确实受到“节俭光荣”的消费观驱使，但更多的人其实是受到自身经济条件的限制。她说：“日本的很多年轻人经济并不富裕，想找到一份稳定的、薪水较好的工作真的很难。”她表示，像她这种年纪的消费者通常会在手机上领取优惠券来购买大牌产品犒劳自己，但平时，他们会在药妆店购买护肤品，因为那样他们可以获得额外的积分奖励。

……

Hashimoto 表示：“虽然我们买不起昂贵的化妆品，但我们仍然想拥有它们，因为它们会照亮我们的日常生活。我们现在所能做的就是尽可能地享受更多的乐趣，同时减少不必要的支出和投资。”而这或许也道出了一部分日本千禧一代消费者的心声。

资料来源：日本千禧一代掀起二手商品交易热潮？“日本闲鱼”受追捧”[EB/OL].(2019-08-21).雨果网.

（八）网络消费具有层次性

在网络购物的初始阶段，消费者偏重于精神产品的消费；到了网络消费的成熟阶段，待消费者完全掌握了网络消费的规律和操作，并且对网络购物有了一定的信任感后，网络消费者才会从侧重于精神消费品的购买转向日用消费品的购买。

三、网络消费者的购买行为模式

在网络消费时代，电子商务的迅速发展推进了营销的变革，消费者购买行为与传统消费方式下相比呈现出新的特点。目前流行的消费者购买行为模式主要包括 AIDMA 模式、AISAS 模式、ISMAS 模式。

（一）AIDMA 模式

1.AIDMA 模式含义

AIDMA（爱德玛）模式由美国广告学家刘易斯于 1898 年率先提出，是以广告发生功效而引导消费者产生的心理变化的模式。AIDMA 模式经常在营销行业和广告行业，被用来解释消费心理过程。营销工作者运用该模式是为了准确了解消费者的心理和行为，制定有效的营销策略，提高成交率。广告行业使用 AIDMA 模式主要是为了创作实效的广告。它对消费者经历的心理历程和消费决策，将产生影响力和诱导的作用，实效广告的信息会一直影响消费者的思考和行为。AIDMA 模式，其过程首先是消费者注意到(attention)该广告，感兴趣(interest)而阅读下去，产生购买欲望(desire)，然后记住(memory)该广告的内容，最后产生购买行为(action)，如图 3-8 所示。

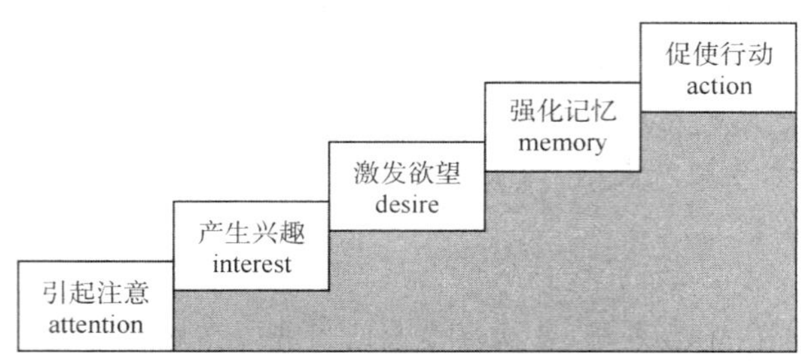

图 3-8　AIDMA 模式

2.AIDMA 模式的内容分析

在传统的媒体环境下，AIDMA 模式非常实用，因为在电视、杂志上，广告商可以图文并茂地介绍产品，并且被迅速地传播到消费者脑中，比如爽歪歪就是其中之一，因此该模式是一种由卖方主导的营销方式，它一直对广告的创意和营销策划有着很好的指导作用。

A：attention(引起注意)：引起消费者注意的方法有很多，例如充满新意的包装、出其不意的广告词及简单且实用的口号等等，凡是能够让人将注意力投向商品的方式都可以借鉴，但是最后选择哪一种则需要结果本身的商品。

I：interest(引起兴趣)：当消费者注意到商品之后，还需要让其对商品产生兴趣，比较常用的方法是使用精制的彩色目录、有关商品的新闻剪报加以剪贴，及对商品的属性、作用进行言简意赅的描述。

D：desire(唤起欲望)：让顾客感受到商品的魅力，才能让人产生购买欲望，例如商品为茶具，给消费者看的不仅只是所卖的茶具，还可以在旁边附上香气扑鼻的浓茶，使消费者感受到浓茶的香味，从而产生购买欲望。

M：memory(留下记忆)：很多时候消费者完成了前面的三步后，并不一定会马上购买，但是如果能让商品在消费者脑中留下很深的印象，那么最后产生购买的可能性就增加很多。

A：action(购买行动)：为了促成消费者产生购买行动，销售人员在整个销售过程中必须满怀信心，但是需要注意的是不要过分自信，过分自信也会引起顾客的反感。

AIDMA 模式主要存在于信息大量不对称的情况下，消费者对产品知之甚少、获取信息渠道也相对单一。因此整个消费过程比较单一，是单向的漏斗转化。但是法则对一个普通受众到最终的消费者的心路变化过程阐述得非常准确，把握了关键变化点，依然是营销活动创意与制作的标杆指导。

(二)AISAS 模式

1.AISAS 模式含义

AISAS 模式是由国际 4A 广告公司日本电通广告在 2005 年，针对互联网与无线应用时代消费者生活形态的变化，而提出的一种全新的消费者行为分析模型。在 AISAS 模式中，如下图所示，其形状似一个漏斗，自上而下分别是注意(attention)、兴趣(interest)、搜索(search)、行动(action)、分享(share)，如图 3-9 所示。

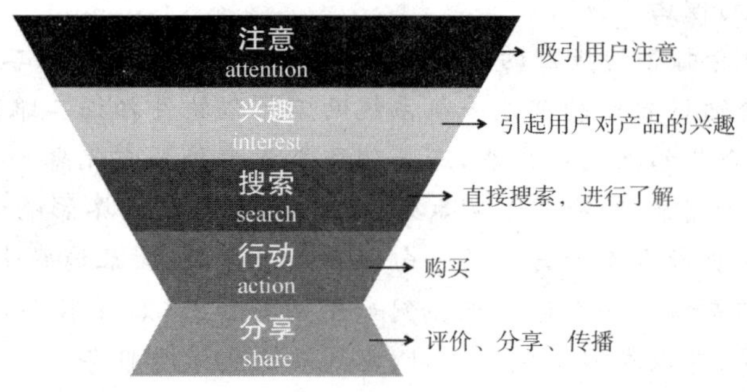

图 3-9 AISAS 模式

2.AISAS 模式的内容分析

根据电通公司的调查数据，在商品认知阶段，消费者的信息来源以电视、报纸、杂志、户外、互联网等媒体广告为主；在理解商品及比较探讨和决定购买的阶段，除了亲临商品实体店之外，互联网及口碑相传是其主要信息来源与决策依据。基于网络时代市场特征而重构的 AISAS 模式，将消费者在注意商品并产生兴趣之后的信息搜集，以及产生购买行动之后的信息分享，作为两个重要环节来考量，这两个环节都离不开消费者对互联网(包括无线互联网)的应用。

新的消费者行为模式(AISAS)决定了新的消费者接触点。依据电通的接触点管理，媒体将不再限于固定的形式。对于媒体形式、投放时间、投放方法的考量，首先源于对消费者与产品或品牌的可行接触点的识别，在所有的接触点上与消费者进行信息沟通。

消费者网站不仅提供详细信息，使消费者对产品的了解更深入并影响其购买决策；对消费者之间的人际传播也提供了便利；同时，营销者通过对网站访问者数据进行分析，可以制订出更有效的营销计划。由于互联网无可替代的信息整合与人际传播功能，所有的信息将在互联网聚合，以产生成倍的传播效果，以网络为聚合中心的跨媒体全传播体系随之诞生。

3-3 **AISAS 模式下的手机二维码营销**

根据 AISAS 这一模型，手机二维码营销活动的开展主要分为以下五个步骤：

1.注意：视觉设计引来消费者关注。视觉的吸引力是第一位的，独特的设计吸引消费者第一眼关注到二维码。另外，消费者在不同场合看到不同形式的二维码广告，如广告墙、餐桌、汽车等，通过品牌信息告知或促销信息引起消费者注意。

2.兴趣：通过优惠活动激发消费者兴趣。移动营销时代，用户数据收集和用户洞察方面可能比原来做得更好，运用技术研究用户的使用习惯、兴趣偏向等，了解用户的内心在想什么，然后给他推荐他需要的、感兴趣的东西。消费者被二维码的广告信息或促销信息所打动，对其产生兴趣或者产生需求。就目前而言，大部分的二维码广告都是以打折、优惠券、积分商城、会员积分、互动抽奖、红包、返佣、趣味小游戏等优惠信息来激发消费者的兴趣,比如扫码就可以领一个礼品、扫码就可以享受优惠等。没有任何的礼或者利,是很难吸引消费者来扫码的。在礼品的选择上一定要特别,让人产生强烈的扫码兴趣。总之,给消费者一个扫码的理由。

3.搜索:将消费者引导到线上的搜索平台。一旦消费者对手机二维码产生了兴趣和需求以后,他们就会通过自己的智能手机系统的二维码软件扫描二维码,以此来链接该二维码所宣传的相关企业的网站或广告,进而领取或享受折扣或优惠。

4.行动:将线上搜索行为转化为实际交易。人是容易被外界影响的动物,消费者扫描二维码之后,工作人员或者亲朋好友的一句引导或者说服,会让消费者的行为从观望转变为行动,而二维码就充当了一个连接点。例如团购餐饮、美容等服务,以及在网上购买电影票、获取优惠券等,可以在网上完成支付,再到现场去享受服务。

5.分享:引导消费者在线上的社会化媒体中分享体验。在各种线下场合,顾客能够获得最贴近现实的体验,往往也处于最有分享欲望的状态。抓住最佳的分享时机,激励和帮助顾客在社会化媒体上分享内容,也是二维码的用武之地。例如服装店在有些服装边上设置了二维码标牌,顾客如果看到心动的服装时,用手机扫描二维码就可以快速地分享到微博或微信上,说“我喜欢这件衣服”。

资料来源:赵红.基于AISAS模式的二维码移动营销策略探析[J].视听,2018(10):202-203.

(三)ISMAS模式

ISMAS模式是由北京大学刘德寰教授提出,根据移动互联时代人们生活形态的改变(尤其是用户主动性的增强),针对传统的理论模型提出的改进模型,即:interest(兴趣)、search(搜索)、mouth(口碑)、action(行动)和share(分享),如图3-10所示。

图3-10 ISMAS模式

消费者生活形态的改变使得传统互联网时代的AISAS行为模式部分减退。为此,北京大学刘德寰教授认为,营销方式正在从电通的AISAS法则向具有去媒体性质的ISMAS(兴趣、搜索、口碑、行动、分享)转变。这一模式清晰地指出了网络营销非常重要的发展趋势。

首先以媒体为中心的营销模式已转化为以消费者为中心。当今时代,媒体变得无微不至又微不足道。移动营销模式一定要转变媒体为王的思路，不能忘了跟人们最基本的生活形态变化密切相关，例如，根据美丽说数据挖掘发现，人们喜欢晚上躺在床上使用美丽说，于是其就把大量的人员放在晚上十一二点，为消费者提供服务。相对于原来大的网站在做营销的弹出式广告，软文这种伴随生活做营销的方式往往更有效。

其次，以吸引消费者注意为首要任务变成以其兴趣为出发点。ISMAS 模式指出，在去媒体的环境中，消费者的行为模式不再是先被吸引注意力，然后再去做其他的事情，对于移动互联网下习惯了主动使用媒体的消费者，兴趣成了一切的核心。当消费者有兴趣的时候，不用@，他们也会关注，也会转发。所以，营销一定要根据价值体系和兴趣的变化去转变营销思路，为消费者提供他们感兴趣的、有用的信息。

本章小结

消费者市场是个人和家庭为了生存而购买产品和服务的市场。它具有以下特点：分散性、差异性、易变性、替代性和非专业性的特点。消费者购买行为受到四种主要因素的影响：文化因素包括文化、亚文化和社会阶层；社会因素包括相关群体、家庭和角色地位；个人因素包括年龄与生命阶段、职业、经济状况、生活方式、个性与自我观念；心理因素包括动机、知觉、学习、信念和态度。

消费者可以是购买行为的发起者、影响者、决策者、购买者和使用者，营销人员需要对不同的角色展开有目的的营销活动。根据消费者对购买行为的介入程度和品牌之间的差异程度，将消费者购买行为划分为四种类型：复杂的购买行为、习惯性的购买行为、寻求多样化的购买行为和减少失调的购买行为。典型的消费者的购买过程包括以下五个阶段：认识需要、收集信息、评价方案、购买决策和购后行为。营销者需要认识到消费者在每一阶段的行为，并针对这些行为展开营销活动。

组织市场是指企业为从事生产、销售等业务活动，以及政府部门和非营利组织为履行职责而购买产品和服务所构成的市场。它具有派生需求，参与购买决策的人数较多，购买过程持续时间较长，重视互惠互利与长期合作关系等特点。组织市场可划分为产业市场、中间商市场、政府市场、非营利组织市场。

产业市场购买方式分为直接重购、修正重购、新购，产业购买决策经历提出需要、确定需要、说明需要、寻找供应商、征求供应建议、选择供应商、签订合同、绩效评估等八个步骤；购买决策受环境、组织、人际、个人等四大类因素的影响。中间商市场购买决策包括独家编配、深度标配、广度编配和混合编配，进货方式包括集中进货、分散进货和联购分销。非营利性组织购买特点包括限定总额、保证质量、受到控制、程序复杂；采购方式包括公开招标方式、议价合约选购、日常性采购。政府市场采购具有方式多样和特殊、受社会公众监督及购买目标多重性等特点；政府市场的主要购买方式有公开招标选购、议价合约选购、日常性采购。

网络消费者是指以互联网为工具，在电子商务市场中进行消费和购物等活动的消费者人群。在这个消费者主导的时代，面临着更为丰富的商品选择，网络消费者购买行为呈现出如下新的特征：注重表现自我，追求个性化；追求新鲜事物，求知欲强；头脑冷静，理性分析；缺乏耐心。

网购消费者分为五大类型：简单型网络消费者、定期型和运动型网络消费者、冲浪型消费者、接入型消费者、议价型消费者。

消费者购买行为与传统消费方式下相比呈现出新的特点。目前流行的消费者购买行为模式主要包括 AIDMA 模式、AISAS 模式、ISMAS 模式。

重要名词

消费者市场　文化　亚文化　社会阶层　相关群体　生活方式　个性　自我观念　动机　知觉　学习　信念　态度　习惯性购买行为　寻求多样性的购买行为　减少失调的购买行为　组织市场　中间商市场　AIDMA 模式　AISAS 模式　ISMAS 模式

案例评析

审视潮玩新赛道

2021 年 9 月，52TOYS 完成了 4 亿元 C 轮融资，这是 2021 年潮玩圈最大规模单笔融资案。“做玩具这一行，要对年轻人保持敬畏之心。”52TOYS 创始人陈威在虎嗅专访中表示。

受 2020 年 12 月泡泡玛特上市后千亿港元市值的资本故事激励，潮玩赛道在瞬间挤入更多玩家：除了 TOP TOY、X11 这类潮玩集合店，曾主打 IP 研发及运营的十二栋也抱着“长草颜团子”杀入潮玩江湖，甚至零食、饮料、茶饮新旧巨头也把潮玩视作新方向——三只松鼠(见图 3-11)、娃哈哈、元气森林、喜茶陆续推出了潮玩产品或联名品。

图 3-11　三只松鼠品牌

它们竞争的是同一批年轻人：Z 世代。据 2021 年天猫及京东相关报告和泡泡玛特招股说明书数据综合计算，1995 年到 2009 年出生的 Z 世代人口，消化了近 75%的潮玩产品。来自国家统计局的数据显示，Z 世代人口接近 2.6 亿，在一些投资机构中，潮玩被定义为“拥有 2.6 亿人潜在市场的关键赛道”。

但 Z 世代的钱并不好赚，因为 Z 世代的需求、喜好变幻莫测、飘忽不定。在今年 8 月，某潮玩头部公司联合创始人曾向虎嗅透露：“没有哪家潮玩公司，敢信誓旦旦地说自己能猜中年轻人喜欢什么。”该人士甚至直言，虽然今天年轻人的消费力更强、购买渠道更便捷、更容易冲动消费，但“钱反而比十余年前的难赚了，因为摸不准他们心思。”飘忽不定的 Z 世代，甚至正变得稀缺：如果以“五年”为分界线将 Z 世代划分为 95、00、05 三批，那么新生儿数量已经呈现出明显的下降趋势。

据统计，“三批”Z 世代的出生人口数分别为 9945 万、8312 万、7995 万。值得玩味的是，最早的一批 Z 世代如今已是 26 岁的职场青年，随着年龄增长，其中一部分 Z 世代对潮玩已经“钱有余，时不足”“将兴趣转移到手表、潮鞋或理财上”。

核心消费人群的微妙变化，正在对潮玩市场产生深刻影响。比如盲盒，在 2020 年潮玩市场陷入“盲盒狂躁症”后，2021 年已经有部分高度依赖“盲盒”的潮玩品牌死去，甚至部分头部公司的核心 IP 盲盒也在 2021 年出现销量下滑的现象。人们开始重新审视潮玩赛道，以及背后的 Z 世代。

“盲盒是典型的 Z 世代潮玩产品，但在 2021 年，盲盒的江湖地位正在发生微妙变化。”同质化，是盲盒遇到的关键问题。从 2020 年下半年开始，盲盒风吹遍了潮玩行业。所有的潮玩公司都开始“赶工般”地上线盲盒产品，甚至在资本眼中“是否做盲盒”是衡量一家潮玩公司的关键指标。

在资本眼中，盲盒与 Z 世代是天生一对：平均价格仅为几十元的盲盒，与 Z 世代的收入水平更为契合。而高度依赖电商渠道、新流量平台的盲盒，在购买方式和种草模式上也更为“年轻化”。甚至盲盒的隐藏属性也充满 Z 世代特质——闲鱼、得物等 Z 世代喜欢的新型平台，是盲盒类产品重要的收藏交易渠道。泡泡玛特（见图 3-12）在资本市场的成功，让盲盒进一步引爆潮玩圈。2020 年 6 月，泡泡玛特正式递交招股说明书：旗下三款盲盒产品贡献的年营收已经超过 3 亿元。

疫情也让盲盒类产品“偶然”迎来了产能窗口期。2020 年前 5 个月，中国玩具出口额同比下降 14.5%。部分中小规模玩具代工厂，在 2020 年遇到了海外订单取消、产期延迟的情况。这意味着在 2020 年，部分玩具代工产能处于“闲置”状态。在资本加持下，涌入盲盒领域的公司如雨后春笋，在拿到热钱后，这些公司抓住代工产能空闲的机遇，迅速投产盲盒类产品，2021 年春节后，海量的盲盒类产品迅速涌入市场。某电商平台的数据显示，2021 年上半年出现在该平台的盲盒品牌数量、盲盒类产品数量均已超过 2020 年全年。“从价格带分布来看，到 2021 年 4 月左右，已经几乎没有空白地带了，高中低端的盲盒产品几近饱和。”

但这股盲盒热，正在透支 Z 世代对盲盒类产品的热情和购买力。

小熊哈尼是资深潮玩收藏者，她说自己在 2020 年 3 月，每个月会固定去买泡泡玛特、52TOYS 等品牌的盲盒，但是在 2021 年 5 月被她列入“月度购买计划”的品牌已经达到 8

图 3-12　泡泡玛特盲盒

个。“我的消费总额度其实没有变化,这意味着我分配给每个品牌的精力和投入都在降低。”

盲盒热还引发了行业畸形。由于规模以上玩具代工厂,在 2021 年产能逐渐稀缺、产期几近饱和,能够给这些跟风公司迅速生产的往往是一些小型玩具生产厂。据了解,这些工厂的生产工艺和品控能力普遍较弱,这意味着市面上出现的仿品,往往“质量低劣”,而不明真相的消费者很可能会因此对正版品牌产生错误的印象。还有一类公司虽然产品质量过关,却创意滞后,以“跟风打法”求生。据了解,这些公司会有专职的“抄娃师”,当头部公司的新系列盲盒产品上市后,抄娃师会设计出不同 IP 但风格高度相似的盲盒,而这些公司背后的代工方一般颇具实力,于是在两个月内,市面上会出现一批质量并不差的“跟风产品”。

畸形的盲盒风,进一步影响了 Z 世代的消费兴趣。某头部电商平台的相关品类负责人在今年 8 月对虎嗅透露,2021 年销量前列的部分盲盒产品,其爆款度并不如 2020 年。而某头部潮玩公司的核心 IP,在 2021 年的几个关键促销周期内,甚至出现了销量下滑的现象。

“盲盒经历的事情,有点像苍蝇毁了一锅粥。”52TOYS 创始人陈威认为,盲盒类产品,给整个潮玩行业带来了机遇,很多消费者通过盲盒入门潮玩。在陈威看来,本质上,盲盒只是潮玩的一种品类,“最悲哀的是,一些人误把盲盒当作答案,他们误以为只要做盲盒,就一定能大卖,其实大家应该放眼于更广阔的收藏玩具市场”。

资料来源(节选):苗正卿.玩具时代,正在消亡[OL].虎嗅 APP,2021-10-28.

问题:

1.在潮玩业中,为什么盲盒热正在透支 Z 世代对盲盒类产品的热情和购买力?盲盒玩具的优点与缺点是什么?

2.请结合相关消费行为学理论谈谈如何理解“做玩具这一行,要对年轻人保持敬畏之心”?

实训专题

1.应用消费者购买行为理论分析消费者购买奶粉的影响因素，并对我国国产奶粉的营销提出建议。

2.复原你的一次网络购物(衣服、电脑或手机为佳)经历，反思这个购物过程中哪些因素对你的最终购买决策影响较大。网络购物在购物决策中与线下购物有何不同？商家应该怎么应对？

思政专题

试以“四个自信”为指引，探讨当前国潮化消费的意义、趋势，以及中国企业在这种趋势中应该如何作为。

第四章　竞争者分析与竞争战略

学习目标

1.掌握辨别竞争者的三个角度，运用模型分析竞争者；
2.掌握三种基本竞争战略，并了解三种战略的使用条件和优劣势；
3.学会划分企业在市场上的地位，掌握根据市场地位不同而采取的不同的竞争战略；
4.掌握互联网时代企业的三种创新战略。

引导案例

功能饮料市场竞争态势

北斗食饮研究院发布的《2021饮料行业白皮书》显示，2019年，中国整体软饮料市场销售收入达到9914亿元，按2014—2019年的复合增长率计算，2020年中国软饮饮料市场规模将突破万亿元，2024年有望达到13230亿元。功能饮料作为饮料行业的腰部品类，自去年开始，便隐隐有了火热的苗头。

从竞争格局来看，以红牛为头部的"一超多强"的行业格局并未因诸多大品牌的入局而被打破，行业头部效应依旧明显(红牛占据了60%的市场份额，乐虎、东鹏特饮、战马、魔爪等共占40%的市场份额)。

目前，功能饮料的主要消费人群是80后和90后。他们有着较高的消费能力和超前的消费观念，对于消费品质和消费层次的追求要求更高，因此他们对个性化和健康化的功能饮品需求更大。

在消费升级的驱动下，年轻人对功能饮料的需求也将向"低糖、低热量和少添加"等健康饮品方向发展。

健康消费既是无糖饮料爆火的底层原因，又是功能饮料未来发展的主要方向。

性价比为王

《中国社会新人消费报告》显示，初入社会的90后在购物时最关注的两大因素分别是"质量好"和"性价比高"，首要关注性价比的比例占65.6%。此外，九成的90后会先比价再购买，近八成会参与打折、秒杀等特价活动。

对于绝大多数行业来说，性价比即是王道，功能饮料概莫能外。尽管这将导致配方上有效成分如牛磺酸、咖啡因、肌醇等的含量的减少，但也阻挡不了东鹏特饮、乐虎等本土品牌将低价作为竞争的策略。

除了使用更低的产品价格吸引消费者，很多功能饮料品牌还配合使用更多元的产品包装来满足消费者需求，东鹏特饮和乐虎虽然也保留了仿红牛的金罐包装，但也均采用更易携带和饮用的PET瓶装来进行包装区分。

经市场检验，高性价比策略十分奏效，过去5年，东鹏特饮和乐虎的市占率稳步提升。

“成分创新”下的新机遇

果蔬饮料应该说是最容易从原材料开始进行创新的品类，因为果蔬的种类多样，不同品种之间还可以多样组合，形成新的差异点，创造新的赛道，而功能性饮料相对于果蔬饮料，较难通过原材料的创新在消费者心智中建立新的认知。

功能性饮料的成分认知门槛过高，因此，功能性饮料的创新只能“由前到后”，基于新场景和新需求在产品侧进行调整。

一些品牌已经先行一步，从C端场景、需求出发，开始了产品创新：

瞄准了失眠场景，日本酒水饮料的公司——麒麟推出了名为“快眠”的功能饮料。这款饮料的助眠功效来源于鸟氨酸，通过消除疲劳感和压力从而达到助眠效果。此外，“快眠”还具有维持体温和血液流通的成分，可以起到保持安稳睡眠的作用。

针对消费者养颜护肤的需求，玻尿酸也成了当下品牌的宠儿，继华熙生物推出了首款玻尿酸饮用水产品“水肌泉”之后，汉口二厂、汤臣倍健、联合利华等也相继入局。

从“大而全”到“小而美”

毫无疑问，功能饮料市场的成熟度已经非常高，且进入门槛、技术壁垒相对较低。早期入局者、强大的投资者以及独特配方的拥有者，都能占得市场先机。

目前，国内功能饮料市场的格局、各大品牌的行业地位也充分证明了这点，而后期的新进入者不得不另辟蹊径，这也促使整个功能饮料行业形成了两条发展路线。

一条是聚焦产品功能的“大而全”路线。大多数传统功能饮料企业采用这条路线。凭借良好的品牌口碑与长久的市场运作，这些传统头部企业一直以来都是围绕提神、能量在做全人群的市场教育，市场份额较为稳固。

随着消费主流群体的人群迭代，越来越多的90后、00后对各行各业提出了新的需求，对功能饮料亦是如此。传统的提神虽然功能明显，但概念太单一，与运动、时尚等场景有偏差。

由此，功能饮料市场就衍生出了另一条发展路线，即迎合人群需求做细分的“小而美”路线。其中体质能量、魔爪、战马就是典型的代表，分别从运动、时尚方面入手，在庞大的市场中成功分得一杯羹。

风口已经到来，功能饮料在今夏必会迎来新一轮的市场大战，原有行业格局是否会被冲破？新入局者谁又会脱颖而出？我们拭目以待。

资料来源(有删减)：从元气森林“外星人”到农夫山泉第三代“尖叫”，万亿饮料市场，它为何成了新的赢家？[OL].微信公众号：销售与市场，2021-06-29.

思考：

1.功能饮料市场的竞争格局如何划分？

2.功能饮料市场的企业应该采取怎样的竞争策略？

第一节 竞争者分析

为了制定有效的营销战略,企业需要尽可能多地了解竞争者的情况,在市场力量、当前战略、营销组合等方面与竞争者进行比较。唯有这么做,企业才能发现自己具有潜在竞争优势和劣势的领域。进行竞争者分析,要求判定竞争对手的目标和优劣势,在此基础上进一步估计竞争对手的策略和反应模式,如图 4-1 所示。

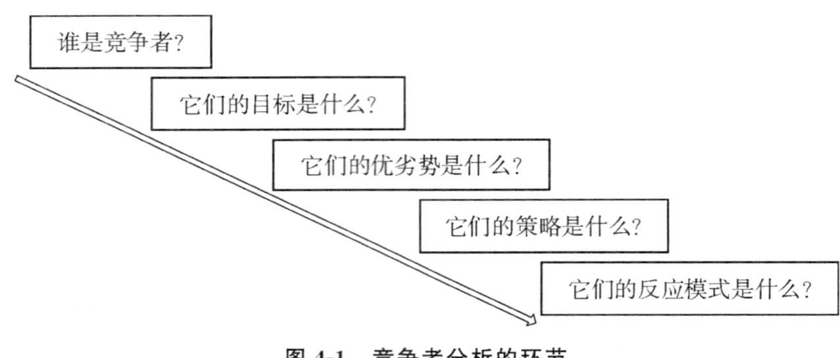

图 4-1 竞争者分析的环节

一、识别企业的竞争者

(一)从行业的角度识别竞争者

企业参与市场竞争,不仅要了解消费者的需求,更要了解竞争者。行业的定义为:一个提供一种产品或一类相互替代产品的公司群。在一个行业中存在着各种竞争力量,如现有厂商、潜在加入者、替代品厂商等。最具有代表性的分析方法是迈克尔·波特在 20 世纪 80 年代初提出的五力模型,如图 4-2 所示。该模型认为行业中存在决定竞争规模和程度的五种力量,这五种力量综合起来影响着产业的吸引力,以及现有企业的竞争战略。他们分别为:同业竞争者的竞争能力、替代品的威胁、新进入者的威胁、供应商的议价能力、买方的议价能力。

1.供应商的议价能力

如果公司的供应商较为集中或有组织,并能够提价或者降低产品和服务的质量,或减少供应量;或者替代产品少、供应的产品是重要的投入要素或转换成本高;或者供应商可以向前实施联合,那么供应商的议价能力就强。因此,与供应商建立良好关系和开拓多种供货渠道是防御上策。该公司所在产业市场吸引力较低。

2.买方的议价能力

如果买方较为集中或者有组织;或者该产品在买方的成本中占较大比重;或者产品无法实施差异化;或者买方的转化成本较低;或者由于买方的利益较少,而对价格敏感;或者

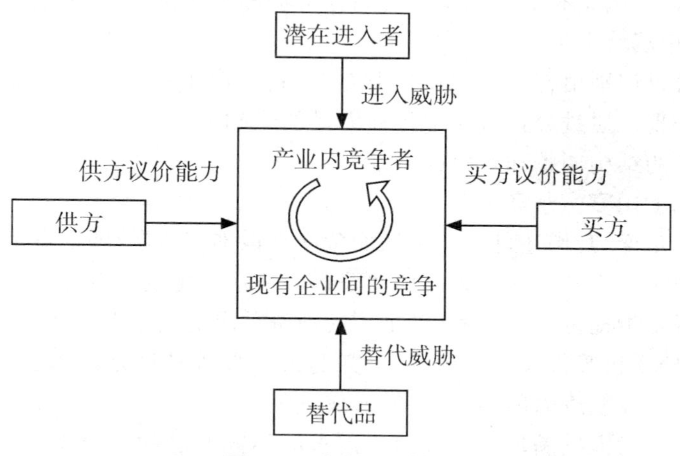

图 4-2 波特五力模型

买方能够向后实施联合,买房的溢价能力就会加强。买方便会设法压低价格,对产品质量和服务提出更高的要求,并使竞争者相互竞争,所有这些都会使销售商的利润受到损失。如果某个细分市场中买方的溢价能力很强或正在加强,该细分市场就没有吸引力。

3.新进入者的威胁

一个细分市场的吸引力随着其进退的难易程度而有所区别。根据行业利润的观点,最有行业吸引力的市场应该是进入壁垒高、退出壁垒低,在这样的细分市场上,新的公司很难进入,但经营不善的公司可以安然撤退。如果细分市场进入壁垒高且经营不善的公司难以撤退则必须坚持到底;如果细分市场进入和退出的壁垒都较低,公司便可以进退自如,获得的报酬虽然稳定但不高;最坏的情况是进入细分市场的壁垒较低,而退出的壁垒却很高,该细分市场也就没有吸引力。(如图 4-3 所示)

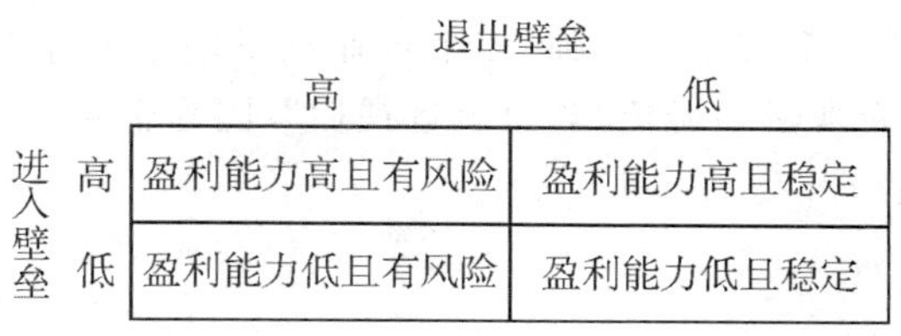

		退出壁垒	
		高	低
进入壁垒	高	盈利能力高且有风险	盈利能力高且稳定
	低	盈利能力低且有风险	盈利能力低且稳定

图 4-3 进入/退出壁垒与盈利

4.替代品的威胁

替代品是指在功能上能全部或部分代替某一产品的产品。如果某个细分市场存在替代品或者有潜在替代品,那么该细分市场就会失去吸引力。替代品会限制细分市场上价格和利润的增长,公司应该密切注意产品的价格走向。如果在这些替代品行业中技术有所发展或者竞争日益激烈,这个细分市场上的产品价格和利润就可能会下降。为了减少替代品对企业的威胁,企业应设法扩大产品的差异化程度,强调替代品不能发生作用的方面。

5.同业竞争者的竞争能力

在大部分行业中,企业之间的竞争往往表现在价格、广告、产品介绍、售后服务等方面，竞争强度与许多因素有关。如果一个细分市场有众多强大的或者竞争意识强的竞争者，那么该细分市场就会失去吸引力。

行业分析可以识别出行业的潜在吸引力，尤其是行业的竞争程度和盈利能力以及行业内参与者的表现。通过分析行业中各种力量的影响因素和企业所处的竞争地位，能够更好地制定行业的结构调整和竞争战略。

(二)从市场的角度识别竞争者

除了从行业角度，我们还可以从市场的角度来识别竞争者，即把竞争者看作一些力求满足相同顾客需求或服务同一顾客群体的公司。从这一角度来看竞争者有以下几类。

愿望竞争者是指提供不同产品，满足不同消费需求的竞争者。例如，某个消费者目前对个人电脑、高档手机等都有购买欲望，但其购买能力暂时只允许选择其一。此时，电脑生产商与手机生产商便成为愿望竞争者，形成竞争关系。

平行竞争者是指提供满足同一种消费需求的不同产品的竞争者。例如，消费者为了满足对交通工具的需求，可以购买自行车、摩托车、汽车作为交通工具，生产它们的企业便互相成为平行竞争者。

产品形式竞争者是指满足同一种消费需求的同类产品不同产品形式之间的竞争。例如，洗衣机有滚筒式洗衣机和波轮式洗衣机等不同产品形式。

品牌竞争者是指满足同一种需求的同种形式产品的不同品牌之间的竞争。例如，同样的乳品市场上有蒙牛、伊利、光明等多个品牌。

在现实的竞争中，企业往往都会关注品牌竞争者，它离我们最近；而平行竞争者往往是潜在的甚至是看不见的，它离我们最远，但实质上，它的出现对企业的打击会让企业措手不及。

(三)从跨界经营的角度识别竞争者

“跨界”已成为互联网时代最流行的字眼，代表新锐的生活态度和审美方式的融合。跨界经营是基于用户体验的互补关系，在营销思维模式上实现由产品中心向用户中心的转移。跨界经营的实质是实现多个品牌、多个行业从不同角度诠释同一用户特征。在这样的跨界合作背景下，企业必须避免“竞争者近视症”，因为企业更可能葬送在潜在竞争者而不是现有竞争者的手下。

方便面的竞争对手

2013—2016 年间，中国方便面销量连年下跌。数据显示，2013 年全国方便面销量为 462.2 亿包，到 2016 年，方便面销量仅为 385.2 亿包，创下 2011 年以来最低销售纪录。

对于中国方便面市场持续走低的原因，外界都将矛头指向外卖行业的崛起。资料显示，2015—2016 年，随着互联网的高速发展，美团和饿了么等外卖平台相继崛起。不惜通过“烧钱”补贴获取市场的方式，将外卖发展成为大众生活的重要方式之一，实惠、新鲜的外卖逐渐取代方便面在消费者心中的地位。因此，外卖行业的兴起，正是泡面行业走低的时期。

资料来源(节选)：佚名.方便面销量 3 年下降近 80 亿包，最大的竞争对手居然是网络订餐[OL].百度百家号：多少说，2017-11-21.

二、判断竞争者的目标和动机

竞争对手会如何行动和做出反应，在很大程度上取决于他们的战略目标，以及他们从事某种业务的动机。因此，判断竞争者的目标和动机是竞争者分析的基础，这有助于更好地掌握竞争者的行动。每个竞争者都有一组目标，我们应该了解竞争者对盈利的可能性、市场占有率的增长、资金流动、技术服务和其他目标给予的重要性权重。要确定竞争者的目标和动机，应当获取并审查以下信息源：(1)产品或者新闻发布会等；(2)年度财务报告；(3)企业分析报告和重大新闻；(4)主管的报告和演说。了解了竞争者的目标，就能够知道竞争者对当前状况是否满意，以及对不同的竞争性行为做出的反应。例如一个追求成本领先的企业，对竞争者在削减成本的生产技术上取得的突破比广告费用的增加反应更强烈。

企业还必须关注竞争者在不同细分市场的目标。如果企业发现某些竞争者正在开拓一个新的细分市场，这可能就是一个机会；如果发现竞争者有意进军目前由本企业提供服务的细分市场，就必须警觉，提前做好战斗准备。

三、评估竞争者的优势和劣势

分析竞争者时，必不可少的一个环节就是评估竞争者的优势和劣势，做到知己知彼，实现企业营销目标。分析竞争者优势和劣势的关键在于收集竞争者的数据，企业一般通过二手数据、个人经历和口碑进行了解，或者是通过顾客、供应商和经销商进行原始数据的营销调研。

收集到数据后应进行分析，该步骤分为四步：第一，列举出影响企业成功的因素；第二，给这些因素赋予权重，通常用量表来表示，100 分为满分，重要性越高，得分越高；第三，对竞争者和本企业按照每个因素进行评分；第四，将上述评分乘以重要性权重，重要性权重显示了优势与劣势。

竞争者分析过程

甲公司对自身和竞争对手进行分析，在表 4-1 中，左侧第一列是影响成企业成功的因素，第二列给出了各因素的权重，然后对企业和竞争者估算出总分。竞争者名声卓越，被认为能生产出高品质的产品，有强大的销售队伍，但在渠道、管理能力等方面有所欠缺。在总体评估中甲公司的分值不如竞争者，所以在竞争时正面进攻不可取，可集中优势力量攻击对手的弱点。

表 4-1 竞争者分析

因素	权重	表现					加权分值	
		1	2	3	4	5	甲公司	竞争者
产品	20				•	◆	80	100
渠道	10		◆	•			30	20
研发能力	10	•			◆		10	40
资金实力	20		◆			•	100	40
管理能力	10	◆	•				20	10
市场营销	20		•		◆		40	80
品牌形象	10			•		◆	30	50
总分							310	340

四、判断竞争者的反应模式

完成上述三个步骤后，企业掌握了竞争者的初步信息，对竞争者的情况有了初步的分析，下一步企业需要知道：面对市场竞争措施，竞争者将要做什么？竞争者的反应，可能受它的各种假设的影响，也可能受它的经营哲学、企业文化和其主导作用的信念的影响，还可能受其心理状态的影响。不同反应的竞争者主要分为以下四种：

1.迟钝型竞争者

此类竞争者对市场竞争措施的反应不强烈，行动迟缓。究其原因可能是竞争者受到资金、规模、技术等资源或能力的限制，无法及时做出适当的反应；也可能是竞争者对自身实力过于自信，不屑于采取行动；还可能是竞争者的竞争意识不强，对市场竞争措施重视不够，未能及时捕捉到市场变化的信息。昔日的手机行业老大——诺基亚，面对竞争反应迟钝，过于自信，忽视了竞争者的包围是其失败的重要原因。

2.选择型竞争者

某些企业对不同的市场竞争措施的反应是有区别的，对某些措施反应强烈，而对有些行动表现迟钝。通常情况下，企业对竞争者的价格变动较为敏感，价格一旦出现变化会立即做出反应，而对改善服务、增加广告、改进产品、强化促销等非价格竞争措施则不大在意，认为不对自己构成直接威胁。

3.强烈反应型竞争者

某些企业对市场竞争因素的变化十分敏感，一旦受到挑战就会迅速做出反应，进行强烈地反击，往往不计后果地打压、报复其他竞争者。这些强烈反应型竞争者通常都是市场上的领先者，具有某些竞争优势。一般企业轻易不敢或不愿挑战其在市场上的权威，尽量避免与其正面交锋。许多快消品行业的小企业都避免与宝洁公司直接竞争，因为他们知道如果宝洁受到挑战，必定会猛烈还击。

4.不规则型竞争者

这类企业对市场竞争做出的反应通常是随机的,往往不按规则出牌,使人感到难以琢磨。不规则型竞争者在某些时候可能会对市场竞争的变化做出反应,也可能不做出反应;他们既可能迅速做出反应,也可能反应迟缓;其反应可能是剧烈的,也可能是柔和的。此类竞争者较难判断,只能分析其以往在市场上的表现以做出评估。

第二节　竞争战略的类型

竞争战略是指企业在竞争上采取进攻或防守的长期行为。在竞争日益激烈的今天,企业为了实现盈利目标,应当了解并制定相关战略,否则将会在市场中处于不利地位,并导致市场占有率低下、缺乏资本投资,进而削弱自己的竞争优势。

一、基本竞争战略

(一)成本领先战略

成本领先战略(cost leadership strategy)是指通过一系列措施在行业中实现成本领先,以此获得比竞争对手更高的市场占有率。在这种战略的指导下,企业应在原材料成本、研发与技术成本、管理运营成本、服务成本、营销成本等方面,力争实现行业中的最低水平,尤其是要低于竞争对手的成本。

1.成本领先战略的优势及潜在风险

成本领先战略,通常要求企业具有较高的市场份额;能够实现规模经济;有能力进行新产品或新技术的研究与开发;降低投入成本;减少行政等其他费用。但同时实施成本领先战略,企业通常可以获得高于行业平均水平的利润;保持领先地位;能够设置行业进入壁垒;有能力削弱替代品的威胁;增强与供应商及客户讨价还价的能力。

尽管成本领先战略能使企业获得高于行业平均水平的利润,但同时保持成本领先地位会给企业造成沉重的负担,这意味着企业需要更新设备、引进新技术、实现规模经济等。因此,成本领先战略存在一定程度的风险,具体表现在以下四个方面:第一,新进入者和追随者的学习成本低,企业容易被模仿甚至超越;第二,新技术出现导致企业失去原有技术的投资优势及经验基础;第三,过度关注产品及其成本,势必忽视市场和竞争状况,从而陷入产品导向,忽视客户需要变化;第四,保持低成本和价格差通常很困难。

2.成本领先战略的实现途径

成本领先战略可以概括为以下几种类型:(1)简化产品型成本领先战略;(2)改进设计型成本领先战略;(3)材料节约型成本领先战略;(4)人工费用降低型成本领先战略;(5)生产创新及自动化型成本领先战略。

要想获得成本领先的地位,企业可以从以上五个方面着手制定各职能战略,来实现控制成本的目标。比如企业可以改进产品设计,设计出更精简、更先进、更有利于节约成本的产品,也可以减少各方面开支,避开次要客户,根据经验降低成本。采取成本领先战略,要求企业进行较高的前期投资,购买一流的设备,实施激进的定价策略,并负担开始时的损失,这样才能获取较高的市场份额,之后取得规模效益、降低成本、获得利润。

成本领先战略的实施涉及企业的方方面面,因此不能寄希望于企业的某一个环节或某一个部门,而是要求全员参与成本控制,进而营造一种注重细节、精打细算、讲究节俭、严格管理、以成本领先战略为中心的企业文化,使一切行动措施都围绕这个核心开展。只有真正做到成本领先,才能对消费者实施"天天平价,薄利多销",博得消费者的高度信任。

小案例 4-3 **保险行业 2019 年的成本领先战略**

2019 年新年伊始,安永发布的《2019 年亚太地区保险业前景展望》报告指出,亚太地区拥有世界近 1/3 的人口,是保险业未来发展的关键所在。具有一定成熟度的保险公司,正将注意力从单纯追求增长转向关注业务的成本效率。事实上,一些保险公司的运营系统有着明显的成本劣势,致使保险公司的成本比率居高不下,而且正在进一步上升。

安永指出,实施后台业务转型和采用集成化数字平台,是大多数保险公司解决成本难题的必由之路。这些平台有助于保险公司将客户真正置于其业务的中心,而公司本身也将更有效地融入复杂的保险生态圈,强化与保险科技公司、银行等专业机构的合作。

安永建议保险公司做好如下工作:(1)专注监管变化,匹配实施方案和业务转型计划,在保证合规性的同时提升价值回报;(2)为特定客户群体制定新型分销和服务策略,顺应数字化的大趋势;(3)全球同行应注重成本效率比较,确定最佳实践范例,优化成本结构,切实降低成本,实施成本领先战略。

资料来源:罗葛姝,安永.2019 年亚太地区保险业稳步增长,寿险公司更关注成本效率[N].国际金融报,2019-01-05.

(二)差异化战略

差异化战略(differentiation strategy)是指将企业生产的产品或提供的服务明显区别于竞争对手,形成在全行业范围中具有独特性的产品或服务。该战略重点是创造出独特性,使顾客对企业品牌产生忠诚度,甚至愿意支付溢价,使企业能够获得超常收益。差异化战略的形式包括产品及品牌在形象、功能、外观、服务、技术优势、分销渠道等方面的差异。

1.差异化战略的优势及潜在风险

实施差异化战略的企业具有以下三个方面的优势:首先,有利于形成顾客对品牌的忠诚,构筑进入壁垒;其次,差异化的产品和服务是其他竞争对手不能以同等价格提供的,因此削弱了顾客的议价能力;最后,差异化能使企业有效对抗替代品,使企业处于更有利的地位。

尽管差异化战略能够使企业获得超常收益,但该战略通常要求企业放弃获取更大的市场份额,同时存在一定程度的风险,具体表现在以下三个方面:第一,竞争者的模仿使得差异化程度降低;第二,消费者的需求差异化程度降低;第三,过度专注差异化容易使成本提高,最终导致无法留住顾客。

2.差异化战略的实现途径

(1)产品的差异化。实现独家所有,确保市场占有率小而投资回报率高,追求产品可靠性、标准化。如宜家家居注重产品设计,强调低价,在产品展区注重体验和产品搭配,为消费者提供舒适的展区,传达的企业理念是提供更美好的日常生活。

(2)服务的差异化。追求产品周边服务的优异化,创造特性和附属功能。比如海底捞,在餐饮业中以其贴心周到的服务赢得了无数回头客。

(3)形象的差异化。追求品牌的优异化,强调产品的品牌诉求。比如,唯品会的理念是“一家专门做特卖的网站”,以金融折扣品牌为主,在消费者心中树立了高端平价的形象,与其他的网购网站有了明显的认知差异。

推行差异化战略,有时会与争取占有更大的市场份额的活动相矛盾。推行差异化战略,往往要求公司对于这一战略的排他性有思想准备。这一战略与提高市场份额两者不可兼顾,在推行差异化战略的活动中总是伴随很高的成本,即便全行业范围的顾客都了解公司的优点,也不是所有顾客都愿意或有能力支付公司要求的高价格。

广东7-11的差异化竞争

记者发现,自年初以来,广东7-11就开启了变“年轻”的各种举措。一方面店中年轻人喜欢的“网红”产品越来越多,而且几乎每个季度都会推出带有主题性的新品和营销活动,其中不乏与知名快时尚和明星潮牌相关的联名品,就连一些新店的设计,也更加明亮灵动,以此迎合年轻人的喜好。

作为广州市场外资便利店里位居第一的便利店品牌,7-11的低调作风和2公里范围内会有十几家店的繁荣似乎并不匹配。不过,今年以来,广东7-11也正在以其高频率的创新举措吸引着消费者和行业的关注。

今年1月份,广东7-11全新麻辣主题便利店上线——在部分门店,“火红”成为主题色。“辣More红火主题活动”也随之开启,配合活动还开发了20多款同样以“火红”为主题的美食。

法式费南雪金砖礼盒是广东7-11在春节期间推出的独家定制新年礼品,将美味的蛋糕放进“金砖”盒子里的创意惹来年轻人的极大好感。“日本潮品nikoand联名盲盒”则是广东7-11在农历新年向消费者抛出的新品,在社交平台上,这款盲盒的拆盒视频很快引爆了网友的关注。

而在3月份,由广东7-11自创的小玩意再次抓住了年轻人的心。只要买一杯自调饮料,就能随机获得一个“杯插”。如果把这些小东西收集起来,就可以拼成一个“梦想岛”,让人成就感满满。

值得一提的是,广东7-11便利店与周杰伦旗下潮牌合作推出的联名产品在4月份更是引发“轩然大波”:因为不能直接购买,只能换购,一位家在辽宁的粉丝特地为此飞到广州。

资料来源(有删减):锁定年轻群体,广东7-11开启创新经营新举措[OL].微信公众号:销售与市场,2021-09-28.

(三)目标集聚战略

目标集聚战略(concentration strategy)是指企业在详细分析外部环境和内部条件的基础上,针对某个特定的顾客群、产品类别、产业内一种或一组细分市场开展生产经营活动,充分发挥企业的资源效力,为这个市场的消费者提供量体裁衣式的服务,赢得竞争优势。目标集聚战略有两种形式:一种是企业寻求目标市场上的成本领先优势,称为成本集聚战略;另一种是企业寻求目标市场上的差异化优势,称为差异化集聚战略。虽然成本领先战略与差异化战略都是要在行业范围内实现其目标,目标集聚战略的总体却是围绕着为行业内某一特定目标服务而建立的,并以这一目标为中心。

目标集聚战略实现的前提是相对那些实施大布局战略的竞争对手,企业服务较小的、特定的对象,其能力更高,成效更好。企业实施目标集聚战略的关键是选好战略目标,将主要力量集中于业务的某一个或几个方向重点突破。一般原则是,企业要尽可能选择竞争对手最薄弱的环节和最不易受替代品冲击的目标。当企业的资源或能力有限,不允许选定多个细分市场作为目标,企业凭其建立起来的商誉和企业服务来抵御细分市场的竞争者时,可采取目标集聚战略。

二、市场地位与竞争战略

企业是市场经济中的微观个体,根据自身在市场上的地位,为实施竞争战略和适应竞争形势而采取具体行动。图 4-4 反映的是不同市场地位者的市场份额。40%的市场份额掌握在市场领导者手中,30%的市场份额掌握在市场挑战者手中,这些挑战者正在为增加自己的市场份额而努力。还有 20%的市场份额在市场追随者手中,他们试图在现有行业中维持自己的市场份额。剩下 10%的市场份额由市场补缺者占有,他们服务于那些不被其他企业重视的小型细分市场。因此,市场竞争战略亦可相应划分为市场领导者战略、市场挑战者战略、市场追随者战略、市场补缺者战略。

市场领导者	市场挑战者	市场追随者	市场补缺者
40%	30%	20%	10%

图 4-4 不同市场地位者的市场份额

(一)市场领导者战略

市场领导者(market leader)是指相关产品在市场上占有最大的市场份额或者市场占有率最高的企业。它在价格变化、新产品开发、销售渠道、分销渠道、促销战略等方面起领导作用,为同业者所公认。它是市场竞争的先导者,也是其他企业挑战、效仿或回避的对象,如美国汽车市场的通用、电脑软件市场的微软、软饮料市场的可口可乐以及快餐市场的肯德基等,中国家电市场的格力、手机市场的华为等。这种主导者几乎各行各业都有,他们的地位是在竞争中自然形成的,但不是固定不变的。市场主导者所具备的优势包括:消费者对品牌的忠诚度高,营销渠道的建立及其高效运行,以及营销经验的迅速积累等。

市场主导者如果没有获得法定的垄断地位,必然会面临竞争者的无情挑战。因此,必须保持高度的警惕并采取适当的战略，否则就很可能丧失领先地位。为此，市场主导者通常可采取三种策略：一是扩大市场需求总量，二是保持市场份额，三是提高市场占有率，如表 4-2 所示。

表 4-2 市场领导者战略

扩大市场需求总量	1.开发新用户，包括吸引未使用者、进入新的细分市场、开发新的地理市场。
	2.寻找新用途，例如凡士林最初是用来做机器润滑油的，之后才发现可以制作润肤霜、药膏等。
	3.增加使用量，通过诱导顾客提高使用率、增加每次使用量、增加使用场所来实现。
保持市场份额——防御战略	1.创新战略，可以进行原始创新或者改进创新，比如由线下经营转为在线电商平台销售。
	2.筑垒战略，有阵地防御和侧翼防御两种形式。阵地防御是指围绕企业目前的主要产品和业务建立牢固的防线，而侧翼防御是在自己主阵地的侧翼建立辅阵地，以保卫自己的周边和前沿，并在必要时作为反攻基地。比如小米手机，面临国内和国外手机品牌的激烈竞争，于是另辟蹊径推出红米手机，主打高性价比，受到市场的欢迎。
	3.正面对抗战略：一是先发制人，指在竞争对手尚未构成严重威胁或向本企业进攻前抢先发起攻击，以削弱或挫败竞争对手；二是反击防御，指市场领导者受到竞争者攻击后采取反击措施。
提高市场占有率	1.加大宣传广告的投入，巩固和提高产品在顾客心目中的地位。
	2.根据顾客的要求，不断完善产品、改进服务。
	3.根据顾客需求的变化和对顾客需求变化趋势的预测，不断推出新产品。

(二)市场挑战者战略

市场挑战者(market challenger)在行业中占据第二或是更后位次，有能力对市场领导者和其他竞争者进行攻击，希望取得市场领导者地位。市场挑战者可以攻击市场领导者，也可以攻击与自己实力相当者或者攻击地方性小企业。要注重分析竞争对手，正确制定竞争战略。

(1)正面攻击，是指集中全力向对手的主要市场阵地发起进攻，即进攻对手的强项而不是弱项，适合人、财、物等较为充足且有实力的公司。企业可以在产品、广告、价格等方面大大超过对手，也可大量投入研发经费，使产品成本降低。

(2)侧翼进攻，是指集中优势力量攻击对手的弱点。适合资源较少的攻击者。企业可分析各类细分市场，寻找领先企业尚未占据的市场，在这些市场上迅速填补空白。

(3)包围进攻，是一种全方位、大规模的进攻战略。适合细分市场不易找到，与对方相比有绝对的资源优势，确信围堵计划足以打垮对手，可以向市场提供比竞争对手更加优质低廉的产品和服务，或者进行大规模的促销等情形。

(4)迂回进攻，是最间接的进攻战略，完全避开对手的现有阵地而迂回进攻。具体方法有三种：一是发展无关的产品，实行产品多元化；二是以现有产品进入新地区的市场，实施市场多元化；三是发展新技术、新产品，取代现有产品。实现技术飞跃是最有效的迂回进攻战略。

(三)市场追随者战略

市场追随者(market challenger)是指行业中位列第二、第三等次要地位的企业，与市场挑战者的区别在于，市场追随者维持现状，不与市场领导者和其他竞争者发生争端。市场追随者的成功之处在于注重营利性而非市场份额。市场追随者的主要特征是安于次要地位，在和平共处的状态下求得尽可能多的收益。在资本密集的同质产品行业中，如钢铁、原油和化工行业，市场追随者战略是大多数企业的选择，这主要是由行业和产品的特点所决定的。在这些行业中，往往产品和服务的同质程度高，消费者对价格比较敏感。通常有以下三种战略可供选择。

1.紧密追随

紧密追随战略突出“仿效”和“低调”。追随企业在各个细分市场尽可能效仿领先者，以至于有时会让人感到这种追随者像是挑战者，但是它从不冒犯领先者的领地，保持低调，避免与领先者发生直接冲突，有些追随者甚至被看成是靠拾取主导者的残余谋生的寄生者。

2.距离追随

距离追随战略突出“合适地保持距离”。追随企业在目标市场、产品创新与开发、价格水平和分销渠道等方面都追随领先者，但仍与领先者保持若干差异，已形成明显的距离。对领先者既不构成威胁，又因追随者各自占有很小的市场份额，而使领先者免受独占之指责。采取距离追随策略的企业，可以通过兼并同行业中的一些小企业来发展自己的实力。

3.选择追随

选择追随战略突出“追随和创新并举”。追随者在某些方面紧跟领先者，在另一些方面又别出心裁。这类企业不是盲目追随而是择优追随，在对自己有利时追随领先者，在追随的同时不断发挥自己的创造性，但一般不与领先者直接竞争。在采取这类战略的追随者中，有些可能发展成为挑战者。

(四)市场补缺者战略

市场补缺者(market nicher)是指精心服务于市场的某些细小部分，而不与主要的企业竞争，只是通过专业化经营来占据有利的市场位置(补缺基点)的企业。这种市场位置不仅对小企业有意义，对某些大企业中的教学部门也有意义，他们也常设法寻找一个或几个这种既安全又有利的补缺基点。

一个良好的补缺基点应具有以下特征：(1)有足够的市场潜量和购买力；(2)利润有增长的潜力；(3)对主要竞争者不具有吸引力；(4)企业具备占有此补缺基点所必要的资金和能力；(5)企业既有的信誉足以对抗竞争者。

市场补缺者战略有：

1.补缺基点的选择

选择市场补缺基点时，多重补缺基点比单一补缺基点更能减少风险，增加保险系数。因此，企业通常选择两个或两个以上的补缺基点，以确保企业的生存和发展。

2.专业化营销

取得补缺基点的主要战略是专业化营销。具体来说就是在市场、顾客、产品或渠道等方面实行专业化。以下是几种可供选择专业化方案：

(1)最终用户专业化。专门致力于为某类最终用户服务,如计算机行业有些小企业专门针对某一类用户(如诊所、银行等)进行营销。

(2)垂直层面专业化。专门致力于分销渠道中的某些层面,如制铝厂专门生产铝锭、铝制品或铝质零部件。

(3)顾客规模专业化。专门为某种规模(大、中、小)的客户服务,如有些小企业专门为那些被大企业忽略的小客户服务。

(4)特定顾客专业化。只对一个或几个主要客户服务,如美国有些企业专门为西尔斯公司或通用汽车公司供货。

(5)地理区域专业化。专为国内外某一地区或地点服务。

(6)产品或产品线专业化。只生产一大类产品,如美国的绿箭公司只生产口香糖一种产品,现已发展成为一家世界著名的跨国公司。

(7)客户订单专业化。专门按客户订单生产产品。

(8)质量和价格专业化。专门生产经营某种质量和价格的产品,如专门生产高质高价产品或低质低价产品。

(9)服务项目专业化。专门提供某一种或几种其他企业没有的服务项目,如美国有一家银行专门承办电话贷款业务,并为客户送款上门。

(10)分销渠道专业化。专门服务于某一类分销渠道,如专门生产适于超级市场销售的产品或专门为航空公司的旅客提供食品。

小案例 4-5　跟随者、挑战者不要盲目模仿领导者的竞争策略

处于跟随、挑战地位的中小企业,如果盲目模仿“老大”的竞争策略,不但可能无法获得这些资源,而且可能为老大作嫁衣,更加衬托出老大做法的“英明正确”。同样的手法,人们在心理上往往更信任“第一”,更愿意选择“老大”。比如,老大强调的卖点话术、核心广告语等,老二老三模仿往往无效。作为跟随者、挑战者的中小企业,此时合理做法的不是强调“相同”,也不是强调“更好”,而是寻求差异强调“不同”。即使你真的比老大做得更好,也不适合强调“更好”,因为基于信息的不对称,此时在受众眼里是无效的。当你说比老大某某方面更好时,人们就会质疑:既然你做得比老大更好,为什么你不是老大?因而会质疑你诉求的真实性。这就是特劳特的定位理论告诫人们的:不要试图用事实去挑战人们的心智认知,最后赢的总是心智认知。

比如,作为矿泉水行业的头部品牌农夫山泉诉求“我们不生产水,我们是大自然的搬运工”,以此强调天然矿泉水的水质好。恒大冰泉作为矿泉水行业的后来者、挑战者,诉求“我们搬运的不是地表水,而是原始森林的深层火山矿泉水”,实质上是在模仿老大诉求的基础上强调比老大更好。事实证明是无效的。对于领导品牌,依靠所获得的“信任力”,封杀挑战者、跟随者最有效的策略是“无差异”。所以,千万别模仿老大的市场策略、竞争策略,如卖点诉求等。定制衣柜的老大索菲亚诉求“定制衣柜只卖799元(每平方)”,有效打击了成品家具、木工现场打造家具等替代品,大量抢占了替代品的市场份额。行业中小企业一时纷纷跟进,“799元”套餐满天飞,最后反而都成了索菲亚特价策略的陪衬,为索菲

亚做了嫁衣。同样的特价，顾客为什么不选择老大呢？更低的特价，顾客又会怀疑你品质不如老大；更高的特价，顾客会质问“凭什么”。

总之，无论你如何跟随老大，最后的结果都是无效。此时最明智的做法是不跟随，换个玩法。定制厨柜及全屋定制行业的“老大”欧派的做法则很明智，没有因为是整个全屋定制行业的老大而轻视定制衣柜细分市场的老大，更没有直接模仿跟进索菲亚“定制衣柜只需××元/m^2”的做法，而是采取了另一种不同于索菲亚的特价策略：“全屋定制最低只需19800元”的特价套餐策略，效果甚好。此时，众多的行业中小品牌又模仿跟进欧派的全屋定制特价套餐策略，结果又再一次为欧派做了嫁衣，成就了欧派的高速成长。

资料来源（有删减）：汪光武.莫要盲目学“老大”[OL].微信公众号：销售与市场，2020-5-13.

第三节　趋势与热点：互联网时代的竞争战略

一、互联网时代的环境分析

完整的环境评估包括对外部环境的监测以及对企业内部环境分析。通常情况下，理解企业内外部影响因素并有效预测未来将要发生的事件、趋势及状况，对建立并推行一个行之有效的战略至关重要。在互联网时代为制定战略进行的环境评估，除了传统上对政治、经济、文化的把握和分析，以及对行业竞争者的分析，更应该从消费者的角度出发，关注企业战略的营销元素，跟上网络时代的新趋势和潮流。

拓展阅读 4-1　超竞争理论

一般来说，环境属于整个企业的外生变量，独立于企业而存在，环境可以定义为能够给企业绩效带来影响的各种来自企业外部的力量总和。当企业主要业务的经营与当前所处的大环境不是特别一致时，环境就很有可能给企业的经营绩效以及未来发展带来极为重大的消极影响。当前，经济与技术迅猛发展，这一现实情况也将一直影响整个市场的竞争环境。值得指出的是，自进入21世纪以来，企业所处的大环境就变得更为动荡。逐渐凸显的不确定性、不定向性、动态性以及复杂性是动态环境表现出的最为显著的特征，同时动态环境也是不断变迁的。D'Aveni(1994)给出了“超竞争”的概念，并强调其竞争环境极为强烈的动态性。同时，他也指出，超竞争环境下企业会做出更为频繁且迅速的竞争行为，此时企业不再保持长久的竞争优势，其竞争优势将在较短时间内被更替。

因此，不断地打破自身已有的竞争优势，不断为自己创造新的竞争优势是超竞争环境下企业较好的战略。

(一)传统环境分析

传统的环境分析一般分为宏观、微观两个层次。宏观环境指对企业营销活动造成影响的主要社会力量,包括经济环境、政治与法律环境、社会与文化环境、技术环境、人口和自然环境等。微观环境是直接制约和影响企业营销活动的力量和因素,包括企业的供应商、中间商、顾客、竞争者、社会公众以及企业内部各营销参与部门。传统环境分析的方法我们在第二章已有详细阐述,这里就不再展开。

(三)互联网时代环境分析——识别消费者偏好

随着互联网技术日新月异,消费者的消费方式和偏好也发生了潜移默化的变化。这一变化代表着企业的机会。营销机会往往来自实质性的趋势转型,如人们的生活方式、思想观念以及新技术。从"双十一"不断刷新纪录的淘宝电商到分享经济时代的滴滴与优步打车,从传统企业转型运用网络营销方式到利用网络平台盈利的 P2P 借贷企业,消费者的偏好发生重大改变。在此形势下企业更需要把握消费者的偏好,不仅仅是探索消费者需要什么,更需要和消费者建立一种亲密持久的关系,建立消费者的忠诚度。在识别消费者偏好的过程中,一方面,需要运用各种调研工具和方法来统计消费者的信息和偏好;另外一方面需要对消费者的需求进行深入挖掘,以发现消费者需求中尚未被市场满足甚至察觉到的需求。

(三)互联网时代环境分析——消费者评价

互联网时代,伴随电子商务企业的兴起,如淘宝等线上交易平台、大众点评等消费点评网站,消费者对商品和服务的评价,是其他消费者制定购买决策的重要依据。企业战略的制定不仅需要管理者高瞻远瞩,更需要消费者参与。有效的营销战略应从消费者的关注开始,以消费者的评价为导向。所谓消费者的评价是指消费者自觉地、理性地就是否能寻求特定利益、满足某种需要而对产品属性集进行评价。以市场为导向制定企业战略,更注重对消费者各类信息的搜集和预测。针对消费者群体进行具有广泛性和归纳性的研究,识别消费者需求和偏好的趋势变化,在充分重视消费者评价的基础上制定和实施战略。

拓展阅读 4-2

"灌水"与"水军":虚假的消费者评论

"灌水"原指向容器里面注水,进入互联网时代后,由于电子论坛(BBS)的出现,它又多了一个"向论坛发大量无意义的帖子"的意思。"水军"即受雇于网络公关公司在网络上"灌水"(频繁地发帖、回帖)的人员,以注水发帖来获取报酬。他们现在的行为已非单纯的"灌水",除了利用网络进行炒作,还有部分"水军"使用诽谤、诬陷、抹黑等手段攻击竞争对手,编造轰动事件以混淆公众视听。近年来的网络大事,从网络红人到商场大战,多出自他们之手。目前,水军的江湖还处于"原生态",既没有行业自律,也缺乏法律规章的约束,利益当前,涌动着低俗甚至是违法的暗流。

炒作的、虚假的消费者评论可控制商家产品的公众口碑。如果商家聘请到有足够实力的网络公关公司,则可以通过水军发表的评论来吸引网民的注意力,进一步影响他们的购买行为,制造出一种商家所期望的产品热销氛围。网络是各种观点的集中地,虽然过于严格的管制可能会导致言论不自由的后果,弱化舆论监督功能,但对商业利益驱动下的网络水军所引发的恶意竞争，还是应当严厉打击，制定相应的法律法规，强化网络监督和审核制度，进行疏通引导，净化网络环境。

二、竞合战略

竞合战略(co-opetition strategy)是指通过与其他企业合作来获得企业竞争优势或战略价值，以求得双赢、多赢的结果。竞合战略要求竞争中求合作，合作中有竞争。企业在合作中竞争，在竞争中合作，荣辱与共，这是企业竞争的最高境界。竞合的着眼点在于把产业蛋糕做大，在此基础上大家才有可能比以前得到更多，从而使企业在一个风险较小、相对稳定、渐进变化的环境中，获得较为稳定的利润。竞合的实质是实现企业优势互补，增强竞争双方的实力，并且作为竞争战略之一加以实施，从而促使双方建立和巩固各自的市场地位。

拓展阅读 4-3　竞合战略的由来

随着经济的发展，人们对企业组织模式及经济效率等问题的研究更加深入，当再提起竞争战略时，不应只局限于单个企业内，还应考虑到企业与企业之间的关系。在日益重视供应链和价值链的今天，企业的战略应该突破单个企业的界限，实现供应链上下游企业的整合，追求企业联合经济效益最大化，于是竞合战略应运而生。“竞合战略”一词最早出现在1996年，博弈理论与实务专家布兰登博格(Adam M. Brandenburger)和奈勒波夫(Barry J.Nalebuff)出版《竞合战略》一书，立即在实业界和理论界掀起一股讨论的热潮。竞合战略的主要观点是增加互补者，运用互补者的战略可使公司产品或服务变得更有价值。

企业之间可以通过产业集群、战略联盟、企业集团、平台型企业等方式形成网络组织，实施竞合战略。正确恰当地实施竞合战略，可获得以下优势：

(1)规模效应。实施竞合战略可以降低单位成本，提高企业的专业化和分工程度，通过对零部件生产、成品组装、研发和营销等各个环节进行优化组合，扩大规模效应。

(2)成本效益。企业通过相关契约建立起稳定的交易关系，降低因市场不确定和频繁交易而导致的较高交易费用。合作企业间进行的信息交流沟通，缓解了信息不对称的问题，有助于降低内部管理成本，提高组织效率。

(3)协同效应。竞合战略扩大了企业的资源边界，可以充分利用对方的异质性资源提高企业资源的利用率。通过双方资源和能力的互补，产生$1+1>2$的协同效应。

(4)创新效应。竞合战略使企业可以近距离地相互学习，有利于合作企业间传播知识、创新知识和应用知识，同时也有助于企业将自身的能力与合作企业的能力相结合，以创造出新能力。

企业微信助力竞合联盟的协调管理

进入2019年,微信生态迎来蓬勃发展:小程序2周年,周活跃用户超6亿。在腾讯产业互联网战略中,企业微信是一个重要的工具,用于解决企业沟通壁垒、管理隔阂、信息数据难以沉淀等问题,帮助企业打通内外部资源链接,快速实现企业管理的数字化转型。目前,企业微信已经覆盖了超过50个行业,提供企业支付、小程序、客户服务等业务,帮助企业从连接员工、连接组织,延伸到连接消费者。长安汽车用企业微信连接上千家经销商,将上下游的问题反馈处理时间从原来的平均2.13天缩短至0.13天,效率提升了15.38倍,直接解决了企业上下游协作的问题。

随着企业微信能力的不断迭代,服务商在生态中所扮演的角色越来越重要,企业微信对服务商合作伙伴始终秉持开放、共赢的原则。目前,企业微信生态中拥有超过14 000个服务商,开放了201个接口,让服务商可以通过接口帮助企业连接内外部人员,连接应用、小程序、硬件,真正实现数字化、移动化升级。

资料来源:朱虹.2019微信公开课PRO广州开讲 小程序发布两周年最新重磅数据[OL].央广网,2019-01-09.

三、平台化战略

进入互联网时代,目标客户的需求不断分散,“碎到”无法“集中”,传统的价值创造方式就会变得焦头烂额,企业该怎么办?最佳的选择是利用现有资源建设一个平台,把合作者、客户、员工等都集中到平台上,仔细观察、分析、研究、发现客户到底有什么需求,然后通过各种方式(商业模式)满足这些需求,通过另一种形式为客户创造价值,集中化战略也就演变为平台化战略。

(1)把企业做成平台。平台是快速配置资源的架构,企业通过整合全球资源来完成自己的目标。例如海尔过去是管控企业,现在将自身打造成一个供合作伙伴自由创业、供更多用户自由分享的开放平台。

(2)把产品做成平台。贯彻广义的产品经营理念,把“产品只是产品”转换成“产品不是产品”。“产品只是产品”是指产品的初始功能不变,“产品不是产品”是指围绕产品的初始功能边界进行开放,把更多的功能纳入这个产品中来,围绕产品的核心功能进行体系化扩展,围绕用户需求不断升级产品,使产品成为更多功能的平台载体。如苹果手机等智能手机就是典型的例子。

(3)把员工看成平台。充分发掘现代知识型员工的潜力。谷歌、3M等知识型企业让员工在工作时间内有一定的自由时间来完成自己想做的工作,很多新发明和新技术由此产生。

四、价值领先战略

价值领先战略是目光集中在“竞争对手”,追求的是创造的价值比竞争对手领先,得以持续发展,不至于率先被市场淘汰。

在互联网时代,由于产品的同质化正在消失,因此价值领先也需要把“创新”作为核心理念,只不过“创新”的出发点是针对竞争对手。价值领先战略把目光盯在了竞争对手,只要比竞争对手更能够让客户(需求)感到满意,就能够让竞争对手消失得更快。

本章小结

波特五力模型认为行业中存在决定竞争规模和程度的五种力量,这五种力量综合起来影响着产业的吸引力,以及现有企业的竞争战略。他们分别为:同业竞争者的竞争能力、替代品的威胁、新进入者的威胁、供应商的议价能力、买方的议价能力。

从市场角度来看竞争者有以下几类:品牌竞争者、行业竞争者、需要竞争者、消费竞争者。

不同反应的竞争者主要分为以下四种:迟钝型竞争者、选择型竞争者、强烈反应型竞争者、不规则型竞争者。

成本领先战略(cost leadership strategy)是指通过一系列措施在行业中实现成本领先,以此获得比竞争对手更高的市场占有率。在这种战略的指导下,企业应在原材料成本、研发与技术成本、管理运营成本、服务成本、营销成本等方面,力争实现行业中的最低水平,尤其是要低于竞争对手的成本。

差异化战略(differentiation strategy)是指将企业生产的产品或提供的服务明显区别于竞争对手,形成在全行业范围中具有独特性的产品或服务。该战略重点是创造出独特性,使顾客对企业品牌产生忠诚度,甚至愿意支付溢价,使企业能够获得超常收益。差异化战略的形式包括产品及品牌在形象、功能、外观、服务、技术优势、分销渠道等方面的差异。

目标集聚战略(concentration strategy)是指企业在详细分析外部环境和内部条件的基础上,针对某个特定的顾客群、产品类别、产业内一种或一组细分市场开展生产经营活动,充分发挥企业的资源效力,为这个市场的消费者提供量体裁衣式的服务,赢得竞争优势。

竞合战略(co-opetition strategy)是指通过与其他企业合作来获得企业竞争优势或战略价值,以求得双赢、多赢的结果。竞合战略要求竞争中求合作,合作中有竞争。企业在合作中竞争,在竞争中合作,荣辱与共,这是企业竞争的最高境界。

重要名词

波特五力模型　品牌竞争者　行业竞争者　需要竞争者　消费竞争者　成本领先战略　差异化战略　目标集聚战略　市场领导者　市场挑战者　市场追随者　市场补缺者竞合战略　平台化战略　价值领先战略

案例评析

超越李宁直逼耐克、阿迪，安踏做对了什么？

英国品牌评估机构 Brand Finance 发布的“全球最有价值的 50 个服装品牌”名单上，安踏体育连续五年榜上有名，并且是唯一入榜的中国体育用品品牌。从草根品牌逆袭成连续 8 年稳坐第一宝座的行业龙头，安踏究竟做对了什么？

草根安踏的逆袭之路

如果说李宁是出生就光环笼罩的天之骄子，那安踏就是完全从底层爬起来的草根。

安踏起源于晋江，这个人口不足百万的小县城有着遍地开花的鞋代工产业，家家户户都在做鞋子。无数的运动品牌如安踏、361°、特步、匹克等，都是从这里起家的。

1987 年，年仅 17 岁的丁世忠带着在晋江批到的 600 双鞋，开启了北上闯荡之路。接下来 4 年，他靠着自己的一张嘴、一双腿，挨家挨户跑业务赚到了 20 万元创业资金。1991 年，丁世忠拿着这 20 万元回到晋江，和父兄一起创立了安踏。

比安踏早成立一年的李宁，彼时已凭借着体操王子的招牌名声大噪。伴随着亚运圣火的传递，李宁品牌传遍大江南北，中国奥运代表团更是连续四届穿着李宁运动服登上奥运会领奖台。2004 年李宁在港股上市，2008 年其国内市场份额一度超过阿迪达斯。

没资金、没 IP 的安踏在这段时间一直都是个“小老弟”，只能暗自积蓄力量、亦步亦趋地追赶着“老大哥”。

安踏一方面通过接外贸订单、大量铺设国内分销渠道打开产品销量，另一方面不断进行品牌建设，赞助各大体育赛事、拿出五分之一的年利润签下孔令辉为代言人、在央视投放广告、花费千万创立运动科学实验室。

20 世纪 90 年代中到 2008 年以前，安踏跑马圈地占据了渠道端的先行优势，直到目前为止安踏都是渠道最多的运动品牌。

命运转折点出现在 2008 年，这一年是整个运动服饰行业的繁华盛世，也是行业由盛转衰的开始。

由于各大运动品牌对 2008 年北京奥运会有着过高的市场期待，没有预估到市场的饱和，疯狂开启流水线、盲目扩张店铺，最终造成大量库存积压。

“库存是会压死人的。”刘翔表示，在运动服饰行业最重要的就是低库存、高周转，如此才能收回成本。

当时的李宁不仅没有及时处理库存，还做出了更冒险的选择——提升产品价格、改Logo换口号、更换品牌调性，目的是转向年轻群体、挤进高端市场，进一步向耐克、阿迪达斯看齐。但结果是不仅没有拿下高端市场，还失去了原属于自己的市场阵地，业绩在2011年出现大幅下滑，在2012—2014年连续亏损。

而安踏在这段时间里不断通过各种方式摆脱库存压力，包括关闭1000多家门店精简分销渠道、加强对终端店铺管理、及时调整生产规模和发货数量、要求经销商按照安踏标准进行零售管理等。这一系列调整，让安踏在行业里率先走出库存危机。

在刘翔看来，当时安踏有两个极大的优势——供应链和渠道都抓在自己手中，可以及时消解库存。

一方面，自有供应链可以控制生产；另一方面，直营加联营的经销商模式，和其他品牌完全经销商的模式相比离消费者更近，对终端的控制能力更强。

同时，安踏在产品上定位清晰、路径明确，坚持走大众路线，以高性价比攻下李宁放弃掉的三四线城市。安踏同样没有放弃高端市场，但选择了和李宁截然不同的道路——品牌并购，接连将斐乐、迪桑特、可隆体育等品牌纳入麾下。

2009年，安踏取代李宁，成为中国奥委会体育服装合作伙伴。2012年，安踏营收超过李宁，成为国内体育品牌第一。2015年，安踏营收突破百亿元，成为中国第一家跨入百亿俱乐部的运动品企业。2018年，安踏市值突破1000亿元。

丁世忠面对媒体时说："我们在国内已经没有竞争对手，我们的对手是耐克和阿迪达斯。"

要做世界的安踏

"不做中国的耐克，要做世界的安踏"，是创始人丁世忠给自己定下的目标。

安踏的国际化从收购斐乐开始。2009年，安踏以6亿港元价格从百丽国际手中，收购了斐乐在中国的商标使用权和专营权，打造高端运动时尚品牌的定位，进军一二线城市市场。

当时收购亏损的斐乐没有人看好，但安踏重新定位斐乐品牌并进行全渠道直营化改革，同时将其采购、制造和经销渠道与安踏整合。几年时间内，斐乐很快扭亏为盈，成为安踏体育最强大的现金牛。

招商证券研报显示，2020年上半年，斐乐在营收方面的贡献占总收入的48.8%，已经超过了安踏主品牌的46%；2018—2020年，斐乐的毛利率高达70%，而安踏主品牌的毛利率仅为40%。

有了并购斐乐成功的案例，安踏随后发起了多次品牌并购计划。2015年收购英国户外休闲、登山运动品牌Sprandi，2016年收购日本滑雪户外品牌迪桑特，2017年收购童装品牌小笑牛（Kingkow）。

2019年，安踏迈出国际化战略的重要一步——收购芬兰体育巨头Amer Sports，这是中国体育用品行业最大的跨国收购案，收购价格为46亿欧元（按当时汇率计算合人民币约360亿元），收购结束后安踏集团持有57.85%的股权，成为Amer Sports的主控方。

Amer Sports旗下拥有始祖鸟、萨洛蒙、威尔逊、阿托米克、颂拓等13个知名户外运动品牌，且其产品线覆盖全面，在高尔夫、高山滑雪、越野滑雪、滑板、越野跑装备、潜水等多个细分领域位居前列。

收购 Amer Sports 对安踏来说好处众多，不仅能够开拓市场，在国际化、细分化、高端化领域拥有更多增长点，更给资本市场带来极大的想象空间。

如今安踏旗下已拥有超过 20 个品牌，但未必每一个都能复制斐乐的成功。

“安踏已经成为一个品牌管理集团”，刘翔感叹道，“但是能否盘活多个品牌，一是靠自己并购、运营能力的储备，二是要看这些品牌本身所具有的基因在当下时代是否能发挥能量，最后就是要看赶没赶上一个好时机”。

在他看来，在 2019 年完成对 Amer Sports 的收购是一个很好的时机，马上就能迎接 2022 年在中国举办的冬奥会。但突发的疫情导致品牌势能遇到较大损失，而 Amer Sports 本身的亏损也会影响安踏在体育市场的投入、表现以及现金流的支撑，这种情况下如何调整、如何取舍都在考验着安踏的经营能力。

只有性价比还不够

成为国内行业第一、大步进军国际化的安踏，并非完全高枕无忧。

耐克、阿迪达斯早有下沉之意。2019 年，耐克 CEO Mark Parker 表示将推出更多价格在 100 美元以下的新系列运动鞋。

早在 2011 年，阿迪达斯大中华区董事总经理高嘉礼就表示，接下来三年在中国开设的门店绝大部分将分布于三四线城市，当年阿迪达斯还推出了定位中端、迎合中小城市消费者的 NEO 系列产品。

2020 年的疫情，愈发催化了耐克、阿迪达斯对下沉市场的进攻，频繁打折促销。

刘翔认为，耐克、阿迪做下沉其实没有那么大的优势，在这个信息愈加对称的时代，产品没有太多区别的时候消费者更看重性价比。而且覆盖小镇青年虽然会带来更多的营收增长，但同时也会变相影响自身产品定位，品牌溢价能力受到损伤。

因此安踏的对手，更多还是李宁、匹克、特步等国产品牌。

李宁通过国潮重归大众视野，同时推出高端运动市场产品线“中国李宁”；匹克通过精准定位高科技，收割了一波忠实粉丝；特步则主打专业化跑步，同时也学习安踏进行多品牌运作。

相比之下，安踏产品虽多，但没有形成一个强有力的爆破点，在消费者心中的认知力不足，这将成为其发展路上最大的掣肘。

面对主品牌的颓势，安踏正在尝试进行调整。

在渠道上，安踏开始 DTC(Direct To Consumer)改革。收购经销商，将其 35%的门店网络从经销商转移到 DTC 模式，一方面能够提高公司的长期经营利润率，另一方面能够更好地洞察消费者需求。

在产品上，安踏不断尝试新玩法。近几年，安踏主品牌推出了将近 100 款 IP 跨界产品，包括 NASA 系列、可口可乐联名鞋、雪碧联名鞋、龙珠超联名系列，并发布限量款安踏星岳篮球鞋、国旗星标系列产品，但均未在市场上激起太大的水花。

在这个品牌迭出的时代，消费者的记忆和认知是有限的。只有性价比远远不够，安踏需要加速适应当下消费者的市场变化。

刘翔认为，在最开始以品牌为中心的时代，虽然都说消费者是上帝，但实际上品牌是倨傲的，只生产自己认可的产品；后来到以销售为中心的时代，品牌开始和消费者交朋友、听取消费者的意见；而现在到了以消费者为中心的时代，品牌需要和消费者一起创造一起成长，为消费者提供更好的体验、服务和品牌感觉。

尾声

中国迟早会崛起一家比肩耐克、阿迪达斯甚至超越它们的世界级体育用品公司，这已然成为行业的共识。

目前来看，一向低调的安踏或许能笑到最后。有着全球增长最迅速的中国市场做根据地，将多个品牌并入麾下，强大的执行运营实力和前瞻的眼光，积极开拓国际市场，这些因素都进一步证明了这个可能性。

但历经曲折的“老大哥”李宁也重新找到了自己的方向，正努力回到曾经的位置。

战场已经打响，并将愈演愈烈。有一点可以预知：在这个时代，得消费者得天下。

资料来源（有删减）：周亚楠.超越李宁直逼耐克、阿迪，安踏做对了什么？[OL].微信公众号：亿欧网，2021-02-23.

问题：

1.提炼安踏在不同发展阶段的竞争战略。

2.分析鞋服行业的竞争格局，分析安踏在未来行业发展中应该采取怎样的竞争战略。

实训专题

任选一个企业，并尝试运用本章理论进行行业竞争分析、竞争者分析、竞争战略及竞争策略的选择。

思政专题

“共同富裕”是我国社会主义的根本原则，促进共同富裕与公平竞争相辅相成，试从企业的角度思考：企业竞争中如何更好地实现公平竞争？

第五章 营销调研

学习目标

1.定义市场营销信息系统并掌握营销信息系统的构成；
2.掌握大数据、大数据营销及其在企业中的应用；
3.解释企业如何运用市场营销信息系统；
4.掌握市场调研的内容和一般过程；
5.了解市场调研的类型；
6.掌握市场调研的主要方法；
7.了解基于大数据技术的市场调研方法。

引导案例

这届年轻人一边养生一边熬夜

随着Z世代群体成长为“吃货”主力军，他们对食品也产生了更为多元化的需求。调查显示，除食品本身的高品质外，40%的年轻消费者更关注食品的天然有机，有32%的消费者将营养、健康和增强免疫力作为食品的重要标签。

近日，京东超市联合Keep发布《Z世代健康食品消费趋势报告》。报告显示，Z世代对于低糖低脂类的健康食品关注度提升，有77.5%的受访者认识到“控糖”对于健康的重要性。从地域分布上来看，北方人更热衷于在网上搜索减肥相关内容，他们低脂食物的购买量也要大于南方。其中，上海、广州、深圳的男生以及北京的女生对于低脂食品展现出更强的消费力。

已婚人士更爱低糖

减肥是Z世代群体永恒的主题。报告显示，160斤以上的男生最喜欢说自己减肥，76.1%的低糖低脂类食品成为他们的减肥“刚需”。而女生减肥则呈现出两极分化的趋势，胖女生减肥热情高，瘦女生则更关注身材管理。相较于未婚人群不到40%的购买比例，购买低糖低脂商品的已婚人士占比高达64.2%。进入婚姻生活后，他们更加注重健康，愿意将低糖低脂的食品加入购物车。

健康好身材和美食并不冲突，有15.6%的受访者表示，味道是决定是否愿意购买减脂食品的第一条件。Keep的即食鸡胸肉、即食低脂牛肉，肌肉小王子的手撕牛肉干棒、即食牛腱肉和雅觅的亚麻籽杏仁薄脆就登上了京东超市的低糖低脂新品排行榜。

实际上，无糖赛道已成为食品饮料行业最热门的领域之一。以无糖饮料为例，智研咨询报告显示，无糖饮料市场规模从2014年16.6亿元增长至2020年117.8亿元，年增长率38.69%，远超饮料行业总增长率。

"朋克养生"新态度

除了"燃烧我的卡路里"，对于Z世代年轻人来说，"保温杯里泡枸杞"也是一种常态。健康养生的需求已经不是中老年消费者的专利，年轻一代也开始注重食品的养生特性。数据显示，2021年，低糖低脂食品在上班族个人食品消费中占比提升至11.9%。

有趣的是，不少年轻人的"朋克养生"行为非常明显，"左手枸杞、右手辣条"，一边虔诚地养生，一边执着地熬夜，这是当下快节奏生活中部分Z世代的真实状态。因此也产生了类似炸鸡配红茶、可乐放党参、熬夜敷面膜、蹦迪穿护膝等一系列经典操作。

报告显示，尽管低糖低脂食品受到欢迎，饮料、蛋糕、巧克力、低度酒等高热量食物的消费热度仍然未减。紫燕百味鸡的虎皮凤爪、a1的西瓜吐司面包、达利园的法式软面包、好巴食的南溪豆干、香港美心的精致原味鸡蛋卷等零食牢牢抓住了这届"朋克养生"年轻人的胃。

当重要节日和电商大促到来，不少年轻人也将其视为"囤货"的好时机，健康食品的促销销量要远高于日常销量。今年京东双十一大促开门红前4小时，精品黑咖啡成交额同比增长了六倍，植物奶成交额则同比增长了十倍。

资料来源(节选)：刘美琳，谢之迎.这届年轻人一边养生一边熬夜[N].21世纪经济报道，2021-11-07.

思考：这些信息对于食品企业有何启发？

第一节　市场营销信息与大数据

一、市场营销信息系统

(一)市场营销信息

信息普遍存在于自然界和人类社会活动中，它的表现形式远比物质和能量复杂。信息是人们在适应外部世界并使这种适应反作用于外部世界的过程中，与外部世界进行交换的内容和名称。信息是一个发展中的动态范畴，它随人类社会的演变而相应扩大或收缩，总的来看，信息所涵盖的范围是不断扩大的，可以断定随着人类社会的发展，信息范畴将进一步扩大。对人类社会来说，信息有三个基本功能：一是中介功能，二是联结功能，三是放大功能。从认识论的角度来说，信息是事物运动状态以及运动方式的表象。广义的信息由文本、数据、图像、声音这几种形态组成，主要与视觉和听觉相关。

市场营销已从注重内部管理的时代发展到致力于应对外部环境的时代。为此，营销信息至关重要，企业要及时掌握营销信息并建立起营销信息系统。市场营销就是通过了解市场环境的变化和预测未来的状况来应对顾客的需求变化。市场营销信息是一定时间和条件下，与企业的市场营销有关的各种事物的存在方式、运动状态及其对接收者效用的综合反映。所有的市场营销活动都以信息为基础展开，经营者制定的决策也是基于各种信息，经营决策水平越高，外部信息和用于预测的信息就越重要。

市场营销信息除具有一般信息的特征外，还有一些特殊性：

(1)社会性。市场营销信息反映的是人类社会的市场经济活动，是营销活动中人与人之间传递的社会信息，是信息传递双方能共同理解的数据、文字和符号。

(2)目的性。在产出大于投入的前提下，市场营销信息为营销决策提供必要的、及时的和准确的信息。

(3)系统性。市场营销信息不是零星的、个别的信息汇集，而是若干具有特定内容的同质信息在一定时间和空间范围内形成的集合。

市场营销信息对企业的重要性不言而喻。市场营销信息是企业经营决策的前提和基础，也是制订企业营销计划的依据。掌握了信息，才能保证决策的科学性和正确性，否则企业采取的战略和策略将会成为无源之水、无本之木。同时市场营销信息是实现营销控制的必要条件，管理者只有根据反馈的信息进行调整和协调，才能有效地开展下一轮经营活动。由于营销信息的重要性及其在企业营销活动中的作用，企业需要及时的市场营销信息，并采用专业科学的收集系统和分析方法。

(二)营销信息系统

为了针对瞬息万变的环境做出科学的决策，企业必须及时地收集信息，准确地分析信息，迅速地使用信息。在这个经济飞速发展的时代，营销信息系统对企业的营销有不可忽视的作用，世界上众多成功的企业都有科学的营销信息系统。在现代营销活动中，营销范围已经从区域市场辐射全国乃至国际市场，营销者与消费者之间的距离不断拉大；人们的生活水平以及消费理性程度日益提高，市场需求更加多样化和复杂化。复杂的市场状况必然形成日趋激烈的市场竞争。企业的营销决策要以市场需求为核心，就必须保持对市场变化的高度敏捷。实践证明，要提高营销决策的正确性，企业必须充分了解市场，确切掌握相关营销信息。而现代科学技术的发展，为企业建立科学的营销信息系统提供了良好的条件。

营销信息系统(marketing information system，MIS)由人、设备和操作过程组成，用以收集、分析、评估和向营销决策制定者提供所需的及时、准确的信息，它能广泛、迅速地为企业收集相关营销信息，科学地分析、评估相关营销信息，并能让这些营销信息发挥最大作用以帮助营销活动获得成功。

营销信息系统由内部报告系统、营销情报系统、营销调研系统和营销分析系统这四个子系统构成(见图 5-1)，它们各司其职，共同完成企业内外部环境的沟通，形成完整的营销信息流循环过程。市场营销信息系统处于营销环境与信息使用者之间。首先从市场营销环境中获取数据再将信息传输给市场营销信息系统，后者将数据加以转换，最后传导给信息使用者，营销管理人员根据得到的信息制订计划，确定方案。而在此过程中形成的各种信息又流到市场营销环境中。

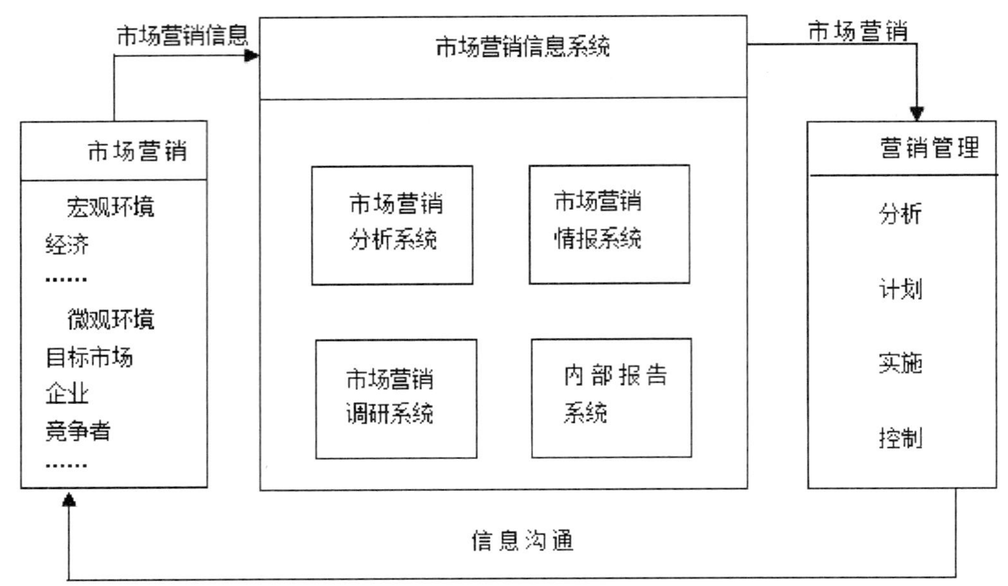

图 5-1 市场营销信息系统的基本框架

1.内部报告系统

人们习惯上把内部报告系统看作是内部会计系统。严格上说，内部报告系统是以内部会计系统为主，以销售信息系统为辅组成的。内部报告系统由订单、销售额、存货水平、价格、应付账款等组成，其核心是“订单—发货—账单”的循环。它是企业营销信息系统中最基本的子系统。

内部报告系统的功能是向营销管理人员及时地提供有关企业各类产品的开发及销售额、存货量、现金余额、应收应付账款等方面的信息来反映企业内部目前的营销活动状况，通过对这些信息的分析，营销管理人员能够发现管理中的问题，为企业进行科学的销售管理、存货管理，降低销售成本，提高销售服务水平。同时还可以比较实际情况与预期情况之间的差异。

营销人员经常需要并使用企业的内部信息有：销售活动相关的信息，比如当前销售额、市场份额；产品存货量有关的信息，准确的存货信息对企业销售和生产都是很用帮助的；利润报告和产品成本有关的信息。

一个有效的内部报告系统，首先需要的是规范化的运作。规范的运作是企业内部报告系统数据稳定性的基础，是信息数据的准确性的保证。缺少规范化运作会导致最后做出的市场策略没有针对性。其次，还需要注意信息提供的及时性。由于市场是不断变化的，在激烈的市场竞争中，如果竞争者不能及时有效地运用营销策略，往往会导致企业丧失市场机会和丢失市场份额。

企业在设计本系统时，要注意具有针对性，应避免目标数据的非相关性，即要求收集到的数据精简且准确，以便于管理者在需要的时候能够快速找到并使用，有更多的精力投入到后续的营销策略的处理和制定。与其他信息来源相比，公司的内部报告系统通常可以更加迅速和便宜地获取信息，但是也存在一些问题。因为企业的内部信息常常是出于不同目的而收集的，信息收集的部门也不同，所以根据这些数据制定市场营销决策，可能会不完整或者不正确。这就要求营销管理者具有甄别信息偏向性的能力，合理地利用收集到的信息为企业的营销决策提供准确的数据参数。

下面的小案例说明了一家公司如何运用其内部报告系统帮助制定更好的市场营销策略的。

射频识别技术标签在沃尔玛中的应用

美国零售商巨头沃尔玛商场在全球零售行业中享有的最大优势就是其配送系统效率最高。究其原因，无非是向科学技术积极要生产力，普遍采用射频识别技术标签(物联网RFID)。同时，不断革新其持续快速补充货架的物流战略，不断引进和运用现代化供应链管理技术，货架持续保持令消费者近悦远来的足够商品数量、种类和质量，避免货物无故脱销和短缺，从而使沃尔玛在美国和世界各地的商场供应链的经济效益和服务效率大幅度提高，终于造就了沃尔玛今日的辉煌。

美国托运人研究中心 2005 年年底的一份研究报告指出，沃尔玛在其美国和世界各地的零售商场和配送中心普遍采用 RFID 标签技术以后，货物短缺和货架上的产品脱销发生率降低 16%，从而大幅度提高了客户服务满意率。其实所谓 RFID 标签无非是在每一种，甚至每一件货物贴上技术含量远远超过条形码并且信息独一无二的 RFID 标签。在货物进出通道口的时候，RFID 标签能够发出无线信号，把信息立即传递给无线射频机读器，传递到供应链经营管理部门的各个环节上。于是仓库、堆场、配送中心，甚至商场货架上的有关商品的存货动态一目了然。

沃尔玛的这项 RFID 标签技术是在美国阿肯萨斯大学帮助下开发出来的，事实证明，RFID 标签技术和其他电子产品代码技术，可以帮助沃尔玛避免订货和货物发送的重复操作和遗漏，更不会出现产品或者商品供应链经营操作规程中的死角和黑箱。

资料来源(节选)：佚名.RFID 技术在沃尔玛物流配送的应用案例[OL].RFID 世界网，2012-11-28.

2.营销情报系统

市场营销情报系统是系统地收集和分析关于消费者、竞争对手和市场发展趋势的可公开获得的信息的一整套程序。它的主要作用是向营销部门及时地提供外部环境变化的有关信息。营销情报系统与内部报告系统的主要区别是后者为营销管理者提供内部运营的"结果资料"，而前者是为营销管理者提供正在发生和变化的"变化资料"。

企业营销情报可以从许多渠道获得：

(1)大量的情报鼓励本公司的职员、经理、销售人员等提供，他们可以通过阅读书籍、杂志等出版物获取情报，还可以从与公司本部人员或者顾客、供应商等人员的交谈中获取情报。要想掌握市场主动权，公司必须向员工宣传收集信息的重要性，训练员工发现新情况的能力并鼓励他们及时向公司汇报。

(2)鼓励供应商、分销商、零售商和其他合作者及时传达重要的情报。有些零售商会雇佣神秘顾客来评估员工对待顾客的态度,零售商通过这些报告可以了解业务员的工作态度,能及时获得情报,发现不合格且影响公司形象的员工。而与竞争对手的供应商、经销商、分销商交谈也可以获取到竞争者的情报。

(3)积极地监控竞争者的行动。及时了解到竞争对手的产品和销售情况。例如,一家公司定期检查竞争对手的停车场,如果车位全满标识业务繁忙,反之则表明公司生意不好。还可以运用互联网搜索引擎,搜索竞争对手的年报、出版物,参加公开的商场活动和浏览竞争对手网站来获取重要情报。

(4)充分利用外界的情报供应商。如果企业规模较小,自己收集情报比较困难、耗时,可以聘请专业的调研公司,因为这些公司调研方法较为专业,数据信息较为全面,比自己收集情报所花费的边际成本要小得多。

营销情报获取信息的渠道很多,这也带来了一些道德问题。有一些公司虽然没有违反法律,但还是会引发道德争议。比如保洁公司曾经承认翻过联合利华公司总部的垃圾。所以竞争情报从业者需要更多的道德教育,收集情报不仅要注意情报应该是从合法渠道获得的,并且得到的情报应该是符合公认的道德准则的。

小案例 5-2　国内首家 PLG 独角兽的诞生

一家名为"蓝湖"的云软件企业,于近日获得了由 GGV 纪源资本领投和老股东红杉中国跟投的 10 亿元人民币的 C+轮融资,一跃成为云软件领域的独角兽。

当下,随着信息技术创新能力和数字经济发展活力的持续提升,中国数字经济的发展开始跃升至全球前列,中国市场未来更有可能出现世界级的云软件企业,从而实现中国本土厂商向全球市场的反向输出。这也意味着,对于中国云软件赛道而言,千亿美金企业的诞生或许已经不远。

朱啸虎在蓝湖 C+轮融资发布会上也表示:"我们相信中国千亿美金以上企业服务数会超过美国,中国市场足够大,而且有很多美国没有的行业,中国企业服务是未来十到二十年最具有确定性的长周期赛道。"

作为最早一批完成 PLG 模式商业化验证的云软件企业,蓝湖的注册团队数已经突破了 50 万家。从服务数字产品的产研设计流程,到致力于为企业数字化提供全周期的云协同工具,蓝湖以设计师作为用户群入口,服务了国内绝大多数的互联网产业的生产过程,在国内互联网行业的市场渗透率超过 98%。

蓝湖近年来的快速增长,得益于云计算蓬勃发展为协同化和混合办公培育了新鲜的土壤。当然,由于企业基数巨大、业务模式复杂,国内的产研协同化目前仍处于起步阶段。但积极的一面是,国内市场更多的不确定性和复杂性,也让初创企业前期发展所需要依赖的细分利基场景成为可能。

当下知识工作者的体量崛起,使得使用者价值达到了一个新的维度。其表现良好的使用习惯和付费能力,也催生了一批专注于产品成长的创新型企业,同时规避了传统软件巨头在市场、销售和大客户端所具备的固有优势。

基于中国土壤的细分利基场景以及使用者价值的崛起趋势，为中国新一代的云软件企业在这个时代从细分利基场景 0 到 1 发展，以及从 1 到 10 的多元化拓展提供了非常好的机会。而这个趋势和机会，也是蓝湖推出如 MasterGo 这类新产品的核心原因。

资料来源（节选）：佚名.国内首家 PLG 独角兽的诞生[OL].百度百家号：36 氪，2021-11-01.

（三）营销调研系统

营销调研系统是指针对组织面对的特定营销问题系统地收集有关信息，对信息进行分析和评价，并报告信息研究结果的系统。

内部报告系统和调研信息系统的主要功能就是为企业提供日常的，市场变化中的情报信息。而与前两个系统不同，营销调研系统主要是针对企业营销活动中面临的明确具体的问题，进行信息的收集整理，最后解决特定问题或得到解决特定问题的方法。市场调研经常研究以下几个方面，比如，估算潜在的细分市场、分析市场占有率、品牌的新产品测试、广告、价格研究和营销活动等方面的问题，都需要以市场调研为基础。公司可以自己设立调研部门进行市场调研，也可以借助企业外的公司进行调研活动。大型公司一般是设立自己的营销调研部门从事调研活动，小型公司一般请企业外的专门的人员和机构来从事调研活动，因为所需成本会比较小。

Venus 女性剃须刀

吉列公司斥资 3 亿美元开发了一款专为女性设计的剃毛刀，这一决策是建立在大量的消费者调研的基础之上的。调研发现：首先，在美国，30 岁以上的妇女中定期刮除腿毛、腋毛的女性占到 65%，不采取任何措施的女性占 35%，使用男用刮胡刀占到 55%，使用电动刮胡刀和脱毛剂的占 10%；其次，女性每次使用剃毛刀时，其手握剃毛刀的动作或角度至少要更换 30 次；再次，为了美丽，相比眉笔、眼影、染发剂，女性购买刮毛工具所占费用是最高的，所以这是一个极有潜力的市场。根据调研结果，吉列公司设计了 Venus 女性剃毛刀，握柄为弧形，更容易手握和控制，刀架则使用色彩鲜艳的塑料来显示女性的特点。

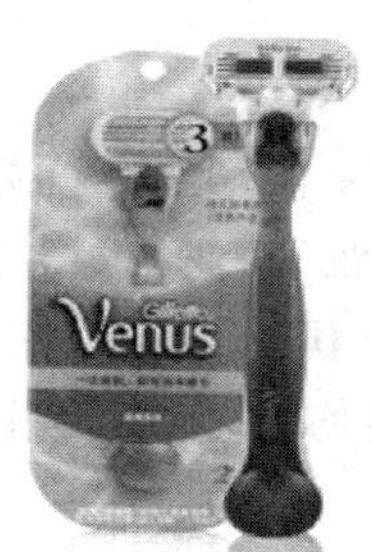

图 5-2 吉列女性剃毛刀

(四)营销分析系统

营销分析系统由先进的统计步骤和模型构成,利用先进的技术,通过软件和硬件分析市场营销信息,使企业得到所需要的内部和外部环境的信息,以帮助决策部门更好地进行营销决策,是市场营销信息系统中的高级处理系统。例如,利用营销分析系统中先进的统计方法来研究所得到的数据的信度和效度。这些分析可以使营销管理人员克服数据中的偏差,使得所搜集到的信息是有效可靠的。

营销分析系统有两个组成部分,一个是统计库,另一个是模型库。在统计工具库方面,它是通过采用各种各样的统计分析技术和方法从堆积如山的信息中收集有价值的信息,深入地分析各信息之间的关系和信息统计的可靠性。而模型库则包含了解决各种营销问题的先进的数学模型,帮助营销管理人员制定最佳的市场营销策略。一般情况下,模型库包含了新产品的销售预测模型、产品定价模型、厂址选择模型、广告媒体组合模型以及最佳营销组合模型。这些模型可以帮助解决“如果……会怎么样”和“哪一个最好”这一类的问题。

使用营销分析系统有很多优点。第一,它可以从先进的统计库中获取大量的信息。第二,能使用广泛的统计方法,在很短的时间内对收集到的大量的数据进行整合并评估。第三,结果立即得到,因为分析系统中的数据还有分析方法都是储存在计算机里的,在处理信息时能立即提取。

综上所述,建立较完善的市场营销信息系统对企业的发展具有重要作用。一个好的市场营销信息系统一般具有以下功能:(1)信息处理功能,对信息进行收集整理整合;(2)事物处理功能,帮助营销人员完成一些日常繁杂的重复性的工作,节省下时间,将有限的时间用在更重要的市场决策制定等工作上;(3)预测功能,比如利用市场营销信息系统中的调研信息系统,通过市场调研来了解不断变化的市场,预测未来发展趋势;(4)计划功能,可以合理安排不同部分的计划,向不同部门、不同层级的管理人员提供相应的数据资料;(5)控制功能,可以及时连续地跟踪信息,及时发现问题,分析原因,保证营销活动的有序和稳定;(6)辅助决策和决策优化功能,比如市场营销信息系统中的营销分析系统能利用数学模型,进行数据处理,帮助管理人员更好地进行营销决策。

二、大数据与大数据营销

(一)大数据

大数据是继云计算、物联网之后,IT 产业又一次颠覆性的技术变革,将对社会管理、国家安全与国家战略决策、企业与组织的管理决策、企业的业务流程以及个人生活方式产生巨大影响。麦肯锡曾评价大数据能使欧洲发达国家政府节省至少 1 000 亿欧元的运作成本,能使美国医疗保健行业降低 8%的成本,能使大多数零售商的营业利润率提高 60%以上。

拓展阅读 5-1 大数据的重要性

华尔街德温特资本市场公司首席执行官保罗·霍廷每天的工作之一，就是利用电脑程序分析全球3.4亿个微博账户的留言，进而判断民众情绪，再以1～50进行打分。根据打分结果，霍廷再决定如何处理手中数百万美元的股票。霍廷的判断原则很简单：如果所有人都高兴，那就买入；如果大家的焦虑情绪上升，那就抛售。这一招收效显著——当年第一季度霍廷的公司获得了7%的收益率。这就是运用大数据很好的例子。马云在演讲中曾提到，未来的时代将不是IT时代，而是DT时代，DT就是Data Technology(数据科技)，这说明大数据对于阿里巴巴集团来说举足轻重。

2015年9月，国务院印发《促进大数据发展行动纲要》(以下简称《纲要》)，系统部署大数据发展工作。《纲要》明确，推动大数据发展和应用，在未来5～10年打造精准治理、多方协作的社会治理新模式，建立运行平稳、安全高效的经济运行新机制，构建以人为本、惠及全民的民生服务新体系，开启大众创业、万众创新的创新驱动新格局，培育高端智能、新兴繁荣的产业发展新生态。《纲要》部署三方面主要任务：一要加快政府数据开放共享，推动资源整合，提升治理能力；二要推动大数据发展与科研创新有机结合，推进基础研究和核心技术攻关，形成大数据产品体系，完善大数据产业链；三要健全大数据安全保障体系，强化安全支撑。美国管理学家爱德华·戴明的名句"21世纪除了上帝以外，任何人都要用数据来说话"成为全球的流行语。大数据作为互联网时代的产物，已经成为经济社会升级发展的必然趋势。

大数据是指无法在一定时间范围内用常规软件工具进行捕捉、管理和处理的数据集合，是需要新处理模式才能具有更强决策力、洞察力和流程优化能力来适应海量高增长率和多样化的信息资产。自2012年以来，"大数据"一词被越来越多地提及，人们用它来定义和描述信息爆炸时代产生的海量数据，并命名与之相关的技术发展与创新。大数据技术的战略意义不在于掌握庞大的数据信息，而在于对这些含有意义的数据进行专业化处理。换言之，如果把大数据比作一种产业，那么这种产业实现盈利的关键在于提高对数据的"加工能力"，通过"加工"实现数据的增值。

拓展阅读 5-2 大数据到底有多大

大数据到底有多大？一组名为"互联网的一天"的数据告诉我们，一天当中，互联网产生的全部内容可以刻满1.68亿张DVD；发出的邮件有2 940亿封之多(相当于美国两年的纸质信件数量)；发出的社区帖子达200万个(相当于《时代》杂志770年的文字量)；卖出的手机为37.8万部，高于全球每天出生的婴儿数量37.1万……在各行各业均存在大数据，但众多的信息是纷繁复杂的，需要搜索、处理、分析、归纳，总结其深层次的规律。

大数据大致分为三种类型:(1)传统企业数据;(2)机器和传感器数据;(3)社交数据。大数据的特点被概括为 5V(IBM 提出):volume(大量)、velocity(高速)、variety(多样)、value(低价值密度)、veracity(真实性)。

小案例 5-4 肯德基的数字化方法论

近日,肯德基超级 App 新版本上线,针对用户体验作出进一步迭代。想了解肯德基为何成为数字化转型标杆,还需要深入解读这款 App 的三大"超级"之处。

超级其一:数字化体验集大成者

肯德基超级 App 的数字化主要围绕一大核心,突出三个打法。核心是"一站式"点餐平台,针对点餐刚需做深入服务;而三个打法,分别是会员资产、会员增值服务与内容生态。针对点餐这一核心业务,肯德基推出了早餐管家功能,用户可以通过超级 App 直接预约次日早餐,在约定时间至餐厅直接领取。这一改动实现了生产端的降本增效。肯德基餐厅通过订单数据,整合排序预约单和即时单,能够更合理地调度餐厅产能。

超级其二:以科技驱动体验优化

点餐作为超级 App 核心功能,最重要的是给用户快捷、丝滑的产品交互体验。通过科技驱动体验优化,肯德基对超级 App 的交互方式作出三个重要更新。

其一,基于 LBS 和天气监测,优化雨天送餐体验。在融合定位与天气监测功能后,肯德基宅急送推出雨天限定菜单。当用户在雨天打开肯德基超级 App,即可解锁限时 1 元单品和雨天套餐。套餐推荐的内容经过筛选,同时缩短了用户的订餐时间与营运端制备的时间,让企业、骑手与用户,都能在雨天外送场景中获得更好的体验。

其二,是增加实时信息悬浮窗,优化数字点餐体验。与零售电商行业中购买与交付分离的模式不同,在零售餐饮业中,下单与履约间隔的时间极短,一般就门店情况在几秒到十几分钟不等。因此,点餐之后的取餐步骤,是消费体验最重要的环节。

其三,是推出定制菜单功能,降低用户决策成本。通过用户行为研究,整个点餐流程中选餐的花费时间是相对较长的。为了简化特定人群的消费决策,超级 App 开发了定制菜单功能,每个用户都可以基于自己的偏好主动定制,生成"我的菜单",这是肯德基针对个性化需求做出的新一轮交互升级。

超级其三:App 连接线上和线下

数字化也给餐饮业带来一个新的可能,场景化拓展,将线上与线下融合,在终端设备与消费者之间产生直接连接。随着用户对数字体验的要求越来越高,肯德基在社交电商、跨界营销、会员服务系统等领域开始发力,并对整个品牌商业价值链进行数据化升级。

基于 LBS 技术,超级 App 可以在定位用户后完成餐厅推荐,同时系统会根据用户的点餐时间、门店信息、菜品信息及会员信息自动排列组合。在顾客点击点餐按钮的瞬间,后台系统需要从千万级、上亿级可能性的菜单组合中,在 0.1 秒之内精确计算出消费者所选择的餐厅和对应时点的菜单。简单使用的背后,是以亿计次的复杂运算作为支撑。

资料来源(节选):连锁餐饮下半场,肯德基的数字化方法论[OL].百度百家号:餐饮O2O,2021-10-15.

(二)大数据营销

1.大数据营销的作用

利用大数据不但可以使企业实现精准营销,使传统企业实现在互联网时代的转型,更可以让企业发现新市场与新趋势,进行市场预测与决策分析,实现创新发展。大数据营销(big data marketing)是基于多平台的大量数据,依托大数据技术,应用于互联网广告行业的营销方式。大数据营销衍生于互联网行业,又作用于互联网行业。依托多平台的大数据采集,以及大数据技术的分析与预测能力,能够使广告更加精准有效,给品牌企业带来更高的投资回报率。大数据营销的核心在于让网络广告在合适的时间,通过合适的载体,以合适的方式投放给合适的人。如购物网站可通过分析客户以往购买的商品来判断个人所需产品、购买习惯等,有针对性地推送消息。百事可乐公司为了更加精准地投放广告,购买了社交信息优化推广公司 Social Flow 的服务,对数据进行分析,从而知道何种营销活动的传播效果更好。

大数据营销在互联网时代发挥着越来越重要的作用,正确有效地运用大数据可以使企业获得以下竞争优势:

(1)有助于分析用户行为与特征,使产品及营销活动投用户所好。只有通过收集大量用户数据,才能了解用户的喜好与习惯,以及他们对产品的期待,从而做到投其所好。大数据营销是建立一个数据模型,让营销更加精准、有效,让企业做到比用户还要了解自己,以此留住用户。

(2)有利于品牌危机监测及管理支持。大数据可以让企业对自己品牌的所有问题提前有所洞悉,避免因为品牌效应给企业造成不必要的损失。大数据可以采集相关信息,及时启动危机跟踪和报警,分析人群的社会属性,聚类事件过程中的观点,识别关键人物及传播路径,进而保护企业、产品的声誉,抓住源头和关键节点,快速有效地处理危机。

(3)有助于提升用户体验和客户分级管理支持。用户的体验直接反映出对企业的好评程度。要改善用户体验,关键在于真正了解用户及他们使用产品的状况,给予及时的提醒。面对日新月异的新媒体,许多企业通过对粉丝的公开内容和互动记录的分析,将粉丝转化为潜在用户,激活社会化资产价值,并对潜在用户进行多个维度的描述。

小案例 5-5

数智化社会供应链:从制造大国,到制造强国

中国供应链目前存在两大核心问题:第一,供应链效率较低;第二,供应链成本不断上升。中国的物流总费用,高达美国的两倍。商务部数据显示,2020 年中国全社会物流总费用,也就是物流总费用与 GDP 的比值,已经下降到 14.7%。而美国物流年报数据显示,2020 年美国物流总费用只占 GDP 的 7.4%。

数字经济时代,也孕育了新的产业和工业制造模式。中国是世界上最大的电商市场,在重塑数智化社会供应链价值上,数字技术将起到关键作用。

京东拥有世界上最快的 4 分钟送达时间和 31 天最短库存周转周期。这一世界级成果要归功于其业务全线上云。每年 618 都会产生万亿级的数据洪峰,这样的数据量达到了一秒钟能让数百个鸟巢体育场坐满人的级别。京东云不仅能安全、稳定地应对这些数据挑战，同时也有力支持了世界最快送达、最短库存周转周期的实现。

除了原本基于互联网的智能零售业务(如 618 购物节)之外，京东更进一步拓展反向定制模式(Customer-to-Manufacturer)，从消费端需求侧的大数据，反推产品设计、产能投放、产品流通等各个环节，让制造者精准对话消费者，重塑最大数智化社会供应链。

借助数字化力量，中国社会物流的 GDP 占比从 18%左右降到 14%左右，意味着每年可以节约数万亿的人民币的成本。京东提出一个目标，希望能在未来的 10 年，通过“数智化社会供应链的构建”，和合作伙伴一起把这个数字进一步降到 10%以内，接近发达国家的 7%～9%。

全渠道零售行业具有数字化的领先优势。以京东为代表的智能零售巨头，转型跃迁成为以供应链为基础，并具有反哺、重塑整个中国数智化社会供应链能力的技术与服务企业。

“京东是一家智能零售企业，在线上零售的企业。作为智能零售企业，我们的使命就是以高效率把商品交到消费者的手上。能把这件事情做成的话，我们是管理了中国最大的数智化社会供应链。”京东集团副总裁、京东科技京东云事业群总裁高礼强说。

京东不再只是实体经济与消费者之间的桥梁，而是根植于实体经济，成长于实体经济，服务于实体经济，也为数字产业化和产业数字化的相辅相成提供范本。

资料来源(节选)：数字变革：工业经济转型的 4 个样本[OL].百度百家号：36 氪，2021-11-08.

2.大数据营销的特点

大数据营销有其特点，企业在进行大数据营销时，应当关注这些特点，更好地利用海量数据进行营销。

(1)关联性。大众关注的广告与广告之间的关联性是大数据营销的一个重要特性。在大数据的采集过程中，企业会快速了解到大众对产品的喜爱程度以及地域之间的差异，哪些地域的大众喜欢哪些产品更多一点。这些有价值的信息可以让广告的投放产生前所未有的关联性。

(2)时效性。大众往往会在某一段时间内特别喜欢某一种产品，大数据的出现给企业创造了黄金时间把握住大众的喜好获取更多的市场。实效性不仅体现在流行上，还表现为大众接受企业广告的重要时机。通过大数据，企业可以更好地选择合适的时间投放广告，满足各类人群的需求，大大节省了企业不必要的广告投放。

(3)个性化。网络时代，企业的营销理念从“媒体导向”向“受众导向”转变。以往营销活动以媒体为导向，企业通常选择知名度高、浏览量大的媒体投放广告。如今企业完全以受众为导向进行广告营销，因为大数据技术可以让他们知晓目标受众身处何方，关注什么位置的屏幕。大数据技术甚至可以做到当不同用户关注同一媒体的相同界面时，广告内容有所不同，实现对消费者的个性化营销。

(4)性价比高。大数据营销是依托海量数据的采集，以及大数据技术的分析与预测能力，实现广告的精准投放。相较于传统营销方式的“广而告之”，大数据营销可以大幅提高投入转化率，降低单位成本，提高企业产品的性价比，并根据实时的效果反馈及时进行调整。

(5)非单一化的数据采集。大数据营销并非"量"的存在，而是"智慧的数字生态"。大数据的采集是多样化的、多平台的，这样能更好地满足用户的真实需求。多平台包括互联网、移动互联网、广电网、智能电视，未来还有户外智能屏等。

第二节　市场调研概述

一、市场调研的含义

在当今激烈的市场竞争中，市场营销者需要基于消费者行为和市场洞察来进行决策。例如小米公司希望知道，有多少人以及什么样的人会购买红米手机；聚美优品希望知道，在自己投放的广告中最有效的诉求是什么；海底捞希望知道，顾客对新推出的火锅底料的口味有何反应。在这些情况下，管理者需要进行有针对性的市场调研。

市场调研(market research)就是运用科学的方法，通过多种渠道，有目的、有计划，系统客观地收集、整理、分析与评估有关市场营销活动的现状，为营销管理人员提供数据依据。更简明的定义是指对营销决策相关数据进行计划、收集、分析和报告信息。

市场调研有三个作用：描述功能、诊断功能和预测功能。描述功能指的就是描述历史事实，比如产品现有市场占有率是多少、上一季度的销售额是多少。诊断功能指的是解释数据，诊断现状，比如是哪一些因素影响了这一季度产品的销售量的下滑。预测功能，预测未来市场发展趋势，比如消费者对产品需求的变化，面对不断变化的市场，企业要怎么满足消费者不断变化的需求。

谁在买新能源车？ 1/4 销量在北上广深

2021 年 10 月 29 日，中国电子商会智能电动汽车专委会发布数据显示，前三季度国内新能源乘用车终端销售总量为 175.01 万辆，市场渗透率达到 11.50%。其中，一季度 43.19 万辆，市场占比 7.96%；二季度 56.60 万辆，市场占比 11.24%；三季度 75.22 万辆，市场占比 15.80%。

目前，华东地区及华南地区是我国纯电动汽车销售的主要地区。数据显示，第三季度，华东地区及华南地区纯电动乘用车的销量分别达到了 24.39 万辆和 12.34 万辆，分别占全国总销售量的 40.11%和 20.30%。

新能源汽车销售之所以集中在华东及华南地区，主要因素是一二线城市群集中，这些城市新能源汽车在政策、资源匹配方面具备优势。此外，一二线城市的消费者对于辅助驾驶功能的重视度和支付意愿也相对较高。

由于限购政策，四个超一线城市北京、上海、广州、深圳，是目前我国新能源汽车销量最高的城市，新车销售渗透率也是远高于其他城市。前三季度，上海、深圳、北京、广州的新能源乘用车终端销量分别为167203、99898、91531、75163辆。四市合计销售新能源乘用车43.38万辆，占全国总销量的24.79%。其中，上海、北京、深圳、广州的纯电动乘用车终端销量分别为109687、85652、71852、62402辆，占全国总销量的23.04%。

由于上海市燃油车车牌摇号价格过高和外地限牌政策，多年来上海市一直是国内最大的新能源汽车消费市场。北京市由于对新能源汽车也采用了排号制，新能源汽车销售增量有限。今年以来，新能源汽车销量及市场渗透率提升更快的是深圳和广州。

今年第三季度，深圳已经超过上海，成为国内新能源乘用车销售渗透率最高的城市。今年9月，深圳市新能源乘用车销售占比也达到了46.26%，上海市为43.39%，北京市及广州市则分别为33.70%和32.97%。而今年1月时，北上广深的新能源乘用车销售占比分别只有18.85%、26.99%、10.17%和18.93%。

除了4个超一线城市外，限购城市天津的新能源乘用车销售渗透率也已经接近三成，成都、重庆等城市也已经超过20%，但武汉、西安等城市的渗透率则为15%左右。

整体来看，新能源汽车终端销售量与地区经济发展程度、地区人口、人口教育水平、气候等因素密切相关，一二线大城市集中的东部地区新能源汽车市场明显好于三四线城市较多的中部地区，中部地区又明显好于大中城市较少的西部欠发达地区，显现出我国新能源汽车销售格局仍然延续了以重点城市为主，三四线城市及农村市场有很大潜力的特征。

资料来源(节选)：左茂轩.谁在买新能源车？1/4销量在北上广深[OL].百度百家号：新浪财经，2021-11-02.

二、市场调研的内容

市场调研涉及营销活动的各个方面，主要内容有产品调研、顾客调研、销售调研、促销调研等。

(一)产品调研，包括对新产品进行设计、开发和试销，对现有产品进行改良，对目标客户在产品款式、性能、质量、包装等方面的偏好进行预测。

(二)顾客调研，包括对消费者心理、消费者行为的特征进行调查分析，研究社会、经济、文化等因素对购买决策的影响以及这些因素的影响作用到底发生在哪个环节。

(三)销售调研，包括对购买行为的调查以及对企业销售活动的审查。产品的市场潜量与销售潜量以及市场占有率的变化情况，也是销售调研的内容。

(四)促销调研，主要是对企业在产品或服务的促销活动中所采用的各种促销方法的有效性进行测试和评价。

市场调研最主要的活动有：识别潜在的市场，确定市场特性，分析市场占有率、销售、竞争。市场调研技术包括定量研究和定性研究。定量研究一般是为了对特定研究对象的总体得出统计结果而进行的。定性研究具有探索性、诊断性和预测性等特点，它并不追求精确的结论，只是为了解决问题之所在，摸清情况，得到感性认识。

三、市场调研的步骤

市场调研是一个由不同阶段、不同步骤相互联系、相互衔接构成的统一整体。市场调研的过程包括五个步骤：确定问题和研究目标、设计调研方案、选择调研方法、选择抽样方法、搜集信息、分析信息、提出结论（见图 5-3）。市场调研的这五个步骤又可以分为三个阶段：准备阶段（包括确定问题和研究目标）、设计阶段（包括设计调研方案、选择调研方法、选择抽样方法三个步骤）、实施阶段（包括收集信息、分析信息、提出结论三个步骤）。

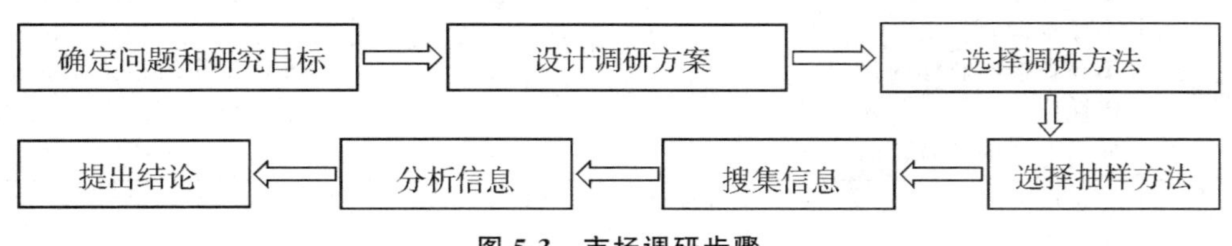

图 5-3　市场调研步骤

（一）准备阶段

这一阶段主要是确定研究目的、要求及范围，并据此制订调研方案。并非每一项调研都有执行的必要，因此市场调研策划的首要环节就是确定调研是否有必要。调研的第一步骤要求研究人员认真确定问题和研究目标。这通常要求与企业进行充分的沟通，同时查阅相关资料。在任何一个问题上都存在许多可以进行调研的因素，因此企业营销管理者必须善于把握，对问题的规定要适量，既不要太宽，也不要太窄。如果定义得太宽则难以操作，有可能会在调查中获得许多不需要的信息，冲淡甚至掩盖真正对企业营销决策有效的信息。如果定义得太狭窄，会造成研究深度太浅、过于片面，限制研究者的视角，以致不能为决策者提供全面的信息支持，影响决策的质量。在分析调研的必要性之后，要确定调研的问题及主题。

通常在正式调研之前要进行一项非正式调研，又称探索性调研，即一种小规模的调研，目的是确切地掌握问题的性质和更好地了解问题的背景，以便节省调研费用，缩小调研范围，深入了解调研问题。非正式调研常用的方法是收集二手资料或进行小范围的讨论等，即调研人员尽可能收集企业内外部的各种相关资料，并咨询企业内外部对此问题有丰富经验及深入研究的专家学者，也可从最终消费者或调研对象身上收集相关资料，以便明确调研问题。调研问题确定过程的最终结果是形成调研目标，所有为调研项目投入的时间及成本都是为了实现既定的调研目标，他是调研项目进展的指导方针，是评价调研质量的尺度。因此，调研目标必须尽可能准确、具体并切实可行。

（二）设计阶段

1.设计调研方案

调研方案的设计是指为实现调研目标制定调研计划书，它是调研项目实施的行动纲要，为回答具体问题提供了框架结构，保证了调研工作的顺利进行。一份完整的调研方案通常包括以下几方面内容：确定资料来源、设计具体的调研内容、设定调研的时间表、确定调研对象和调研人员、说明调研预算。由于不同类型调研方案的侧重点不同，设计调研方案的首要任务就是确定本项调研是探索性调研、描述性调研还是因果性调研(见表 5-1)。

表 5-1　三种调研类型方案比较

	探索性调研	描述性调研	因果性调研
目的	了解并界定问题 追踪和寻找市场机会	描述特征、功能、属性	研究因果关系
适用	无法确定某一问题 实现问卷的精确、细化	对问题有较多了解 对所需信息有清晰定义	存在某种内在联系 试图寻找解决问题的途径
特征	小样本调研 不具备推断总体的作用 定性分析 处于大规模调查之前	大样本调研 定量分析 结论供决策参考	研究变量间的相关关系 定量分析
方法	专家咨询法 座谈会法 个人访谈	文案法 问卷法 观察法	实验法 统计模型法

(1)探索性调研。这是指没有特定的结构并且采用非正式的方法进行调研，通常用于深入了解并界定问题或寻找市场机会。当人们无法确定某一问题时，往往借助此法来界定问题；或在大规模调查之前，凭借此法使问卷更加精确、细化。常用方法有专家咨询法、座谈会法、个人访谈等。

(2)描述性调研。这是指以描述研究对象的特征、功能、属性等为目的进行的调研，调研范围包括：研究对象的态度、行为，以及竞争者的一些基本情况等。这种方法侧重于使用一系列调查问题来描述被调查者的行为及心理特征。描述性调研通常以大样本为基础，同时要求调研人员对所研究的问题有较多的了解，并对所需信息有清晰的定义。常用方法有文案法、问卷法、观察法等。

(3)因果性调研。是指为了通过对多种因素的研究来确定问题产生的原因所进行的调研。调研人员需要考察一个变量是否影响另一变量，以及变量之间是否存在某种相关关系。例如食品公司进行调研了解产品口味的改变是否会引起销售量的变化。常用方法有实验法、统计模型法等。

这三种调研类型，将在下一节中详细介绍。

2.选择调研方法

营销调研的方法有观察法、实验法、访问法、问卷法、网络调查法、基于大数据技术的市场调研方法等，在第四节将有详细的介绍。

3.选择抽样方法(见表 5-2)

(1)概率抽样。又叫随机抽样，概率抽样方法中总体的每个单位被抽中的概率相等。具体包括四种方法：①简单随机抽样，是指以每一个体为抽样单位，并使每一个体被抽中的概率相等；②等距抽样，是指将总体中的个体按照某种顺序排列，随机抽出某一位置上的个体，并顺着某个方向等间隔地选取其他个体；③分层抽样，是指将总体中的个体按某种特征分为若干类，使得每类内部相差不大，类与类之间差异较大，然后在每一类中随机抽取若干个体构成样本;④整群抽样,是指将总体按照地域标志或其他标志分成若干个内部差异很大但相互之间差异很小的群体,然后再随机抽取某一整群构成样本。

(2)非概率抽样。又叫非随机抽样,是指从总体中非随机地选择特定的个体,每一个体被选中的机会未知,也不能用概率表示。具体包括四种方法:①任意抽样,是指调研人员随机抽取一些个体作为样本;②雪球抽样,它要求被调研者提供其他可能回答问题的人的名单供调研者使用;③判断抽样,是指调研人员根据对总体及个体情况的了解,凭借主观判断选择有代表性的个体构成样本;④配额抽样,是指调研人员根据一定的标准确定样本个体数的配额,然后按照配额抽出一定数额的个体构成样本。

表 5-2 不同的抽样类型

概率抽样	
简单随机抽样	每一个体有已知并相等的机会被选中。
等距随机抽样	个体按照某种顺序排列,随机抽出某一位置上的个体,并顺着某个方向等间隔地选取其他个体
分层随机抽样	统计总体被分成互不相容的几组(如根据年龄分组),从每个组中抽取随机样本
分群随机抽样	总体样本被分成相互间差异很小的几组(街区),调研人员从这几组中随机抽取一组来调查
非概率抽样	
任意抽样	调研人员选择最容易获得的个体成员,从他们那里获得信息
雪球抽样	根据名单抽样
判断抽样	调研人员根据自己的判断,选择有可能提供准确信息的有代表性的个体成员
配额抽样	调研人员从各类型的人中选取规定的人数进行调查

(三)实施阶段

1.搜集信息

调研计划制订好后,就要开始搜集信息。信息来源可分为一手资料和二手资料。一手资料又称为原始资料,是为当前某种特定目的直接从调研对象那里获取信息;二手资料则是由别人收集、整理且通常是已经发表过的信息,各种公开出版物、各类咨询单位或者信息公司及数据库所提供的信息,还包括了企业内部储存的各种数据。如表 5-3 所示。研究人员通常从搜集二手资料开始他们的调查工作,收集这些二手资料比较容易,花费也较少。我们一般将利用二手资料进行的调研称为案头调研。二手资料为调研提供了一个起点,具有成本较低和容易获得的优点。但是,研究人员也必须搜集一手资料,它们是为某种特定目的而收集的原始资料。这里主要介绍二手资料及其来源。

表 5-3 一手资料和二手资料的收集方式和优缺点

<table>
<tr><th colspan="2">项目</th><th>方法</th><th>具体方法</th><th>优点</th><th>缺点</th></tr>
<tr><td rowspan="8">资料来源</td><td rowspan="2">二手资料</td><td rowspan="2">案头调研</td><td>内部资料查询</td><td rowspan="2">费用成本低，快捷方便</td><td rowspan="2">缺乏针对性、可靠性、准确性和客观性，需要进一步验证</td></tr>
<tr><td>外部资料查询</td></tr>
<tr><td rowspan="6">原始资料</td><td rowspan="4">询问法</td><td>问卷调查</td><td rowspan="6">信息资料准确可靠，针对性、有效性强</td><td rowspan="6">费用成本高、周期长</td></tr>
<tr><td>深度访谈</td></tr>
<tr><td>电话调查</td></tr>
<tr><td>会议调研</td></tr>
<tr><td>观察法</td><td>人工、机器观察</td></tr>
<tr><td>实验法</td><td>无控制、有控制实验</td></tr>
</table>

二手资料是企业开展市场调研的一个重要信息来源。可以说企业开展市场调研几乎离不开二手资料。从事市场调研的工作人员应该对二手资料的来源和种类有清晰的了解，这样可以迅速地查找和获取相关的二手资料提高工作效率。二手资料的来源有以下几种：

（1）互联网

在计算机和互联网普及的今天，通过互联网获取二手资料是最便捷、最经济和最高效的途径。市场调研人员应该十分熟练和高效地运用互联网获取二手资料。在互联网获取资料用得最多的是搜索引擎，为了提高搜索的效率，确定关键词是非常重要的，可以帮我们迅速找到需要的资料。除此之外，另一个较为便捷的途径是上专业网站，这些专业网站可以提供企业需要的专业信息，可减少在搜索引擎上花费时间挑选信息的烦恼。

（2）年鉴

各种各样的年鉴是二手资料的重要来源之一，特别是有关统计方面的年鉴。年鉴按其分类可分为两大类，一类是有关国民经济的统计年鉴，如《中国统计年鉴》等，还有各种其他经济年鉴，如《中国第三产业统计年鉴》等；另一类是各种专业年鉴，如汽车工业相关的《中国汽车工业年鉴》《中国交通年鉴》等。研究专业问题一般要大量查询年鉴，通过年鉴可以获取国民经济各行业最基本的统计数据和资料。

（3）专题报告

除年鉴外，各行业协会每年会发布一些该行业的专题报告，包括一些白皮书，如《中国汽车工业发展年度报告》《中国家电行业发展报告》等。这些报告涵盖了大量有用的内容信息。此外，社会上一些第三方独立调研机构，如研究所、大学的调研机构等也经常开各种专项研究并做出研究报告，这些也同样可以成为资料来源之一。

（4）报纸杂志及相关专业书籍

报纸杂志是一个非常重要的二手资料来源，虽然互联网目前相当普及但不能完全替代报纸杂志，特别是有一些报告和研究分析文章不在互联网上发表。调研人员应该更加重视专业杂志，虽然专业杂志在时效性上不如报纸，但杂志往往透露出许多重要的内部信息，如新产品的研制、新技术的开发和应用、企业的发展战略和行动计划等。通过专业杂志收集相关信息是企业市场调研人员的一项重要工作。

(5)上市公司的年报及相关资料

如果企业要研究的对象为上市公司,上市公司的季报、半年报、年报及公告等则是应重点关注的二手资料。一般来说,上市公司的年报有严格的监管,并通过外部第三方会计师事务所的审计,可信度高。

上市公司年报透露的信息最重要的是企业的财务信息,但除财务信息外,还有很多有关生产经营重大决策的信息,特别是公告信息。

(6)企业的内部数据库和相关资料

在平日的日常经营中,企业会积累大量的数据和资料,包括一些市场调研报告、专题研究报告等,这些也是二手资料的一个重要来源,并且是最节省时间精力的收集方式。通常企业内部的数据及相关资料是企业调研时的首选资料来源,如果内部资料信息不足以满足需要,则再通过其他方式收集外部二手资料。此外,设计产品的信息,如用户对产品质量的反馈、有关产品改进的建议也非常重要。

小案例 5-7 日本"汉方药"受追捧背后的中医药无奈

中国游客去日本,采购清单必备之一是汉方药。在很多国人的眼中,这是好东西。这种心态之下,造成在日本的银座、上野购物一条街、好心导游指引的购物店,满满都是大把掏钱的中国游客,而商场里也在最醒目的地方写明促销、打折、可以扫码支付等信息,商场里的导游员,操着一口流利的普通话,更会主动上前和你套近乎,攀老乡,说是留学日本的大学生。日本汉方药畅销的背后,是中国的尴尬和无奈。

一方面,药方来自中国。数据显示,目前日本普遍应用的294个处方,均抢注自张仲景《伤寒杂病论》中的原方,然后改名为"汉方药"。在《世界专利数据库》中,日本人注册了70%以上的中药专利;中国虽然提供了中药古方10943个,但其中只0.3%是在国际上申请了专利。

另一方面,原材料来自中国。日本津村株式会社,全球最大的汉方药制药公司,生产超过120种汉方药,其相关人间曾透露:汉方药的原材料其中80%都是从中国进口的。他们一年在中国市场卖货超千亿日元。他们说自己的目标很简单,要打造中国市场上中药第一品牌。早在2016年,中国药学会核心杂志《中草药》上就曾经刊文指出:对于世界中医药市场,日本占据90%的份额,中国大陆仅仅为2%。

还有一点,技术比咱强。在实践中日本人独辟蹊径,他们所有的汉方药都是统一配方,统一投放剂量,标准化生产工艺、流程,并且几乎所有的汉方药都是颗粒剂。他们生产的汉方药,有统一编码,包装上都有号码,每种号码对应一种药品,所有制药公司的同一药品编号都是相同的。

很多游客在日本买回来的"救心丸",就是仿我们的"六神丸"。遗憾的是,我们一直秉承千百年不变清热解毒利咽的作用,但日本人却增加了新功能,抢了国际市场。而且,相对于我们传统的汤剂与"代客煎药",随身携带的汉方药更是简便了许多。其实,日本汉方药超越我们的时间并不长,还是在1980年的时候,日本医学权威大冢敬节曾说:"现在我们向中国学习中医，10年后让中国向我们学习。”也就是说，我们被落下，是最近这40年间的事情。

资料来源（有删减）：影响大众.直击：日本“汉方药”追捧背后的中医药无奈[OL].腾讯网，2020-11.

2.分析信息

数据收集完后，调研的下一个步骤就是进行数据分析。所采集的数据大多是分散、零星甚至是不准确的，因此，首先要对所采集的数据进行加工处理，形成系统化、规范化且符合客观规律的资料，具体分为四个步骤：第一步，将数据资料分类，即按数量、时序、地域、质量分组；第二步，编校，即审查、验证数据是否正确，修订或剔除不符合实际的数据；第三步，数据编码及录入，即为每个问题及答案赋予一个数值代码，并将其录入计算机；第四步，编制图表，即列示每一种答案出现的次数，形成所有资料的数据库。在营销分析系统中，研究人员应努力采用一些先进的统计技术和决策模型，以期得到更多的调查结果。对数据的分析，包括统计分析和理论分析。统计分析包括两个方面：描述统计、推论统计。描述统计是根据所得信息，找出这些数据的分布特征，是描述调查观察的结果。推论统计是在描述统计的基础上加以推断。理论分析是分析数据的重要环节，是在资料汇总分析的基础上进行思维加工，进而从感性认识上升到理性认识。分析信息的方法有归纳法、类推法、公理法、演绎法等。

3.提出结论

市场调研的最后一个步骤是陈述研究人员对相关问题的研究发现。调研人员不应该让管理人员埋头于大量的数字和复杂的统计技术中，而应该简明扼要地提出与主要营销决策有关的一些调查结果，之后撰写市场调研报告，进行跟踪反馈。

第三节　市场调研的类型

一、市场调研的范围

市场调研活动涉及市场营销管理的整个过程，在各个环节出现的一些特定的营销问题，都可以通过市场调研的方法，提供解决问题的参考。市场调研运用一些技术和方法，也不限于研究特定的营销问题，它实际上可以应用于企业经营中出现的其他问题，因此它的研究范围是相对广泛的。主要的和常见的市场调研活动包括以下几个方面。

（一）市场研究

市场研究主要包括对市场需求规模的分析和预测，即估计某种产品或服务市场的现有规模和潜在规模，预测某产品或服务的不同细分市场的中远期需求；预测某产品或服务的各品牌市场占有率及其动态变化，分析企业与同行竞争者相比的优势和劣势；了解某类产品或服务的市场特点及其变化趋势，掌握消费者购买行为的基本模式及特点，以利于企业把握有利时机、制定最佳的营销组合策略进入有利可图的目标市场。

（二）消费行为研究

消费者行为研究包括顾客的基本人文特征和购买行为两方面的研究。首先，通常需要了解以下八方面的信息，即所谓的6W和2H：购买者是谁（who）、购买什么（what）、为什么购买（why）、何时购买（when）、何地购买（where）、信息来自何处（where）、购买多少（how much）、如何决策购买（how）；其次，分析不同消费者群体间购买行为的差异以及生活习惯和生活方式特点。

（三）产品研究

产品研究包括现有产品的改进和新产品研制与开发的研究。对现有产品的改进主要是改进性能、扩大用途和创新市场等；对新产品的研制与开发主要是产品测试研究，其涉及消费者对产品概念的理解。对品牌的研究形成一个相对独立的研究领域，其主要内容有品牌的知名度、美誉度、忠诚度以及消费者对品牌的认知途径和评价标准等。

（四）价格研究

价格研究主要包括比价研究、差价研究以及消费者的价格敏感研究和新产品定价研究等。在比价研究中要确定同一市场和时间内相互关联产品之间的价格关系，包括原材料和半成品的比价、与零件的比价、进口产品与国产的比价及原产品与替代产品的比价等；在产品差价研究，要分析和研究产品的质量差价、地区差价、购销差价、批零差价和数量差价等；价格敏感度研究和新产品定价研究为企业制定和改进价格策略提供依据。

（五）广告研究

广告研究由于其特定内容和相对独立的研究方法，形成了市场调研中一个独立的分支领域，它的研究内容主要包括：为广告创作而进行的广告主题和广告方案的预测；为媒体选择而进行的广告媒体调研，如电视收视率、广播收听率、报刊阅读率调查等；为评价广告效果而进行的各类消费者广告前的态度和行为调查、广告中接触效果和接受效果调查、广告态度和行为跟踪调查等；为制定企业的广告策略而进行的消费者媒体行为和习惯的调查。

（六）营销环境研究

企业的营销环境包括微观环境和宏观环境，它们通过直接或间接的方式给企业的营销活动带来影响和制约。微观环境包括了企业内部、营销渠道、顾客、竞争者和社会公众；宏观环境主要包括人口、经济、自然、技术、政治法律以及社会文化环境等。企业要时刻认识和把握自己所处的环境，企业的生存和发展必须使自己适应外部的环境，而且还要能动地影响环境。

（七）竞争者研究

企业要出色地完成组织目标必须比竞争者更好地满足顾客需求。因此，企业不仅要全面深刻了解顾客需求，还要时刻掌握竞争者的动向，以便制定恰当的竞争战略和策略。竞争者研究的一个基本内容就是利用合法手段技术收集竞争者的情报和有关信息。

（八）顾客满意度研究

顾客满意度研究越来越受到企业界的重视，企业通过顾客满意度研究了解顾客满意度的决定性因素，测量各因素的满意度水平，从而使企业比竞争者更好地满足顾客消费需求。

（九）企业责任研究

企业责任研究主要包括消费者权益研究、产品或服务的生态影响和营销道德研究、广告和促销活动的法律研究等。

除了以上列举的市场调研主要范围外，市场调查实际可以应用在更多更广泛的方面。比如美国总统选举，可以通过调查了解民意；国外陪审团成员的选择，很多也是借助市场调研及其他工具来产生的。

二、市场调研的分类

（一）探索性调研

1.探索性调研的作用

一旦调研人员了解了开展调研的动机，通常他们都需要额外的背景信息来全面地理解问题。市场调研人员对包括行业、企业、产品或服务和目标市场在内的营销环境了解得越深，问题就越可能被正确地定义。开展探索性调研可用来获取更多对概念的理解或者有助于问题定义的透明化，它也用来识别重要的研究变量。探索性调研是基础性调研，而不是一系列行动的明确的调研。

探索性调研，起作用主要体现在以下几个方面：

(1)发现调研对象存在的问题或者进行问题假设。

(2)为调研对象深入全面研究奠定良好基础。

(3)有利于调研人员熟悉问题。

(4)澄清相关的模糊概念。

2.探索性调研的形式

探索性调研可以采取以下形式：二手资料调研、经验性调研、案例调研和焦点小组座谈。

(1)二手资料调研

二手资料调研是另一种形式的探索性调研，同时也是一种发现问题最经济、最快捷的形式，其途径是通过文献资料进行研究。这些文献资料包括猜测性文献、贸易文献、统计数据和公司内部资料。

在实际操作中，公司内部资料是文献寻找的重要来源，有些问题通过内部资料查阅可以迅速找到问题所在。在文献查阅中重点是发现尝试性解释而非验证解释是否正确。市场调研人员要独立思考，善于通过查阅资料分析各种文献资料得出可能的假设。

(2)经验性调研

经验性调研是探索性调研的第二种形式。向已经熟悉调研对象的人了解有关问题，即通过向对某一问题经验丰富的人收集资料，寻找问题的一种方法。因此，与公司营销有联系的人都将成为潜在信息来源，如公司高层管理、营销经理、生产部经理、批发商、零售商和消费者。这些人员对公司及公司产品都有一定了解，当公司出现问题时，可以向这些人征询，让他们根据自己的经验做出某种判断，这种经验性调研是探索性调研资料的重要来源之一。经验性调研的一个重要任务是被访者的选择，访问对象是有着丰富的经验且能提供有用资料的人群，同时应选择有不同观点的访问对象，这样有利于收集不同的资料。

(3)案例调研

案例调研是探索性调研的第三种形式。案例调研是指选择某一个案例进行研究分析，并把得到的情况同考虑的具体问题进行比较。期望通过个例的分析来发现问题、总结经验，为目前问题的解决提供决策的依据。

案例调研中的案例选择标准为：①有新的情况发生，特别是一些突发性意外情况；②有极端的行为发生；③事物发展的顺序出现了新的变化。

案例分析能否实现理想的效果，取决于以下两个主要因素：①调研者的态度。市场调研人员在进行探索性调研时，绝对不能先入为主，要积极寻找可能出现的新假设或新问题。②市场调研人员的综合能力。有时探索性调研需要提出各种假设，要求调研人员具备综合分析的能力，能将零散的信息资料，通过分类提炼，形成一个统一的解释。

(4)焦点小组座谈

焦点小组座谈又称为小型调查会，是一种深度讨论得出所需信息的调研方式，同样可用于探索性调研。它与经验性调研的相同点都是向有一定经验的人员做调查，其区别是采取集体访谈的方式。这种方法的操作程序是主持人（市场调查人员）召集内部人员，对调研对象的有关问题通过自由交流、座谈的方式相互影响、相互启发、相互探索使调研的问题更加深入，达到预期的目的。大量实践证明，焦点小组座谈是一种有效的探索性调研形式，有利于产生新的假设，能够产生进行调查问卷设计的相关信息，能够采集到对分类研究有帮助的总结概括性背景信息，互相碰撞能够形成新的概念和新的思维。

(二)描述性调研

描述性调研是指对需求研究的客观事实资料进行收集记录分析的正式研究，它所要了解的是有关问题的相关因素和相关关系，所要回答的是“什么”“何时”“如何”等问题，而不是回答“为什么”的问题。因此，描述性调研通常只是说明事物的表现特征，而不涉及问题的本质影响事物发展变化的内在原因。

1.描述性调研的作用

第一，描述某一组别的特征。例如：在已获得某一产品的使用者信息资料的基础上，可以总结出一般使用者的收入水平、性别、年龄、教育水平等基本特征。

第二，估计某一消费群体中特定行为者所占比例。例如，通过消费者调查，估计在某一区域内消费者乐意在连锁店购物人数比例，可作为新开设连锁店决策的参考依据。

第三，预测。例如，通过调查了解今后五年内电子计算机在家庭购物中的需求偏好，可以预测今后我国五年内电子计算机的销售量，可以成为发展网上营销的决策依据。

2.描述性调研的构成因素

描述性调研在设计时，必须对所研究的事物有一定程度的了解，所提出的问题都是相互联系的，表述形式都是基于一定的假设。描述性调研具有高度的灵活性。开展描述性调研，首先要明确其构成的6大因素，即向谁提问(who)、问什么(what)、何时问(when)、在什么场合问(where)、为什么问(why)、如何问(how)，因此也成为“5W1H”调查。

(三)因果关系调研

因果关系调研是指从已知的相关变量出发，以确定有关事物各变量之间因果关系的一种市场调研方法。因为任何事物的发展都是相关变量之间互相影响的结果，因果关系调研的直接目的主要有两个：一是要搞清楚哪些变量是原因性因素即自变量，哪些变量是结果性因素即因变量；二是确定原因和结果，即自变量和因变量之间的互相联系的特征。原因与结果之间的函数关系为：

$$y=f(x1,x2,\cdots)$$

上述函数关系表示，导致 y 变化的原因 x，可能是确定某一变量(唯一变量)，但更多的情况是 y 的变化受多重因素的影响，如 $x1,x2,x3\cdots$

1.因果关系推论证据

在进行因果关系调研时，实际上暗示了一种假设，即所考察变数中有一种或几种变数导致了因变量的变化。通常情况下，可采取如下两种证据进行实物间存在因果关系的推断。

(1)伴随变化

伴随变化是指一种因素的变化必然伴随着另一种因素的变化。这种伴随变化表现在质和量两个方面：一是在质的方面，如果要确认“受教育程度的提高等引起吸烟行为的减少”这样的因果关系，调研人员就必须观察到下列现象，即“受教育程度高的人”往往不抽烟，而“受教育程度低的人”常常抽烟；二是在量的方面，如广告费用支出 x 和销售量 y 之间的关系，随着 x 的增加 y 也增加。需要指出的是，无论是在质的方面还是在量的方面，我们仅仅是有这样的推论，但并不一定是导致结果的唯一因素，只是说明暗示着这种情况的一种证据。

(2)顺序关系

变量发生的时间顺序是证明因果关系的第二个证据，即在因果关系分析时，原因性因素在先，结果性因素在后，存在着一定的时间顺序。但在实际分析研究时，常常出现原因和结果之间究竟谁先谁后难以判断的现象，这就需要调研人员具体问题具体分析。

2.因果关系调研的应用

因果关系调研主要用于寻找企业问题的原因，其典型问题如“为什么公司的销售额下降了”等。因果关系调研的技巧是逐步缩小调研范围。一般分为三步进行：

(1)初始调研，找出所有可能的因素。

(2)进行因素分析，减少可能的因素数目。第一步应用二手资料，应用事实和推测删除大部分的可能因素；第二步应用收集到的各种原始资料提供证据。

(3)利用实验法，进一步缩小范围。实验法尽管不是确定因果关系的唯一方法，但它却是控制有关原因因素的唯一方法。

(四)三种市场调研之间的关系

探索性调研、描述性调研和因果关系调研是公司市场调研过程中在不同阶段采取的调研方式；它们之间存在着互相影响、互相依存的关系。如图5-4所示。

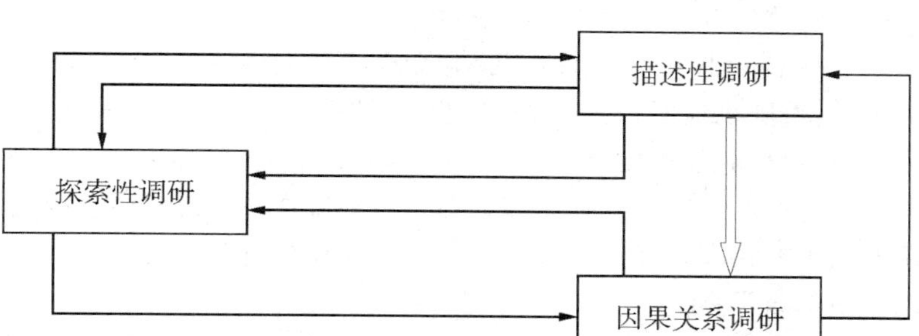

图 5-4 三种市场调研之间的关系

探索性调研是市场调研的第一步，其重点在于对问题进行尝试性解释，这种解释或假设作为描述性调研的指南，如果被描述性调研所证实，就可以利用因果关系调研来确认这一假设的可信性。

公司市场调研一般情况下是按照上述顺序进行的，但并不说明其顺序也是不可变化的。实际上，这三种调研方法在使用时，面对不同问题，其顺序也是变化的，并不是所有调研问题都是从探索性调研开始。模糊性问题从探索性调研开始，如存在明显的因果关系，则应从因果关系调研。

在调研过程中，也可以单独使用某一种调研方式。如某公司在进行了探索性调研后，不再进行后续调研，可能认为没有继续调研的必要，或者把调研结果保存下来供以后使用，或者不具备继续调研的条件。同时，如果公司积累了许多基础资料或相关资料，也可不进行探索性调研，而直接进行描述性调研，或者进行因果关系调研。

第四节　市场调研的主要方法

想要更好地实现调查目的，必须有科学合适的市场调研方法。只有调研手段恰当、调查方法科学，搜集来的资料才能及时、准确和全面。要搞好市场调研，就必须根据调查的目的、任务、被调查对象的特点，选择合适的调查方法。

常见的市场调查方法有访问法、观察法、实验法、网络调查法和基于大数据技术的市场调研方法。

一、访问法

访问法是用来收集原始资料的基本手段，是一种最常用的实地调研方法。根据调查访问形式的不同，可以有四种主要类型。

(一)面谈访问法

面谈访问法是指调查人员面对面地向被调查者询问有关问题，以获取相关信息资料，包括个人访谈、小组访谈等多种形式。其中，个人访谈包括入户访问、拦截访问及经理访谈等，小组访谈包括焦点小组访谈、深层访谈、德尔菲法访谈及头脑风暴法访谈等。其优点在于简单、灵活，可随机提问；调查人员可边询问边观察，有助于提高调研质量；提问的弹性大（就某问题深入详细地交谈），被调查者可充分发表意见，有助于获取有价值的信息；所提问题的回答率高。缺点是费用高、时间长，只适合小规模的调研；对调查人员素质要求较高；调研效果在很大程度上取决于被调查者的配合情况，被调查者易受调查人员主观意识的影响，使信息失真。

它要求调查人员做到以下几点才能获得成效：

(1)熟悉调查的问题，明确问题的核心、重点和实质。

(2)事先设计好问卷或者调查提纲。

(3)掌握人际沟通的技巧和方法，最好安排交谈预演。

(二)电话询问法

电话询问法是指调查人员根据抽样的要求，在样本范围内，通过电话询问的形式向被调查对象询问事先拟定的内容来获得信息资料。其优点在于经济、快速、易于控制；访问对象样本大、范围广；受调研人员影响小，交谈自由，能畅所欲言；对调研人员的管理方便；尤其适合热点问题或突发问题的快速调查。缺点是无法进行产品的有形展示；不适合较长时间的访问；不适合深度访谈或开放式问题的访谈；容易遭到拒绝，被调查者易产生抗拒心理。

此类调研要求组织者做好以下几点：

(1)设计电话问卷调查表。注意其中通话时间、记忆规律约束。

(2)挑选和培训调查执行人员。

(3)选择样本方案、调查对象、访问时间段。

电话询问法可应用于：用户调查、回访、访问分销商、服务投诉和质量投诉的应答、价格行情意见的询问等。

(三)邮寄询问法

邮寄询问法又称通信询问法，它是将事先设计好的问卷或调查表通过邮件的形式寄给被调查对象，他们填好以后在规定的时间内寄回来。其优点在于高效、便捷、费用低，样本量大、调查范围广，减少了对调研人员的监督，被调查者思考的时间充裕，尤其适用于较敏感或涉及隐私的问题。缺点是问卷或调查表的回收率低，信息反馈时间长、时效性差，对被调查者素质要求较高，对调查内容要求较高（问卷设计清晰无歧义，能够引起被调查者的兴趣）。

(四)焦点小组法

焦点小组多由 8～12 人组成，在一名主持人的领导下，对某一主题或观念进行深入讨论，目的在于了解人们的想法及其原因，了解他们对一种产品、观念、想法或组织的看法，了解所调研的事物与他们生活的契合程度，以及在感情上的融合程度。

焦点小组访谈法不是一问一答式的面谈，他们之间的区别也就是群体互动和群体访谈之间的区别。群体互动所提供的互动作用是焦点小组访谈法成功的关键，正是因为互动作用才组织一个小组，而不是个人进行面谈。使用群体会议的一个关键假设是，个人的反应会成为对其他人的刺激，这样可以观察到受试者的相互作用，这种作用能够比同样数量的人做单独陈述时得到更多的信息。

焦点小组访谈法的优点在于参与者之间的互动可以激发新的思考和想法，这是一对一面谈实现不了的，而且群体的压力可以使激进者更现实一些。参与者之间积极的互动，对委托方而言，还意味着通过观察焦点小组来获得一手资料比一对一的面谈更为快捷和有趣。同时，这个方法也便于操作，容易得到所需要的结论。焦点小组访谈法的缺点在于容易受主持人的水平或研究者认识的影响，可能会产生误导性而非指导性的结论。此外如果选择的参与者和目标市场有一定的偏差，造成的后果也就不堪设想。

二、观察法

调研人员在现场观察，记录行为者的过程和行为结果的方法叫观察法，这是市场调查中常用的方法，主要用来收集原始资料。

观察法的基本要求：避免被调查者看出或感觉到正在被调查。目的是防止干扰被调查者的正常行为，以便取得真实、可靠、贴近实际的行为表现数据。

观察法的优点是它属于非介入式的资料收集行为。比较调查法，可以避免人际沟通、语言交流、情感摇摆、态度变动、文化差异等障碍，避免交流中出现暗示、人工环境等倾向，因此所获资料真实、具体、客观、可靠。此外，实施起来简单、灵活，便于调研人员短时间内掌握基本方法。它的缺点是只取得表象信息，无法深入探究原因、态度、心理、动机等深层信息。

观察法常见的应用有：神秘顾客、单向镜观察法、审计。

（一）神秘顾客

神秘顾客常用于收集有关商店的观察数据，以及顾客和雇员互动的数据。当然，在后一种情况下，神秘顾客和雇员间要进行交流。神秘顾客可能会提问：“这个产品多少钱？”“这种款式有蓝色的吗？”或者“星期五之前能送货吗？”这种互相交流不是为了访谈，只是为了观察雇员的行动和评论。因此，虽然观察人员经常卷入彼此的交流，但神秘顾客仍然被看成是一种观察调研法。据估计，70％的美国零售商店使用这种技术，诸如沃尔玛、麦当劳、星巴克、Blockbuster 等餐厅和全食超市都是神秘顾客调查员的大客户。

神秘顾客概念有四种基本形式，每一种形式在深度和收集的信息类型上有所不同。

形式 1：神秘顾客拨打神秘电话。在这种方法中，神秘顾客给其客户打电话，并根据电话内容评估所接受的服务水平，继而与其进行一番照本宣科式的谈话。

形式 2：神秘顾客参观某个展览并快速地购买一些产品，不需要过多或者完全不需要顾客与雇员的相互沟通。例如，在形式 2 的神秘顾客中，神秘顾客购买了一些商品（如汽油、汉堡或一张电影票），并对其交易能力和场所的形象进行评估。

形式 3：神秘顾客造访某企业，用事先准备好的手稿或方案与服务员或销售代表谈话。形式 3 的神秘顾客通常并不包含真正的购买行为。类似例子包括与销售代表讨论手提电话的不同包装，事后评价一下所提供的服务，等等。

形式 4：神秘顾客进行一次需要良好的沟通技巧以及有关产品的丰富知识的访问。

这样的例子包括讨论家庭贷款、购买新车的过程或是参观公寓群等。另一个形式 4 的神秘顾客例子是酒店侦查(见案例 5-8)。

小案例 5-8 **餐饮行业经不起暗访?**

近年来餐饮企业有关食品安全问题的事件屡屡发生。

2021 年 7 月 17 日,微博话题“外卖平台销量第一的炸鸡店有多脏”冲上热搜,根据内幕纠察局视频,其在卧底华莱士炸鸡店后发现,店内工作人员存在“未经清洗消毒的情况下徒手制作汉堡”“鸡块掉地上捡起来放回去”等严重不符合食品安全卫生规定的操作。

2021 年 8 月,新京报记者在暗访大润发济南省淄博店时发现店内存在诸多食品安全问题:如店员会优先处理前一天未售出的隔夜肉,如果不新鲜、味道不明显,便按 9.9 元的特价予以出售;如果异味明显,店员会重新冲洗待味道处理不明显后,重新摆上货架;如果实在无法处理,店员会做绞馅儿或灌香肠处理。

2021 年 8 月 16 日,大润发对此回应称,已将涉事门店的相关肉品全部封存下架,并将进行整改。同日,山东省市场监管部门立即责令大润发涉事门店对猪肉全部下架、停止销售,现场查扣库存冷鲜猪肉产品 860 公斤,并组织约谈大润发涉事门店相关片区和门店负责人,要求省内 41 家门店全部停止销售自营肉品、开展自查。

2021 年 8 月 23 日,网红餐厅胖哥俩也被爆出食品安全问题。据暗访的媒体调查后表示,胖哥俩宣称新鲜现杀的螃蟹,实际上存在前一天未卖完的螃蟹冷藏处理后,继续向消费者售卖的情况;包装袋显示即将过期的土豆,店员拆掉包装后仍继续当作可使用的食材;煮熟的肉类食品,变味仍继续销售。此外,胖哥俩两门店后厨卫生环境也十分让人担忧,存在厨师不戴口罩、厨具随意放置、食材清洗不认真等问题。

2021 年 8 月 23 日,胖哥俩官微发声明称,已对涉事门店进行停业整顿,成立专案组进行内部自查,并配合市场监管部门进行检查,检查结果将及时公布。同日,北京市丰台区市场监督管理局、朝阳区市场监管局执法人员对胖哥俩涉事门店进行检查,责令其立即自行停业整顿,对第三方平台进行下线处理,并对门店负责人进行约谈。

资料来源(有删减):孟帅.华莱士胖哥俩茶百道接连“暴雷”,餐饮行业经不起暗访?[OL].雷达财经,2020-10-09.

(二)单向镜观察法

在前面提到的焦点小组座谈中几乎总是包含单向镜。当进行单向镜观察法时,客户就可以观察到焦点小组座谈的情况。例如,新产品开发经理可以在主持人开展不同类型的包装时观察消费者的反应。另外,当消费者说话时,调研人员能观察到她们流露出来的感情色彩。单向镜有时候也被儿童心理学家和玩具设计师用来观察玩耍中的儿童。费雪玩具实验室每年迎接大约 3 500 名儿童。这个实验室设计得像幼儿园的教室。在玻璃的另一边是一间铺有地毯的小房间,房内大约有 10 张椅子,2 个摄像机。在产品开发的过程中,几乎所有的费雪玩具都先拿到这个实验室内进行测试。

为了恰当地使用观察室,其光线必须比焦点小组座谈房间的光线要暗。否则,焦点小组座谈的参与者就可以看到观察室内的情况。近几年，将单向镜告诉参与者并向他们解释谁在另外一间房间观看以及观看的原因已经成为一种趋势。

(三)审计

审计是另一种人员观察调研方法。审计是指对产品销售情况进行检验与核实。审计通常分为两类：检查与核实对最终消费者的销售量的零售审计；检查产品从仓库流向零售商的数量的批发审计。批发商和零售商允许审计人员进入他们的商店和货栈，并检查公司的销售情况的订货记录，以核实产品的流动。作为回报，批发商和零售商将从审计公司得到现金补偿以及有关他们经营状况的基本报告。

三、实验法

实验方法主要用于判断营销中的因果关系，或者某一产品大规模进入所有目标市场之前，在一个有代表性的区域内试销产品，以观察市场的反应。

它主要通过营销来改变、控制环境或条件已达到实验的目的。实验法有非正规实验与正规实验之分。下面主要介绍一下在实际操作中应用较多、较容易执行的非正规实验。其基本特点是：实验对象选择不是按严格的随机设计抽取的。分为以下四种：

(一)无控制组事后设计

既无对照组可供比较，也无事前测量可供参照。此类试验只能算作“探测性”实验。例：降价10%后，产品获得销售额增长20%的结果。这其中除降价外，还有其他因素影响销售额增长，就没法从中剔除。

(二)有控制组事后设计

利用实验组和控制组的事后测量值做对比进行判断，其显著优点是突显实验变量的调控效果。这也是常用的方法之一。

例：安排一次促销，同样是发放20%折扣优惠券买同一商品，赠送小包样品与不赠送样品有无销售差异？假如统计结果如表5-4所示。

表5-4 统计结果

组别	发送数量/户	条件1	条件2	事后回收/张
实验组	1 000	20%折扣券(红)	赠小样品	560
控制组	1 000	20%折扣券(白)	不赠送	389

(三)无控制组事前事后设计

实现对正在经营的情况进行测量，改变条件后再测量，两者对比确定条件投放是否有效。

例：节日期间所有商品一律折扣10%。假如统计如表5-5所示。

表 5-5 统计结果

商品品种	事前销售/元	事后销售/元	增减额
A	800	1 500	700
B	3 100	4 500	1 400
C	8 200	9 100	900
合计	12 100	15 100	3 000

实验结果表明：节日中比节日前销售量普遍明显都有增长，但这是节日及降价两个因素共同推动的，在此实验中难以分清各因素对贡献的大小。这是无控制实验的局限。

(四)有控制组事前事后设计

先对实验组事前事后做测量；控制组事先事后做测量值；然后观察试验组事前事后变动值，控制组事前事后变动值；最后对比两组变动值差异，判断条件的影响。目的是有利于分离非实验影响，提高试验数据准确性。

例：对同一商品，春节期间分两组，分别采取折扣和不折扣，假如统计如表 5-6 所示。

表 5-6 统计结果

组别	事先月销/元	条件 1	条件 2：春节月销/元	增减
A 组	16 000	降价 10%	21 000	5 000
B 组	16 000	不降价	18 000	2 000

实验结果：A 组比 B 组多 3 000 元/月，这是降价影响的结果。结论：春节该商品会增加销售，打折、降价会促使销售额进一步提高。

实验法的优点在于方法较为科学、实用，实验结果具有较强的说服力、价值高，能够排除人们的主观偏差，可探索不明确的因果关系。缺点在于耗时长、成本高；保密性差，易暴露营销计划的关键部分；样本或实验区域的选择较为困难；在操作、管理、控制等方面较为困难。

家庭主妇对即溶咖啡的印象

选择一些家庭主妇，将其分成一个实验组和一个控制组，要求每一位家庭主妇阅读一份购物清单后，说出自己对这份清单的印象。购物清单分为两份：一份包括雀巢(Nescafe)牌速溶咖啡，让实验组的家庭主妇阅读；另一份包括麦斯威尔(Maxwell House)牌速溶咖啡，让控制组的家庭主妇阅读。除了咖啡不同外，两份清单其他方面都相同，实验结果如下：

实验变量(购物清单)：	雀巢	麦斯威尔
实验后测量(对购物者的描述)：	懒惰 18%	懒惰 10%
	节省 36%	节省 55%
	浪费 23%	浪费 5%
	坏主妇 18%	坏主妇 5%

实验变数的效果可由实验组及控制组的百分比差异求得：

懒惰(18%－10%)＝8%

节省(36%－55%)＝－19%

浪费(23%－5%)＝18%

坏主妇(18%－5%)＝13%

四、网络调查法

在互联网时代，网络调查很快成为市场营销信息调研的利器。网络调查法（websurbey）是指企业利用互联网了解和掌握市场信息的方法。网络调研法具有自愿性、定向性、及时性、互动性、经济性与匿名性的特点。网络调查不受时空的限制，节省了人力、物力，节省了成本和时间，省略了印刷、邮寄等过程，问卷回收效率高，还可以增加调查的信息量。其缺点就是上网的人群不一定代表被研究的对象，针对性不强，无法深入调查，真实性不高，这些都是制约网上调研的重要因素。网络调查法是一种新兴的调查方法，它的出现是对传统调查方法的创新和补充，受网络调查以及通信技术的深刻影响，传统调研方法正在改变。

(一)网上问卷调查法

网上问卷调查法是在网上发布问卷，被调查对象通过网络填写问卷完成调查。在问卷的设计上尽量做到简明易懂，尽可能立即显示调查结果。

1.站点法

站点法是将问卷放在网络站点上，由访问者自愿填写、提交问卷，经调查者统计分析后再在网上公布结果的调查方法，是网上调查的主要方法。大学生常用的问卷调查网站有问卷星（见图 5-5）、第一调查网（见图 5-6）等，这些调查网站为了鼓励用户使用，设有金币或者积分奖励，以便更好地达到调研目的。此外随着通信工具的发展，微信调查越来越普及，制作好调查问卷后，利用朋友圈转发、公众号推送等方式让用户进行问卷的填写，这是大学生进行调查时最常用的方式之一。站点法的优点是答题者是自愿的，且传播途径广，目前被广泛应用；不足之处是难以选择和控制被调查对象，有时甚至可能出现样本重复、数据不真实等情况。

图 5-5　问卷星网站

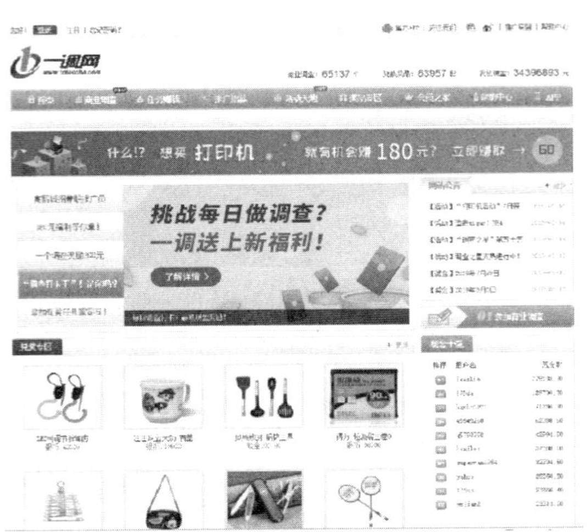

图 5-6 第一调查网网站

2.E-Mail 问卷法

E-Mail 问卷法是指通过邮件群发的方式将问卷发送给答题者,答题者直接通过点击问卷链接的方式答题。这种方式的优点是可以有针对性地选择答题者,使用简便,投递迅速,收费低,问卷易于保存,被广泛应用;缺点是回收率低,容易遭到答题者的反感,有侵犯个人隐私之嫌。因此,使用该方法时应得到答题者的同意,并向答题者提供一定补偿,如赠送小礼品等,以消除答题者的敌意。

问卷邀请要选择合适的时机

根据伦敦的光速公司(Lightspeed Research)的研究,尽管在线问卷的应答者可以自由选择完成问卷时间,发送问卷的时间对问卷完成的情况有很大影响。

公司在一周内的不同时间向其在英国的小组成员发出共 7 440 分在线问卷。总的来说,周一下午发出的问卷回复率最高,可以达到 39%。周五下午 5:30 发出的问卷回复率最低,其中女性的回复率是 28%,男性的回复率是 29%。另外,研究表明外部事件对在线问卷的回复率有很大影响。周三晚上有较大的足球赛事,对问卷的回复率,特别是男性的回复率造成影响。周三下午 5:30 收到邀请的男性中仅 11%完成了问卷,同时女性的回复率为 31%。

研究结果还显示大多数问卷调研是在 24 小时之内完成的,仅有约 1/3 的问卷是在此之后完成的。换句话说,如果 24 小时之内的问卷回复率很低的话,在随后的日子里也很难提高。周一下午 5:30 发出的问卷在 24 小时内的回复率是 26%,6 天之后最终的回复率是 38%。另一方面,周三下午 5:30 发出的问卷在 24 小时内的回复率仅有 14%,6 天后总的回复率为 22%。

(二)网上讨论法

网上讨论法不需要面对面的交流,而是借助互联网平台实现交流。它有多种途径,如BBS(电子公告牌系统)、news group、IRC(网络实时交谈)、Netmeeting(网络会议)、Newsgroup(新闻组)等,从本质上讲就是互联网集体访谈法。此方法被广泛应用于企业间网络会议、网络投票、网上焦点小组访谈等。

(三)网上测验法

网上测验法是指测验者利用网站或E-mail等途径,向网民或受测者发出有测验内容的问卷或信件,网友或受测者做出回答后反馈给测验者,测验者对反馈信息进行统计分析并得出结论。比如,公司可以通过在不同的网页或不同时间提供不同的价格、标题或某种产品属性,来比较自己的营销变量效果,或者可以创造虚拟的购物环境,测试新产品和市场营销方案。

(四)网上观察法

网上观察法是指观察者进入聊天室观察聊天的情况,或利用网络技术对网站接受访问的情况以及网民的网上行为、言论,按事先设计的项目、要求做观察、记录或自动监测,然后进行定量分析研究并得出结论。与线下的观察法类似但又有所不同,网上观察法不能直接观察被观察者的神情姿态,但可以对呈现在网络上的行为进行观测,不受空间限制,节省人力成本。比如,公司可以通过跟踪点击率了解网上顾客的行为,包括他们如何访问网站、如何跳转到其他网站。

五、基于大数据技术的市场调研方法

(一)数据收集技术及应用

数据收集是进行数据挖掘的第一步,也是最紧要的一步,适当充分的数据源可为后续的挖掘工作提供最好的原材料。获取数据目前主要可通过网络爬虫和通过数据交易市场购买数据两个途径:

(1)网络爬虫(又称网络蜘蛛,网络机器人),是一种按一定规则,自动抓取万维网的信息程序或脚本,已在互联网领域得到广泛应用。网络爬虫是一个可以自动提取网页的程序。这是用户从万维网上下载数据的第一步。聚焦爬虫的工作流程比较复杂,它需要根据一定的网页分析算法对相关链接进行过滤,并保留有用的链接,并将其放入待抓取的URL队列中。然后,它会选择下一步抓取的网页URL,从队列中根据一定的搜索策略,并重复该过程,直到它达到一定的条件为止。

(2)通过公开数据交易市场获取数据。目前公开数据交易市场主要分为三种体系,分别是:官方数据系统、企业数据体系、个人数据体系。

(二)机器学习技术及应用

机器学习是一门交叉学科,涉及概率统计、逼近理论、凸分析、复杂性理论等学科。具体来说,是研究计算机如何模拟或实施人类的学习行为,获得新的知识或技能,并重组现有的知识结构,以不断提高他们的表现。它是人工智能的核心,是使计算机智能化的根本途径,它应用于人工智能的各个领域,主要用于归纳、综合而非演绎。

随着大数据近年来的快速发展，机器学习也取得了长足进步，在应用方面发展出了许多类型，主要有：

（1）分类预测。分类和预测具有广泛的应用，包括欺诈检测、性能预测、制造和诊断。分类预测的核心是要依据历史数据建立一个分类模型，目前主要的分类模型算法有决策树、逻辑回归、朴素贝叶斯、自组织树（SOTA）、支持向量机（SVM）、K 最近邻（KNN）、神经网络、概率神经网络、模糊规则、线性回归、多项式回归等。

（2）聚类分析。聚类分析是指计算机自己将一组未经人为分类的对象依据其相似点分到一起的过程。聚类分析这是非常重要的人类推理行为。聚类不同于分类，其最大的区别是聚类分类之前所需的类是未知的。聚类分析的目的是基于对象在向量空间中的相似程度，判断对象的不同，进而对对象进行不同归属的判断。聚类分析在数学、统计学、生物学、经济学和计算机科学等的应用过程中，已经开发了大量针对特定领域的聚类分析技术，主要是用于表述数据的异同性，并将数据源里纷繁复杂的数据归集到不同的类，便于进一步的分析。目前常见的聚类算法有 k-Means 算法、c 均值和期望最大化算法（Expectation Maximization，EM）。

（3）关联规则。关联规则挖掘是数据挖掘中最活跃的研究方法之一，它可以用来发现事物之间的关系。关联规则学习是通过发现规则来发现数据变量之间的关系，在大量的多元数据集中找到最有用的关联规则。常见算法包括 Apriori 算法和 Eclat 算法等。

（三）文本挖掘技术及应用

文本挖掘主要是针对自然语言文件，从文件中提取满足特定需求信息，便于计算机分析处理，进而获取需求信息的过程。文本挖掘是图像、语言、自然语言理解和知识挖掘的重要组成部分。

文本挖掘，又称为自然语言处理（NLP），是信息挖掘技术的一个子类。文本挖掘有许多分析算法，比较常用有神经网络学习、基于已有模式的逻辑推理、概率推理、非结构化的文本源分析、文字之间关联关系分析、文本分类等，目的是让计算机从自然语言中获取有用的知识和信息，进而应用于商业领域，可帮助企业进行决策制定、执行跟踪等方面，提升企业效益。

从目前文本挖掘技术的研究和应用状况来看，从语义的角度来实现文本挖掘的还很少，目前研究和应用最多的几种文本挖掘技术有：文档聚类、文档分类、摘要抽取和情感分析。

（四）社交网络分析技术及应用

社会网络是由社会成员组成的网络系统。个体也被称为一个节点，它可以是一个实体或一个具有不同含义的虚拟实体，如组织、个人、网络 ID 等。个体之间的关系可以是亲戚朋友、行动行为、发送和接收消息等。社交网络分析（社会网络分析）是指在信息科学、数学、社会学、管理心理学和其他学科的融合理论与方法的基础上形成的人的社会关系的行为特点的理解和信息的传播规律分析的计算分析方法。

数据挖掘经典案例

美国明尼苏达州的一家塔吉特超市被客户投诉，一位中年男子主控塔吉特将婴儿产品优惠券寄给他的女儿——一个高中生。但没多久他却来电道歉，因为女儿经她逼问后承认自己怀孕了。塔吉特就是靠着收集分析用户所有的购物数据，然后通过数据挖掘技术分析了解事情真实状况。塔吉特的顾客数据分析部门发现，怀孕的女性一般在怀孕第三个月的时候购买很多无香乳液，几个月后她们会购买美、钙、锌等营养补充剂。根据数据分析部门提供的模型，塔吉特制定了全新的广告营销方案，在孕期的每个阶段给客户寄送相应的优惠券。结果，孕期用品的销量呈现爆炸式增长。

六、调研问卷

调研人员在收集资料时可以选择两种主要的调研工具：调查问卷、测量设备。以下将主要介绍在调研中应用最广泛的调查工具——调查问卷。

调查问卷由被调查者需要回答的一组问题所构成。由于调查问卷的灵活性，它成为至今为止收集一手资料最通用的工具。在大规模地使用调查问卷进行调查之前，调研人员需要认真仔细设计问卷，并对问卷中的问题进行测试和调整，然后再使用。问卷中的问题的格式、词序和问题的顺序都能影响问卷的填答效果。封闭式问题给出了所有可能的答案，提供的答案易于理解。开放式问题允许被调查人用自己的话来回答问题，通过这种形式经常能获得人们更多的想法。开放式问题在探索性调研中特别有用，在这个阶段研究人员期望更深入了解人们的想法，而不是测量多少人有相同的想法。表 5-7 提供了这两种问题的表达形式，另外问卷的具体设置过程会在后续的市场调研课程中详细讲解。

表 5-7 两种问题的表达形式

名称	描述	例子
A.封闭式问题		
判断题	只有两种答案的问题。	安排此次旅行时，是您亲自打电话给美国航空的吗？ 是　否
多项选择	有三个或三个以上答案的问题	这次飞行，您与谁同行？ A.没有　B.小孩　C.配偶　D.朋友或亲戚 E.配偶和孩子　F.旅行团
李克特量表	请受访者对于一个描述表示其同意与不同意的程度	小型航空公司的服务通常比大型公司好。 A.非常同意　B.发现不同意　C.没意见　D.不同意 E.非常不同意

续表

名称	描述	例子
语义差异量表	在两个极端语义间赋予尺度。请受访者根据自己的看法选择最合适的位置	美国航空是 大型公司 ———— 小型公司 有经验的 ———— 没有经验的 现代的 ———— 老式的
评分量表	对某项属性从"差"到"极好"给予评分	美国航空的餐饮服务 A.极好 B.很好 C.好 D.普通 E.差
购买意向图量表	描述受访者购买意愿的量表	如果在长途飞行中提供空中电话服务，我将 A.一定购买 B.可能购买 C.不确定 D.可能不购买 E.不回购买
B.开放式问题		
完全无结构	受访者的问答方式几乎完全不受限制	您对美国航空有何看法？ ____________________
词语联想	每次向受访者提供几个词汇，请受访者给出看待这些后最先联想到的词	当您听到下列事物时，您最先联想到的词是 飞机__________ 美国__________ 旅行__________
完成/图画句子	请受访者将一个未完成的句子/图画填完整	当我选择航空公司时，我最先考虑的是__________
故事补充	请受访者将一个未完成的故事补充完整	"前几天我乘坐美国航空公司的班级，我注意到飞机里外均是亮色，这使我感到……"现在请将故事补充完整

本章小结

市场营销信息系统是由人员、设备和计算机程序所构成的持续的彼此关联的综合系统。它连续有序地收集、分类、分析、评价和分配适当、及时和准确的市场营销信息，并将实现这些处理过程的手段和方法结合起来，以供营销决策者运用。它由内部报告系统、市场营销情报系统、市场调研系统和市场营销分析系统四个子系统构成。

建立市场营销信息系统的要求有：企业管理人员的大力支持、有一定的硬件和软件条件、外部条件的允许。

市场营销信息系统的功能：信息处理功能、预测功能、计划功能、控制功能、辅助决策和决策优化功能。

大数据(big data)，是指无法在一定时间范围内用常规软件工具进行捕捉、管理和处理的数据集合，是需要新处理模式才能具有更强决策力、洞察力和流程优化能力来适应海量高增长率和多样化的信息资产。

大数据大致分为三种类型:(1)传统企业数据;(2)机器和传感器数据;(3)社交数据。

大数据的特点被概括为5V(IBM提出):volume(大量)、velocity(高速)、variety(多样)、value(低价值密度)、veracity(真实性)。

大数据营销在互联网时代发挥着越来越重要的作用,正确有效地运用大数据可以使企业获得以下竞争优势:(1)有助于分析用户行为与特征,使产品及营销活动投用户所好;(2)有利于品牌危机监测及管理支持;(3)有助于提升用户体验和客户分级管理支持。

大数据营销的特点:(1)关联性;(2)时效性;(3)个性化;(4)性价比高;(5)非单一化的数据采集。

市场调研是运用科学的方法,通过多种渠道,有目的、有计划,系统客观地收集、整理、分析与评估有关市场营销活动的现状,为营销管理人员提供数据依据。简明的定义是指对营销决策相关数据进行计划、收集、分析和报告信息。

市场调研有三个作用:描述功能、诊断功能和预测功能。

市场调研的一般流程是:确定问题和研究目标、设计调研方案、选择调研方法、选择抽样方法、搜集信息、分析信息、提出结论。市场调研的这五个步骤又可以分为三个阶段:准备阶段(包括确定问题和研究目标),设计阶段(包括设计调研方案、选择调研方法、选择抽样方法三个步骤),实施阶段(包括收集信息、分析信息、提出结论三个步骤)。

常见的市场调查方法有访问法、观察法、实验法、网络调查法和基于大数据技术的市场调研方法。

重要名词

市场营销信息系统　大数据　营销市场调研　简单随机抽样　等距随机抽样　分层随机抽样　分群随机抽样　非概率抽样　任意抽样　雪球抽样　判断抽样　配额抽样　一手数据　二手数据　探索性调研　因果性调研　描述性调研　访问法　观察法　实验法　网络调查法　焦点小组访谈法　网络爬虫　聚类分析　文本数据挖掘

案例评析

这届年轻人,"玩"出了超30万亿的夜间经济

告别白日快节奏的城市生活,人们可以在夜晚尽情释放压力,而90后、00后正在成为这场"夜生活"的主角。经历了一天密集的课程,大学生在学校附近的清吧、网咖玩得火热;大厂女员工下班后带着精致的妆容,在LiveHouse尽情大喊、释放白日积攒的压力……类似的场景,正在成为部分年轻人的日常。

据商务部《城市居民消费习惯调查报告》显示,中国60%的消费发生在夜间,大型购物中心每天18时至22时的消费额占比超过全天的二分之一,而90后、00后更是其中的消费主力。"夜间经济"已经不是一个新鲜的话题,艾媒咨询数据显示,2020年中国夜间

经济发展规模超过30万亿元，在2021年预计会增长至36万亿元。如此蓬勃发展的消费趋势，很大一部分得益于国家和地方的政策驱动。2019年国务院办公厅印发的《关于加快发展流通促进商业消费的意见》中指出，应活跃夜间商业和假日消费市场，此后各地加码发展夜间经济。

以90后、00后为代表的年轻消费群体的崛起，又给夜间经济添了一把火，他们在生活休闲、社交等方面的广泛需求，催生了更多夜间经济新业态的兴起与火热。自由多元化的社交第三空间正备受年轻人的喜爱，剧本杀、密室逃脱和小酒馆行业的火爆，恰恰是当下夜间经济快速发展的一个缩影。以小酒馆为例，有"夜场星巴克"称号的海伦司（Helen′s），通过打造高性价比的社交第三空间，精准把握年轻人的消费需求，在9月10日正式登陆港股，成为国内小酒馆第一股。这一极具潜力的市场，也受到更多玩家和巨头的关注。今年以来，火锅品牌海底捞、面馆品牌和府捞面等相继入局；新式茶饮品牌奈雪的茶的酒馆品牌也在持续扩店中；一周前，一家名为"太空精酿"的精酿啤酒品牌宣布获得500万元的天使轮融资，并将开放精酿小酒馆加盟。随着90后、00后逐渐成为消费主力，夜间经济正在发生一场剧变。

这届年轻人晚上都在嗨什么？

许多旧的夜间经济业态正在逐渐被年轻人抛弃。20年前，KTV被正式引入中国大陆，这一新兴娱乐场所的崛起，犹如在平静的海面上掀起波浪，反响热烈。在很长一段时间内，KTV成为年轻人夜间聚会的首选。但根据前瞻产业研究院相关，2016年——2019年国内KTV业态场所数量呈现逐步下滑的趋势。

不再受欢迎的KTV，只是旧业态被抛弃的缩影。如今，年轻人的"夜生活"有了更多的选择。近几年，小酒馆、密室逃脱、剧本杀、LiveHouse、深夜食堂、深夜书店等新业态犹如雨后春笋般破土而出。2021年4月，美团研究院发布的《2021年我国居民服务消费的若干新趋势》中提出，"情绪消费"是如今都市消费的新刚需。在如今的泛娱乐时代，消费者的需求更加偏向精神层面，体验式消费和情绪类消费受到人们的拥趸。沉浸式体验类消费的典型代表，便是剧本杀和密室逃脱。自芒果TV电视台于2016年接连打造《明星大侦探》《密室大逃脱》两款热门综艺，节目效应引起了年轻人群体对该类游戏的好奇和尝试，促进了线下剧本杀、密室逃脱行业的发展。经连线Insight整理大众点评平台上的门店信息，一部分剧本杀和密室逃脱线下店的营业时间是从早上10点到晚上10点，另一部分则持续到半夜2—3点，或是24小时营业。剧本杀和密室逃脱的夜场的销量普遍比白天高，热度高的店甚至需要提前一周预定。

由于恐怖主题颇受玩家欢迎，店家为了追求沉浸式，也愿意将其设定成"凌晨场"，吸引更多消费者到店体验，甚至部分年轻人凌晨1点开始一轮密室逃脱，出来又转场另一家密室从五点玩到早上九点。LiveHouse也是近些年年轻人热爱的夜间娱乐方式。LiveHouse是指围绕摇滚、独立音乐等音乐文化的小型演唱会，晚上7、8点开始营业，通常观众容纳度仅有200人或1000人左右，拥有专业的演出场地、高质量的音乐器材和音响效果。从北上广深等一线城市，到杭州、成都、长沙等，Mao LiveHouse、VOX LiveHouse、Modernsky Lab等品牌近些年的扩张速度很快，部分城市甚至出现"一票难求"的现象。

除了娱乐，餐饮也是夜间经济不可忽略的部分。一个年轻人的夜间生活，可以从晚上

6 点的烤肉开始，然后转场密室逃脱或 LiveHouse 等，凌晨两点再去酒馆喝酒。这也导致餐饮行业在过去几年更重视夜间生意。从“餐饮＋驻唱”的音乐餐吧，到主打低度酒的小酒馆，再到经营到深夜的美食街，定位于“深夜食堂”的日式居酒屋等，都能观察出行业的变化。在每一个平凡的夜晚，大批年轻人涌入夜间消费市场，或释放情绪，或享受社交氛围，而这背后，资本、巨头的争夺战也在持续进行。

资本争夺小酒馆生意

酒馆，作为最具代表性的夜间生意，正在受到越来越多的资本、巨头的关注。事实上，酒水生意在中国拥有悠久的历史沉淀。国内传统酒吧一般拥有 DJ、强劲节拍音乐和舞池几种要素，DJ 通过音乐来与蹦迪的消费者沟通，环境聒噪，酒吧配备的酒水价位也不低。在某点评平台上，上海酒吧的人均消费少则数百元多则数千元。如此高昂的消费水平让年轻人望而却步。但与此同时，年轻人的酒饮消费还在持续增长。根据 CBNData 发布的《2020 年轻人群酒水消费洞察报告》的数据显示，90 后尤其是 95 后的酒水消费人数和占比增速明显，这届年轻人正在成为酒水消费的主力军。

以年轻人为目标群众的小酒馆应运而生，并逐渐成为风口。今年以来，国内第一连锁酒馆品牌海伦司赴港上市，海伦司在全国的数百家门店大多聚集在大学城附近，年轻人对小酌微醺和社交氛围的追求，撑起了海伦司的 IPO。海伦司的扩张速度很快。根据餐饮数据查询平台窄门餐眼数据，截至 2021 年 9 月 6 日，海伦司的门店数为 553 家，即将开业的门店数量达到 173 家。根据招股书，海伦司的扩张还在增长期，酒馆总数预计在 2023 年年底达到约 2200 家。

除了海伦司这种主打“酒水＋小食＋音乐”的连锁小酒馆，还有不少餐饮品牌，开始在餐饮店中加入音乐、酒水等元素。比如胡桃里音乐餐吧，大部分消费者都会选择夜间到店，其主打正餐，但消费者在吃一顿晚饭的同时，可以享受店内的驻唱表演，与朋友小酌几杯。贰麻酒馆则更像是正餐与酒饮两种属性的结合，售卖辣卤、钵钵鸡等特色小吃的同时，主推的产品还是米酒、花酒、果酒等。小酒馆的生意有利可图。根据海伦司招股书，其净利润在 2018 年到 2020 年分别为 948.3 万元、7913.6 万元和 7007.2 万元；销售毛利率在 2018—2020 年分别表现为 72.35％、65.32％和 66.82％。海伦司的营收和造血能力都十分可观。与此同时，国内的酒馆行业依然处于高度分散的状态，头部效应并不十分明显，这也意味着玩家还有较大的探索空间。据统计，截至 2020 年年末，中国约有 3.5 万家酒馆，其中独立酒馆的占比超过 95％。从 2020 年的收入维度看，排名中国酒馆行业前五的酒馆总计市场份额占约 2.2％，而市占额排名第一的海伦司酒馆仅占有 1.1％。酒馆生意还大有可为，这也引得餐饮巨头纷纷入场。

新式茶饮品牌奈雪的茶、咖啡巨头星巴克、火锅品牌海底捞等相继推出酒馆品牌，在全国扩张。2019 年，奈雪的茶涉足酒馆生意，创立鸡尾酒品牌“BlaBlaBar”，抢占年轻女性消费者，具体分析可见连线 Insight 的文章《海伦司和奈雪，必有一战》。更早之前，擅长经营第三空间的星巴克，也在上海外滩等地开出专门的酒坊“星巴克甄选咖啡 · 酒坊 Bar Mixato”，其门店配有专门的调酒师。这种趋势也延续到了今年。8 月，海底捞新业态“Hi 捞”在北京三里屯开业，营业时间段为下午 5 点至凌晨 1 点；4 月，和府捞面成立了全新子品牌“小面小酒”，丰富了自身的餐饮品类。好奇心重、热爱打卡的年轻人，也逐渐挤满了这些新兴的小酒馆，并用脚投票。如今，涌入小酒馆赛道的玩家还在增多，它们最终能否创造自身品牌的增长曲线还未可知，但行业竞争逐渐激烈的同时，酒馆行业也会得到进一步的发展。

中国夜经济，各个城市扮演了什么角色？

来自年轻人的多样化需求，推动了玩家的入局，并捧起了一个又一个风口，而这其中，各个城市又扮演着怎样的角色？英国是全世界最早将夜间经济纳入城市发展战略中的城市，为了打造“24 小时城市”，英国在城市布局、交通、治安等方面付出了诸多努力，如今英国伦敦也是全球最著名的“24 小时城市”之一。国内夜间经济的兴起，始于 20 世纪 90 年代。据《南方人物周刊》报道，在政策文件的颁布上，早在 2004 年，青岛市就出台了加快发展市区夜间经济的实施意见，之后又有杭州、南京、西安等城市加入其中。近两年，夜间经济市场规模持续增长。一方面，各个城市将夜间经济作为城市经济的重要组成部分、城市开放度和繁荣程度的展现窗口，对其有了足够的重视。另一方面，也是因为乘着政策的东风。疫情期间，为了刺激消费，各地政府对夜间经济的扶持力度加大。据中国旅游研究院发布的《2020 中国夜间经济发展报告》，截至 2020 年 10 月 1 日，中国各地出台夜间经济高度相关政策共计 197 项，其中以夜间经济命名的政策文件 82 项，近七成省份均出台相关政策。今年以来，北京推出“北京消费季・夜京城”系列活动，全市多商圈联动，鼓励商家延时经营，并通过 70 余场夜京城主题活动，打造夜间多元消费新场景；上海则以“打造 24 小时城市”为口号，围绕夜购、夜食、夜游、夜娱、夜秀、夜读、夜动等 7 大主题，在全市推出了 200 余项特色活动。夜间经济也在假期消费中占据了重要地位。如今，国庆长假作为旅游的黄金时期，各大城市的旅游经济也将是重头戏，而夜间经济成为促进旅游收入的重要部分。

北京市商务局 2021 年发布的《北京市商圈活力研究报告》显示，2020 年国庆期间，三里屯、王府井商圈的夜间商品消费金额，同比分别增长 21.2%和 16.2%，商圈消费活跃度明显提高。针对今年国庆旅游经济，各城市也在不断推出夜间活动，具有代表性的包括微演艺、夜游、文创集市、美食街等，以吸引消费者打卡。比如江西南昌的万寿宫文化街区，主打夜间的吃喝玩乐，从今年年初开始试营业，国庆节正式营业。围绕热门商业街区打造“夜经济”，已经成为各地的标配，与其类似的还有河南洛阳的西工小街、湖北武汉的吉庆街等，部分街区的品牌门店甚至是 24 小时营业。今年国庆期间，夜间消费在全天消费中的比重再次提升。比如浙江宁波，根据宁波市商务局统计，10 月 1 日至 10 月 2 日 24 时，全市重点监测的 10 家商场每天 18 时至 22 时的夜间营业额突破 8000 万元，占全天营业额的 47.5%，相比于 2020 年的 45.2%又提升了 2.3 个百分点。从城市角度，夜间经济的活跃度，也离不开一个城市配套措施的便利程度。这需要城市在管理上加大投入，比如上海在国庆期间加强了外滩/陆家嘴等地区的临时交通管制，并开放了高速公路小客车的免费通行，为出行旅客的安全保驾护航。交通的便捷、治安的保障、街市的多样繁荣，都是促进当地夜间经济发展的重要因素。从争夺夜间经济的新兴品牌崛起，到资本、巨头的入局，再到各大城市重视夜间经济，作为夜间消费主力军的年轻人，也将推动着新兴潮流向前涌去。

资料来源：朵朵.这届年轻人，“玩”出了超 30 万亿的夜间经济[OL].连线 Insight，2021-10-08.

问题：

1.从文章所分析的营销信息可以得出我国夜间经济比较发达的有哪些区域？

2.夜间经济比较发达的区域有什么特点？对于夜间经济还不够发达的区域有什么可以借鉴的地方？

3.从夜间经济的消费主体出发，其相关产业的营销有什么特点？

实训专题

现某网剧制作团队欲向学生群体推出自制网剧，可选题材有古装宫斗剧、青春校园剧、神话玄幻剧、穿越剧等。请您设计对学生群体进行影视题材调查的方案。

思政专题

“调查研究是我们党的传家宝，是做好各项工作的基本功”，“求真务实是党的思想路线的核心内容”，请从营销调研的角度谈谈如何理解这两句话的指导意义，以及如何求真务实地做好营销调研。

第六章 目标市场营销战略

学习目标

1.理解掌握市场细分的含义、前提和作用,掌握市场细分的程序;
2.熟悉消费者、生产者市场细分的标准,掌握有效市场细分的要求;
3.掌握细分市场评价的内容;
4.理解和掌握目标市场选择的四个策略,并能够分析各种策略的优缺点;
5.理解和掌握差异化和市场定位的含义;
6.掌握市场定位的步骤;
7.掌握互联网环境因素对市场细分、市场选择和市场定位的影响。

引导案例

DR 钻戒,"一生只送一人"的暴利生意

有人说,钻石是"20 世纪最成功的骗局"。这个说法的源头,是一句广告语——"A Diamond is Forever",中文翻译版也很经典——"钻石恒久远,一颗永留传"。这句话通过钻石垄断商戴比尔斯(De Beers)的广泛宣传,改变了一切。这句广告语的基本含义是,钻石不仅化学性质稳定,又极具浪漫的想象空间和象征意义。

随着时间的推移,钻石被赋予的寓意——永恒的爱与承诺,成为爱情的象征,慢慢也影响了大众文化,并且跨越了地域,连接起了全世界的消费者。钻石有价,爱情无价。即使戴比尔斯不断抬高钻石的价格,还是有很多人愿意花"大价钱"为爱情"付费"。

于是,一块石头,摇身一变,不光身价翻了无数倍,还成了人们追捧的宝贝。A Diamond is Forever,被评为 20 世纪最伟大的广告语。不过,与成功的营销相呼应的是,也有很多人认为,钻石是"20 世纪最精彩的营销骗局"。

有意思的是,几十年后,一个卖钻戒的公司,将"旧奇迹"玩出了"新高度"。这家公司就是迪阿股份——主要产品为 DR 钻戒。宣称要成为"全球真爱文化引领者"的迪阿股份,即将登陆创业板,但其销售模式——"男士一生仅能定制一枚"DR 钻戒,且须登记身份证,绑定赠予人与受赠人姓名——却存在争议。事实上,这一套营销背后,隐藏着迪阿股份的暴利生意经。

以"真爱"的名义营销

都说飞天茅台难买到，既要实名身份信息，还要预约抢购。若论购买门槛的高度，DR钻戒可与茅台"媲美"。走进DR的门店，最显眼的就是其品牌Logo与"男士一生仅能定制一枚"DR求婚钻戒的品牌理念。工作人员称："DR是全球首家用男士身份证来定制的钻石饰品品牌，寓意是先生对女士一生一世的承诺，用一生只爱一人。"

DR聚焦于婚恋市场，销售的产品分为求婚钻戒、结婚对戒、其他饰品（包括套链、耳钉、手链等）。DR的购买须知中有五条：购买者须满18岁；持本人有效身份证；购买钻石送给另一半，而非自己、朋友、亲人；您已考虑清楚受赠人是您的一生唯一真爱，将与她共度余生；将来无论任何原因，都不能再送第二人，且不能删除购买记录。也就是说，顾客购买DR求婚钻戒时，需要男士绑定有效身份信息并进行验证，同时，顾客需要签署"真爱协议"并绑定受赠人的姓名，不支持重复购买。"真爱协议"上写着"一生只爱你一人""一生仅可赠予一人"等句子，需要承诺人和受诺人签字，还有真爱编码与签署日期。以此为证，承诺此生真爱不变。

起初，顾客买了求婚钻戒，才有资格买对戒及其他饰品。2019年下半年，DR放开了结婚对戒中女戒的首次购买限制。此后，顾客可以在不购买钻戒的情况下直接购买女戒或对戒，但同样需要男士绑定身份证信息，也会生成"真爱协议"。如果想购买包括男戒、套链、耳钉、手链等在内的其他饰品，你需要先订购求婚钻戒或女戒。而且，不管你购买什么产品，受赠人必须是同一个人。总之，环环相扣，要么你别买DR的产品，要么就是要将你与你的另一半牢牢绑定在一起。要是分手或者离婚了，对不起，你没有第二个购买资格。

DR这一套营销策略，有点类似上校博弈。上校博弈跟我们古代的田忌赛马故事差不多，通过对产品和对应的市场需求进行合理的排兵布阵，争取最大的收益。这种营销策略的底层判断是，在饰品市场，男性的消费是由女性需求带动的，这部分能抬高的价值更大。因此，看似DR的销售规则在减少自己的用户量，实际上，就现阶段来看，这个销售规则反而成了一个卖点。

迪阿股份的前身是成立于2010年的深圳市茵赛特企业管理咨询有限公司，其正是做市场营销策划的，因"经营状况未达预期"才进入了珠宝钻石行业。迪阿股份的实际控制人为张国涛、卢依雯夫妇，前者生于1985年，为公司董事长、总经理，后者生于1987年，为公司董事、副总经理，原籍都是河南，现住在深圳。发行前，此二人共持有迪阿股份98.245%的股份。

营销背后的暴利生意

DR"一生只送一人"的营销策略，虽然会让部分人产生"不适感"，但不得不说，在茫茫钻石饰品市场上获得了高辨识度，而市场上总有吃这一套的。这从业绩的增长就能看出来。2020年，迪阿股份的营业收入已经达到了24.64亿元，归母净利润为5.63亿元。2021年上半年，业绩出现暴增，营收达到了23.2亿元，快追上去年全年的水平了，而归母净利润已经超过了去年全年，为7.29亿元。不过，往回看，2019年，迪阿股份的净利润出现了负增长，主要是因为钻戒卖得不好。2019年下半年，DR放开了结婚对戒中女戒的首次购买限制，但也没能推动业绩的良好增长，反而可能进一步导致求婚钻戒销售的放缓。

2019 年，迪阿股份求婚钻戒的销量为 11.91 万件，低于上一年的 12.05 万件。但是，此后，通过市场推广与门店扩张，又开始了快速增长。

不管怎么样，在 DR 的购买规则之下，钻戒始终是公司的当家产品。从 2018 年至 2021 年上半年，求婚钻戒的营收占比从 85.41%降至 78.91%，仍为公司核心产品；结婚对戒从 12.81%上升到了 19.42%，是仅次于钻戒的产品；其他饰品营收占比一直不足 2%，贡献微小。

那么，在精心营销策划之下，以钻戒业务为核心驱动的迪阿股份，生意到底怎么样？答案是，很赚钱，甚至可以说，这是一门暴利生意。从毛利率来看，迪阿股份的毛利率高达 70%，远高于可比企业的平均水平 40%左右，如 DR 的“劲敌”I DO（公司叫恒信玺利），毛利率不过 45%，而周大生的毛利率也仅 40%上下。

相比对戒与其他饰品，经营钻戒更是一门好生意。钻戒通常镶嵌钻重较高的主钻，而对戒仅搭配钻重较低的碎钻进行装饰。通过迪阿股份的招股说明书可以发现，钻戒的单价远高于对戒，毛利率也高于对戒。以 2020 年为例，迪阿股份求婚钻戒的平均单价为 1.09万元/件，对戒仅为 0.45 万元/件；毛利率方面，钻戒为 70.79%，对戒为 67.08%，其他饰品为 53.05%。

DR 想方设法让顾客先购买钻戒，这或许就是其中的小心思。迪阿股份的毛利率高出同行平均水平，跟其产品的成本与定价销售策略直接相关。你可能想象不到，价格不菲的 DR，成本占比最大的并不是钻石，而是委托加工成本。2021 年上半年，迪阿股份的钻石成本占比 40.28%，而委托加工成本为 56.72%，还有 3%的其他成本。分产品来看，求婚钻戒中，钻石的成本占比较高，但也为 51.55%，比 45.32%的委托加工成本占比没有高出多少；结婚对戒中，钻石的成本占比仅为 2.96%，委托加工成本占比高达 94.30%。

那么，成本到底是多少？同样是 2021 年上半年，DR 求婚钻戒的单位成本为 2275.44 元/件，结婚对戒的单位成本更低，为 1499.41 元/件。从售价来看，DR 高于竞品。以 0.5 克拉的某款产品为例，DR 的价格区间为 2.54 万元至 3.29 万元，而竞品的售价区间为1.81 万元至 2.78 万元。

迪阿股份的收入来源主要是线下自营门店，同行大多有加盟模式。DR 产品实行线上线下统一定价，且基本没有打折促销活动。为什么不搞促销折扣活动？DR 的销售人员王晴告诉市界，这象征着爱情不打折扣，“真爱不打折，承诺更不能打折”。各种所谓的品牌内涵，最终带来了丰厚的产品溢价。

你在为什么埋单？

说到底，迪阿股份是一家珠宝首饰的品牌运营商，经营模式较为简单：外包生产＋定制销售。迪阿股份并不从事生产加工环节，而是根据消费者的需求，委托外部珠宝首饰生产商进行生产加工，主要通过自营店销售。截至 2021 年 6 月 30 日，迪阿股份共拥有自营门店 375 家，主要分布于大中型城市的核心商圈。I DO、千叶、周大生、周六福、莱绅通灵、曼卡龙等品牌商家的门店，都以现货销售为主，DR 则不同，其店里不销售现货，走的是定制路线。

二者的区别在于，定制化产品由顾客根据样品等提出定制需求，然后，DR 安排外包的加工商进行生产；现货销售则是珠宝零售商根据市场需求和自身判断，先组织生产并进行铺货,而后由顾客在店铺陈列的产品中选购。

在消费体验上,也有很大差别。以 IDO 为例,顾客可以在门店试戴真品钻戒,如果遇到了合适的,可以直接付款带走。但是,在 DR 门店,试戴的样品并不是钻石真品,而是锆石等替代品,看不到成品的真实面貌,如果想要购买须定制,等待时间为 15～20 个工作日。迪阿股份的总部在深圳,珠宝加工产业链较为发达,尤其是深圳罗湖水贝地区,而且,生产环节在珠宝产业链中的附加值相对较低(国信证券:毛利率约 10%)。因此,迪阿股份的产品全部委托给珠宝首饰生产厂商加工生产。

迪阿股份的 8 家主要委外加工商,全部位于广东,有 6 家就在深圳。其向前五大委外加工商采购金额合计占比超过了 73%。"定制＋委外加工"的模式,虽然消费体验上差了些,但是对于迪阿股份来说,却能够更好地控制自身的存货水平、维持较低的开店成本和良好的现金流,实现了轻资产的运营模式。

DR 的重头,实际上是营销宣传。借助"一生只送一人"的品牌营销,赋予钻石更多的内涵,是 DR 抓住消费者的重要手段。DR 在通过各种宣传,不遗余力地打响品牌。迪阿股份的品牌推广聚焦在内容平台上,尤其是在抖音、快手等短视频平台。迪阿股份在招股书中称,DR 品牌在微博、微信、抖音、快手等平台粉丝已超 2000 万。而 24～34 岁年龄段,是 DR 的核心消费群体。

钻石本身是不分品牌、不问出处的,营销和故事使其拥有了不菲的身价。DR 又假借人们对爱情的美好希冀,通过新的营销手段将其进一步"升华",最终经营成了一门"暴利"生意。很多人明知道这是营销套路,可是,陷入爱情的人,似乎又难以避免落入这个俗套。

资料来源(有删减):雷彦鹏.DR 钻戒,"一生只送一人"的暴利生意[OL].微信公众号:市界,2021-11.

引导问题:DR 钻戒能够取得目前成就的原因是什么?

任何一个企业都会面对数以千计万计甚至更多的消费者,顾客人数多,分布广,需求差异大,因此,任何一个企业都无法满足整个市场的全部需求。企业要进行市场细分,选择合适的目标市场,并进行有效的市场定位,才能在市场竞争中确立起自己的竞争优势。

目标市场营销战略是指企业根据顾客消费需求的差异性,把整个市场划分为若干个分市场,然后结合自身的资源与优势,选择其中一个或几个分市场作为目标市场并制定相应的市场营销组合战略。

目标市场营销战略由细分市场、选择目标市场和市场定位三个部分组成,简称 STP 营销(见如图 6-1)。营销大师菲利普·科特勒曾说:"现代战略营销的中心,可定义为 STP 市场营销——就是市场细分(segmentation),目标市场(targeting)和市场定位(positioning)。"

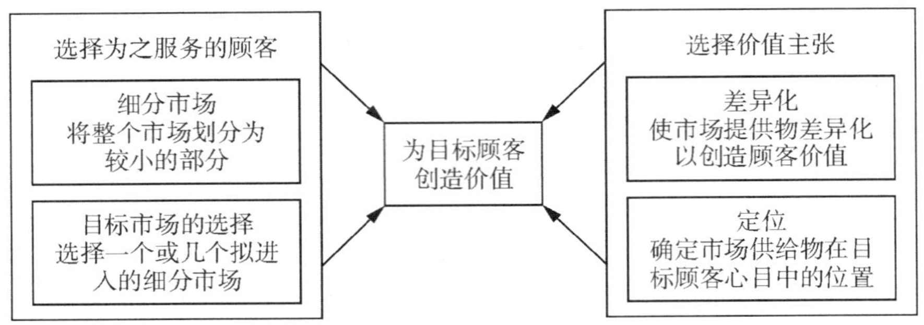

图 6-1 目标市场营销战略

第一节 市场细分理论

市场细分是美国市场营销学家温德尔·R.史密斯(Wend-ell·R.Smith)于1956年在美国的《市场营销杂志》发表的文章中首先提出的。这一理论的提出,使传统的营销理念发生深刻变化,被誉为一场"市场营销革命"。

一、市场细分的含义与前提

(一)市场细分的含义

所谓市场细分是指根据消费者的不同需求、特征和行为,将一个市场分为几个有明显区别的消费群体的过程。每一个消费群体就是一个细分市场,也叫"子市场"或"亚市场";每一个细分市场都是由需求倾向相似的消费者群体构成的。不同细分市场的消费者对同一产品的需求与欲望存在着明显的差别,而属于同一细分市场的消费者,他们的需求与欲望则极为相似。

(二)市场细分的前提

消费者对商品需求的差异性,是市场细分的前提。就是说,消费者对绝大部分产品的需求是多元化的,是具有不同的要求的。只有少数商品的市场,消费者对产品的需求大致相同,如消费者对食盐、自来水等需求差异极小,这类市场称为同质市场。大多数商品的市场是消费者对其产品的要求不尽相同的市场,即异质市场,这是消费者对商品需求的千差万别所决定的。千差万别的需求就要求有多种多样的产品给予满足。而且随着科学技术和社会经济的发展,市场的供给越充足,人们的生活水平越高,需求的差异性就越大,市场细分的必要性也就越大。

二、市场细分的作用与程序

(一)市场细分的作用

(1)有利于企业发现最好的市场机会。通过细分划分出不同的细分市场,对各细分市场进行需求满足度评估,从中识别那些需求尚未得到满足或低满足度的子市场,这便是最好的市场机会,作为市场机会的实质就是未满足或未完全满足的市场需求。如脑白金就是通过市场细分发现了当时保健品需求尚未被满足、但规模发展潜力大的老年人保健品市场。

(2)有利于掌握目标市场的特征。企业营销策略的选择,营销方法和手段的运用,都要依据目标市场的特征来决定。而目标市场的特殊性只有通过市场细分,才能充分暴露和被企业发现。

(3)有利于提高企业的竞争能力。无论企业大小都有优势和劣势。成功经营的关键是扬长避短,即充分发挥优势、有效避开劣势。市场细分为企业提供了这一可能。在市场细分的基础上,企业可根据自己的条件,选择最合适的目标市场,就能做到扬长避短,在竞争中赢得优势。

(4)有利于提高企业经济效益。在市场细分的基础上,企业可以把有限的资源集中使用于一个或几个细分市场上,开展有针对性的营销,达到事半功倍之效。这一点对中小企业尤为重要。中小企业实力薄弱,无法与大企业进行全方位竞争,但可以通过集中全部资源服务于一个较小的目标市场,把整体劣势变成局部优势,充分发挥资源的潜力,提高资源的使用效率。

(二)市场细分程序

美国市场营销学家麦卡锡(E.J.McCarthy)提出市场细分的一整套程序,这一程序包括七个步骤:

(1)选定产品市场范围,即确定进入什么行业,生产什么产品。产品市场范围应以消费者的需求而不是产品本身特性来确定。

(2)列举潜在消费者的基本需求。

(3)了解不同潜在消费者的不同需求。对于列举出来的基本需求,不同消费者强调的侧重点可能会存在差异。

(4)抽掉潜在消费者的共同需求,以特殊需求作为细分标准。

(5)根据潜在消费者基本需求上的差异性,将其划分为不同的群体或细分市场,并赋予每一个细分市场一定的名称。

(6)进一步分析每一细分市场需求与购买行为特征,并分析形成差异的原因,以便在此基础上决定是否可以对这些细分市场进行合并,或做进一步细分。

(7)估计每一细分市场的规模,即在市场调研的基础上,估计每一细分市场的消费者数量、购买频率、平均每次的购买数量等,并对细分市场上产品竞争状况及发展趋势做出分析。

反市场细分策略

实行市场细分是必要的，但不是分的越细越好。科学合理的市场细分不是以细分为目的，而是以发掘市场机会为目的。西方企业曾实行“超细分战略”，许多市场被过分地细分，导致产品价格不断增加，影响产销数量和利润，于是，“反细分战略”应运而生。反细分战略并不反对市场细分，而是“异中求同”地将许多过于狭小的市场组合起来，以便能以较低的成本和价格去满足这一市场的需求。反市场细分策略就是在满足大多数消费者共同需求的基础上，将过分狭小的市场合并起来，以便能以规模营销优势达到用较低的价格去满足较大市场的消费需求。

反市场细分的成因：市场细分过细，有可能带来增加生产成本和推销费用的问题；从规模经济角度，也不应对市场过细划分，因为细分化造成市场需求的多样性、产品的复杂性，差异性产品的增多，导致小批量、多品种生产，这不符合规模效益的要求；消费者或用户的价值观、态度的变化。

反市场细分策略的形式：通过缩小产品线来减少细分市场；将几个较小的细分市场集合起来，形成较大的细分市场。这是一个基于成本考虑的策略，当你的利基市场设置原子市场的成本太高或者别的原因时，就需要反市场细分，就是市场整合策略。

三、市场细分的变量

细分市场是目标市场选择的基础，因而，有效的目标市场营销必须要求市场细分有效，而市场细分的依据是细分变量，因而，细分变量选择至关重要。何为细分变量？既然细分变量是细分市场的基础，而细分市场就是划分出不同需求的顾客群体，那么，细分变量就是指影响需求差异的那些变量。

（一）消费者市场细分变量

作为企业的营销人员，要准确找到能够考察市场需求差异的变量。一般而言，对消费者市场细分标准有地理细分变量、人口细分变量、心理细分变量和行为细分变量四种，如表 6-1 所示。

表 6-1　消费者市场细分变量

第一层	第二层	第三层
消费者人文特征变量	地理变量	国家、地区、城市、农村、人口密度、气候条件、地形、交通运输等
	人口变量	年龄、性别、收入、职业、受教育水平、家庭规模、家庭生命周期阶段、宗教信仰、民族、国籍等
	心理变量	个性、生活方式、社会阶层、购买动机、购买习惯、价值观、审美观等
消费者行为特征变量	行为变量	追求的利益、使用者情况、使用频率、品牌忠诚度、消费者所处待购阶段等

1.地理细分变量

地理细分变量是将市场根据消费者所处的地理位置、自然环境等变量来细分消费者市场。这些具体变量有：国家、地区、城市、农村、人口密度、气候条件、地形、交通运输等。

用地理环境变量细分消费者市场是传统和最简单的方法。其理论依据是：处在不同地理位置的消费者，对于同一种产品会有不同的需求和偏好，对价格策略、分销渠道策略、促销策略等的反应也有所差异。

轮胎也有季节之分

轮胎是高科技产品，根据不同的应用需求，轮胎具有不同的特点。没有一种轮胎能做到适应所有的季节和路面。普通轮胎在低温下橡胶会变硬失去摩擦力，而冬季轮胎是在低于零下七摄氏度摩擦力最强，效果最好。而冰雪胎是指那种轮胎表面有小钉子、硬橡胶、小钢珠等额外硬物的轮胎。冰、雪、湿滑路面和低温意味着在冬季发生意外的可能性是夏季的 6 倍，有数据表明平均 55%的事故是在冬季发生的。

夏季胎：夏季胎实际就是国家标准中所说的普通轮胎，适合全年积温较高的地区使用（高海拔地区除外）。夏季轮胎表面花纹很浅、导水槽较深，能确保在夏天行驶的稳定性和良好的操控性。夏季胎具有较好的雨季导水性和经济燃油性，并且夏季轮胎的胎面花纹设计可以缩短干地和湿地上的刹车距离，制动效果比较出色。但夏季轮胎在低于 7°C 时候，摩擦力就会下降。

四季胎：常见于越野车和 SUV 车型，轮胎表面花纹较大较深，在常温下摩擦力较好，胎噪声音稍大。四季胎可以在非常广阔的气候条件下使用，一般是针对越野车，胎侧上标示的 A/T，A 是 all 的缩写，T 是 terrain 的缩写，加在一起就是全路况的意思。夏季胎一般没有这个标示。四季胎一般条件下可以全年使用，但在冬季冰雪、湿滑路面制动效果表现一般，但它是一种折中的办法，制动效果高于夏季胎，又无法逾越冬季胎。

冬季胎：是为在低温气候条件下使用而设计的。很多冬季胎上面有雪花标志，它拥有特殊的胎质和胎纹，胎面交叉 Z 形刀槽花纹技术，不仅提高了雪地/冰面刹车性能，还能缩短刹车距离而且带来理想的牵引力。冬季轮胎的胎面花纹在雪地和泥泞路面具有特殊的效果。在冰雪路面上，比起其他轮胎，冬季胎在刹车时的刹车距离明显较短，也没有出现打滑的现象。建议长时间在－7℃以下的地区最好更换冬季胎。

冰雪胎：也就是大家常误认的“雪地胎”。冰雪胎是针对北方冬天多雪路面的防滑方式，轮胎表面有暗藏的小“钉子”，可能是金属的，可能是硬橡胶，也可能是塑料或尼龙材质，近几年多半采用的是小钢珠（有危险已经禁止生产使用）。

资料来源（有删减）：零点.轮胎的气候分类[OL].进口车市，2019-08.

2.人口细分变量

人口细分变量是将市场按年龄、性别、收入、职业、受教育水平、家庭规模、家庭生命周期阶段、宗教信仰、民族、国籍等人口变量来细分消费者市场。由于人口变量比其他变量容易测量，所以人口变量一直是细分消费者市场的重要变量。

(1)年龄和家庭生命周期。消费者的需求和购买行为是随年龄的不同而变化的。同时家庭的不同生命周期阶段也导致消费者需求的差异。

小案例 6-2

新锐儿童零食品牌"蔬格乐"

"蔬格乐"成立于2021年,针对中国孩子挑食率高、蔬菜摄入不足的情况,蔬格乐以蔬菜为核心,开发好吃、好玩、营养的全系列产品线,把蔬菜做得像薯片一样好吃,成为"能上餐桌的零食"(三餐之外的"强补充")。现已推出蔬果干、奶酪球、谷物燕麦脆三种产品系列,其中蔬果干为主推特色产品。创始人Carol北大毕业,具备丰富的市场营销及产品开发经验,曾联合创立电商代运营公司,营收超过10亿元。

Carol认为,随着二胎家庭的增加以及科学喂养理念的普及,在营养功能、营销趣味上更加贴合儿童需求的新品牌迎来了崭露头角的机会。"关于吃零食这件事情,我不想把它搞得太复杂,剥夺小孩为数不多的特别单纯的快乐。"Carol告诉36氪,从孩子的真实口感偏好出发,"好吃"是团队进行产品开发的首要考虑因素,其次再在营养补充方面做科学的加减法。"我不想走极端,如果总想着保健品那套逻辑,小孩儿就不应该吃零食了。"

关于味道研发,"蔬格乐"力求用尽可能天然的食材调出孩子喜欢的好味道,比如将真正的香蕉冻干磨粉和奶粉进行搭配,让胡萝卜呈现出孩子爱吃的口味;把鸡肉冻干磨粉,让白玉菇散发鲜香味道却不齁不咸;又如海苔搭配豌豆,奶酪芝士磨粉搭配紫薯等等,依靠扎实的产品力积累口碑。

"孩子有很多生理上的特点值得研究,比如为什么孩子都喜欢奶制品,因为奶味是从母体当中带出来的,他天然就对这个味道有好感。"Carol强调,经典产品并非都是用爆款思路做出来的,它更尊重科学(即讲究对味觉的研究),更重视长期的钻研精神,这才是更具有生命力的产品。

自创立之日起,"蔬格乐"便致力于成为一个属于孩子的品牌。为此,除了做到产品"好吃"和"营养"之外,团队还打造出了具有冒险精神的"蔬菜特工队"IP,拉近与儿童之间的距离,同时引导他们爱上蔬菜,养成健康的饮食习惯。

此外,"蔬格乐"在很多细节上都在努力抓住孩子的心:比如包装袋顶上的兔耳朵,每个包装盒背面的小漫画,以及包装里的盲盒特工卡("神秘"的特工档案),这些都起到了增加与小朋友的互动链接,进而丰富品牌人格的作用。

"蔬格乐"携手国内人气侦探小说家联袂打造的原创儿童广播剧《蔬菜特工队》已于11月初上线喜马拉雅平台,希望让孩子们在惊险刺激的冒险故事中,学习蔬菜知识,爱上吃蔬菜,告别挑食,相信吃蔬菜是一件非常帅气的事情。

资料来源(节选):姚兰.新锐儿童零食品牌"蔬格乐"完成数千万元天使轮融资,投资方为壹叁资本和祥峰投资[OL].百度百家号:36氪,2021-11-15.

(2)性别。性别的差异也是导致男女在很多产品的需求上存在很大的差异,所以性别也是常用的一种变量。在服装、美发、化妆品和杂志的营销中,人们很早就使用性别来细分市场,随着职业女性的日益增多,更多的企业在使用性别变数对市场进行细分。

(3)收入。消费者的收入直接影响消费者的购买力,因此收入不同经常导致消费者的需求存在很大的差异。在汽车、服装、化妆品和旅游等产品或服务的营销中广泛使用收入变数。用人口变量细分市场也存在局限性。这是因为消费者的需求不仅受人口变量的影响,有时还要受心理变量、行为变量等其他因素的影响,因此,如果单纯使用人口变量,即使是“多变量细分”也不一定完全准确可靠。

3.心理因素变量

心理因素是按消费者的个性、生活方式、社会阶层、购买动机、购买习惯、价值观、审美观等心理变量来细分消费者市场。

(1)社会阶层

由于人们所处的社会阶层不同,购买行为有很大差异。社会阶层对人们在购买住房、汽车、家用电器、家具、服装、休闲方式等方面的偏好有较强的影响,一些企业根据社会阶层进行市场细分,如为高收入阶层设计的豪华住宅小区、豪华汽车,为低收入阶层设计的经济适用房等。

(2)生活方式

现在有越来越多的企业按照消费者生活方式的不同来细分市场,并据此设计出不同产品和市场营销细分策略。如服装企业把女子分为“朴素型女子”、“时髦型女子”和“具有男子气的女子”并据此设计出不同款式的服装,“具有男子气的女子”服装是以上衣和长裤搭配为主、线条简洁明快、色彩深沉,而“时髦型女子”服装时尚性强、色彩缤纷、款式繁多,“朴素型女子”服装强调质量和品牌、色彩较深沉。

4.行为细分变量

行为细分是指根据消费者的购买动机和使用某种产品时间、追求的利益目标、使用者情况、对某种产品使用频率、品牌忠诚度、消费者所处待购阶段、对产品的态度等行为变量细分消费者市场。

(1)时机细分

由于消费者购买时机或消费时机的不同导致消费者对产品的需求存在差异,因此企业可以根据消费者购买动机和使用某种产品时间细分市场,扩大消费者使用本企业产品的范围。如“情人节”促进玫瑰花、巧克力的销售,中秋节、元宵节扩大月饼、元宵的销售。针对消费者的购买动机和使用本产品的时间,乳制品厂分别设计出适合老人、学生、青年人、中年人在早、中、晚饮用的牛奶制品,以扩大产品销量。

(2)利益细分

不同的消费者所追求的产品利益存在差异,从而导致消费者利益细分,企业可以根据消费者追求利益不同来细分市场。

(3)使用者细分

许多市场可以按消费者使用产品情况进行细分。使用者按使用产品情况分为非使用者、潜在使用者、初次使用者、曾经使用者和经常使用者。不同的使用者情况对产品的需求存在一定的差异,比如家具市场。那些准备结婚的年轻人作为家具的潜在使用者,那些新婚夫妇则是初次使用者,而乔迁市场是曾经使用者,不同的使用者对产品的需求是不同的。

(4)使用率细分

使用率细分,也称“数量细分”,是按照消费者购买产品的频率把消费者分为少量使用者、中量使用者和大量使用者。使用率的差异,导致消费需求存在很大差异。按照帕累托分布,大量使用者数量少,但其所消费产品数量在商品消费总量中所占的比重却很大,因此可以依此来细分市场,并制定相应的营销策略。比如电信行业经常使用服务套餐,28元、38元、48元,直到188元、288元等,其服务内容各不相同。

(5)品牌忠诚度细分

品牌忠诚度是指由于价格、质量、功能等诸多因素,使消费者对某一品牌情有独钟,形成偏爱并长期购买这一品牌产品的行为。由于忠诚度的不同,消费者的消费行为存在差异,企业可以根据消费者对产品的忠诚程度细分市场:完全品牌忠诚者、中度品牌忠诚者、低度品牌忠诚者、无品牌忠诚者,如表6-2所示。有些消费者经常变换品牌,另外一些消费者则在较长时期内专注于单一或少数几个品牌。

表6-2　消费者忠诚度细分

忠诚度类型	购买特征
完全品牌忠诚	始终购买同一品牌
中度品牌忠诚	偏好某一品牌,偶尔购买其他品牌
轻度品牌忠诚	同时忠诚于2、3个品牌
无品牌忠诚	不忠于品牌

消费者市场细分虽然有上述四种基本变量,但这并不意味着企业应当一一单独地加以应用。在实际的营销活动中,用作细分市场的变量往往是上述各类因素中一连串具体变量的组合。一个企业究竟该选用哪些变量作为细分市场的依据,应当仔细分析,匠心独运,视具体情况而定,切忌生搬硬套、人云亦云。用作市场细分的变量也要适时调整,不能一成不变,以便寻找新的、能够提供更好机会的细分市场。

(二)产业市场细分标准

许多用来细分消费者市场的标准,同样可以用于细分产业市场。如根据地理、追求的利益和使用频率等变量加以细分。不过,由于产业市场的购买者与消费者在购买动机与行为上存在着差别,所以,除了运用前述消费者市场细分标准外,还可用一些新的标准来细分生产者市场。

(1)用户规模。用户或客户的规模也是细分产业市场的重要依据。在产业市场中,大量用户、中量用户、少量用户的区别,要比消费者市场更为明显。大客户虽少,但采购额很大,他们的采购额往往会占到产业销售方的销售额的30%～50%,有的甚至高达80%以上;小客户则相反,客户数量较多,采购额并不大。用户或客户的规模不同,企业的营销组合方案也应不同。例如,对于最终用户中的大客户,宜直接联系、直接供应,销售经理亲自负责;对于最终用户中的众多小客户,则宜使产品进入商业渠道由批发商或者组织供应;如此等等。这样的思路,对于生产企业、商业企业都是适用的。

(2)用户性质。产业市场的购买者是许多用户构成的,每个用户由于行业性质不同就会有不同的要求,例如交通工具安装玻璃,不同的交通工具对玻璃的要求差异很大,如汽车玻璃、火车玻璃、飞机玻璃对产品要求明显不同。明确用户性质,可以使目标市场更加集中,容易研究掌握市场变化、发展动态、研制新产品,更好地满足用户的需求。最终用户所处的行业不同,对产品需求有明显的差异性。

(3)用户要求。工业品用户购买产品,一般都是供再加工之用,对所购产品通常都有特定的要求。比如,同是钢材用户,有的需要圆钢,有的需要带钢;有的需要普通钢材,有的需要硅钢、钨钢或其他特种钢。企业此时可根据用户要求,将要求大体相同的用户集合成群,并据此设计出不同的营销策略组合。再如尼龙,美国杜邦公司在第二次世界大战中的主要用户是军队,要求结实、颜色单调为主,而战后转入民用袜子与服装市场,要求轻薄透气、色彩鲜艳,随后又进入包装材料、轮胎市场。由于杜邦公司紧随市场的用户要求,销量一直很好。

(4)用户地点。一个国家或地区由于自然资源、气候条件、社会环境、历史继承等方面的原因,以及生产的相关性和连续性,都会形成若干产业区。如我国鞋业有四大产业集群。一是以广州、东莞等地为代表的广东鞋业基地,主要生产中高档鞋;二是以温州、台州等地为代表的浙江鞋业基地,主要是生产中档鞋;三是以成都、重庆为代表的西部鞋业基地,主要生产女鞋;四是以福建泉州、晋江等地为代表的鞋业生产基地,主要生产运动鞋。这就决定了生产者市场比消费者市场更为集中。企业按用户的地理位置来细分市场,选择用户较为集中的地区作为自己的目标市场,不仅联系方便,信息反馈较快,而且可以更有效地规划运输路线,节省运力与运费,同时,也能更加充分地利用销售力量,降低推销成本。

四、有效市场细分的要求

细分变量和细分方法都有多种,企业有可能采用不同的细分方法,但并非每一种细分的市场均有效,因而,有必要进行市场细分的有效性经验,为后续的目标市场选择提供良好的前提。

(一)可衡量性要求

可衡量性是指各个细分市场的购买力和规模大小能被衡量的程度,这与细分变量的选择有关。总体来说,个性、生活方式、价值观、购买动机等心理细分变量由于涉及人们的内心深处,复杂、不便直接识别,也不便于统一认识,因而,难以估算这些变量细分得出的细分市场的规模。由此给企业一个启示,必须选择有效的细分变量或变量组合。相对来看,人口统计细分变量、行为细分变量要比心理细分变量容易识别和确定,因而,细分时尽量考虑这些细分变量。

(二)可进入性要求

可进入性是指企业有能力进入所选定的细分市场。也就是说所选定的细分市场必须是根据企业目前的人力、物力、财力和技术等资源条件及市场营销组合足以占领的市场并在此有所作为。一般来讲可以从三个方面来衡量:企业能提供符合该细分市场需求的产品;产品信息能传播到该细分市场;有效的分销渠道使产品能及时到达该细分市场。否则,再有吸引力的市场,也无法成为企业可为之服务的市场。

（三）可营利性要求

可营利性是指企业所选定的细分市场规模足以使企业有利可图。赚取利润是企业追求的目标之一，也是发展的基础，因而，当企业具备可获得性进入某细分市场后，必须能够在该细分市场取得至少是正常的利润，这就对细分市场的规模和竞争状况提出要求；同时，企业要在该细分市场可持续发展，还必须要求该细分市场具有发展空间和获利潜力。如果市场规模狭小，企业进入之后却无获利机会，这样的细分市场对企业而言是没有吸引力的。

（四）可区分性要求

可区分性是指不同细分市场需求特征可以清楚地加以区分。在该商品的整体市场中确实存在购买与消费上明显的差异性，足以成为细分依据，用统计术语来说，就是"组与组之间的差别越大越好，组内的差别越小越好"。例如，食品、糕点等商品有必要按汉族和回族来细分，而大米、食盐就没有必要按民族细分。

第二节　目标市场选择

所谓目标市场，就是企业营销活动所要满足的市场，是企业实现预期目标而要进入的市场，即企业有针对性地选择一定的消费者群，为实现预期目的，有重点地投入经营资源，开展市场营销活动的市场。企业一旦确定了目标市场，其资源的积累以及一切营销活动都要围绕目标市场来进行。目此，目标市场的选择是企业制定营销策略的基础，对企业的生存与发展具有重要意义。

在选择细分市场之前，首先要对之前细分出来的各细分市场进行评估。根据细分市场的市场规模和发展潜力、竞争结构、企业自身的目标与资源条件等多种因素决定企业到底应该选择其中哪一个或哪几个细分市场来开展营销活动。然后，在目标市场选择后，还要确立在不同的目标市场上企业应如何组织和展开营销活动，即要制定目标市场选择策略。

一、细分市场的评价

（一）细分市场的吸引力高低

很显然，市场吸引力越大，企业选择目标市场时越应该考虑。决定市场吸引力的主要因素有市场规模大小、市场成长性、市场竞争结构、市场进入难度、市场透明度、市场生命周期、市场经验曲线、关键经营因素与本企业优势的相关性，及企业保持差异化优势的能力等。其中前三个因素对市场吸引力的作用较大，因而，往往更被大多数企业所关注。

(1)市场规模与成长性。市场规模对市场吸引力的影响主要体现在它带给企业的规模经济效应上，市场规模越大，企业运作空间越大，越容易形成规模经济，降低产品成本，企业获利的可能性和程度也越强。

市场成长性为企业进入该市场后持续发展提供了市场空间保障。市场成长性可以通过对历史和当前的市场销量数据的收集和统计分析而初步获得。很显然、市场增长率越高、越持久，则其成长性越好，在选择目标市场时，越被企业所考虑。

(2)市场竞争结构。市场经济就是竞争的经济，任何企业在制定营销策略时必须考虑竞争状况、竞争对手。规模大、成长性好的细分市场(行业)吸引力大，但竞争往往也剧烈，这在一定程度上降低了其吸引力，所以，评估细分市场(行业)的吸引力时，市场(行业)竞争状况必须予以考虑。如何评估市场(行业)竞争结构？美国著名的竞争战略专家迈克尔·波特认为，一个行业(市场)的竞争力量来自五个方面：市场中现有竞争者竞争、潜在竞争者的威胁、替代品威胁、供应方讨价还价能力、买方讨价还价能力，这五种力量相互作用决定了行业(市场)的竞争强度，进而影响该行业(市场)的获利潜力，竞争强，则获利潜力弱，反之则获利潜力强。

(二)企业目标与资源能力

吸引力大的市场是企业目标市场选择的备选对象，但仅有吸引力还不够。企业还必须考虑企业能否经营这些市场，为目标顾客提供相适应的产品，能否符合企业既定的发展目标。企业资源能力分析可以从战略资源、产品技术资源、产品原材料资源、营销渠道资源、品牌资源等方面进行。

二、目标市场的选择

选择目标市场，明确企业应为哪一类用户服务，并满足他们的哪些需求，是企业在营销活动中的一项重要策略。目标市场选择就是根据细分市场评估的结果，选择最适合自己进入的市场。在选择了目标市场后，接着就要确定目标市场的营销活动如何组织和开展。目标市场选择的方式有四种，分别有无差异营销、差异化营销、集中化营销和微市场营销，如图 6-2 所示。

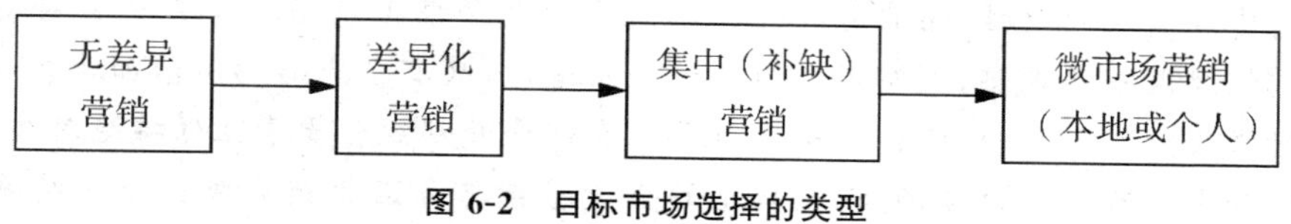

图 6-2 目标市场选择的类型

(一)无差异营销

无差异营销就是企业不考虑细分市场的差异性，把整体市场作为目标市场，对所有的消费者只提供一种产品，采用单一市场营销组合的目标市场策略，如图 6-3 所示。

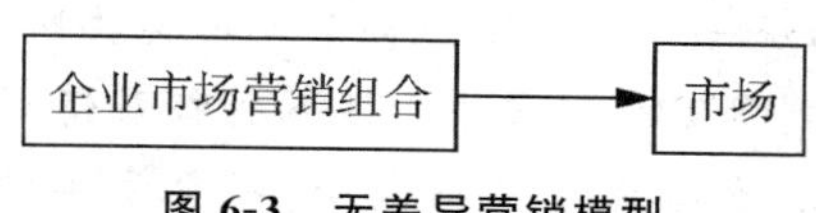

图 6-3 无差异营销模型

采用无差异营销的企业一般具有大规模、单一、连续的生产线，拥有广泛或大众化的分销渠道，并能开展强有力的促销活动，投放大量的广告和进行统一的宣传。无差异营销适用于大多数消费者需求同质的产品;另一种情况是消费者需求虽然存在较大的差异,但是企业专注寻找消费者需求的共性,忽略他们需求的差异,采用无差异营销满足消费者的最低需求。

无差异营销的最大的优点是有利于标准化和大规模生产,有利于降低单位产品的成本费用,获得较好的规模效益。因为只设计一种产品,产品容易标准化,能够大批量地生产和储运,可以节省产品生产、储存、运输、广告宣传等费用;不搞市场细分,也相应减少了市场调研、制定多种市场营销组合策略所需要的费用。无差异营销的缺点是不能满足消费者需求的多样性,不能满足其他较小的细分市场的消费者需求,不能适应多变的市场形势,因此,在现代市场营销实践中,无差异营销只有少数企业采用,而且对于一个企业来说,一般也不宜长期采用。

拓展阅读 6-2

全球营销

全球营销指企业通过全球性布局与协调,使其在世界各地的营销活动一体化,以便获取全球性竞争优势。全球营销有三个重要特征:全球运作、全球协调和全球竞争。因此,开展全球营销的企业在评估市场机会和制定营销战略时,不能以国界为限,而应该放眼于全球,是在全球采用统一的标准化营销策略,应用前提是各国市场的相似性,具有规模经济性等优点。

全球营销可细分为初级阶段和高级阶段。初级阶段的全球营销往往只在个别职能,如采购或生产等方面实现了全球化;而高级阶段的全球营销则几乎在所有可能产生竞争优势的环节都实现了全球化,建立了全球网络,在全世界范围内进行采购、生产、研究开发、信息扫描、人力资源等重要职能的分工,各自相对专业化,但彼此之间又相互高度依赖。

全球营销中最常面对的问题之一是在多大程度上选择标准化和差异化政策。毕竟,各国消费者需求之间虽有很多共同点,但也存在着不小的差异。全球营销者通常都更重视各国消费者需求的共性,而非差异性。他们尽管也会根据市场的差异对针对全球的标准化营销组合做一些调整,但却不会为了适应而适应,只有在能够切实增加顾客利益的地方才进行修改。而且,全球营销公司总会要求在部分营销组合要素上保持绝对统一。

从细分全球市场的角度,可以把典型的全球营销与多国营销看成一个连续系统的两个极端,区别在于多大程度上以国界作为细分全球市场的首要变量。多国营销把国界当作细分全球市场的首要变量,在各国市场内再根据其他变量进一步细分并选定目标市场,专门开发一项业务来满足目标顾客的需求。而典型的全球营销则完全不把国界作为细分市场的首要指标,取而代之的是某种人口统计、心理、行为等方面的非国界变量,而后针对不同国家中相似的目标市场统一开发一项业务来满足其共同要求。

但是在实践中,很难找到哪家公司属于上述两种极端情形之一。事实上,一方面对于倾向于多国营销的公司来说,有些国家市场太小,以至于单独为其开发一项业务并不合算,因此公司往往把一些特征相似的小国联合起来,用一套标准化的营销组合来满足这些国家市场上的共同需求。另一方面,对于典型的全球营销公司来说,一些国家市场非常大,而且对公司整体业绩有举足轻重的影响,这使得公司往往单独对其加以特别的关注。

也就是说，实践中极少有纯粹意义上的多国公司或全球公司，他们只是在一定程度上倾向于其中一种，并且在细分全球市场时，事实上采取的都是混合的全球市场细分战略。

（二）差异化营销

差异化营销是在市场细分的基础上，企业以两个以上乃至全部细分市场为目标市场，分别为之设计不同产品，采取不同的市场营销组合，满足不同消费者需求的目标市场策略，如图 6-4 所示。

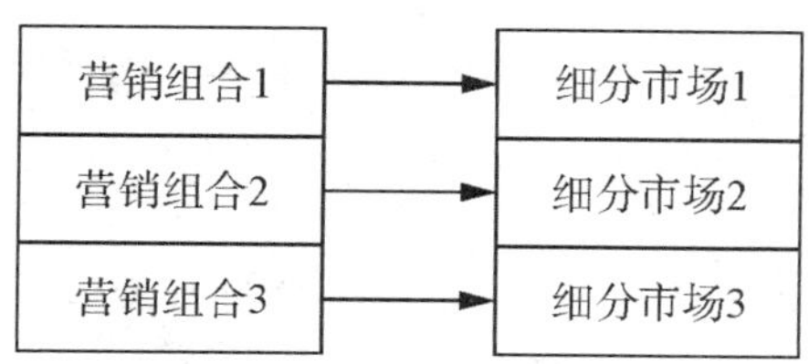

图 6-4 差异化营销模型

差异化营销适用于大多数消费者需求异质的企业。采用差异化营销的企业一般是大企业，有雄厚的财力、较强的技术力量和较高素质的管理人员，是实行差异化营销的必要条件。

差异化营销优点是能扩大销售，降低经营风险，提高市场占有率。因为针对不同需求的消费者提供不同的营销组合，能够更好地满足消费者的需求，以此可进一步扩大产品销售。如果企业在数个细分市场都有能取得的较好的经营效果，就能树立企业良好的市场形象，提高市场占有率。但是，随着产品品种的增加，分销渠道的多样化，以及市场调研和广告宣传活动的增加，生产成本和各种费用必然大幅度增加。

（三）集中营销

集中营销是企业以一个细分市场或少数几个细分市场作为目标市场，集中力量，实行专业化生产和经营的目标市场策略，如图 6-5 所示。

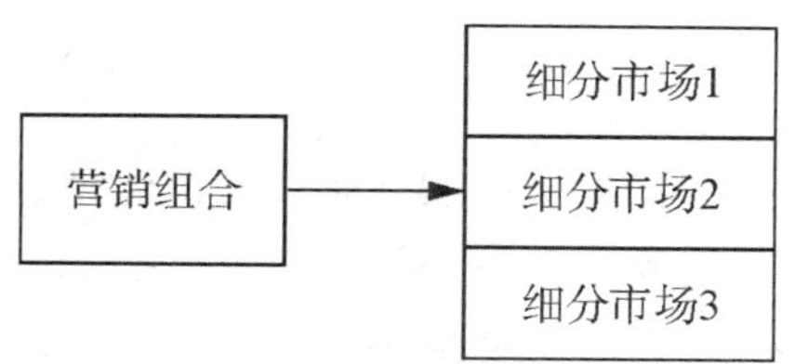

图 6-5 集中营销策略模型

集中营销主要适用于资源有限的中小企业和初次进入新市场的大企业。中小企业由于资源有限，无力在整体市场或多个细分市场上与大企业展开竞争，而在大企业无暇顾及而自己又力所能及的某个或少数几个细分市场上全力以赴，反倒容易取得成功。实行集中营销是中小企业变劣势为优势的最佳选择。

小案例 6-3 单身经济带火单人食

日本,可以说是全球的孤独担当了,在经历“失去的十年”后,日本经济停滞不前,整个社会开始向老龄少子化过渡。数据显示,目前日本5300万户家庭中,三分之一以上是“独身户”,预计到2040年这一比例将升至40%左右。看到这数据,我满脑子有一群青蛙在叫:孤寡、孤寡、孤寡……

如今,日本人已经慢慢接受这事实,而且他们还要利用“孤独”发家致富。在日本,一人食经济包括:一人火锅、一人寿司、一人拉面、一人烤肉、一人咖啡等。被开发出来的一人食形式应有尽有。

Gusto烤肉是一家日本连锁餐厅,一度成为网红打卡店。Gusto为每个顾客提供一个小格子,空间虽小,但五脏俱全,WiFi、充电插座、菜单、纸巾、吃饭需要的一些调料等应有尽有。对于想要一个人安静吃饭、不被打扰的单身人士来说,是绝对好去处。

民政局公布了几项数据:2019年中国单身人口达2.6亿,总人数的两成,其中独居人数达8000万。预计2021年,独居人数会上升至9200万。独居规模的不断壮大,意味着独自就餐的需求激增,也为一人食经济的发展奠定了基础。

艾媒数据显示,2021年中国有32.9%的消费者处于长期独自就餐的状态。从“一人食”用户画像来看,主要集中在一二线城市,年龄主要在19~40岁之间。随着单身经济的盛行,越来越多企业开始专注于服务“单身”客人。

在餐饮行业,呷哺呷哺、海底捞等品牌推出适合消费者独享的单人套餐,也让一个人吃火锅变得理直气壮!知名韩式烤肉品牌权金城也瞄准“一人食”业务,推出了“一人烤”门店,采用全新的品牌形象、装修风格和用餐场景,以此下探年轻人市场。同时,“一人食”也让速食赛道发生变革,出现了自嗨锅、拉面说等新物种,让年轻人一人食的选择不再单一。

资料来源(节选):妮蔻.单身经济下,火的不只是“一人食”[OL].微信公众号:消费界,2021-09.

集中营销的优点是目标市场集中,有助于企业更深入地注意、认识目标市场的消费者需求,使产品能够更好满足消费者的需求,有助于提高企业和产品在市场上的知名度。集中营销还有利于企业集中资源,节约生产成本和各种费用,增加盈利,取得良好的经济效益。集中营销的缺点是企业潜伏着较大的经营风险。由于目标市场集中,一旦市场出现诸如较强大的竞争者加入、消费者需求的突然变化等,企业就有可能因承受不了短时间的竞争压力而立即陷入困境。因此,采用集中营销的企业要随时密切关注市场动向,充分考虑企业对未来可能意外情况下的各种对策和应急措施。

(四)微市场营销

目标市场策略的最后一个类型是微市场营销。微市场营销将市场细分到个人或细分到特定区域,企业根据特定个人或特定地区的特殊需求调整自己的营销策略。微市场营销针对的特定个人或特定地区的特殊需求,因此微市场营销包括当地营销和个人营销两种。

当地营销是指企业根据当地顾客群的特殊需求，调整企业的营销策略，迎合当地的特殊需求。企业的当地营销迎合当地消费者的特殊需求，肯定受到当地消费者的欢迎。但是由于市场区域的限制，导致其市场规模较小，产品的批量较小，从而导致其成本较高。

微市场营销的另一种方式是个人营销，又叫定制营销或一对一营销，即可以根据单个消费者的个性化需求进行调整企业的产品。现在的各种新技术和信息工具，如互联网、移动互联网的发展，可以使公司针对个人开展营销，定制个人所要求的商品。在个人营销中，企业要与顾客进行一对一的沟通，并且让顾客参与生产完全符合自己需求的商品，创造出独特的顾客价值的过程。比如顾客可以在耐克的官方网站定制鞋的颜色以及鞋舌上绣上几个自己选择的词语来实现自己的个性化定制的运动鞋，雀巢巧克力可以定制自己的包装图案等实现个性化定制。

在服务行业个性化的定制更为普遍。比如在金融服务业提供定制化金融服务，在保险行业提供个性化的保险服务等。在旅游服务、家装服务等也都是如此。

总之，虽然微市场营销使得企业的营销成本进一步上升，但是顾客的满足度也在上升，而且随之技术的发展和生活水平的提高，定制越来越受到欢迎，也促使越来越多的公司将转向顾客化定制营销。

小案例 6-4

老裁缝 VS 流水线，定制西装从拼人力到拼科技

定制西装能否用工业化量产？报喜鸟这家已经有几十年西装生产经验的公司想试试。2014 年，报喜鸟正式将智能制造作为战略级项目，开启了一系列数字化探索。经历了两年多的技术探索与产线改造，2016 年，“一人一版、千人千衣”终成现实。

“一衣一版”的定制，意味着每一件衣服在每道工序都有不同。因此当报喜鸟在 2014 年宣布进军定制化生产时，并不被大多数同行看好，特别是西服这个工艺最复杂的服装品类。从结果看，数字化的方式帮助报喜鸟实现了当初的规划。

从工业化生产到工业化定制，意味着订单、原料、制版、排产、制造等每一个环节的处理单位，从“每一批”细化到了“每一件”。

精细化生产的前提，是建设一条与生产流程匹配、能同步流转的数据链条，并同时克服至少四个问题：打版的产能瓶颈；客户需求、量体数据、版型尺寸在各部门间的沟通损耗；备料排产“碎片化”；产线上订单信息与货品的同步流转。

报喜鸟团队用纯软件的方式就解决了前三个问题。要做到“一人一版”，制版效率就是必须解决的问题。制版可以还原成一种逻辑关系。比如：胸围大小变化与袖窿圈大小的关系，衣长变化与口袋高低、纽扣高低的关系。报喜鸟找到了一家国内 CAD 开发商，双方共同开发、建模，让机器学会制版的逻辑。

至 2015 年，这套合作研发的智能 CAD 系统，已经能够在无人辅助的情况下自动制版，并通过“老师傅”们的检验。而且制版过程仅需不足一分钟，平均效率提升 120 倍，这意味着定制西服的产能可以无限扩大。

制版产能问题解决后，智能制造的下一个任务是让数据成为所有流程的统一标准。

在此之前，特体定制订单经常是量体、制版、剪裁等部门产生争论的源头。各自不同的专业背景，面对同一分量体数据和客户需求，不同部门有不同的结论和做法。为此，报喜鸟自主开发了MTM个性化订单系统，将客户需求细化到面料、风格、尺寸与场景，保证需求信息在全流程的一致和准确。

从客户需求录入订单系统开始，需求数据就被发至ERP和PLM系统中自动排产。仓库由按“批次”备货，细化到了每一件。生产管理也从依赖经验，变成了精确的算法主导。

由销售下单，到订单所需的所有信息流转至工厂，原本需要最少3～4天的过程，在多个系统的配合下缩短到了一分钟。更重要的是，系统将每个订单的生产要求拆分到单个工序，相应的工艺图、效果图、工艺规范和作业规范视频都能够自动匹配。

现在的报喜鸟定制西服生产不再是人的“独角戏”，机器与工人的配合成为日常。没有来自车间主任的生产计划，订单在ERP、PLM、智能CAD、吊挂系统、工位管理系统中自动处理和流转，指导着每一个工位的生产。

生产线也并未因定制影响效率，据官方统计，数字化后报喜鸟的生产效率提升了50%，产品质量合格率提升至99%，物耗、能耗各下降10%，精简人员10%。依赖于数字化的智能工厂，报喜鸟的定制产能超过100万件/年，且售价均与批量生产的成衣保持一致。

资料来源(有删减)：李怡彭.老裁缝VS流水线，定制西装从拼人力到拼科技[OL].百度百家号：36氪，2021-11-17.

(五)选择目标市场策略的考虑因素

1.企业实力

企业实力是指企业在生产、技术、质量、销售、管理、产品创新和资金等方面力量的总和。如果企业实力雄厚，可采取无差异营销或差异化营销，反之则采用集中营销。

2.产品同质性

产品同质性是指产品差异性的大小。同质性产品差异小，如粮食、钢铁、食盐等，可采取无差异营销；异质性产品差异大，如汽车、家用电器，可采取差异化营销或集中营销。

3.市场同质性

在消费者需求和偏好相似的同质市场，可以采取无差异营销；反之在异质市场应采取差异化营销或集中营销。

4.产品所处的生命周期阶段

在产品生命周期的介绍期和成长期前期，可以采用无差异营销；在成长期后期和成熟期，由于市场竞争激烈，企业需要树立品牌形象，推出多种产品，可以采用差异化营销或集中营销。

5.竞争对手的目标市场营销战略

如果竞争对手采取无差异营销，企业可以采取差异化营销或集中营销；如果竞争对手采取差异营销，企业可以选择相似的或更深层次细分的差异化营销及集中营销。

在现实中，企业对这三种目标市场营销战略的选择不是一层不变的，可以灵活运用，它是在对影响目标市场营销战略选择的五种因素综合分析基础上制定的。

第三节　产品差异化与市场定位

企业一旦选定了目标市场，就要在目标市场上进行市场定位。市场定位是企业营销战略的重要组成部分，它要明确在客户的心目中树立本企业及产品怎样的独特形象。因此作为企业的营销人员的重要任务就是利用企业产品的差异化为企业选择合适的市场定位。市场定位是现代市场营销理论的一个重要概念，企业市场定位是否正确，影响到企业市场营销组合策略的制定，影响到企业在目标市场能否树立起强大的竞争优势。

一、市场定位的含义

市场定位是指企业根据竞争者现有产品在细分市场上所处的地位和消费者对产品属性的重视程度，创造出具有一定特色的产品，树立一定的产品形象，以吸引特定的消费者群。简而言之，市场定位就是企业在特定的细分市场上塑造出与众不同的产品形象，以引起消费者的偏爱。

在市场定位中，其核心在于为目标顾客创造差异化的价值。企业为顾客所创造的价值的载体就是产品，因此一个企业能否为目标顾客提供差异化的价值，重点在于能否使其为市场提供的产品与竞争者相差别。产品差异化的构建一般可以从五个方面探寻：产品、服务、渠道、人员和形象，可以在其中一个方面也可以在多个方面形成相对于竞争对手的差异。

（一）产品差异化

产品差异化可以从产品的特征、质量、款式、设计等方面实现差异。运用技术创新手段实现产品特征差异化；款式差异在汽车、服装、房产等产品上应用很广泛。如日本汽车行业有这么个概括：丰田的安装，本田的外形，日产的价格，三菱的发动机。确实，本田款式每年都推出不同车型，设计优美动人，倍受年轻消费者的青睐。产品差异性设计时应尽量将企业核心能力、核心专长充分发挥，运用于其中。

（二）服务差异化

除了产品实体差异化，企业也可对所提供的服务进行差异化。别具一格的良好服务，不仅会给企业带来众多的顾客、广阔的市场和可观的利润，并且会对树立企业形象、建立产品信誉起到极为重要的作用。服务差异化主要表现在订货方便、交货、安装、客户培训、客户咨询、维修和多种服务上。

（三）渠道差异化

分销渠道差异化就是在同类产品中根据自己的产品差异和企业的优势，选择合适的销售渠道，以方便顾客购买，这样就要求企业在交易地点、空间距离与交易手段、交易方式、结算方式、送货上门、服务手册等方面提供全方位的方便。如美国安利公司根据企业产品的特点，采取直销的方式从而取得非凡的经营业绩。

(四)人员差异化

企业可以通过聘用和培养比其竞争对手更为优秀的人员获得人员差异化优势。大量的实践证明,“市场竞争归根结底是人才的竞争”。例如,麦当劳的员工彬彬有礼,东方航空公司的空姐美丽温柔。

(五)形象差异化

通过不同的途径创造性地树立企业独一无二的形象差异化,较常用的有企业标志、各种媒体气氛等。一个醒目的标志常常可以塑造一种突出的形象,令人难以忘怀。例如麦当劳快餐公司的金色拱形“M”标志,就是麦当劳公司的象征。

二、市场定位的步骤

市场定位的实质是产品定位加竞争定位,要能够塑造出独特的、能在顾客心目中留下鲜明印象的产品的市场形象,即追求差异性,而差异性的塑造必须了解竞争者的产品特征、竞争优势与劣势,充分发挥本企业的竞争优势,同时,又能够与消费者价值相一致,能更好地满足消费需求。因而,市场定位过程中必须考虑竞争、企业自身、顾客三方面的因素。一般而言,市场定位要经过三个步骤,如图 6-6 所示。

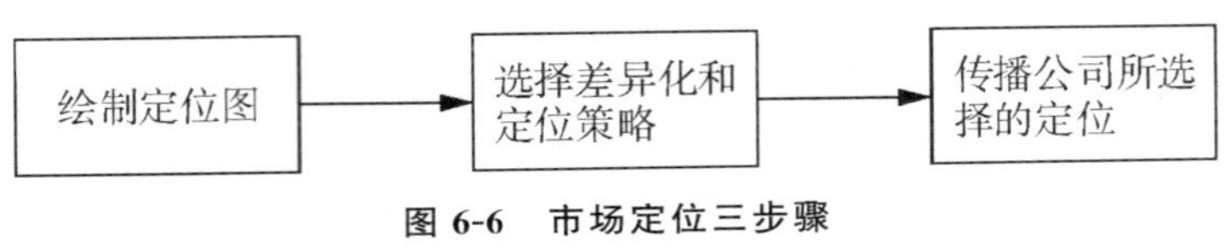

图 6-6 市场定位三步骤

(一)绘制定位图

定位图是一种直观的、简洁的定位分析工具,一般利用平面二维坐标图展示消费者对本品牌与其他竞争对手在重要购买维度上的对比。通过定位图可以明确消费者对竞争对手的品牌识别、品牌认知等状况,可以为企业作差异化选择和定位策略提供帮助。定位中其坐标轴代表消费者评价品牌的特征因子。图上各点则对应市场上的主要品牌,它们在图中的位置代表消费者对其在各关键特征因子上的表现的评价,如图 6-7 所示。

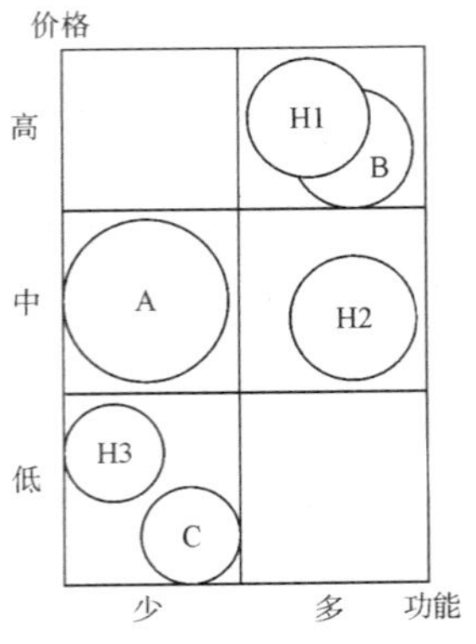

图 6-7 定位图的构成

1.确定关键的特征因子

这是编制定位图的关键。特征因子选择的正确与否决定定位图的有效果和结果，从而影响整项定位工作的成功。

定位图一般是两维的，这样是为追求其直观性。但影响消费者对竞争者品牌的评价因子是多种多样的。那么该如何在复杂的诸要素中找对作为坐标变量的关键的两点呢？方法只有一个——从消费者身上找。首先我们要通过市场调查了解影响消费者购买决策的诸因素及消费者对它们的重视程度，然后通过统计分析确定出重要性较高的几个特征因子，再从中进行挑选。在取舍时首先要剔除那些难以区分各品牌差异的因子（如汽油的价格因子），其次要剔除那些无法与竞争品牌形成的因子，最后一步就是在剩下的因子中选取两项对消费者决策影响最大的因子。有时对于相关程度甚高的若干个因子可将其合并为一综合因子以作为坐标变量。如可将运动鞋的舒适、耐用性特征因子综合为品质因子。在确定因子的整个过程中，注意要始终把研究人员的主观偏见排除在外，务求保证客观的结果。

2.确定诸品牌在定位图上的位置

在选取关键因子后，接着就要根据消费者对各品牌在关键因子上的表现的评价来确定各品牌在定位图上的坐标。在确定位置之前，首先要保证各个品牌的变量值已量化。特别对于一些主观变量（如啤酒口味的浓淡程度），必须要将消费者的评价转化为拟定量的数值，只有这样才便于在图上定位。

（二）差异化和定位策略选择

定位图直观地显示了消费者对各种品牌的产品的性质及之间的差异的认知。在图中只要两点不重叠，就说明它们之间存在着差异，而纵、横向距离的大小则表示它们在这两方面特征因子上的差异的大小。明确了竞争对手品牌的位置及与对手之间的差异后，就可以确定本企业的品牌的市场定位的方向，因为市场定位就是要突出产品与其他品牌的差异。一般而言差异化和定位的选择包括三个步骤，如图 6-8 所示。

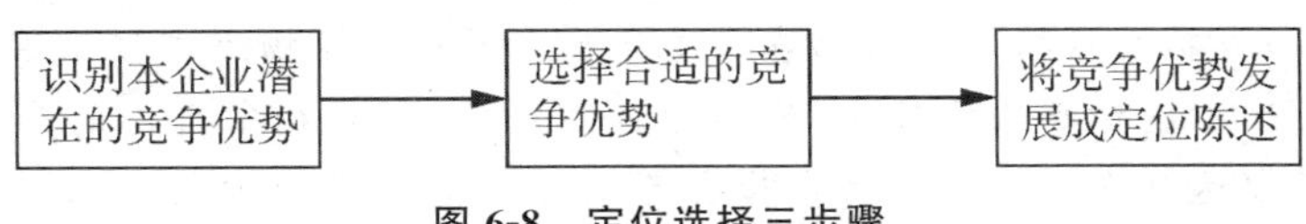

图 6-8　定位选择三步骤

1.识别企业潜在竞争优势

企业潜在的竞争优势在于企业是否比竞争对手更好地了解竞争对手的需求，并提供更高的顾客价值。市场定位的实质是差异化，基础是识别潜在竞争优势。差异化优势可从产品、服务、渠道、人员和形象五个方面来识别，可以在其中一个方面形成优势，也可以在多个方面形成相对于竞争对手的优势。

2.选择合适的企业竞争优势

市场定位的最终目的是构建企业的竞争优势，并将竞争优势转化成市场定位。一般而言选择合适的竞争优势要考虑两点。一方面如果能够识别出多个竞争优势，那么企业的营销人员必须进行选择。营销的原则是选择一个独特的销售主张，并一直坚持下去，因为如果在多个竞争优势上进行定位很可能造成目标顾客认知上的不信任和模糊的风险。另一方面在选择合适的竞争优势还要遵循价值性(差异能带给顾客价值)、独有性、卓越性(没有可替代的差异化)、可沟通性(差异能被消费者所感知、认可相接受)、难被对手模仿性、可获利性等原则,同时要分析这种竞争优势能否持久地赢得顾客。

3.将竞争优势发展成定位陈述

市场定位所要面对的目标顾客,因此要将所选择的竞争优势以简洁、明了、富有感染力的方式表达出来,这就是定位陈述。定位陈述一般以品牌口号的形式出现,如小米手机"为发烧而生"。

常见的定位陈述方式

竞争性定位陈述又称"迎强定位""对峙性定位""针对式定位",是指企业选择靠近于市场现有强者企业产品的附近或与其重合的市场位置,与强者企业采用大体相同的定位陈述,与其争夺同一个市场。竞争性定位方式要求企业必须具备与强大竞争对手不相上下的竞争实力。通过竞争只要能达到与其平分天下或被消费者广为知晓,就是巨大的成功。在世界饮料市场上,作为后起之秀的百事可乐进入市场时,就采用过这种方式。"你是可乐,我也是可乐",与可口可乐展开面对面的较量,实行迎头定位,企业必须做到知己知彼,力争比竞争对手做得更好。否则,迎头定位可能会成为一种非常危险的战术,将企业引入歧途。

避强定位陈述,所谓避强定位陈述是指企业力图避免与实力最强的或较强的其他企业直接发生竞争,而将自己的产品定位于另一市场区域内,使自己的产品在某些特征或属性方面与最强或较强的对手有比较显著的区别。例如,美国七喜汽水的定位策略就是一个避强定位策略的典型案例。因为可口可乐和百事可乐是市场的领导品牌,占有率极高,在消费者心中的地位不可动摇。所以,将产品定位于"非可乐型饮料"就避免了与两大巨头的正面竞争。成功的市场定位使七喜在龙争虎斗的饮料市场上占据了第三的位置。

比附定位陈述,也称类比定位法,又称为逆向定位法,是指拿自己的产品或服务比附领导者的位置,以达到在消费者心目中为自己确立一个位置的方法。比附定位法与竞争对抗法有相似之处,即二者都是借助领导者或市场地位优越的竞争对手的声誉引起消费者对本企业产品的关注;但比附定位法又与竞争对抗法有很大不同,它不是通过正面的直接对抗而是通过比附领导者的位置,获得消费者的信任与支持,从而在市场上取得一个较有利的位置。例如,蒙牛乳业在初期打出的口号是"向伊利学习,做内蒙古乳业的第二品牌"。

(三)传播公司选择的市场定位

市场定位最后要导入目标顾客心目中,而不是只停留在企业内部,因而,要通过有效途径、有效方式向公众传播企业的市场定位。首先企业的市场营销组合是市场定位主要的传播工具,也就是说市场营销组合战略要依据市场定位来设计,要能反映市场定位的内容,如图 6-9 所示。其次要使消费者认可、接受企业的市场定位需要一个较长的过程,企业要做好市场定位沟通计划,有步骤地进行传播。在市场定位传播过程中,通过积极主动而又巧妙地与顾客沟通，达到激发顾客的注意与兴趣，求得顾客的认同。有效的市场定位并不取决于企业怎么想，关键在于顾客怎么看。市场定位成功最直接的反映就是顾客对企业及其产品所持的态度和看法。

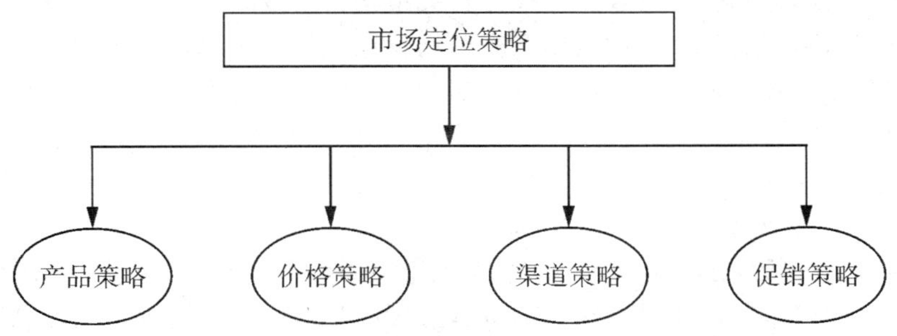

图 6-9　企业营销组合策略对市场定位的支持

企业一旦选定了目标市场，就要在目标市场上进行市场定位。市场定位是企业营销战略的重要组成部分，它要明确在客户的心目中树立本企业及产品怎样的独特形象。因此作为企业的营销人员的重要任务就是利用企业产品的差异化为企业选择合适的市场定位。市场定位是现代市场营销理论的一个重要概念，企业市场定位是否正确，影响到企业市场营销组合策略的制定，影响到企业在目标市场能否树立起强大的竞争优势。

第四节　趋势与热点：互联网与目标市场营销战略

一、互联网对市场细分理论的影响

STP 是经典营销战略的核心，这里的 S 指市场细分，是营销战略的前提，是解构市场最重要的利器，是寻找市场机会、寻求营销增长的基础点。市场细分有四个主要维度，分别是地理维度、人口统计维度、心理维度和行为维度，而每个维度下又有若干参数。

营销学大师菲利普·科特勒在《营销革命 3.0》中就提出了在互联网时代对于消费者的“人本化”的营销。在互联网时代，原来的地理边界、人群边界正在被逐渐打破，因此在互联网下的消费者画像中，人口统计维度和地理维度的重要性在大幅度下降，而心理维度和行为维度的重要性在上升。

我们的细分市场正在变成一个个围绕价值观组成的社群集合，用户的兴趣爱好、成就动机、理想信仰、互动偏好等深层次心理和行为，正起着决定性市场作用。基于价值观区隔的小众市场正在变成市场的真正主流，互动和共鸣已经成为营销的主旋律。

二、互联网对目标市场营销战略的影响

在营销学大师菲利普科特勒所阐述的目标市场营销战略中，企业面临四种选择模式：无差异性营销、差异化营销、集中营销和微市场营销。每一种目标市场营销模式都有各自的优缺点和前提条件。随着互联网技术及移动互联网技术的发展，信息沟通更加便捷、支付更加便利以及物流更加快捷等等，对企业的目标市场营销的战略选择产生了巨大的影响。

（一）互联网对无差异性营销的影响

无差异营销一般要求企业规模较大，因为需要面对广大的市场。但是在互联网时代，企业可以利用网络的平台面对全国的消费者，因此即使企业规模较小，也可以选择无差异营销。同样的理由，一些初创型企业也可以采用无差异营销来面对全国的消费者，以期在短期内取得快速发展。

（二）互联网对微市场营销的影响

微市场营销一般要求对当地市场或单个消费者实现定制的产品或服务。微市场营销的难度在于，一方面要及时准确了解当地或某个消费者的个性化的需求信息，另一方面才能根据其个性化的需求信息进行定制。在互联网时代，快速的信息沟通，可以让企业迅速了解消费者的个性化需求，从而实现为消费者的量身定做。在现在互联网时代，微市场营销策略越来越容易实现了。

小案例 6-5　　**小米手机的女生梦**

小米再一次决定做女性手机。2021 年 9 月 27 日，小米发布了最新的 Civi 系列，还请来了近期最火的奥运冠军杨倩代言。不过这个新系列不再像以前小米手机一样，去强调各种相机、芯片的硬参数，也没有去刻意凹性价比，反而用很大的篇幅去介绍那些女性群体更关注的部分，比如机身的颜值、设计、拍照算法等等。

其实，小米一直就没有放弃过女性群体的执念。小米最早的方法简单直接，与深谙女性需求的美图合作，获取影像技术和美颜算法支持。当时推出的小米 CC9 是小米 CC 系列的开始，也是终结。和美图合作破裂后，小米主打女性的手机系列单打独斗。在此之后，小米还发布了小米 10、11 青春版，继续试水女性群体的市场反应。

在小米 Civi 的发布会上，小米的产品经理魏思琪称，为了做出改变，在做 Civi 系列的时候，团队甚至加入了更多的女性成员来做影像、设计等重要工作。从命名上看，这次的 Civi 系列看上去像是之前断更八百多天的 CC 系列的延续，但其实也不算是——这两个系列在产品定义层面已经有了本质的区别。只不过，抛下“米味”的小米，这次能不能靠新的系列得到女性用户的芳心？

在发布会上，小米一改常态，把很大的篇幅放在了讲解轻薄直板机身——小米 Civi 用的是 1.4mm 厚的轻薄金属薄边框设计，为了让视觉观感更薄更轻，还拼接了曲面屏面板、把下巴推小；考虑到女性用户的握持感，整机重量控制在 166g。

在小米Civi系列的拍照功能上，小米也变懒了许多。没有和小米数字系列/Mix系列一样去堆自研芯片和定制大底，前后置的摄像头也没有参数出彩的地方，主要是采用了直观的摄影算法辅助，针对美颜失真的痛点，主打“让肤质自然美”的特点。

和此前的CC系列、数字系列青春版相比，小米Civi在产品思路上也有了根本上的调整——后两款产品一直带有浓浓的小米特色，只是擦了个女性手机的概念。

在Civi系列之前，卢伟冰接手操刀的“青春版”，同样也存在着同样的问题。比如，小米10青春版，更像是一款“性能阉割版”而不是女性手机——在机身设计上用了当时已经不流行的水滴屏，下巴太大，还有接近200g的重量，主打的功能反而是散热功能。而主打“薄”的小米11青春版思路更接近了，但发挥还是不够。

如何得到女性用户的青睐，方法已经被OV(OPPO和vivo)验证多遍，屡试不爽。小米要照抄并不难，小米的Civi系列才刚刚开始，产品上还远远没有OV的Reno系列、S系列那么丰富，而且OV在线下同时还有更走量的A系列、Y系列做补充。

在战局复杂的中国市场，小米原先的用户画像是关注参数的男性用户。如今的小米要想寻求手机市场的增量，就需要补充上女性用户缺失的短板。

资料来源(节选)：邱晓芳.当小米第N次想把手机卖给女生[OL].百度百家号：36氪，2021-09-28.

三、互联网对市场定位的影响

艾·里斯在《21世纪的定位》一书中，围绕互联网时代对市场定位提出新的一些定位法则。

(一)全球化法则

全球化是推动当今企业业务背后的推手。在21世纪的互联网时代，你的业务可以通过互联网走向全球化的，否则，你就错失很多机会。美国是怎么致富的呢？是通过打造全球化的品牌来致富，全球最有价值的品牌中有一半是美国的品牌。中国的出口占全球GDP的比例是19%，但世界上没有一个国家仅通过简单的相互贸易就能致富——中国多数的出口是商品的出口，而不是品牌的出口。很多中国品牌在全球市场上违反了最重要的定位法则：聚焦定律。随着目标市场越来越大，你的品牌所代表的产品线应该越来越窄才对。

(二)品类法则

在20世纪，品牌是市场营销计划中最重要的因素。而互联网时代，品类才是消费者在互联网时代最先搜索的是品类，然后是品牌！中国的品牌全球化，要打造非常强有力的拉丁文字名称，这样才能让品牌在国际市场体现其所代表的品类，品牌名称一定要强烈地支撑你的品类，把所属的品类传达给受众。

(三)互联网品牌法则

目前企业的业务在全面往线上发展。例如，现在每一个大的零售商都有自己的网站，但还是用它们线下的品牌名，没有一家这样做的网站在财务方面是成功的。我们要告诉大家的是，你进入互联网的业务已经是一个新的品类。而新的品类必须用新的品牌名，而不是把现有品牌名简单地做延伸。

(四)视觉锤法则

在互联网时代，因为视觉形象马上会引起人们的注意，看看市面上主要的品牌，都有它自己的一些视觉形象，视觉形象要比文字更有传播力量。从解剖学原理来说，视觉信息要用右脑处理，而右脑主要与情感相关联，但是左脑处理的文字没有这样的情感色彩。如果用文字写 baby，并没有感情色彩，但如放上婴儿的视觉形象，马上就完全不一样。怎样打造品牌的视觉锤？从八个角度给大家参考：形状、颜色、产品、动作、创始人、符号、明星、动物。我们可以挑选一种方法来用，打造自己的视觉锤。

在 21 世纪的定位理论里，消费者心智依然是决战战场，但更新的四个定位法则，则可以帮助你来打赢 21 世纪的营销战役。

本章小结

企业应在分解出不同需求的群体的基础上，决定企业能有效服务的需求群体，并设计和提供对顾客有价值的、能在顾客心目中留下鲜明印象的产品。因此目标市场营销战略的核心是市场细分、目标市场选择、市场定位。

市场细分指采用恰当的细分变量将整体市场划分为若干能相互区分的细分市场，同一细分市场具有类似需求，不同细分市场具有相异需求。消费者细分参数包括地理、人口统计特征、心理、行为四个因素，生产者细分参数除了可以应用消费者细分参数外还可以根据用户地点、用户规模、用户性质和用户要求等参数来细分。对顾客的市场细分还要做到有效性要求、可衡量性要求、可进入性要求、可营利性要求、可区分性要求。

目标市场选择时，首先要对细分市场进行评估。评估时一是要坚持市场吸引力原则，市场吸引力从市场规模、市场成长性、市场竞争结构进行分析；二是要坚持企业目标与资源能力相一致原则。目标市场选择策略包括无差异营销、差异化营销、集中营销和微市场营销。无差异营销是指企业对整个市场只采取一种营销策略；差异化营销指企业对不同细分市场，分别使用不同的营销组合策略，它适用于企业实力强、产品差异性强、顾客需求差异明显的市场；集中营销指企业将所有营销努力集中于某个单一或几个经过缜密定义的细分市场；微市场营销是指企业针对当地客户或个别客户分别使用不同的营销策略。对目标市场策略的选择要基于企业实力、产品同质性、市场同质性、产品所处的生命周期阶段以及竞争对手的策略这五大因素的考虑。

市场定位的实质是要在目标顾客心目中确立与竞争对手不一样的形象，因此首先要考虑企业自身产品的差异化。产品差异化包括有形产品差异化、服务差异化、渠道差异化、人员差异化和形象差异化。在确定企业的市场定位时要经历的三步骤分别是绘制定位图、选择差异化和定位策略、传播所选择的定位。

互联网时代市场细分、目标市场的选择和市场定位的法则提出了一些新的要求。

重要名词

目标市场营销战略　STP　市场细分　细分变量　地理变量　人口变量　心理变量　行为变量　可衡量性　可营利性　可进入性　可区分性　无差异营销　差异营销　集中营销　微市场营销　产品差异化　渠道差异化　服务差异化　人员差异化　形象差异化　定位图　互联网品牌法则　视觉锤

案例评析

女司机的争夺之战

一直以来，汽车被视为男人的专属玩具，而女司机与汽车总显得格格不入。如今，这些刻板印象正在电车时代被推翻，女性消费者转身变为车企突围的“救命稻草”。一场带有目的性的营销活动就此展开，新能源汽车的粉色叙事开头也正在落入俗套。

小红书上，你可能刷到过类似新奇的“养猫”笔记：标题写着“今天正式养猫”“养猫一年了”云云，点进去却丝毫不见猫的影子，多是一辆可爱Q萌的小汽车。笔记发起者大都是年轻的女性用户，她们喜欢在车窗前放上呆萌的汽车摆件，把汽车内饰改装成主题统一的可爱风，通过在社交媒体分享“萌宠”装扮，来吸引网友的关注交流。

把车当猫养，让汽车收获了女性粉丝人气。近年来，以五菱宏光MINIEV、欧拉猫系为代表，新能源汽车市场诞生了一大批盯上女司机的电车产品。油电汽车交棒时代，谋求转型的车企们拼命想抓住女司机突围。

不同于男性以性能为主的购车导向，女司机们相信“颜值即正义”。为了虏获女司机的“芳心”，老牌车企一改传统作风，通过更符合女性审美的“外观包装”，在“粉丝经济”的指引下玩起花样营销。在“养猫”笔记下方，经常能看到“萌翻了”“求链接”的留言，也会有人问，“这车多少钱？”不过，争抢女司机背后委实映射出它们的求变焦虑，后继乏力的产品力、时不时涌现的安全问题，不禁让人担心：女性新能源汽车，是否陷入了一种刻板印象？

车为什么变成“猫”？

在小红书上搜索欧拉，有5万多篇笔记，大部分关键词是高颜值萌车、可爱、养猫心得，再配上精致的图片，十分吸引女性粉丝。

汽车，原本一直是男性身份的象征。不管在燃油车时代还是新能源时代，男司机是绝大部分汽车厂商关注的对象。如今，女司机竟成为厂商们的争抢的市场。

这两年商业街和停车场出现越来越多外形惹眼的MINI电动车。在车展里，厂商们更是像女性“闺蜜”一样释放各种“宠爱”。

2021年8月底的成都车展上，奇瑞、欧拉、哪吒、荣威、科莱威等品牌的电动车展台上都有专门针对女司机的新车型或者改装版，有的车将后备厢打造成“女王梳妆台”，有的展台上可以调制香水、定制女性专属纪念品。

图 6-10 小红书上关于欧拉的话题

欧拉，本是长城汽车 2018 年 8 月推出的品牌，长城希望借助电动小车切入如火如荼的新能源市场。不过，首发车型 iQ 作为紧凑型跨界 SUV，瞄准的是年轻男司机。此后推出的第二款纯电动车型 R1，被寄望在 2019 年销售 10 万辆，这个目标最终只完成了不到三成。

2020 年年初，疫情来袭，整个 2 月欧拉只卖了 200 多台车。为了摆脱颓势，欧拉开始了花式营销，并逐渐将目标放到了女性市场，最终确定了“猫系”文化，试图让女司机们在车上找到宠物的养成系感觉。2020 年 7 月，欧拉好猫推出，外观酷似保时捷，配色符合女性审美，很快 R1 和 R2 也改名为黑猫和白猫，欧拉的“养猫”风潮正式成型。

与此同时，一大批同行也加入争抢女司机的队伍中。随着马路上的女司机越来越多，独立女性对于城市代步工具也释放出不同于男性的信号。老牌腰部传统车企转战新能源市场，技术等方面没有太多优势，产品很难打出差异化，女性消费者涌现，让厂商们找到了一个细分赛道。

易车 2021 年 10 月 8 日发布的《汽车互联网用户国庆出行》显示，国庆期间预购电动车的用户更多是女性，年龄集中在 31～50 岁。瞄准女性的新能源车在外观设计上存在一些共性，总结出来为：小巧精致、造型可爱、马卡龙配色。在成都车展上，不少品牌为了迎合默认的女性审美，从外观到内饰一粉到底，让不少女司机感到用力过猛。

事实证明，如何让女司机掏腰包，除了颜值、外观，营销层面也很重要，粉丝经济在车圈也被运用得炉火纯青。欧拉猫系命名背后，就突显出带有“心机”的传播考量，这也是现下女性电车产品所能看到的相同模板。比如奇瑞 QQ 冰激凌系列、北京 U5 PLUS 樱花骑士定制版、哪吒 V 魔女版、风行 T5EVO 女神版，以及五菱宏光 MINIEV 马卡龙系列，名字里不乏能拉近女性用户距离的元素。

五菱宏光 MINIEV 本来是个例外，与老年代步车相差无几的造型，没出马卡龙版前配色也平平无奇，看上去毫无视觉吸力。但五菱有一套特别的营销技巧——魔改，这更像换装游戏，让一度止步于老年人的迷你汽车，在年轻女用户中焕发前所未有的活力。

小红书上，除了欧拉"养猫"一族，五菱女孩也自成一派，两个群体的共同默契在于，分享汽车内饰魔改后的玩家心得和成果。这些笔记中既有 KOL 的"代言"，也不乏用户的自发分享。这种通过社交媒体制造产品共鸣，吸引同类人群，扩大品牌影响力，主打粉丝效应的营销策略，品牌商乐得其见。

五菱在上海、成都等地相继举办改装车展，与喜茶、音乐节跨界联动，给五菱女孩"盖戳"拉群，定期互动派发福利。欧拉官方发布电动车原厂改装 IP"欧拉猫变研究所"。品牌商们玩的这些花样，深受年轻女性用户青睐。有了声量，自然不愁销量。那些在小红书问"这车多少钱"的人，会看到宏光 MINIEV、欧拉好猫等品牌相继出现在大牌明星汇聚的带货直播间。

用上汽通用五菱副总经理兼品牌与市场总监周钘周钘的话来说，"我们把宏光 MINI 定位为快消品，不只是一台汽车，是时尚潮品、快消品。"对它们而言，颜值即流量，声量即销量。

为什么讨好女司机？

为了讨好女司机，微型电车市场上的厮杀越来越激烈。但实际上，这也是品牌们的无奈之举，在转战新能源中，受成本与技术门槛的牵制，避开厮杀激烈的中高端电车市场，大家只能在微型电车市场找合适的位置，而女性作为一片增量市场，更好挖掘，也容易在定价上寻空间。微型电车市场上，此前最出风头的莫过于五菱宏光。

据乘联会数据，宏光 MINIEV2021 年前 9 个月共卖出 25.7 万辆，当之无愧的新能源销量之王，特斯拉紧随其后。

风光背后暗含着五菱的焦虑，近年来财务报表上营收、净利连续下滑，五菱营收从 2017 年的 1055 亿元下滑到 2020 年的 729 亿元，归母净利润也从 53 亿元缩水至 1.42 亿元。曾经的 MPV 销量神话五菱宏光与主打的高性价比车型宝骏系列，自 2017 年之后便辉煌不再。在新能源战场，来势汹汹的新品牌吸引了更多目光。五菱需要一个爆款产品回血救命，并为其在新能源汽车市场夺回一席之地，宏光 MINIEV 背负起这一重任。

从 2020 年 7 月宏光 MINIEV 上市，最初定价于 2.88 万～3.88 万元区间的平民代步车，很快在下沉市场打开局面，销量甚至力压特斯拉一再降价的王牌 Model 3，登顶新能源汽车榜首。而关于五菱宏光 MINIEV 的购买群体，官方曾回复，90 后用户占比超过 72%，其中女性用户又占了很大比例。宏光 MINIEV 销量高居，但低价定位意味着利润空间有限，2020 年凭借后五个月的助攻，公司全年归母净利润也仅有 1.42 亿元。

五菱想靠宏光 MINIEV 翻盘，就必然要提高定价，而在女性市场的开路，为这一策略提供了空间。2021 年 4 月，五菱宏光 MINIEV 马卡龙版正式登场，售价上调至 3.76 万～4.36 万元，预订开启 5 天订单突破 23000 辆。上汽集团 2021 年半年报中也表示，"马卡龙版"上市后价升量稳，继续高居国内电动车销量榜首，为上汽通用五菱的财务数据带来改

2021年1-9月新能源销量排行榜

单位：辆

NO.	新能源	2021.1-9	2020.1-9	同比
1	宏光MINI	256,661	23,645	985.5%
2	特斯拉(Model 3)	111,751	79,908	39.8%
3	特斯拉(Model Y)	92,933	-	-
4	比亚迪汉EV	58,479	7,229	709.0%
5	比亚迪秦PLUS DM-i	58,241	-	-
6	理想ONE	55,270	18,160	204.4%
7	奔奔EV	53,155	5,749	824.6%
8	埃安(Aion S)	50,142	30,515	64.3%
9	奇瑞eQ	50,124	19,974	150.9%
10	欧拉黑猫	47,087	21,032	123.9%
11	小鹏P7	39,227	6,788	477.9%
12	比亚迪宋DM	34,865	532	6453.6%
13	哪吒V	32,161	-	-
14	科莱威CLEVER	31,537	5,937	431.2%
15	比亚迪秦PLUS EV	29,743	-	-

图 6-11 2021 年 1—9 月新能源销量排行榜

观。2021 年上半年，营业收入达到 322.6 亿元，归母净利润已经上升至 4.1 亿元。

但五菱也并非安枕无忧，随着老牌车厂纷纷看中女司机，五菱也迎来众多微型电车品牌的围剿。据乘联会 9 月数据显示，新能源销量 TOP15 中，有 5 家微型电车产品，分别是五菱宏光、奔奔 EV、奇瑞 eQ、科莱威 CLEVER 和雷丁芒果，此前欧拉黑猫和哪吒 V 也上过榜单，大家都打起了女司机的主意，竞争形势走向红海。

对此，长城欧拉也感同身受。长城推出欧拉品牌已经三年，背后潜藏着长城汽车董事长魏建军的野心和危机感。今年 6 月末，长城汽车正式发布 2025 战略称，到 2025 年，实现全球年销量 400 万辆，其中 80%为新能源汽车，营业收入超 6000 亿元。这对欧拉提出了很高的要求。2021 年半年报显示，上半年长城集团总销量 61.4 万辆，欧拉作为旗下新能源品牌，虽然同比增长了 4 倍多，但是累计销量仅 5.3 万辆，占比 11.6%。

欧拉通过猫系产品，试图拉动女性用户，搞粉丝式营销，提升品牌溢价力，这确实带来了销量的提升。最新数据显示，欧拉品牌前三季度累计销量 8.5 万辆，其中欧拉好猫销量为 2.4 万辆，但是仅靠这些还远远不够。大家都想借女司机的增量市场突围，带来的拼杀也十分激烈。欧拉目前一边要销量，同时也开始调整产品价格结构，试图增厚利润。

欧拉 2018 年年底推出的 R1(黑猫)，补贴后价格区间为 5.98 万～7.78 万元，等到 R2(白猫)和好猫上市，补贴后价格区间已从 7.58 万～8.88 万元，突破到 10.39 万～14.39 万元。2021 年 4 月上海车展，欧拉继好猫之后，又发布一款 SUV 车型——欧拉大猫，消息称价格将在 15 万左右。这款新品无疑承载着欧拉破圈突围的野心，车型和定价都直奔小鹏 G3i、广汽埃安 AION Y、威马 EX5 等纯电动紧凑级 SUV 竞品。

仅有颜值还不够

虽然女人的钱好赚，女性消费者也是更善变的。一路高歌的销量并不能完全排解五菱、长城们的焦虑，凭借着“好看”和“好玩”能在女性市场受宠多久，才是它们的心病所在。而在这之前，只有颜值，产品力有限带来的问题已经慢慢展现。

2021 年 2 月，秦皇岛发生一起交通事故。一辆正常行驶的五菱宏光 MINIEV 与逆行的奥迪 A4 相撞，宏光 MINIEV 车体几乎被撞烂，车上母女因重伤不治身亡。

这场悲剧的上演，也引发外界对其安全装置的关注。因为五菱最早推出的入门级宏光 MINIEV，根本不配置安全气囊，而且没有倒车影像，低配版甚至连空调都没有。2.88 万元的售价让这些缺陷看上去合理，又符合代步车或快消品的定位，但这些显然都不能作为忽视安全问题的借口。五菱深知这一点，在随后的马卡龙车型中，增加了安全气囊、倒车影像、LED 日行灯等配置。

小红书上，同样不乏欧拉女车主吐槽“脆皮猫”的日记，有的被外卖电瓶车撞坏前脸，有的为修车花费上万，一致的呼声是“太脆了”。除了外部质量问题外，欧拉汽车的动力消失和动力电池故障问题，依然值得留意。

2021 年 7 月左右，山西太原发生多起欧拉 iQ 在充电中起火自燃事件。据媒体报道，自燃事件造成欧拉汽车一度被太原部分充电站“拉黑”。事情发酵后，长城汽车宣布从 7 月 16 日起，召回共计 16216 辆欧拉 iQ。官方给出的解释是：部分动力电池的一致性与 BMS 软件控制策略存在匹配差异，连续频繁快充后可能存在动力电池热失控安全隐患。

投诉平台上，亦出现不少反映欧拉黑猫动力失效的声音。有车主在高速行驶中发现动力消失后怕不已，有车主停在红绿灯路口，在交警协助下重启几次才恢复动力。根据车主反馈信息，“三电故障”问题案例并非孤例。值得一提的是，黑猫是目前欧拉旗下比较卖座的车型之一，月均销量已超过 5000 辆。销量越高，意味着产品质量产生的口碑阴影或会越大。

如今，尽管车企们为了获得女性用户青睐争芳斗艳，但少有像欧拉这般大胆公然向女人示爱，因为多数车企不愿贴上女性化标签。

上汽集团技术中心副总设计师兼全球设计总监邵景峰曾揭露了原因，“一旦产品和女性强绑定，也就自绝于男性用户”。

眼下，欧拉也意识到这个问题。欧拉曾在 2021 年 3 月将自己定位为“更爱女人的汽车品牌”。不过最近进军欧洲市场，欧拉的定位从“更爱女人”变成“ORA LOVES YOU”(欧拉爱你)，并未直接提及“女性化”概念，而是要“成为全球年轻人数字时代的挚友”。或许，这场女性新能源汽车热潮背后，争做年轻人的第一辆车，才是各大车企的最终目标所在。

资料来源：卓宇.五菱宏光、长城欧拉们，为什么争抢女司机？[OL].百度百家号：豹变官方号，2021-10-18.

问题：

1.请结合案例资料分析市场细分的作用。

2.欧拉猫系、奇瑞QQ冰激凌系列、北京U5 PLUS樱花骑士定制版、哪吒V魔女版、风行T5EVO女神版以及五菱宏光MINIEV马卡龙系列都是在什么市场背景下推出的？

3.上述汽车采用怎样的目标市场营销策略？市场定位是什么？

实训专题

选择一类产品，了解目前市场细分的现状，以及主要竞争品牌的目标市场，并试着挖掘若干个新的细分市场，分析其市场潜力与价值。

思政专题

“中国特色社会主义进入新时代，我国社会主要矛盾已经转化为人民日益增长的美好生活需要和不平衡不充分的发展之间的矛盾。”试从STP的角度思考，中国社会发展的不平衡不充分为企业带来的潜在市场机会，并选择一个行业或市场举例说明。

第七章　产品策略

学习目标

1.理解和掌握产品的概念和整体产品的概念，能够理解与掌握核心产品、形式产品和延伸产品的含义及其内容；

2.了解消费品和工业品的分类，了解产品概念的延伸：组织、人员、地点和创意；

3.理解和掌握单个产品决策的内容和流程；

4.理解和掌握产品线决策中的向下延伸、向上延伸和双向延伸的内容；

5.理解和掌握产品组合的宽度、长度、深度和关联度的概念，并掌握产品组合决策的内容；

6.理解和掌握品牌的概念和品牌的构成，理解品牌与商标、品牌资产的关系；

7.理解和掌握品牌营销决策的内容和步骤；

8.理解和掌握服务的概念和服务的四大特征；

9.理解和掌握服务营销的内容，包括内部营销、外部营销和互动营销的具体内容；

10.理解和掌握产品生命周期的含义及其构成；

11.理解和掌握产品生命周期各阶段的特征及其相应的营销对策；

12.理解和掌握新产品的含义以及新产品开发的重要性；

13.理解和掌握新产品开发的程序和新产品在消费人群中的扩散；

14.理解互联网信息产品的特殊性，掌握互联网产品的开发的阶段。

引导案例

2021 年的月饼内卷

2021 年中秋节到了，同往年一样，一场围绕口味、包装、创意的“月饼大战”正如火如荼地上演。辣子鸡、辣条、韭菜、珍珠奶茶……且不论去年的这些月饼带给消费者的是惊喜还是惊悚，今年月饼的口味依然沿袭了上一年的风格——更奇葩、更搞怪：螺蛳粉、藤椒牛肉、大闸蟹等口味的月饼已经上市，等待消费者的品尝。

也有一些主打低糖、低卡的月饼，瞄准了消费者的健康需求，如减糖 60%的鲜果月饼、加入益生菌等有益成分，或是以植物肉做馅料的月饼。如此的纷繁热闹，不禁让人感慨，口味再刁钻的人也总能找到一款自己爱吃的月饼。

不只是口味上的创新，月饼的包装也是下足了功夫。美心推出小黄人外形的月饼礼盒，好利来与 NASA 推出的联名月饼，包装以太空为主题，搭配太空船票和太空徽章。另外，故宫博物院、三星堆博物馆、苏州博物馆等，以及非食品企业也都跨界推出了不同主题的月饼礼盒。越来越丰富的口味、越来越花俏的包装，伴随月饼市场的眼花缭乱而至的，是逐年发展的市场规模。

据统计，目前我国在业、存续的“月饼”相关企业共计 2.3 万家(企查查数据)；月饼产量自 2015 年的 32.8 万吨，逐年提升，2019 年达到 36.4 万吨；销售额从 131.8 亿元上升至 196.7 亿元，直逼 200 亿大关。然而，繁荣背后，记者关心的问题是，无论是快消零卖路线的散装月饼，还是定位于馈赠的礼盒月饼，打动消费者心甘情愿掏钱购买的究竟是哪些因素？毕竟，繁荣与内卷或许只是一线之隔，想要打动消费者，月饼界的创新出路究竟在哪里？

口味：出奇制胜

月饼最初是用来拜祭月神的供品，经过元、明两代，中秋节吃月饼、馈赠月饼的风俗日盛，且赋予了月饼“团圆”的象征意义。在物质不甚丰富的年代，月饼是珍贵的黏合剂，分食一块饼寓意一家人团团圆圆。近些年，人们越发重视传统节日，也更重视在节日里做一些具有仪式感的事情，中秋节吃月饼自然是必不可少的。除了送礼，自购月饼的消费者不在少数。据《2020 年月饼数据消费报告》显示，2019 年中国消费者自购食用的比例排名第一，达 39.8%。

与包装相比，自购月饼的消费者更看重产品的口味与质量。因此，对于月饼厂家而言，想要靠豆沙、莲蓉、五仁这些传统口味吸引消费者已经越来越难，以独特的新口味出圈或许更有希望。

今年，盒马工坊推出了藤椒牛肉味月饼，创意来自四川风味冷锅串串。牛胸肉、牛百叶、牛肝菌酱等食材，加上豆皮、腐竹、笋，搭配藤椒锅底，红油拌上芝麻，既保留了传统苏式月饼的酥软，又增添了爽感，受到年轻消费者的欢迎。

你以为这样的怪味月饼没人爱？盒马相关负责人向记者透露，2019 年，盒马曾推出过芥末三文鱼口味月饼，由于消费者对这款月饼的呼声过于强烈，才有了今年的“返场”销售。该负责人向记者介绍：“研发新口味前，我们会根据盒马的历年销售数据，分析、评估流行趋势，从中挑选出时下流行的或者可能会引发新潮流的口味，然后进行研发。研发周期一般开始于月饼上市前三个月，中间会有多轮打样、测试、内部试吃、调整、路测等。”

且不论最终这些新口味的月饼销量如何，依靠数据分析研发新口味，思路总不会错。除此之外，抓住消费需求的大趋势，则是另一条路径。

在追求健康的大趋势下，低糖、低卡风也吹到了月饼界。叮咚买菜和静安面包房合作推出低糖月饼系列；苏州稻香村、杏花楼、薄荷健康等也都打出各自的“健康牌”。以薄荷健康推出的低糖月饼为例，以适量的糖醇、海藻糖、低聚果糖替代传统白砂糖，并增加了膳食纤维。据薄荷健康商品产品主管刘瑾文介绍，这款低糖月饼礼盒兼顾了老中青三代消费群体的口味需求，“我们想做一款大家既愿意吃，又不会造成太大心理负担的月饼，不过即便是低糖月饼也提醒大家要适量食用。”

在包装上，薄荷健康的产品总监王丛表示，我们更想借这款月饼传达健康的概念，所以选择了相对简洁、不烦琐的一个包装样式。此外，月饼的分量也呈现了不断变小的趋势。传统月饼大多在180～250g，而如今许多品牌都推出了50～80g的迷你月饼。更小的“个头儿”，加上低糖、低卡，又添加了如益生元等各种有益成分，这一切都是为了让追求健康的消费者能安心、放心地吃上一口月饼。

包装：设计藏巧思

“八月十五谓之中秋，民间以月饼相馈，取团圆之意。”早在明代，江南一带百姓已有中秋互赠月饼的风俗，以祝福彼此阖家团圆美满。即便是新冠疫情也没能降低人们买月饼送礼的热情。据苏宁易购数据，截至2020年9月18日，中秋月饼销量较去年同期增长了121%，尤其节前两周同比增长了215%。与此同时，截至2020年9月15日，京东平台整体月饼销量同比去年上涨超过125%。在这些销量中，除去食品企业每年推陈出新的月饼外，其他非食品品牌售卖的产品也占据了一定比例。事实上，跨界推出月饼礼盒的互联网大厂、各个博物馆、新品牌，每一年都能吸引不少消费者的关注——上海市精神卫生中心推出的“精神饼”、金沙遗址博物馆设计的金箔月饼＋考古盲盒、新华书店推出的“识字月饼”……明眼人都知道，这些不以卖月饼为目的的跨界，只是想借着中秋节做一波品牌宣传。

深圳上善设计创始人贾思源告诉记者，月饼是一个很好的推广媒介。“每年中秋我们都会看到不同创意的月饼和包装，其中很多有创意的包装并不是出自传统的食品品牌，而是互联网和科技公司。对于它们来讲，月饼就是一个承载企业或者品牌文化的载体。不少消费者会把创意兼具实用的月饼包装留下来，这也促使企业在包装创意上下足了功夫。”

据贾思源介绍，月饼礼盒的包装设计一般会提前半年开始筹备，通常是过了端午节，有的甚至在春节过后就开始了。“好的设计仅靠创意还远远不够，设计背后的供应链也是非常关键的环节。我们在设计初期会评估量产的可行性，其中也包括对成本的把控。”

上善设计团队曾为一个燕窝客户设计过包装：首先要考虑甲方的诉求，客户是专注做燕窝的品牌，要思考如何将燕窝与月饼产生关联，找到独一无二的品牌故事。同时这件商品主要是在线下售卖，因此要考虑消费者对于包装的体验。最终上善设计团队以“金燕归巢”的概念连接了燕窝与中秋，此外由于这款产品主要是在深圳销售，所以也加入了深圳的本土元素。确定设计思路后，在包装的表达上，通过拉动包装封套的必然动作，在封套和礼品盒之间通过光栅的变化呈现出燕子归巢的动感影像，“我们还在礼盒中添加了两根蜡烛，搭配硫酸纸折成的灯罩，会很好的烘托家庭团圆的气氛。”

在贾思源看来，好的包装设计应该是既出乎意料又在情理之中。“包装要给人冲击和新鲜感，并且这种冲击最好出现在从最初看到、触摸，再到打开的每个阶段，这就是一种层次丰富的体验，让消费者感慨，原来月饼还可以这么做。”显然，当月饼的口味越来越趋同，越来越内卷，各品牌便只能在包装设计上大展拳脚了。只是，如何让口味与包装相辅相成，达到最佳效果，仍旧是门艰深的学问。贾思源向记者表示：“在节日礼品的设计开发中，平衡可能是未来的一个趋势，针对不同的品牌定位，在创意和成本之间找到最适合自己平衡点，要既能体现产品的趣味与价值，又不至于过度包装。”

从新奇的口味到独特的包装创意，似乎已经很难说清，究竟是消费者旺盛的需求促使品牌不断在月饼上推陈出新；还是层出不穷的新式月饼激发了消费者的购买欲望。然而，有一点可以肯定，每一年的“月饼大战”只会越来越激烈、越来越精彩，最终受益的，还是上帝——消费者们……

资料来源：王梓旭.2021年的月饼内卷[OL].新零售商业评论，2021-09-20.

引导问题：请结合案例资料谈谈对产品策略的感悟。

产品是市场营销组合策略中的首要因素，因为市场营销的其他策略，如定价、促销和分销都是以产品策略为基础，因此从产品策略开始研究最为恰当。首先我们提出什么是产品，然后阐释了企业的产品决策，并讨论了产品组合策略。最后我们研究了一些重要决策，包括产品品牌营销策略、服务营销策略、产品生命周期各阶段的营销策略和新产品开发策略。

第一节 企业产品策略概述

一、产品的概念

在现代营销学中，产品概念具有宽广的外延和丰富的内涵，美国著名营销学家菲利浦·科特勒认为：“产品是指能提供给市场以引起人们注意、获取、使用或消费，从而满足某种欲望或需要的一切东西。”这是目前运用得比较广泛的一个定义。产品在市场上包括实体商品、服务、经验、事件、人、地点、财产、组织、信息和创意等或者上述的组合。

产品的外在形式包括有形的实体产品、无形的服务和有形加无形的形式，它们之间并没有明显的界线，而是形成了连续的谱系图，如图7-1所示。

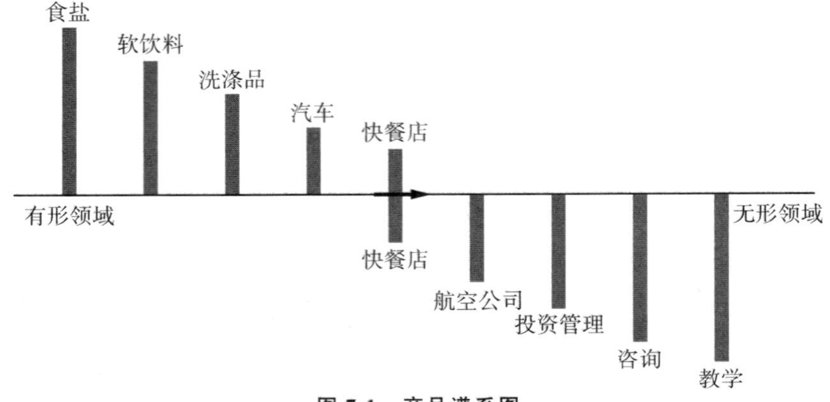

图7-1 产品谱系图

二、产品的整体概念

企业和消费者往往从自己的角度出发来看待产品，他们都把产品视作一种载体。企业要获得利润必须要为顾客创造价值，这个价值的载体就是产品。消费者希望通过消费产品来收获价值，从而满足自己的某种需求。因此顾客真正购买的不仅仅是单纯的产品，他们购买的产品给他们带来的利益。美国著名营销学家菲利浦·科特勒提出的产品整体概念，本质上是将产品的利益分为三个层次，即核心产品、实体产品和扩展产品，如图 7-2 所示。

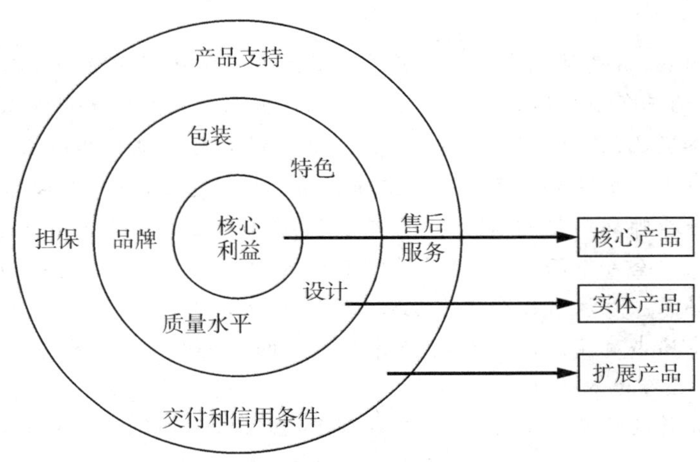

图 7-2　整体产品的三个层次

(一)核心产品

核心产品是产品整体概念中最基本和最实质的层次，是指产品给顾客提供的基本效用和利益，是顾客需求的中心内容。顾客购买某种产品，并不是为了得到产品实体本身，而是为了满足某种特定的需求。人们购买化妆品，并不是为了获得它的某些化学成分，而是要获得“美”。同样，人们买空调是为了“凉爽”。因此在产品决策中必须以核心产品的核心利益为出发点和归宿来设计真正满足消费者需要的产品。

(二)实体产品

实体产品是核心产品借以实现的形式或目标市场对某一需求的特定满足形式。它包含五个要素：包装、品牌、质量、款式、特色。例如购买洗衣机，不仅考虑其洗衣功能，还会考虑其洗衣功能得以实现的载体，即它的厂家、品牌，是海尔、美的，还是西门子；它的能效等级；它的款式是波轮还是滚筒；独特卖点是烘干、甩干还是消毒等。由此可知，实体产品是顾客在市场直观可以看到的，也是顾客在选择商品时的主要依据。不同的企业设计的形式产品给予消费者的利益是不同的，因此企业进行产品设计时除了要重视顾客所追求的核心利益外，还要重视如何在形式上给予顾客真正需要的利益。

(三)扩展产品

扩展产品又称延伸产品，是指顾客因购买产品所得到的全部附加服务与利益，包括保证、咨询、送货、安装、维修等，它是产品的延伸或附加，能够给顾客带来更多的利益和更大的满足。如家用空调生产者，不仅销售空调，而且还提供送货上门、安装维护、产品保证等一系列服务项目。随着科学技术的发展以及企业生产和管理水平的提高，不同企业提供的同类产品在核心产品和实体产品所提供的利益会越来越接近，而扩展产品则会强化产品的优点和增加对顾客的吸引力。美国市场营销学家里维持教授断言："未来竞争的关键，不在于工厂能生产什么产品，而在于其产品所提供的附加利益。"因此，企业要取得竞争优势，就应向顾客提供比竞争对手更多的附加利益。

小案例 7-1　**谁在定义未来手机**

智能手机内卷，折叠屏成为产品破圈的答案。在日常使用场景的应对上，智能手机的性能早已过剩，两三年前发布的手机至今仍能很好地满足用户的使用需求。

一味提升参数已经无法刺激销量，这迫使亟须创新的手机厂商盯上了折叠屏。2021年内，有超过10个手机品牌宣布推出折叠屏产品，其中覆盖荣耀、小米、vivo等多家主流厂商。此前据分析师郭明錤称，苹果也将在2023年后推出折叠屏iPhone。

主流厂商几乎全部下场，折叠屏的前景不言自明。但折叠屏究竟将如何发展，还得从头部厂商找到答案。天风证券今年7月数据显示，率先入局的三星，已在全球获得90%以上的折叠屏市场占有率。而作为折叠屏普惠化的主要推手，三星2021年9月发布的Galaxy Z Flip3已经进入千元时代。

在提升折叠屏的性价比上，三星相对做到了极致。据了解，三星作为供应链中的上游厂商，拥有制造手机核心元器件的强大能力。2017年，三星以14.2%的份额取得半导体市场第一。依托这一优势，三星成为全球最大的消费电子制造商、OLED屏幕供应商和存储器供应商，至今仍稳坐全球手机出货量第一的位置。"自产自销"的模式使得三星在硬件成本控制上也更有优势，能够推动折叠屏价格不断下探。

基于消费者需求出发，业内主流的折叠屏解决方案分为两种：其一是横向内折或外折，把一个平板尺寸的智能设备变为手机，其二是竖向折叠，将普通尺寸的智能手机折叠为一半大小。

横向折叠的核心是生产力，因此大屏和多功能显得格外重要。三星Galaxy Z Fold 3通过内屏的屏下摄像头提升视觉体验，将屏占比做到极限，用外屏摄像头补足高像素拍摄需求。配合S Pen压感手写笔，大屏折叠机型也具备了压感绘图、手写能力，来处理更多维度的工作。自此，折叠屏与直屏手机不再互斥。

竖向折叠则是三星的"破圈"新思路。竖向折叠这种独特的开合方式，显然能够对手机的独特性进行有效建设。三星今年发布的Galaxy Z Flip3也被用户贴上"小巧"、"精致"以及"时尚"的标签，昭示着智能手机个性化的趋势回归。

资料来源（有删减）：韩子涵，邓浩.谁在定义未来手机[OL].百度百家号：36氪，2021-11-14.

三、产品的分类

产品按用途可分为消费品和工业品两大类。

(一)消费品

消费品按消费者的购买习惯,又可分为便利品、选购品、特殊品和非渴求品。

1.便利品

便利品是指消费者通常购买频繁或在需要时随时购买,并且只花最少精力和最少时间去比较品牌、价格的消费品,如肥皂、雨伞等。便利品可进一步分为常用品、冲动品和救急品。常用品是顾客经常购买的产品,如油盐酱醋、牙膏、洗衣粉等,一般不需要复杂的购买决策过程,多是习惯性购买,随买随用,随用随买。冲动品是顾客没有经过计划或搜寻而临时、非计划性购买的产品,如在心理冲动下购买的旅游纪念品等。对于这类产品,在卖场中应摆放在容易看得到的位置。救急品是当顾客的需求十分紧急时购买的产品,如雨伞、药品等。救急品的地点效用也很重要,一口顾客需要能够迅速实现购买。

2.选购品

选购品是指顾客在选购过程中,对适用性、质量、价格和式样、颜色等基本方面要做认真权衡比较后才会做出购买决定的产品,例如家具、服装和大型家电等。其购买行为特征包括选择性强、耐用程度较高、不经常购买、单位金额较高等。选购品又可划分成同质品和异质品。同质品,是指在多方面的特征上具有较高相似性的产品,如彩电、洗衣机、空调等。对于这类产品来说,同质化程度较高,竞争比较激烈,实行品牌营销战略有助于提高消费者的认知度和忠诚度。异质品,是指在多方面的特征上有显著差异的产品,如服装、发型设计等。对顾客来说,在选购服装、家具和其他异质选购品时,产品特色通常比价格更重要。异质选购品的经营者必须备有大量各种花色的产品,以满足不同消费者的偏好。他们还必须有受过良好训练的推销人员,为顾客提供信息和咨询服务。

3.特殊品

特殊品是指消费者能识别的独特产品或名牌产品,而且习惯上愿意多花时间和精力去购买的消费品。例如,特殊品牌和造型的奢侈品、供收藏的特殊邮票和钱币等。消费者在购买前对要物色的特殊品的特点、品牌等均有充分认识,这一点同便利品相似;但是,消费者只愿购买特定品牌的某种商品,而不愿购买其他品牌的某种特殊品,这又与便利品不同。

4.非渴求品

非渴求品是指消费者不了解或即便了解也不想购买的产品。这类产品在消费者的日常生活中一般是可有可无、非必需的商品。传统的非渴求品有:人寿保险、基地、墓碑以及百科全书等。对非渴求品,需要付出诸如广告和人员推销等大量营销努力,以促使潜在顾客认识到需要并激发其购买欲望。一些最复杂的人员推销技巧就是在推销非渴求品的竞争中发展起来的。

(二)工业品

工业品是指企业购买后,用于制造其他产品或者满足业务活动需要的物品或服务。

通常可以把产业用品分成三类:材料和零部件、资本项目、供应品和商业服务。

材料和部件是指完全转化为制造商产成品的一类产品,包括原材料、半制成品和零部件,如奶粉公司生产罐装奶粉所需要的包装和鲜牛奶等。由于材料和零部件都是完全转化成产品的组成部分,因此材料和零部件的价格和质量直接影响到产成品的成本和质量,意味着价格和供应商的可信性是影响购买的重要因素。

资本项目是指部分进入产成品中的商品,包括装备和附属设备两个部分。装备包括建筑物(如厂房)与固定设备(如生产设备、运输设备等)。由于该类产品的价格一般较为昂贵,企业在购买时特别慎重,因此在售前需要经过长时间的谈判。制造商的销售队伍需要有很强的沟通能力,同时要针对各类顾客的实际需求设计各种规格的产品和提供售后服务。附属设备包括轻型制造设备和办公设备等。这种设备不会成为最终产品的组成部分,它们在生产过程中仅仅起辅助作用。这种产品的市场地理位置分散、用户众多、订购数量少,质量、特色、价格和服务是用户选择中间商时所要考虑的主要因素,促销时人员推销比广告重要得多。

供应品和商业服务是指不构成最终产品的那类产品,如打字纸、铅笔等。供应品可以分为两类:操作用品(如润滑油、打字纸)和维修用品(如油漆、钉子)。供应品相当于工业领域内的方便品。商业服务则包括维修或修理服务(如清洗窗户、修理打字机)和商业咨询服务(如法律咨询、广告设计)等。供应品的顾客人数众多、区域分散且产品单价低,一般都是通过中间商销售。

组织、人员、地点和创意

营销学上的产品在外延上可以扩展到组织、人员、地点和观念上。

1.组织营销。营利性组织和非营利性组织也经常将自己的组织当作产品来营销。营利性组织通过公关活动、企业形象战略活动以美化组织的形象,取得顾客对组织的信任。非营利性组织则将组织向公众推广,希望公众能够加入组织或者给组织捐款等。

2.人员营销。体育明星、娱乐明星和一些专业人士如医生、律师等经常将自己当作产品来营销。明星通过自我营销来取得更多粉丝的支持,而专业人士则通过提高自身能力来获得更多影响力。

3.地点营销。国家、地区、城市等则把特定地点当作产品来营销。国家之间、地区之间、城市之间往往在吸引游客、吸引投资、吸引新居民产生相互竞争。

4.观念营销。一些非政府组织把观念当产品来做营销,比如保护野生动物、低碳出行、反对吸烟、酗酒、吸毒等。非政府组织希望通过观念营销去影响公众的行为。

第二节 企业产品决策

企业的营销人员在产品上的决策可以按照三个层次来推进，分别是单个产品的决策、产品线决策和产品组合决策。

一、单个产品决策

单个产品的决策要结合整体产品概念中的三个层次来进行，其中核心产品在本质上都是一样的，因此决策的重点在形式产品和延伸产品上，如图 7-3 所示。

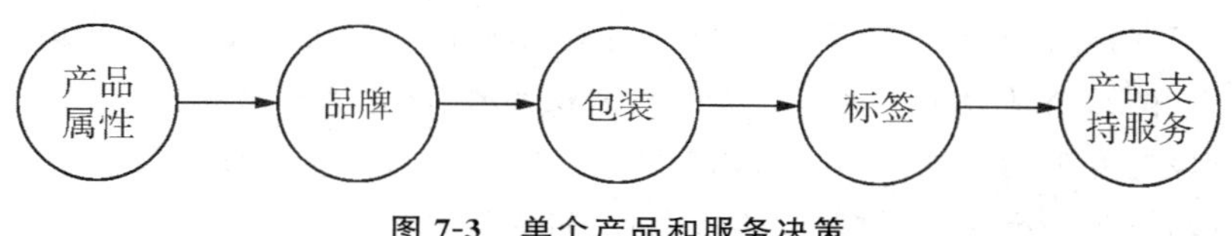

图 7-3 单个产品和服务决策

(一)产品属性

产品属性决策是指在产品或服务的自身上的相关属性的选择，包括产品质量、产品特征和产品风格和设计。

(1)产品质量。质量是产品的生命线，与消费者需求的满足密切相关。美国质量管理协会的定义是与满足现实或潜在的顾客需要的能力相关的产品和服务的特征。产品质量的两个维度：质量水平和一致性。质量水平可以分为符合性质量和适用性质量。符合性质量即认为质量只是符合标准的要求，这是长期以来人们对质量的理解，但是标准不先进，即使是百分之百符合，也不能认为是质量好的产品，于是质量的概念在满足符合性的基础上又产生了“适用性”的概念。适用性质量是以适合顾客需要的程度作为衡量的依据，即从使用的角度来定义质量，认为产品质量是产品在使用时能成功满足顾客需要的程度。适用性质量概念的发展，说明了人们在质量概念的认识上逐渐把顾客的需求放在首位。如桑塔纳轿车和劳斯莱斯轿车都具有符合性质量，符合国家对轿车质量的要求，但是各自的适用性质量又有很大的不同。产品质量的另一个维度则是一致性，要求企业要始终一致提供没有缺陷的产品质量。

(2)产品特征。在形式产品中，可以给产品增加特征，提供给顾客更多的利益。如汽车中增加影像导航、坐垫加热等特征，美图手机的美颜特征。产品特征也是企业与竞争对手产品时实现差异化的手段之一。当然很重要的一点就是成为第一个提供该产品特征的企业。

(3)产品风格和设计。产品风格就是产品的外观。产品的外观与目标顾客的感官密切相关，好的外观会引起顾客的关注并带来愉悦的美感，反之则可能索然无味。产品设计是比产品风格更大的概念，它不仅仅考虑产品的外观，还要考虑产品的实用性。

拓展阅读 7-2 营销是基于产品质量之上的活动

“营销是基于产品质量之上的活动”，对于企业来说，营销固然重要，却不是最关键的。再好的营销，要想取得预期的收益，都必须建立在过硬的产品质量上。如果没有值得信赖的品质，再好的营销方式推销手段，也会成为空谈。一个质量不过关的产品，可以蒙骗顾客于一时，却不可能永远蒙骗所有顾客，一个不被顾客看好、不被顾客信任的产品是没法在市场中立足的。所以说，产品品质才是最基础的，营销只是为了更快获得利益、使产品更加畅销的一种附加手段，是建立在品质基础上的。

有的企业会说：我们有抓产品质量啊，我们把确保质量写进了企业战略，写进了企业制度，写进了广告宣传，打出了宣传口号……实际一点地说，这些都是流于形式、泛于表面的。产品质量不是说出来的，更不是吹出来的，关键是要坚持不懈地把质量安全贯彻到企业运作的全程，用实际行动，踏踏实实生产出高质量的产品。而且，产品质量的好坏并不是由企业自己说了算的，而是由消费者用购买行为来投票的，消费者对产品质量的好坏有自己的判断，并由此决定是否购买该产品。所以，企业要想生产出高质量的产品，关键是要深入质量管理的核心，一步一个脚印，把质量作为生产、销售的头等大事、企业运营的源头和基础。

还有的企业寄希望于可以走捷径，“短平快”地打造出品牌，通过铺天盖地的广告宣传砸出品牌，这样做的确能在一段时间内提高知名度，但是，却难以保持下去。从来没有企业在缺乏稳定质量的条件下，能够在市场中建立起自己的品牌。凡事要逐本溯源，质量是根本，稳定的产品质量是营销的关键。就拿国内的很多老字号来说，他们能够经受住市场考验，使得招牌能够数百年而不倒，与他们注重产品的质量是分不开的。

品牌不可能一蹴而就，产品的卓越性能和超群出众的精细品质才能赢得消费者的认同。做营销、树品牌，都得从产品的品质开始，没有这个基础，品牌就是无源之水、无根之本。

(二)品牌

品牌也是形式产品上的一个要素，是企业与顾客之间的重要联系纽带。品牌就是用于识别一种产品或服务的生产者或销售者的名称、术语、标记符号、设计或者上述的组合。品牌是从消费者识别角度来定义的，基本可以分为语言上的识别和视觉上的识别，因此品牌的构成包括品牌名称和品牌标志。由于消费者赋予品牌特定的含义，并建立品牌联系，因此企业要重视品牌的创建和管理工作。我们将在后面具体讨论品牌营销策略。

(三)包装

包装指为一种产品设计和生产容器或包装材料。包装的主要功能是容纳商品并保护商品，但是在零售商的货架上，包装有着“无声的推销员”的称号。销售包装吸引顾客吸引力，描述产品，最后可能促成产品的销售。因此作为营销人员要注意产品的包装设计，既要考虑包装的材料选用、包装形式的使用，还要注意包装图案的设计。

包装设计成这样，你还舍得扔吗？

在俄罗斯，乳制品占据快消市场的22%，而Milgrad曾经只是这个竞争激烈市场中默默无闻的一员。为了帮助品牌增加销量，Milgrad决定改变包装，使其成为自身的产品优势，于是成就了这款可爱且拥有多种隐藏玩法的猫咪盒子，将四个牛奶瓶通过不同方向进行组装，消费者就可以得到三只造型各异的小猫，如图7-4所示。

图7-4　Milgrad的猫咪盒子

热爱收集的网友们为了享受拼装可爱猫咪的乐趣，会选择一次或多次购买Milgrad的盒装牛奶，同时其他印有猫咪图案的Milgrad产品也成为收集对象。Milgrad一下就成为乳品行业的网红，在中国、日本等国家都火出了圈。

除了从动物本体找到灵感外，有的设计师也会从动物们的生活习性中找到灵感。例如Supha Bee Farm的这款100%纯蜂蜜的产品包装（见图7-5），就将蜂蜜瓶放进了类似于蜂巢的封箱里。消费者打开包装盒，拿出蜂蜜，就像刚刚从蜂巢里把蜂蜜取出来一样，将100%纯蜂蜜的产品特点直观地传达了出来。而包装采用的纸盒材料也体现了自然、环保的主题。

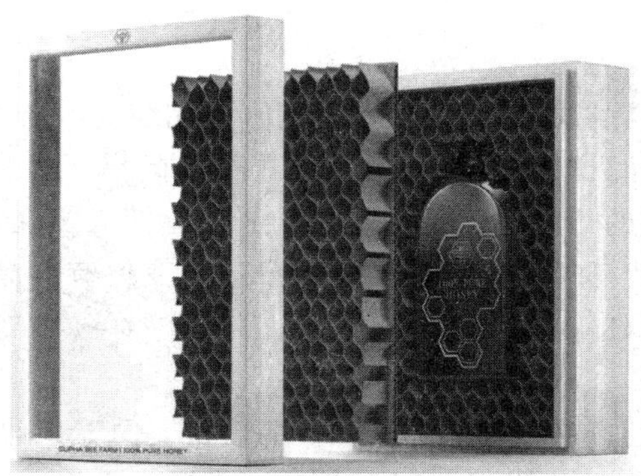

图7-5　Supha Bee Farm蜂蜜包装

除了动物，植物也是很多食品包装中常见的自然元素。例如Kendy的这款橘子味水果糖，装糖的包装盒(见图7-6)被设计成一颗切开的橘子，而消费者将糖盒打开的过程，就像把橘子对半切开了一样，仿佛下一秒就会有酸甜的橘子汁从缝隙中流出来。

图7-6 Kendy橘子味水果糖

资料来源(有删减)：Aurora，包装设计成这样，你还舍得扔吗？[OL].销售与市场，2021-05.

(四)标签

标签指附着在产品上对产品进行简单说明的签条，也包括销售包装上的文字、图形及印制的说明。标签首先要起到识别作用，比如包括品牌名称、生产厂家、厂家地址、产品批号、执行批号等；其次还要说明产品的构成以及相应的使用方法等。

(五)产品支持服务

产品支持服务是整体产品概念第三个层次附加产品的决策，也是为顾客增加附加利益的决策。作为营销人员要根据目标顾客的真正需求去设计产品支持服务。

二、产品线决策

在企业做好单个产品的决策后，还要考虑建立产品线。所谓产品线是指产品的大类，一组具有密切联系的产品，比如，以类似的方式发挥功能、售给相同的顾客群、通过同样的销售渠道出售、属于同样的价格范畴等。作为企业的营销人员在产品线上的决策主要是产品线延伸策略。产品线延伸策略指全部或部分地改变原有产品的市场定位，具体有向下延伸、向上延伸和双向延伸三种实现方式。

(一)向下延伸

向下延伸是在原有的产品线中增加低档产品项目。向下延伸指企业原来生产高档产品，后来决定增加中低档产品的生产。这种策略通常适合于下列几种情况：利用高档名牌产品的声誉，吸引购买力水平较低的顾客慕名购买产品大类中的低档廉价产品；高档产品的销售增长速度下降；企业最初进入高档产品市场的目的是建立品牌声誉，树立企业形象，然后再进入中低档产品市场，以扩大销售增长率和市场份额；补充企业的产品大类空白，以防止新的竞争者涉足。

当然，企业在采取向下延伸策略时也会遇到一些风险：增加低档产品的生产可能使名牌产品的形象受损；可能迫使竞争者转向高档产品的开发；企业的经销商可能不愿经营低档产品。因此，采用向下延伸决策的企业必须充分考虑到延伸的利弊及风险。

红旗最新高端车型亮相！

这几年我们国产车的成绩也是慢慢地在发展，很多都是比较亲民的价格，差不多都在几万到几十万之间，超过几百万的车型非常少，之前红旗 L5 也就 500 万左右的价格，所以也是刷新了国产车中的最高价格，但是红旗最新高端的车型又亮相了，搭载6.0L 发动机，豪华感不输宾利，这款车就是红旗 L9，价格高达 1000 万，而其他的国产车，很多人也都是能够买得起的，但是这款红旗 L9 估计又要刷新纪录了。

这款全新红旗 L9 在外观上也是延续了现有车型的设计理念，但是在细节方面的变化还是有的，前脸依然是瀑布式的经典中网设计，不过将进气格扇的尺寸缩小了很多，两侧的前大灯组也是经过了全新的设计，采用的主要是圆形桶状，内置激光大灯，所以也是非常的霸气，再加上前机舱盖上的标志性红色 Logo，所以辨识度也是非常高的。

霸气的前脸，再加上修长的车型，不管怎样换代，经典的设计都不会被丢弃，所以采用传统式的对开门，还有复古的造型，车身的无尾部则采用了比较犀利的线条，所以就有一点方方正正的感觉了，尾灯的造型与红旗 L5 的造型也差不多，但是红旗 L9 采用的是全防弹的结构，所以大量地使用了防弹装甲钢板还有玻璃。

新款红旗 L9 的内饰和红旗 L5 的内饰基本上差不多，内饰的颜色更倾向于家居风格的米色了，每个前排座椅的后面都配上了大尺寸的液晶显示屏，而且车内的空间也是非常宽敞，车身尺寸方面也没有太大的改变，车身长 5555mm/2018mm/1578mm，轴距将近 4 米。

在动力方面，新款的红旗搭载的是一汽自主研发的 6.0L v12 发动机，最大功率为 394 马力，峰值扭矩为 550Nm，在传统系统上则采用了匹配六速手自一体变速箱，四连杆独立前悬架还有多连杆独立悬架，而且还配备了双向的充气式液压减震器。

所以新款的红旗 L9，不管是在外观还是性能配置上，也都能够碾压宾利迈巴赫这种豪华的车型了，能够卖到千万的价格，也是非常令人期待了。

资料来源(有删减)：深巷说娱乐.国内最豪华汽车亮相[OL].网易，2019-04.

(二)向上延伸

向上延伸指企业原来生产低档产品，后来决定生产中、高档产品。这种策略通常适合于下列几种情况：高档产品畅销，销售增长快、利润高；企业的技术设备和营销能力已具备进入高档产品市场的条件；使产品大类完整。

向上延伸策略也要冒一定风险：可能引起生产高档产品的竞争者进入低档产品市场进行反攻；潜在的顾客可能不相信企业能生产高档产品；企业的销售代理商和经销商可能没有能力经营高档产品，企业需培训或物色新的销售代理商和经销商。

(三)双向延伸

双向延伸,即原定位于中档产品市场的企业掌握了市场优势以后,向产品线的上下两个方向延伸。这种策略在一定条件下有利于扩大市场占有率,增强自己的竞争能力,但是同时也需要企业要有较强的实力。

三、产品组合决策

作为企业的营销人员在做产品决策时不能仅仅考虑单个产品或单个产品线,要站在整个公司的高度对企业所有的产品进行综合决策,这就是产品组合决策。产品组合也叫产品集,是指一个企业生产销售的各种产品线及其产品品种、规格的组合成相互搭配。产品组合一般是由若干条产品线组成的,每条产品线又是由若干个产品项目构成。产品线又叫产品大类,是指密切相关的满足同类需求的一组产品。产品项目是指产品线中不同品种、规格、质量和价格的特定产品。例如顶新国际集团旗下有方便面、糕饼、饮料、快餐等多条产品线,其中方便面是一条产品线或一个产品大类,在这条产品线中,红烧牛肉面便是产品项目。

对于企业产品组合的衡量一般可从四个方面予以反映,即产品组合的宽度、长度、深度和关联度。

宽度指企业的产品线总数。对于一个家电生产企业来说,可以有电视机生产线、电冰箱生产线。产品组合的宽度说明了企业的经营范围大小、跨行业经营,甚至实行多角化经营程度。增加产品组合的宽度,可以充分发挥企业的特长,使企业的资源得到充分利用,提高经营效益。此外,多角化经营还可以降低风险。

长度指一个企业的产品项目总数。产品项目指列入企业产品线中具有不同规格、型号、式样或价格的最基本产品单位。通常,每一产品线中包括多个产品项目,企业各产品线的产品项目总数就是企业产品组合长度。

深度是指产品线中每一产品有多少品种。如,M 牙膏产品线下的产品项目有三种,a 牙膏是其中一种,而 a 牙膏有三种规格和两种配方,a 牙膏的深度是 6。产品组合的长度和深度反映了企业满足各个不同细分子市场的程度。增加产品项目,增加产品的规格、型号、式样、花色,可以迎合不同细分市场消费者的不同需要和爱好,招徕、吸引更多顾客。

关联度指一个企业的各产品线在最终用途、生产条件、分销渠道等方面的相关联程度。较高的产品的关联性能带来企业的规模效益和企业的范围效益,提高企业在某一地区、行业的声誉。

在了解产品组合的基本知识后。企业需要对本企业的产品组合做出相应的决策。产品组合决策也就是企业根据市场需求和自身实力,对产品组合的宽度、长度、深度和关联度进行选择和调整。

(一)扩大产品组合策略

当企业预测到现有产品组合的销售额和盈利率在未来可能下降时,就需要考虑扩大产品组合策略。该策略可从拓展产品组合的宽度和加强产品组合的深度两方面入手,前者指在现有产品组合中增加新的产品线,扩大经营范围;后者指在原有产品线内增加新的产品项目。

(1)增加产品线。增加产品线可以发挥企业在设备、技术和劳动力方面的优势,提高企业效益;还可以分散经营风险,提高企业的竞争力和应变力。这种新增加的产品线可以与原产品线高度相关,也可以与原产品线低度相关。

(2)增加产品项目。企业增加产品项目的目的是开拓新的市场,增加消费者,或是适应消费者需求的变化,配备更多的花色品种。增加产品项目可以采取产品线延伸和产品线填补两大策略。

(二)缩减产品组合策略

市场繁荣时期,较长较宽的产品组合会为企业带来更多的盈利机会。但是在市场不景气或原料、能源供应紧张时期,缩减产品组合反而能使总利润上升,因为剔除那些获利甚小甚至亏损的产品线或产品项目,企业可集中力量发展获利多的产品线和产品项目。具体来说,缩减产品组合策略可采取以下两种方式。

(1)缩减产品线。缩减产品线的优点是通过剔除获利甚微甚至亏损的产品线,提高了企业的生产效率和产品质量,降低了营销运作的成本,从而可以保证获得稳固的利润。例如日本尼西奇公司原来是生产雨衣、游泳装、尿垫等橡胶制品的小型企业,后来公司经营者策划缩减表现不佳的雨衣和游泳装生产线,专注于婴儿尿垫这一条产品线,结果在激烈的市场竞争中脱颖而出,成为此行业的“尿布大王”。

(2)缩减产品项目。企业推出的众多产品项目,不可能个个成功,也可能会出现某个产品项目市场表现没有达到预期;再就是某个产品项目进入成熟衰退期,这时候有必要将上述产品项目从原产品线中剔除出来,将资源投入更有成长力的产品项目中。

第三节 品牌营销策略

一、品牌的基本概念

(一)品牌的定义

品牌(brand)是一种名称、术语、标记、符号或设计,或是它们的组合运用,其目的是借以辨认某个销售者,或某群销售者的产品和服务,并使之同竞争者的产品和服务区别开来。

品牌具有广泛的含义,它包括品牌名称、品牌标志。

(1)品牌名称,是品牌中可以被念出来的那一部分,如华为(HUAWEI)、格力(GREE)、海尔(Haier)以及麦当劳(McDonald's)。

(2)品牌标志,是品牌中可以识别但不可念出声来的那一部分,如符号、图案、独具一格的色彩或字母。如麦当劳的大M标志、海尔的海尔兄弟等。

(二)品牌与商标

品牌(brand)和商标(trade mark)都是用来识别不同生产经营者的不同种类、不同品质产品的商业名称及其标志。

(1)商标的定义。商标是产品文字名称、图案设计,或两者相结合的一种设计,经向有关部门注册登记后,经批准享有其专用权的标志。在我国,国务院工商行政管理总局商标局主管全国商标注册和管理工作,商标一经商标局核准即为注册商标,商标注册人享有商标专用权,受法律保护。假冒商标、仿冒商标、抢先注册都构成商标的侵权。

(2)品牌与商标的区别。品牌是市场概念,是产品和服务在市场上通行的牌子。它强调与产品及其相关的质量、服务等之间的关系,品牌实质上是品牌使用者对顾客在产品特征、服务和利益等方面的承诺。而商标是法律概念,它是已获得专用权并受法律保护的品牌,是品牌的一部分。这部分已获得专用权,并受到法律保护。商标保护着销售者使用品牌名称和(或)品牌标志的专用权。

中日“无印良品”大战20年

北京法院审判信息网11月4日公布的判决书显示,北京棉田纺织品有限公司(即中国无印良品母公司,以下简称“北京棉田”)起诉株式会社良品计画无印良品(上海)商业有限公司(即日本无印良品公司)商业诋毁纠纷一审获赔40万元。

2000年,“无印良品”第24类商标被北京棉田的子公司海南南华实业贸易公司(以下简称“南华公司”)申请注册,随后在2004年7月21日,该商标经核准转让给了北京棉田公司,这就是中国“无印良品”的品牌商标来源。

在北京棉田注册成功之前的1999年,日本株式会社良品计画已在中国大陆地区申请注册“无印良品 MUJI”等商标,指定使用商品或服务包括第16、20、21、35、41类。不过,其中并未涉及24类商品。直到2005年,日本无印良品在上海开设第一家门店,无印良品(上海)商业有限公司才正式成立。

2001年4月,日本无印良品对棉田公司的第1561046号商标,也就是2000年申请的第一个无印良品商标提出异议申请。

2004年1月,商标局裁定棉田公司该商标予以核准注册。后续日本无印良品仍对此提出过多次复审申请,各级法院均维持认定北京棉田公司对该商标的核准注册。双方诉讼一直持续到2012年,最高人民法院作出终审判决认定日本无印良品提供的证据只能证明2000年4月6日之前其“無印良品”商标在日本、中国香港地区等地宣传使用的情况以及在这些地区的知名度情况,并不能证明其“無印良品”商标在中国大陆境内实际使用在第24类毛巾等商品上,并具有一定影响的事实,故判决维持二审判决。

2015年4月,因认为日本无印良品在毛毯、床罩、床褥、枕套等商品上使用“无印良品”构成商标侵权,棉田公司和北京无印良品公司作为共同原告,将良品计画、无印良品(上海)商业有限公司诉至北京知识产权法院,要求日本无印良品承担停止侵权、赔偿损失、消除影响等法律责任。2019年,北京法院判处日本无印良品侵权事实成立,并要求日本无印良品刊登声明以消除影响。

同年11月10日，日本无印良品公司的天猫“无印良品MUJI官方旗舰店”及线下实体门店发布声明，称在布、毛巾、床罩等商标类别上，被其他公司“抢注”了“无印良品”商标。对此，棉田公司认为日本无印良品的声明意有所指，以日本无印良品传播谣言，给公司造成了损失构成商业诋毁为由，再次将日本无印良品起诉至法院。

资料来源（有删减）：诸未静，祝东秀.抢注？争夺？中日“无印良品”大战20年[N].21世纪经济报道，2021-11-16.

（三）品牌资产

品牌资产是消费者对品牌名称的知晓给产品或服务所带来的有差别、正面的影响。如果该品牌对消费者的正面影响越大，则品牌资产越大，反之则品牌资产越小。如果给消费者带来的是负面的影响，则品牌资产为负的资产价值。

品牌资产是一个系统概念。品牌名称和品牌标志是品牌资产的物质载体，品牌知名度、品牌美誉度、品质认知、品牌联想、品牌忠诚度和附着在品牌上的其他资产是品牌资产的有机构成，为消费者和企业提供附加利益是品牌资产的实质内容。

二、品牌营销策略

企业从事品牌营销，科学而合理地制定品牌策略是其核心内容。依品牌营销的主要作业环节，品牌营销策略主要包括品牌定位决策、品牌命名决策、品牌持有决策和品牌发展决策等需抉择的内容，如图7-7所示。

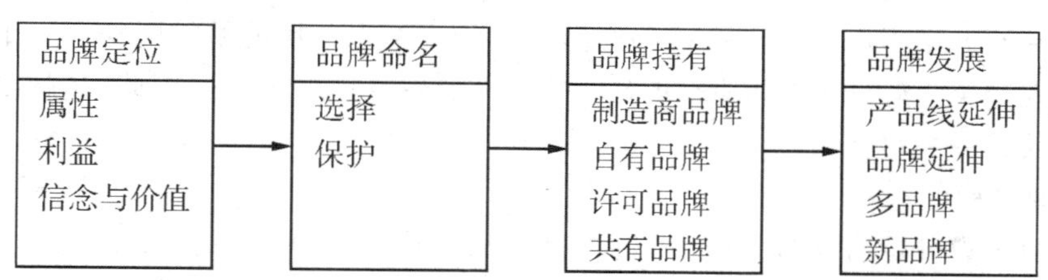

图7-7 品牌营销策略的主要内容

（一）品牌定位决策

品牌定位是品牌营销的基础，是品牌经营成功的前提。品牌定位在品牌营销和市场营销中有着不可估量的作用。良好的品牌定位是品牌经营成功的前提，为企业进入市场，拓展市场起到导航作用。如若不能有效地对品牌进行定位，以树立独特的消费者可认同的品牌个性与形象，必然会使产品淹没在众多产品质量、性能及服务雷同的商品中。可以说，今后的市场竞争将是品牌与品牌之间的竞争。

所谓品牌定位是指为企业建立一个与满足目标市场需要有关的独特品牌形象的过程，从而在目标消费者心目中留下深刻的印象，使消费者以此来区别其他品牌。换言之，即指为某个特定品牌确定一个适合的心理位置，使其在消费者的心中占领一个特殊的位置。

市场实践证明，品牌定位的对象就是目标消费者。唯有明确的定位，目标消费者才会感到商品有特色、有别于同类产品，形成稳定的消费群体。唯有定位明确的品牌，才会形成一定的品位，成为这一层次消费者文化品位的象征，从而得到该目标消费者的认可，让顾客得到情感和地位的满足感，品牌定位也是品牌差异化最有效的手段之一。

(1)属性定位。根据品牌产品的某个属性来定位，使其在消费者心目中形成突出形象。例如，OPPO手机的"充电5分钟，通话两小时"的属性；VIVO手机的"柔光双摄"属性；美的空调的"每晚只需1度"；农夫山泉则突出"农夫山泉有点甜"的产品特性。品牌的属性定位属于最低层次的定位，竞争者很容易复制属性。

(2)利益定位。顾客购买产品，是因为该品牌产品能满足其某些需求，带来某种利益。顾客利益定位就是将产品的某些功能特点和顾客的关注点联系起来，向顾客承诺利益点上的诉求，以突出品牌个性，获得成功定位。例如高露洁"没有蛀牙"，红牛饮料提供"累了困了喝红牛"，强调其功能是迅速补充能量，消除疲劳。海飞丝洗发水的"去屑"，霸王洗发水"防脱发"。利益定位能够很好地将品牌定位与消费者需求结合，当消费者有某种利益需求时就能想到该品牌，因此属于较高层次的品牌定位。

(3)信念和价值观定位。更高层次的品牌定位是将品牌与相关的信念或价值观相联系，从而对消费者的情感产生冲击，从感性的层面吸引顾客。安踏的口号"我选择，我喜欢"(1999)、"永不止步"(2005)、"越磨砺，越光芒"(2010)；李宁的口号"一切皆有可能"；耐克的口号"JUST DO IT"；阿迪达斯的口号"Impossible is nothing"等都是从信念和价值观层面来对品牌进行定位的。从长远来看，属性定位和利益定位都不可能长久，因为属性定位可能被复制，消费者的利益追求可能发生变化，因此信念和价值观定位是可以持久的。

(二)品牌命名决策

一个好的名字，是一个企业、一种产品拥有的一笔永久性的精神财富。一个好的品牌名称会让人产生美好的品牌联想，并对产品销售产生直接的影响。因此，品牌名称的选择和保护是品牌的关键要素。

1.品牌名称的选择

品牌命名设计除合法外，一般内遵循以下几个基本原则。

(1)简洁醒目，易读易记。品牌名称不宜过长和难以诵读，而应简洁明了、易于上口。今天，我们耳熟能详的一些品牌，莫不如此，苹果、娃哈哈、大宝、喜之郎、维维等，都非常简单好记。

(2)构思巧妙，暗示属性。一个与众不同、充满感召力的品牌，在设计上还应该能显示产品的优点和特性，暗示产品的优良属性。有一些品牌，人们可以从它的名字一眼就看出它是什么类型的产品，例如飘柔、立白、席梦思、高露洁、创可贴等。劲量用于电池，恰当地表达出产品持久强劲的特点；固特异用于轮胎，准确地展现了产品坚固耐用的属性。

(3)内涵丰富，引发联想。品牌名称应包含与企业或产品相关的寓意，引发消费者美好的联想，使品牌形象更为丰满，进而产生对品牌的认知或偏好。例如："红豆"是江苏红豆集团的企业名称和品牌名称。红豆(又称"相思子"或"相思豆")，象征着美好的爱情。提起它，人们就会想起唐代大诗人王维的千古名诗，勾起人们的相思之情。又如福建兴业银行，体现着"兴旺百业、兴盛事业"的价值追求。同样比较成功的还有：旺旺(食品)、金利来(男士服装)、雀巢(食品)等。

(4)避免雷同，超越时空。品牌设计的雷同，是品牌运营的大忌。若品牌的设计与竞争者雷同，一方面容易被起诉，另一方面无法起到识别产品、提高品牌竞争力的目的。此外，好的品牌名称不仅要简洁明了、便于传播和联想、具有时代感，更要建立符合国际一体化商业趋势以及未来市场扩张的有效品牌策略，根据品牌策略来客观分析未来发展再确定品牌名称。例如，世界500强公司之埃克森美孚(Exxon)，早在多年前，美国这家石油公司为了设计出既适应世界各地风俗，又符合各个国家法律的名字和图案，邀请了多方面专家和机构，历时六年、耗资一亿美元调查了55个国家和地区，最后才确定了埃克森(Exxon)的命名，并且从设计出来的一万多个商标中筛选出一个，如今这个品牌通行全球，品牌价值已达上百亿美元。我国的联想(legend)电脑在进行国际化的进程中发现“legend”无法在其他国家进行注册，后来才改为“Lenovo”；“361”鞋业的前身品牌名称为“别克”，因为无法适应企业自身的发展而改名。

2.品牌名称的保护

品牌是一种无形资产，如果不能很好地保护，就会使其资产流失，降低品牌资产的保值增值能力，因此对品牌进行有效的保护是品牌营销的重要内容。

(1)注册商标。将品牌的某些要素注册成商标，拥有商标的专用权。商标权是知识产权的一种，它具有以下法律属性：独占性、与商品的不可分割性、时效性和地域性的特点。对于品牌保护的最好途径就是及时注册，在法定有效期内合法使用；同时要注意在注册商标有效期满后进行续注，避免被别人恶意抢注。

(2)申请中国驰名商标。驰名商标源自《保护工业产权巴黎公约》，我国也是该公约的成员国。驰名商标的专用权跨越国界，在《保护工业产权巴黎公约》成员国范围得到保护，也就是驰名商标即使未在成员国注册，也在成员国范围内受到法律保护。对驰名商标而言，他人即使申请在先也不准注册；即使他人已经获准注册，也可在一定期限(5年内)申请撤销该注册商标。

(三)品牌持有决策

企业在决定使用品牌后，应对使用谁的品牌问题做出决策。在品牌的选择与使用上可以有四种选择。

(1)使用制造商的品牌。制造商品牌也叫工业品牌。使用制造商品牌是品牌策略中应用最广泛的一种选择，制造商品牌一直在零售行业中占统治地位，绝大多数制造商都创立了自己的品牌。制造商采用自己的品牌出售产品，可建立企业的信誉和实施名牌战略，销售者使用制造商的品牌可节省宣传费用，便利地为消费者提供售后服务和保障。

(2)使用自有品牌。使用自有品牌是指产品在销售过程中不使用制造商的品牌，而采用批发商或零售商自有的品牌。自有品牌也叫经销商品牌、商业品牌、私人品牌等。在目前的国际市场上，一些实力超群的中间商都建立了自己的品牌，以树立良好的企业形象，利用消费者的信任和良好的商誉，增强对供货企业的控制，从而降低进货成本，提高市场竞争能力。目前沃尔玛在中国已经开发了13个系列的自有品牌，最主打的3个品牌分别是“Great Value”(惠宜)，主要覆盖食品和非食品；“Mainstays”(明庭)，主要覆盖家居用品；“Simply Basic”(简适)，主要覆盖服装产品。

(3)使用许可品牌。对于实力较弱、产品的市场占有率较低和企业声誉尚待建立的生产企业来说,可以考虑利用特许形式使用其他生产者的品牌,以促进企业的产品销售,提高市场占有率。生产者同其他品牌制造商签订品牌使用许可协议,在一定期限内支付给对方使用许可费,在自己生产的产品上使用对方已经创立的品牌名称或符号。特许产品的年销售量在全世界约为 1 020 亿美元,如华纳兄弟公司已将唐老鸭等角色转变成世界上最受人喜爱的卡通品牌,特许多个国家和地区的生产者使用该品牌。

(4)使用共有品牌。共有品牌是指将两个已经创立的不同企业的品牌名称共同用在同一个产品上,如一汽—捷达汽车、索尼—爱立信手机,等等。绝大多数共同建立品牌的情况是,由一家企业将获得特许的另一家企业的著名品牌与自己的品牌合并后共同使用。

(四)品牌开发决策

品牌开发决策主要围绕产品和品牌之间联系引申出来四种选择,如图 7-8 所示。

品牌名		产品类别	
		现有产品	新产品
	现有品牌	产品线延伸	品牌延伸
	新品牌	多品牌	新品牌

图 7-8 品牌开发决策

(1)产品线延伸。产品线延伸是指企业在同样的品牌名称下,在相同的产品类别中,引进、增加新的产品项目,如新形式、新口味、新成分和新包装等。这种做法成功率高,也有利于品牌的宣传和扩张。但是,产品线扩展也有一定的风险,容易使品牌失去原有的含义和意义。

(2)品牌延伸。品牌延伸是指企业利用现有的品牌名称来推出新的项目。如日本本田公司利用其品牌知名度,相继推出了摩托车、海上发动机、助动车、割草机等产品。品牌延伸可以使新产品很快被消费者认识和接受,促使新产品尽快进入新的市场,同时也节约了新产品的市场推介费用。品牌延伸策略的风险在于,如果新产品质量不能保证或不符合消费者的需要,则有可能损坏企业其他产品的信任度。

(3)多品牌。多品牌策略是指企业在同一类产品中建立两种或几种品牌的策略,目的是建立不同的产品特色以迎合不同的购买动机。这样,企业可以使产品向各个不同的市场部分渗透,促进企业销售总额的增长。例如,宝洁公司在市场上就销售九种不同品牌的洗衣粉。有时,企业在收购某一竞争企业的过程中继承了不同的品牌名称,因为原竞争对手的品牌有一大批忠实的使用者,所以,企业不想失去这些消费者。例如,惠普公司收购了康柏公司,但仍继续生产和销售康柏笔记本电脑;宝马公司兼并了劳斯莱斯公司,同样保留了劳斯莱斯这一高贵的品牌。

(4)新品牌。企业为全新的产品引入全新的品牌。对于企业来说一个新产品引入一个新品牌需要投入较大的资源才可能使新品牌让消费者接受。因此对于企业来说,如果新品牌较多会使得企业的资源分散,可能无法培育一个强势的品牌。

第四节 服务营销策略

一、服务的含义与特点

(一)服务的含义

服务是具有无形特征却可满足消费者需求和欲望的可供有偿转让的一种或一系列活动。从服务的含义中可以看出,服务提供的基本上是无形的活动,可以是纯粹的服务,也可以是与有形产品相关联的活动。

(二)服务的特点

对于服务的特点,不同的学者都发表了不同的观点,但是将无形性、异质性、不可分离性和易逝性作为服务的特征,已经获得国内外学者的广泛认可。事实上正是由于服务的无形性,才导致服务中生产与消费的不可分离性,而异质性和易逝性很大程度上是由于无形性和不可分离性的两大特征所决定的。

(1)无形性。无形性又称不可感知性,这是服务最基本的特征。服务的无形性是指服务在购买之前是看不见、摸不着的,没有具体的量化指标可供评价参考。这是服务与有形产品间主要的差别。无形性意味着与有形产品相比,服务的若干组成元素很多时候是无形无质的,服务的利益也难以觉察,或者在一段时间后顾客才能感觉到利益的存在。

(2)不可分离性。不可分离性是服务的又一本质特征,也是商品营销与服务营销的最大区别所在。由于服务本身不是一个具体的物品,而是一系列的活动,所以在服务过程中,消费者和生产者必须直接发生联系,从而生产的过程也就是消费的过程。服务的这种特征表明,顾客只有而且必须加入到服务的生产过程中,才能最终消费到服务。顾客不仅是服务的消费者,而且是服务的协作生产人。他们参加服务生产过程并且能观察服务生产过程,因此他们可能会影响服务交易的结果。例如,只有当病人向医生讲明病情,医生才能够作出诊断。

(3)异质性。异质性是指服务是由服务人员表现出来的一系列行为,而这种行为的效果会因时、因人、因地而异,它们无法像制造有形商品做到标准化生产,这也就使得服务质量水平经常变化。服务行业是以“人”为中心的产业,人的个性的存在使得服务很难采用同一种标准服务是一系列活动的整合流程,其中的顾客、员工、管理人员以及环境等任何一个要素发生了变化,都会对服务流程和服务结果产生影响。所以,服务供应商每次提供的服务可能都会有所不同,无论是两个完全不同的企业所提供的同种服务,还是同一企业、同一员工在不同时间内提供的服务,即使提供的服务完全相同,不同的接受者对其评价结果也会存在差异。例如,同样是去一个旅游景点,有些人会流连忘返,而有些人则会失望而归。

(4)易逝性。服务无法像有形产品那样可以储存,服务的不可存储性导致了服务的易逝性。因为服务不可感知且生产和消费同时进行，使得服务不可能储存起来以备未来出售。例如，对于公交服务而言，非高峰期的流量是无法储存用来缓冲高峰期的拥挤状态。又如，即使公共汽车上只有一名乘客也必须按时出发，该班次的其他座位是无法为下一班次预留的。由于易逝性，当服务供不应求时会使得前来消费的顾客失望而归，因此如何妥善处理供需矛盾，是服务营销中面临的一个重要难题。

拓展阅读 7-3

中国快速迈向服务经济时代

2018 年，我国服务业劳动就业占比约为 46.3%，服务业增加值占比已超过 52%，服务业利用外资占比超过了 68%。居民消费方式的服务化趋势也很明显，新技术在服务业领域运用非常广泛，有些技术的运用甚至发端于服务业领域。所以，判断一个国家（经济体）是否是“服务型社会”或者是否处于“服务经济时代”，必须要综合考量，至少要综合考虑服务业增加值占 GDP 比重和服务业从业人员占全部从业人员比重这两个指标。

我国迈向服务经济时代是不争的事实。

一是服务业规模持续扩大，对 GDP 贡献率明显提高。服务业对经济增长的贡献率不断提升。1980 年至 2018 年，中国服务业增加值年均增速超过 17%，增加值占 GDP 的比重从 22.3%上升到 52.2%，提升了 29.9 个百分点；服务业对 GDP 的贡献率也从 1980 年的 19.2%上升到 2018 年的 59.7%，提升了 40.5 个百分点，服务业已成为我国国民经济的支柱产业。

二是服务业就业增长显著，成为吸纳劳动就业的主渠道。伴随着服务业的快速扩张，服务业已成为我国吸纳就业最多的产业，为缓解就业压力做出了重要贡献。2011 年，我国服务业就业比重首次超过第一产业，成为吸纳劳动就业最大的部门。其实，在我国，服务业就业的占比被低估了。因为，许多农村劳动力被统计为农业劳动者，但实际上在从事服务业工作，比如乡村旅游、农家乐、农村电商等。总之，服务业就业成为我国劳动就业主渠道，这是一个不争的事实。在我国，这种趋势有正在加快的可能。如何充分发挥服务业“稳就业”的作用，是我国宏观经济政策必须重点或者优先考虑的议题。

三是利用外资也进入了名副其实的“服务经济时代”。2001 年以前，外商投资基本聚焦在制造业；随着我国服务业对外资的限制进一步放开，以及外资对我国服务业市场前景的看好，外资投资于服务业的比例迅速攀升。国家统计局的数据显示，2005 年外商直接投资额中，服务业只占 24.7%，2011 年这一比例已经首次超过 50%，2018 年则攀升到 68.1%，服务业已经成为外商投资最为“青睐”的选择。

我国已经进入服务经济时代，这是不争的事实，但这并不意味着要一味地提高服务业占比，一味地追求服务业规模扩张。我们要充分考虑到我国工业化还没有完成、各地区工业化进程差异很大、有些地区工业化水平还很低的客观事实，要在高水平推进工业化进程中积极发展服务业，也要以更高水平、更高质量的服务业助推工业化水平，坚持“中国服务”和“中国制造”并举发展，实现先进制造业和现代服务业的互促共进。

资料来源（有删减）：夏杰长. 中国快速迈向服务经济时代[EB/OL]. 人民论坛网，2019-08-21.

二、服务企业的营销策略

服务营销远比有形产品的营销要复杂。在服务开始前，企业无法预知顾客的需要与期望，在服务流程中，各类人员对服务都会产生影响，使得服务结果多种多样，服务结束后，企业也无法准确了解顾客的服务感知质量和感知价值。面对这一系列的不可控因素，格罗鲁斯将员工、技术、知识、顾客时间和顾客作为企业的资源纳入服务营销体系中，形成服务营销三角形，它由外部市场营销、内部市场营销和互动市场营销三个核心部分组成，如图 7-9 所示。服务营销三角形显示了服务营销的关键组合要素：企业、一线员工与顾客之间的关系，它们必须紧密联系，为促进服务的生产和交付而协同运作。其共同目的就是建立企业与顾客间的长期关系和提升顾客忠诚度。

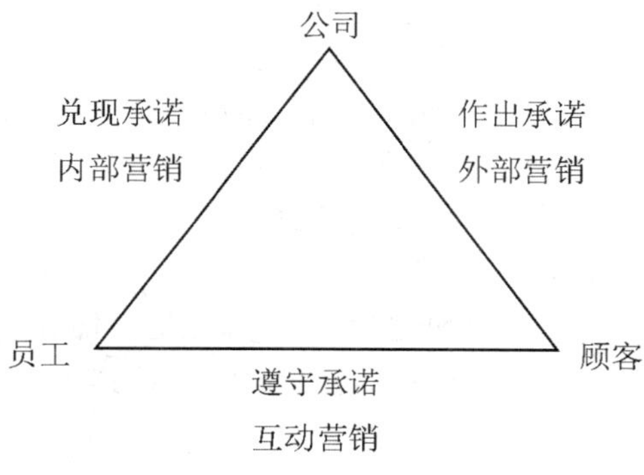

图 7-9　服务营销三角形

(一)外部市场营销：建立关系

外部市场营销是企业根据顾客期望向顾客做出承诺的流程。外部市场营销的内容包括传统的 4P 的市场营销活动，也就是产品策略、定价策略、渠道策略和促销策略。在外部市场营销流程中，企业要做出一致且能够兑现的承诺。

(1)产品策略(product)。在服务产品策略中企业必须考虑提供服务的范围、服务质量及服务的品牌等因素。

(2)定价策略(price)。企业应该为满足顾客需求的服务制定具有竞争力的价格。在服务营销中，价格不仅与顾客的支付能力相关，而且也是顾客判断服务质量的依据，他们依据自己的认知价值来判断服务的价值。因此，服务的价格策略更应该注重灵活性、价格与服务定位的匹配性以及服务产品的区别定价。

(3)渠道策略(place)。对于服务营销的渠道策略而言，服务场所的店面位置、仓储及运输的便利性及其覆盖的地理范围等因素显得非常重要。当今许多服务产品特别是对于新兴的网络通信服务来说，互联网已成为重要的渠道之一。

(4)促销策略(promotion)。在服务营销中，促销注重向不同的顾客传递不同的信息。企业往往会为顾客提供个性化的信息和服务以提升顾客忠诚度。因此，不同需求的顾客往往要求企业传递不同的服务信息，采取不同的促销策略。

(二)互动市场营销:维持关系

互动市场营销就是在服务人员接触顾客的流程中,将顾客、员工和设备都视为营销资源,让他们都参与到市场营销活动中来,以便实现承诺的一种手段。在服务营销三角形中,企业的员工都是市场营销人员,专职的和兼职的市场营销人员通过与顾客接触获得更多的顾客信息,为顾客提供个性化的服务。因此,互动市场营销不仅仅是企业遵守承诺的流程,也是企业保持与顾客的持久关系、保留忠诚顾客的关系点。在互动营销中,服务人员、服务场景和服务流程都对顾客的服务体验产生重要影响。因此在服务营销增加了三个策略人员策略(personnel)、服务有形展示策略(physical evidence)和服务流程策略(process),简称 3P 策略。

1.人员策略

人员是指参与到服务流程中并对服务结果产生影响的所有人员,包括企业员工、顾客和处于服务环境中的其他人员。企业员工的着装、仪表、态度和行为等因素都会影响到顾客对服务的感知。同时,由于服务的不可分离性,顾客自身也会参与到服务中来,他们也会对服务感知和服务质量产生重要影响,甚至会影响到其他顾客的感知。此外,处于服务环境中的其他人员也影响着服务的生产和消费流程。例如,持有银行贵宾卡的顾客往往会因为其他人的羡慕而提高对服务质量的感知和对服务价值的认同。

2.服务有形展示策略

服务的有形展示包括服务环境(如装潢、音乐和员工服饰等)、服务流程中的实物设施以及其他有助于服务的生产、消费和沟通的有形要素。值得关注的是,有形展示的存在一定要使服务变得更加便利或提高服务的质量和生产效率。例如,服务场所应该有便利的交通、醒目的店面标志以及令人感到舒适的外部环境;内部设施对于连锁服务机构来说应该拥有一致的装修,如色调、外观、照明等。

3.服务流程策略

服务流程要素指的是服务交付的流程和运营系统。服务流程也是顾客对服务质量进行评价的流程。其中包括服务任务流程、服务时间进度、标准化和定制化等因素。服务在给顾客提供之前一般都是一样的。不同的人在不同的时间、不同的地点的参与才使服务流程呈现不同结果。因此服务的设计要考虑到服务的生产与交付的流程及顾客的真正需求。值得指出的是,具有不同市场定位的企业,往往在服务流程的设计上呈现较大的差异,并不能简单地判断孰优孰劣。例如,有的企业以提供高度标准化的服务流程为主,如麦当劳、肯德基;有的企业则以提供个性化的服务流程为主,如美容店。

(三)内部市场营销:支持关系

企业的一切活动都需要通过员工来实现,企业要兑现对顾客的承诺,就必须利用一切资源和沟通方式,使员工能够利用企业资源和信息来建立、维持与顾客间的关系。因此成功的服务企业既要关注其顾客,又要关注员工。1994 年由詹姆斯·赫斯克特教授等五位哈佛商学院教授组成的服务管理课题组提出的“服务价值链”模型(见图 7-10),揭示员工的满意度与服务企业利润之间的关系。通过模型我们可以看到,企业的获利能力强弱由顾客忠诚决定,顾客忠诚来源于顾客满意,顾客满意由顾客所感知的服务价值大小决定,服务价值大小最终由生产效率高、对企业忠诚的员工来创造,员工的效率和忠诚又取决于员工的满意，同时员工的满意程度高低又取决于企业的内部服务质量。服务价值链将内、外营销相结合，从顾客角度重新审视企业的长期获利能力，它代表了一种以顾客为中心的服务管理模式。服务利润链一扣一环，前后环节相互影响，每一环节的实施都影响着下一环节的质量，其最终目标是使企业盈利。该理论揭示了顾客忠诚与企业盈利间的强相关关系，并强调了顾客感知的服务价值与内部服务质量对于培育顾客忠诚的重要性，指出了企业实现顾客满意与顾客忠诚的思路和途径，即改进产品、服务及企业形象来提高产品总价值和降低生产与销售成本，减少顾客购买时间、精力与体力，从而降低顾客的货币与非货币成本。

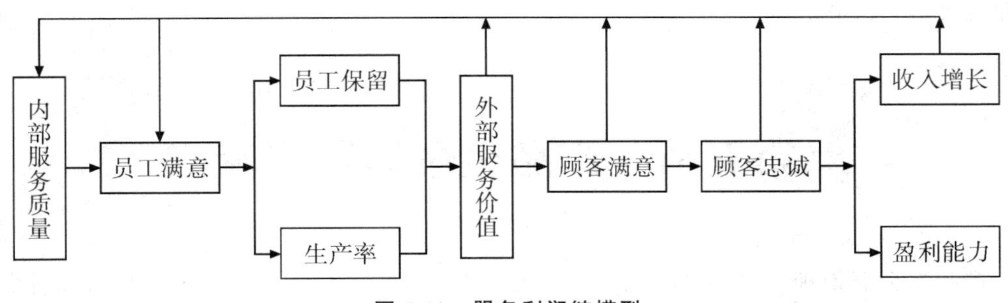

图 7-10　服务利润链模型

风口上的餐饮机器人是否能“破圈”成功

餐饮业是劳动密集型行业，人力资源及其成本一直是悬在行业头上的一枚大石。以中国就业培训指导中心在 2021 年 4 月公布的数据来看，目前中国人力资源最缺的是餐饮业人才。除了缺人，餐饮行业人力成本一直居高不下，人力成本占营业收入比例均值为 21.35%，并以 3.69%的涨幅持续增长，成为继食材之后的第二高成本。

面对持续高涨的离职率和人力成本，很多餐饮企业被压得喘不过气，想尽办法压缩成本。成本可控且兼具“不会累”标签的餐饮机器人成为餐饮企业的救命稻草。相比于人工而言，智能化的机器人能让各餐饮企业达到“降本增效”的目的，寻找到第二增长曲线。

餐饮服务机器人的品类日益增多，送餐机器人、炒菜机器人、烹饪机器人、迎宾机器人等逐渐加入餐饮服务机器人的行列，让整体产品线更加丰满。现如今，机器人除了可以一定程度解放人力，还可以很大程度地降低前厅后厨的错误率，以及经营过程中的食品安全风险。这样的多功能应用，逐渐让餐饮机器人丢掉了“花瓶”的标签，被更多餐饮企业所青睐。

据有关数据分析显示，中国送餐机器人在 2017 年的市场规模只有 0.2 亿元，而在 2019 年已达到 2.2 亿元。与此同时，该行业 2020 年更是迎来增长高峰，预计到 2025 年市场规模将接近 150 亿元。届时，餐饮机器人在服务机器人中的占比将提升到 10%左右，成为产业发展的全新支撑。

除了送餐机器人等在店面服务的机器人，在衍生出来的各种系列机器人中，也存在相同的问题,烹饪机器人便是其中一个最难攻坚的点。与其他菜式不同,中餐的味道是无法标准化的,同一款菜式在不同厨师的手中都可以有不同的风格及味道,而目前的机器人尚未达到智能状态,只能编程化运作,无法完美呈现出中餐所具有的烟火气息。

针对目前行业情况,机器人行业终将要向真人看齐,除了做重复的工作,也可以按照复杂情况进行调整,在智能化的同时也需要情感化,让客户可以享受到更为亲切的服务,而不是一个冰冷的机器,“做一个更智能的机器人是我们中期的目标,做一个有情感的机器人是我们的终极目标。这个目标可能需要很长时间,但终将会实现”。

资料来源(有删减):李东荣.风口上的餐饮机器人是否能“破圈”成功[N].21 世纪经济报道,2021-11-08.

第五节 产品生命周期理论

产品生命周期理论是美国哈佛大学教授费农 1966 年在其《产品周期中的国际投资与国际贸易》一文中首次提出的。人们通过市场活动的长期观察,逐步认识到一种产品在市场上的销售情况和获利能力并不是固定不变的,而是随着时间的推移不断发生变化,而且发现任何产品都是有生命周期的,没有什么产品能长盛不衰。

一、产品生命周期的含义

产品生命周期是指产品从投入市场到被市场淘汰所经历的全部运动过程,亦即要经历一个开发、引进、成长、成熟、衰退的阶段,是产品的市场寿命周期或经济寿命周期。产品生命周期是相对于产品的物质生命或使用生命而言的。物质生命反映商品物质形态消耗的变化过程,市场生命则反映商品的经济价值在市场的变化过程。产品物质生命的长短,取决于消费过程的方式(如使用频率、使用强度、维修保养状况等)和时间以及自然力的作用等因素。产品的市场生命是指产品在市场上的延续时间。产品市场生命的长短,取决于产品的性质和用途、消费习惯和民族特点、科技进步速度、市场竞争情况、国民收入水平等。

市场上的每一种产品都要经历从产生、发展直至消亡的过程,但实际上不同产品种类、品类和具体品牌之间,其生命周期大不相同。产品生命周期是一个很重要的概念,它和企业制定产品策略以及营销策略有着直接的联系。管理者要想使他的产品有一个较长的销售周期,以便赚到足够的利润来补偿在推出该产品时所做出的一切努力和经受的一切风险,就必须认真研究和运用产品的生命周期理论,此外,产品生命周期也是营销人员用来描述产品和市场运作方法的有力工具。

美国营销专家菲利普·科特勒在《市场营销》中把产品的生命周期划分为五个阶段,并描绘不同生命阶段的产品销售和利润的变换过程,如图 7-11 所示。

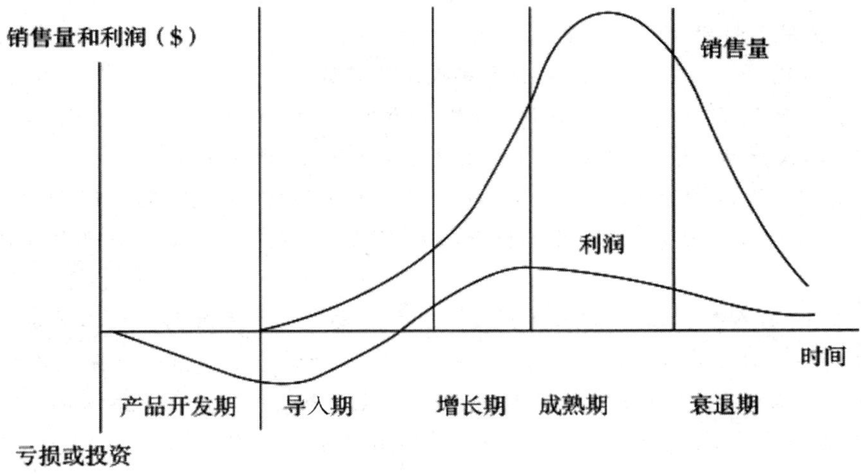

图 7-11　产品生命周期曲线图

（一）产品开发期

始于企业找到新产品构思并开发新产品。在产品开发期销售员收入为零，企业投资逐渐增加。

（二）导入期

产品进入市场，销售量缓慢增长时期。由于产品导入费用很高，这个时期还没有出现利润。

（三）增长期

市场快速接受和利润快速增长时期。

（四）成熟期

由于产品已被绝大多数潜在购买者接受，所以销售量增长速度开始减慢。为了在竞争中保护产品，市场营销支出增加，利润因此持平或下降。

（五）衰退期

销售急剧下降，利润跌落。

当然并非所有的产品都有这种 S 形的产品生命周期。一些产品进入市场便很快消失；另外一些产品则有很长的成熟期。还有一些产品在进入衰退期后能通过大量促销或产品重新定位返回到增长期等。

北京天智航手术机器人仅卖 127 台

近日，国产手术机器人“第一股”—— 北京天智航医疗科技股份有限公司公布了三季报。其前三季度营收 1.05 亿元，同比增长 37.09%，环比增长 37%。净利润方面，仍然保持亏损，但亏损幅度同比收窄 24.49%至 6376 万元，对应经营性现金流净流出 8265 万元。事实上，天智航 2017—2020 年都是亏损的，2019 年开始亏损扩大。2020 年销售收入为

1.12亿元，占主营收入87.95%。截至2021年上半年，天智航骨科手术机器人累计销售127台（不含用于科研领域的台数）。

从产品来看，2010年至今，天智航已完成三代产品研发工作。梳理其发展历程如下：2010年，第一代产品“GD-A”完成注册，处于摸索阶段，但尚未实现市场销售；2012至2014年，第二代产品GD-2000和GD-S相继完成CFDA认证并上市销售；2016年以来，第三代产品——天玑骨科手术机器人系统注册并上市销售，形成以“天玑”骨科手术导航定位机器人为核心的业务模式，并加快产业链布局。2020年，天玑2.0骨科手术机器人出现。

时间线上，天智航研发迭代一款手术机器人需要花3.4年时间。核心产品天玑可应用于骨盆、髋臼、四肢等部位的创伤手术、全节段脊柱外科手术。值得一提的是，其临床精度可达到亚毫米级别（<1mm），大幅度提高了手术安全性。这款天玑机器人主要面向医院销售，销量虽不高，但逐年有上升。2018—2020年分别销售了20、41、30台，产销率平均在70%左右。

“天玑2.0”的超越之处在于，一方面兼容2D与3D模式，独有入钉点及针道计算智能算法，机械臂精准运动到规划位置，借助骨科引导器，为医生提供精准的导针置入路径。使用“天玑2.0”，医生可以独立完成手术及对机器人操作，无须他人辅助。同时，两者光源追踪方式也不同，天玑1.0是被动光源追踪模式，天玑2.0为主动光源追踪模式。最后，在交互上，“天玑2.0”通过多功能按键与语音提示提供机械臂端操作、触屏操作增加交互性。

另一方面，外部构型上，天玑1.0由三部分构成：主控台、光学跟踪系统、机械臂，这三部分彼此分离。天玑2.0将主控台和光学跟踪系统合并为一部分，合并后节省了更多手术空间，可以放置更多医疗设备。综合看，天玑2.0更智能、便捷，还可使手术工作流程更加顺畅，大幅减少手术时间，提高手术质量与效率。

资料来源（有删减）：戴昊彤.一款手术机器人，仅卖127台，天智航凭什么对标千亿美金的美敦力[OL].百度百家号：36氪，2021-11-06.

二、产品生命周期各阶段特征及其营销对策

产品生命周期理论使企业营销面临两个主要问题：一是因为所有产品最终都会衰亡，企业必须开发新的产品来代替衰老的产品，即产品生命周期的第一个阶段；二是当产品投入市场后各周期阶段产品的销售额、成本水平、利润水平及价格都呈现出不同的变化，具有不同的特点，而企业则要积极调整市场营销战略适应产品生命周期的变化趋势。

（一）导入期的特点与营销策略

1.导入期的特点

产品的导入期，是指从新产品试制成功到进入市场试销的阶段。新产品初次进入市场，产品导入需要时间，销售量增长往往比较缓慢。这一阶段的主要特征如下：

（1）只有少数企业生产，市场上竞争者较少；

（2）消费者对新产品尚未接受，销售量增长缓慢；

(3)做大量广告宣传，推销费用大；

(4)企业生产批量小，试制费用大，产品成本高；

(5)产品获利较少或无利可图，甚至亏损。但这个阶段市场竞争者较少，只要具备有效的营销系统，即可以将新产品快速推进导入阶段，进入市场发展阶段。

2.导入期的营销策略

根据上述特点，导入阶段一般有四种可供选择的策略，如图 7-12 所示。

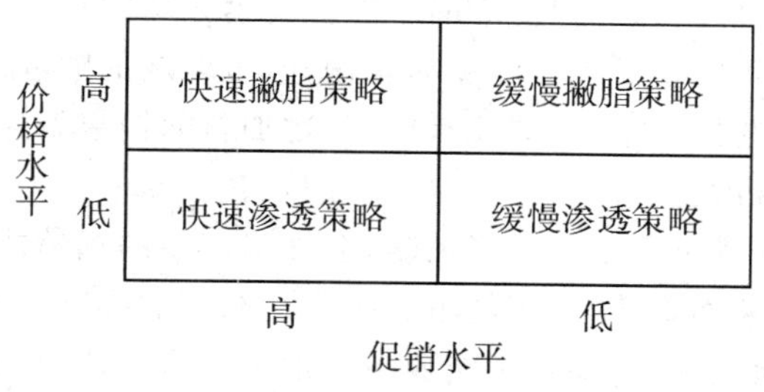

图 7-12　导入期的营销策略

(1)快速撇脂策略，即以高价格和高促销推出新产品。实行高价格是为了在每一单位销售额中获取最大的利润，高促销费用是为了引起目标市场的注意，加快市场渗透。成功地实施这一策略，可以赚取较大的利润，尽快回收新产品开发的投资。实施该策略的市场条件是：市场上有较大的需求潜力；目标顾客具有求新心理，急于购买新产品，并愿意为此付出高价；企业面临潜在竞争者的威胁，需要及早树立名牌。

(2)缓慢撇脂策略，即以高价格、低促销费用将产品推入市场。高价格和低促销水平结合可以使企业获得更多利润。实施该策略的市场条件是：市场规模相对较小，竞争威胁不大；市场上大多数用户对该产品没有过多疑虑；适当的高价能为市场所接受。

(3)快速渗透策略，即以低价格和高促销费用推出新产品。目的在于先发制人，以最快的速度打入市场。该策略可以给企业带来最快的市场渗透率和最高的市场占有率。实施这一市场策略的条件是：产品市场容量很大；潜在消费者对产品不了解，且对价格十分敏感；潜在竞争比较激烈；产品的单位制造成本可随生产规模和销售量的扩大迅速下降。

(4)缓慢渗透策略，即企业以低价格和低促销费用推出新产品。低价格是为了促使市场迅速地接受新产品，低促销费用则可实现更多的净利润，企业坚信该市场需求价格弹性较高，而促销弹性较小。实施这一策略的基本条件是：市场容量较大；潜在顾客易于了解此项新产品且对价格比较敏感；有相当的潜在竞争者准备加入竞争行列。

(二)增长期的特点及营销对策

1.增长期的特点

增长期是指产品经过试销取得成功后，转入批量生产和扩大销售的阶段。这一阶段的特征是：

(1)消费者对产品已经熟悉并接受，销售量迅速上升，一般来说，销售增长率超过10%。

(2)产品已基本定型，生产规模扩大，产品成本下降，企业利润不断增加。

(3)同行业竞争者纷纷介入,竞争趋向激烈。

2.增长期的营销策略

增长期营销策略的核心是尽可能抓住销售的快速成长期,使得企业也可以获得快速的成长,具体可以采取以下策略:

(1)根据客户需求和市场信息,不断提高产品质量,努力发展产品的新款式、新型号,增加产品的新用途。

(2)加强促销环节,树立强有力的产品形象。促销策略的重心应从建立产品知名度转移到树立产品形象上面;主要目标是建立品牌偏好,争取新的顾客。

(3)重新评价渠道选择决策,巩固原有渠道,增加新的销售渠道,开拓新的市场。

(4)选择适当的时机调整价格,以争取更多的顾客。

企业采用上述部分或全部市场扩张策略,会加强产品的竞争能力,但也会相应加大营销成本。因此,在增长期面临着"高市场占有率"或"高利润率"的选择。一般来说,实施市场扩张策略会减少眼前利润,但加强了企业市场地位和竞争能力,有利于维持和扩大企业的市场占有率,从长期利润观点看,高市场占有率更有利于企业发展。

(三)成熟期的特点与营销对策

这一时期在整个产品生命周期中持续时间最长,其特点是:销售量达到顶峰,虽可能仍有增长,但增长速度缓慢,随着市场需求逐渐饱和,销售增长率甚至呈现下降趋势;同时生产量大,生产成本低,利润总额高但增长率降低;由于产品普及率高,市场需求减少,行业内生产能力出现过剩,市场竞争激烈。

针对上述特点,企业在产品成熟期营销的主要目的是千方百计维持甚至扩大原有的市场份额,尽量延长产品的市场寿命,因此,其市场策略的重点是要突出一个"改"字,即对原有的产品市场和营销组合进行改进,具体有三种基本策略可供选择。

1.市场改良策略

企业通过寻找新的使用者和细分市场,努力增加现有产品的消费量。市场改良可以通过下述几种方式实现:一是开发产品的新用途,寻求新的细分市场。例如,美国杜邦公司生产的尼龙产品,最初只用于军用市场,如降落伞、绳索等。第二次世界大战后,产品转入民用市场,企业开发生产尼龙衣料、窗纱、蚊帐等日用消费品,以后又继续扩展到轮胎、地毯等市场,使尼龙产品系列进入多循环周期,为企业赢得了长期稳定的利润。二是刺激现有顾客,增加使用频率。例如,食品厂商可以在包装上加印多种烹调方法介绍来扩大消费者对此食品的购买数量。三是重新为产品定位,寻求新的买主。例如,美国的化妆品公司追随处于后生育高峰的一代人的成长过程,先专门生产婴儿洗发膏,在市场上颇为畅销,而后重新树立该产品形象,进入青年妇女市场,使销售量出现再循环。

2.产品改良策略

这也称为"产品再推出",即改变产品特征,如质量、特色或式样,来吸引新的使用者或引发更大量的使用。企业可改进产品的质量和性能,如耐用性、可靠性、速度、味道等。企业还可以增加新特色,用来扩展产品的有用性、安全性或便利性。实现产品再推出的具体策略有四:一是品质改进策略。主要侧重于增加产品的功能,如汽车制造商不断改进小型轿车性能;洗衣机厂商把普通洗衣机改为漂洗、甩干多功能的自动、半自动洗衣机等。二是特性改进策略。主要侧重于增加产品的新特性，尤其是扩大产品的高效性、安全性或方便性。如某动力机械厂将动力机引入割草机，提高了割草速度；而后又进行操作方面的改进，使之更加便于操作；最后，还使它既能割草又能铲雪。三是式样改进策略。这主要是基于人们美学欣赏观念而进行款式、外观的改变。四是服务改进策略。对于许多耐用消费品和产业用品来说，良好的服务（如为用户提供运输、开展技术咨询、上门维修等等）会大大促进消费者的购买。

3.营销组合改良策略

这是指通过改变定价、销售渠道及促销方式来延长产品的市场成长期和成熟期。一般是通过改变一个因素或几个因素的配套关系来刺激或扩大消费者的购买。例如，产品品质不变，降价可从竞争者那里吸引一部分顾客；扩大销售渠道，增加销售网点，调整广告媒体等多种措施，也都可以达到同样目的。但这种改进一般很容易为竞争者所模仿。

拓展阅读 7-4

在许多高潜力的成熟市场，老产品仍会有潜力

科特勒强调，营销人员不能盲目地按照产品生命周期传统的各个阶段来经营产品。很多营销人员习惯于本能地遵循旧的生命周期模式让产品沿着曲线到达成熟和衰退阶段。而与此相反的是，一些具有创新精神和变革勇气的营销人员，却会尝试去打破生命周期规则，在产品成熟期去挽救成品，使之重回成长阶段。他们还能越过重重障碍，将新产品迅速地由导入期推向成长期。

要实现老产品的复苏，企业需要注意这样几点：

第一，理清优势，清除产品复苏的阻力。老产品以全新姿态进入市场，会遭遇到来自竞争品牌、渠道和消费者认知等多方面的阻力。但是老产品在过去的经营过程中所累积起来的成功经验以及在消费者头脑中留下的良好印象也是那些刚进入或即将进入的新产品所无法比肩的。企业首先就要理清楚老产品的这些优势以及可能遇到的阻力。

第二，正视竞争环境，摆对自身位置。对于许多老产品而言，即便是“老名牌”，虽然曾经风光无限，但毕竟时过境迁，在市场上的表现大不如前，而且市场环境也发生了很大的变化，所以老产品的复兴是任重道远的。企业要正视竞争环境，摆对自身位置，通过生产、技术、供应、财务、行政、营销等部门的通力合作来改变产品的生命周期轨道。

第三，新老产品的相辅相成。老产品总会存在一定的局限与缺陷，而消费者却需要有新鲜的产品进入他们的生活。所以，在老产品的照应下，企业应及时开发新产品，用新产品来拱卫并带动老产品。这对于产品复苏以及防止品牌形象老化能起到至关重要的作用。

第四，重振老品牌的市场优势。很多情况下，企业之所以要坚守一个日趋没落的老产品，而不是另起炉灶，其中很大的一个原因就是想利用老品牌的“余热”。老产品的渠道通达力较强，具备一定的消费者基础和市场基础，而且，在老产品的背后，往往还有一支高水平的技术、研发、生产、营销人员队伍，他们对老产品有很深感情，而这些都是老产品“翻本”的资本。

第五，采取创新的宣传推广模式。老产品复苏行动需要根据企业的实际情况采用不

同的营销策略,要以创新的宣传推广来形成视觉、感觉上的冲击,给消费者带来全新的感受。老产品的亮相频率增加,可以造成一种“王者归来”一般的气势,唤醒老品牌在消费者心目中曾经的记忆,从而树立起鲜活的形象。

（四）衰退期的特点与营销对策

大部分产品形式和品牌的销售量最终都会下降,有些产品的销售是慢慢衰退的,有些产品的销售量会急剧下跌。销售量可能下降到零,或者下降到某个水准之后再在那儿持续多年。

1.衰退期的特点

(1)产品销售量由缓慢下降变为迅速下降,消费者的兴趣已经完全转移。

(2)价格下降到最低水平。

(3)多数企业无利可图,被迫退出市场。

(4)留在市场上的企业逐渐减少产品的附带服务,削减促销预算,以维持最低水平的经营。

2.衰退期的营销策略

衰退期的营销策略主要包括:

(1)集中策略,即把资源集中使用在最有利的细分市场,最有效的销售渠道和最易销售的品种、款式上。简言之,缩短战线以最有利的市场赢得尽可能多的利润。

(2)维持策略,即保持原有的细分市场和营销组合策略,把销售维持在一个低水平上。待到适当时机,便停止该产品的经营,退出市场。

(3)榨取策略,即大幅降低销售费用,如广告费用削减为零、大幅精简推销人员等,虽然销售量可能迅速下降,但是可以增加眼前利润。如果企业决定停止经营衰退期的产品,应在立即停产还是逐步停产的问题上慎重决策,并应处理好善后事宜,使企业有秩序地转向新产品经营。

以上分析的是产品生命周期各阶段的特点及营销策略,事实上,在某一阶段中最好的营销策略不一定是理论分析中规定的某一个策略,每个企业在其具体条件下都有可能创造性地发展出独特有效的营销策略。

第六节 新产品开发

随着科学技术、社会经济的迅速发展以及人们消费需求的不断变化,产品的更新换代越来越快,产品市场寿命周期越来越短。有限的产品,无限的市场竞争,迫使企业不断地开发研制新产品以谋求发展。正如德鲁克所说:“任何企业只有两个(也只有两个)基本的功能,那就是贯彻市场营销观念和创新,因为它们能够创造顾客。”

一、新产品开发的含义

从企业营销角度来说，新产品与因科学技术在某一领域的重大突破所推出的新产品在概念上不同，它是指在某个市场上首次出现的或者是企业首次向市场提供的，能满足某种消费需求的整体产品。产品整体概念中任何一部分的创新、变革和改良，都可视为新产品。据此，新产品可划分为以下几类：

(1)全新产品，是指应用科技新成果，运用新原理、新技术、新工艺和新材料制造的市场上前所未有的产品。全新产品的开发难度大，开发时间长，需大量投入，成功率低。一旦成功，用户和消费者也还需要一个适应接受和普及推广的过程。

(2)换代产品，也称为革新产品，是指部分改变市场上已经出现的原有产品的结构和性能而形成的产品，它使原有产品的性能得到改善和提高，具有较大的可见价值。对于此类产品，使用者也需要有接受和普及的过程，但时间比较短。

(3)改进产品，是指对现有产品的质量、特点、外观款式或包装加以全面或局部改进的产品。这类产品与原有产品差别不大，易于为使用者接受。市场上销售的大部分新产品均属于这种类型。

(4)仿制新产品。仿制新产品是指企业模仿市场上已有产品的性能、工艺而制造的产品。企业仿制新产品，能缩短开发时间，减少研制费用，提高产品质量，并能缩小产品总体水平的差距，体现特色。在仿制新产品时应注意要符合专利法及相关法律的规定和要求。

3 年烧光 84 亿，拜腾汽车“曲终人散”？

“3 年烧光 84 亿造不出量产车”的拜腾汽车在“生死线”上挣扎一年多以后，正式申请破产清算。2021 年 11 月 1 日，拜腾汽车关联公司南京知行新能源汽车技术开发有限公司(以下简称“南京知行新能源”)破产清算案件正式开庭审理。

作为曾经与蔚来、小鹏、威马并列的造车新势力“四小龙”，如今走上破产清算的拜腾汽车令人唏嘘。

创业之初，与蔚来、小鹏等造车新势力相比，拜腾创业团队堪称豪华，创始人分别为“宝马 i8 之父”毕福康(Carsten Breitfeld)，和在东风英菲尼迪、华晨宝马担任过高管的戴雷(Dr.Daniel Kirchert)，以及原沃尔沃汽车中国销售公司 CEO 付强，均为汽车行业专业人士，曾被诸多投资人看好。

拜腾汽车的诞生最早可以追溯到 2015 年。

2015 年，和谐汽车与腾讯和富士康签订了《互联网＋智能电动车战略合作框架协议》，按照 3∶3∶4 的出资比例成立河南和谐富腾互联网加智能电动汽车合伙企业(有限合伙)；2016 年，三方在香港共同注册成立了 Future Mobility Corp(简称 FMC)公司，并致力于在中国打造高端智能电动汽车(互联网＋智能电动汽车)。FMC 于 2016 年 4 月先后挖走了宝马电动汽车核心研发团队的 4 位成员，其中包括“宝马 i8 之父”毕福康。

不过，一年后的 2017 年，富士康和腾讯相继退出 FMC。

2017 年 9 月 7 日，FMC 在上海召开发布会，发布了电动车品牌 LOGO，以及中英文名，英文名为“BYTON”，中文名为“拜腾”。其中，FMC 全球运营总部和工厂设立在中国南京，规划年产能 30 万辆，2017 年 9 月 8 日，南京工厂将正式奠基；在德国慕尼黑和美国硅谷分别设立了产品概念及设计中心和研发中心。

品牌发布后，拜腾加速推进。2018 年 6 月 11 日，拜腾全球总部在南京正式启用。同时，拜腾 B 轮融资顺利完成，多家投资方参与，融资总额达 5 亿美元。据悉，主要投资人包括中国一汽集团、启迪控股、宁德时代、江苏“一带一路”投资基金等。三个月后的 9 月 28 日，南京知行通过收购华利，以 8 亿元的价格获得新能源汽车造车资质。

2019 年 4 月，合伙人之一的毕福康出走拜腾。2019 年，车市变得冷清。中汽协数据显示，这一年，中国新能源汽车市场首次出现负增长，同比下滑 4%。资本市场同样遇冷，拜腾一汽领投的 C 轮融资迟迟未到位。

进入 2020 年，叠加疫情因素，车市和资本市场雪上加霜。没有等来 M-Byte 的量产，2020 年 7 月初，公司对外宣布暂停中国内地业务运营。

2021 年 1 月 4 日，拜腾汽车与富士康科技集团、南京经济技术开发区签署战略合作框架协议，合力加速推进拜腾首款车型 M-Byte 的量产制造工作，力争在 2022 年第一季度前实现 M-Byte 量产。不过，拜腾方面表示，在与富士康牵手之后，也积极寻求新的投资人，并加快 M-Byte 车型的量产交付。2021 年 7 月，有消息称，由于拜腾的财务状况不断恶化，富士康已经停止与拜腾合作的电动汽车项目。虽然项目尚未正式终止，一些富士康员工仍然在拜腾工厂，但是他们已经准备好随时离开了。

当新能源汽车成为风口，越来越多的企业开始入局造车，但对于跨界造车企业而言，其拼的不单单是资本，资本只是作为造车的基础，能否长期在市场上发展还是要看产品竞争力、产品服务、供应链等。在特斯拉、蔚来、小鹏、理想带来造富“神话”的同时，拜腾也从另一个角度提醒前赴后继的新造车企业。

资料来源(有删减)：杜巧梅.3 年烧光 84 亿，拜腾汽车“曲终人散”？[N].21 世纪经济报道，2021-11-01.

二、新产品开发的程序

为了提高新产品开发的成功率，必须建立科学的新产品开发管理程序。不同行业的生产条件与产品项目不同，新产品的开发管理程序也有所不同。一般企业研制新产品的开发程序如图 7-13 所示。

(一)构思产生

所谓构思是指开发新产品的设想。企业能否搜集到丰富的新产品构思，不在于意外的发现和偶然的机会，关键在于企业必须有鼓励人们提建议、出点子的制度以及建立一种系统化的程序，使寻求来的任何新产品构思都能被产品开发部门所了解。

新产品构思的来源是多方面的，主要包括：

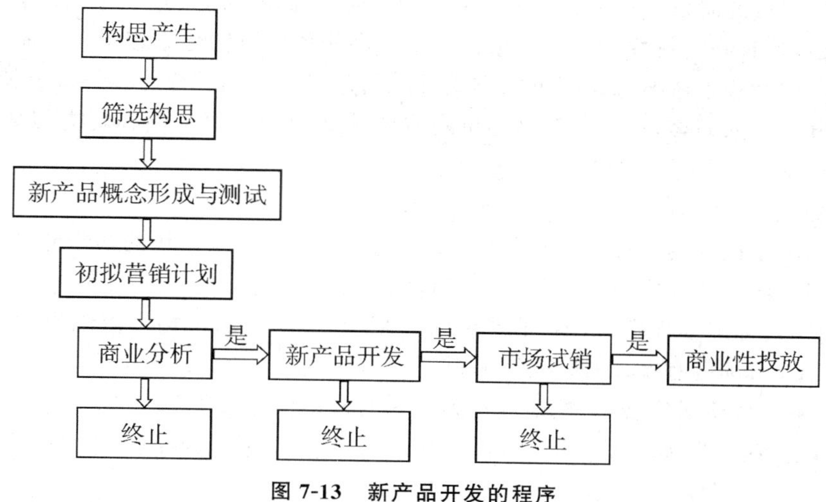

图 7-13 新产品开发的程序

(1)顾客。企业营销人员可以通过观察和倾听顾客的需求,分析顾客对现有产品提出的批评和建议,形成新产品构思。

(2)竞争者。竞争产品、竞争者的成败可以为新产品构思提供借鉴,企业应博采众长,为我所用。

(3)企业营销人员。他们密切接触市场,了解顾客需求,熟悉竞争情况,最有发言权,往往成为新产品构思的最好来源之一。

(4)企业高级管理人员。他们所处的地位使他们最明确公司的发展方向及所需要的产品构思。

(5)经销商。经销商掌握顾客要求和市场竞争等方面的第一手资料,也能提供市场上有关新技术、新工艺、新材料等的信息,对帮助企业构思新产品往往会有很大启发。

(二)筛选构思

筛选的主要目的是选出那些符合本企业发展目标和长远利益,并与企业资源相协调的产品构思,抛弃那些可行性小或获利较少的产品构思。筛选构思应遵循如下标准。

(1)市场的条件。市场的条件包括产品的潜在市场成长率、竞争程度及前景、企业能否获得较高的收益等。

(2)企业内部条件。企业内部条件主要是指企业的人力、财力技术条件及管理水平是否适合生产这种产品。

(3)销售条件。企业现有的销售结构是否适合销售这种产品。

(4)利润收益条件。产品是否符合企业的营销目标,其获利水平及新产品对企业原有产品销售的影响。这一阶段的任务是剔除那些明显不适当的产品构思。

在筛选阶段,应力求避免两种偏差:一种是漏选良好产品构思,对其潜在价值估计不足,失去发展机会;另一种是采纳了错误的产品构思,仓促投产,造成失败。

(三)新产品概念的形成与测试

新产品构思经过筛选后,需进一步发展形成更具体、明确的产品概念,这是开发新产品过程中最关键的阶段。产品概念是指已经成型的产品构思，即用文字、图像、模型等予以清晰阐述，具有确定特性的产品形象。一个产品构思可以转化为若干个产品概念。

概念测试一般采用概念说明书的方式，说明新产品的功能、特性、规格、包装、售价等，印发给部分可能的顾客，有时说明书还可附有图片或模型。要求顾客就类似如下的一些问题提出意见。

（四）初拟营销计划

企业选择了最佳的产品概念后，必须制订把这种产品引入市场的初步营销计划，并在未来的发展阶段中不断完善。初拟的营销计划包括三个部分。

(1)描述目标市场规模、结构、消费者的购买行为、产品的市场定位以及短期（如三个月）的销售量、市场占有率、利润率预期等。

(2)概述产品预期价格、分配渠道及第一年的营销预算。

(3)阐述较长期（如 3～5 年）的销售额和投资收益率以及不同时期的市场营销组合等。

（五）商业分析

商业分析即从经济效益角度分析新产品概念是否符合企业目标，预测销售额和推算成本与利润。预测新产品销售额可参照市场上类似产品的销售发展历史，并考虑各种竞争因素，分析新产品的市场地位、市场占有率等。

在完成一定时期内新产品销售额预测后，就可推算出该时期的产品成本和利润收益。成本预算主要指通过市场营销部门和财务部门综合预测各个时期的营销费用及各项开支，如新产品研制开发费用、销售推广费用、市场调研费用等等。根据成本预测和销售额预测，企业即可以预测出各年度的销售额和净利润。审核分析该项产品的财务收益，可以采用盈亏平衡分析法、投资回收率分析法、资金利润率分析法等等。

（六）新产品的开发

这一步主要是投入资金、设备和劳动力，才能使产品概念实体化，才能发现产品概念的不足与问题，继续改进设计，也才能证明这种产品概念在技术、商业上的可行性如何。如果因技术上不过关或成本过高等而被否定，这项产品的开发过程即会终止。

应当强调，新产品开发必须使模型或样品具有产品概念所规定的特征，应进行严格的测试与检查，包括专业人员进行的功能测试和消费者测试。功能测试主要在实验室进行，测试新产品是否安全可靠、性能质量是否达到规定的标准、制造工艺是否先进合理等。消费者测试是请消费者加以试用，征集他们对产品的意见。这两种测试的目的都在于对样品做进一步的改进。

（七）市场试销

新产品的市场试销，简要地说，就是对新产品和营销计划的全面检验。新产品试销前，必须对以下问题做出决策。

(1)试销地点的选择。选择试销的范围宽度，一般来说，应选择收入居于中等水平、具有代表性的地区。如果选择城市，选择三四个比较合适。

(2)试销时间的长短。从产品特征、竞争者情况和试销费用来考虑，如果是重复购买的产品，至少要试销一两个购买周期。

(3)试销所需要的费用开支。

(4)试销的营销策略及试销成功后进一步采取的行动等。

(八)商业性投放

新产品试销成功后,就可以正式批量生产,全面推向市场。这时,企业就要动用大量资金,支付大量费用,而新产品投放市场初期往往利润微小,甚至亏损,因此,企业在此阶段应在以下诸方面慎重决策。

(1)投放时机。企业必须分析何时是新产品推出的最佳时机,如节假日。如果新产品是用来替代本企业其他产品,那么应在原有产品库存较少的情况下投放市场;如果新产品具有较强的季节性,则应在消费旺季到来之前投放市场;如果新产品尚需改进,则应等到产品进一步完善之后再投放,切忌仓促上市。

(2)投放地区。企业需要决定在何地投放新产品。一般情况下,应集中某一地区市场开展广告和促销活动,拥有一定市场份额后,再向各地市场扩展。例如,苹果手机推出苹果7手机时,首先在美国上市,在美国打响后再推广到其他国家。而资金雄厚并拥有通畅的国内、国际销售网络的大企业则会选择迅速把新产品推向更大的市场。

(3)目标市场。目标市场的选择可以依据试销或产品开发以来所收集的资料。最理想的目标市场应是最有潜力的消费者(用户)群,通常具备以下特征:最早采用新产品的市场;大量购买新产品的市场;该市场的购买者具有一定的传播影响力;该市场的购买者对价格比较敏感。

(4)营销组合策略。企业要在新产品投放前制定尽可能完备的营销组合方案,新产品营销预算要合理分配到各营销组合因素中,要根据主次轻重有计划地安排各种营销活动。

解码新产品开发失败的原因

新产品的开发往往伴随极大风险,其失败率一直很高。而新产品失败的原因,科特勒将其大致归纳为六大类:

一是营销失败,比方说企业对市场规模的估计过高,对消费者需求缺乏准确的了解和把握;或者定位错误,没有体现出产品的差异性,或者定价不合理,宣传推广以及促销的力度不够,等等。

二是财务失败,例如新产品的投资回报率低;或者资金短缺,企业无法承担创新研究和产品推广所需要的资金。

三是时机失败,上市时间太早或太晚都会影响到产品的成功率,上市太早,市场尚未得到开发和培育;上市太晚,市场已经被竞争者瓜分,并且有了森严的竞争壁垒。

四是技术失败,比方说,产品设计差劲;或者生产过程中把控不严,频频出现质量问题,等等。

五是组织失败,一个成功的产品背后,必然有一个强有力的团队,如果企业内部各个部门之间缺乏协调合作精神,或者管理层决策失误等,这样的情况下,产品在市场中很难有上佳表现。

六是环境失败,比如政府管制、宏观经济因素发生变化,社会舆论与道德的制约,或者竞争对手反击激烈,等等。

要尽可能地保障新产品的成功,企业需要注意这样一些方面:在新产品开发前做好扎实的产品设计和项目准备工作;从创意搜寻到产品上市的整个新产品开发过程中,要认真倾听顾客的声音以顾客和市场为导向,而不是以企业的意愿为导向;产品要打造出特色,能给顾客带来与众不同的利益和价值;在正式进入开发流程前,对新产品进行严格的价值和功能定位,定位准确的新产品生存率能大大提升;产品上市应制订周密的上市计划,确保所需资源,并有效地执行;在整个新产品开发过程中的各个阶段,要果断地对项目进行生/杀决策;在企业内部要打造一支专注而又负责任的、能得到充分支持的、具有强有力的领导的全员营销团队。

并不是说,企业做到了这几点,就一定能取得新产品开发的成功,但是。抓住了这几个关键的成功要素,能让产品更具有成功的可能性。企业面临的两难问题是,它必须开发新产品,但高失败率又令其望而却步。总之,要创造一个成功的新产品,企业就必须理解它的消费者、市场和竞争对手,并且开发能够向消费者传递优异价值的产品。在寻求和发展新产品的过程中,企业必须制订强有力的新产品开发计划,并建立一个系统的、顾客导向的新产品开发流程。

三、新产品的市场扩散

新产品的市场扩散过程是指新产品在市场上取代老产品的过程,或者是指新产品逐步被广大消费者接受的过程。很明显,新产品的市场扩散强调的是企业在产品生命周期中的引入期和快速成长期的对策,其要点是根据新产品的特点和不同消费者的心理因素,以及消费者接受新产品的一般规律,有效地运用市场营销组合,加速新产品的市场扩散。

(一)新产品特征

具体说来,新产品对其本身的市场扩散具有重大影响的特征主要表现在以下几个方面:

(1)新产品的相对优点。新产品相对优点越多,即在诸如功能性、可靠性、便利性、新颖性等方面比原有产品的优越性越大,市场接受得就越快。为此,新产品应力求具有独创性,具有新特性、新用途,尽可能多地采用新技术、新材料。

(2)创新产品的适应性。新产品必须与目标市场的消费习惯以及人们的价值观相吻合。

(3)创新产品的简易性。这是要求新产品设计、整体结构、使用维修、保养方法必须与目标市场的认知程度相适应。

(4)创新产品的可传播性。这是指新产品的性质或优点是否容易被人们观察和描述,是否容易被说明和示范。凡信息传播较便捷、易于认知的产品,其采用速度一般比较快。

新产品的上述特征往往并不能一目了然地为消费者或用户所察觉。为此,企业应当认真做好各种营销工作。

(二)新产品的扩散过程

在实际生活中,不同顾客对新产品的反映有很大的差异。由于社会地位、消费心理、收入水平、个人性格等多种因素的影响和制约，消费者按上述模式接受新产品的过程，并不是同时进行的，而是有先有后，即不同消费者的知晓、兴趣、评价、试用到接受都是有先有后的。这就是所谓新产品的市场扩散过程。

新产品在同一目标市场的扩散过程规律是：开始仅被极少数消费者接受，然后逐步再被多数消费者接受。在时间坐标上，不同类型的消费者接受的时间顺序是：创新采用者—早期采用者—中期消费群—晚期消费群—落伍者消费群，如图 7-14 所示。

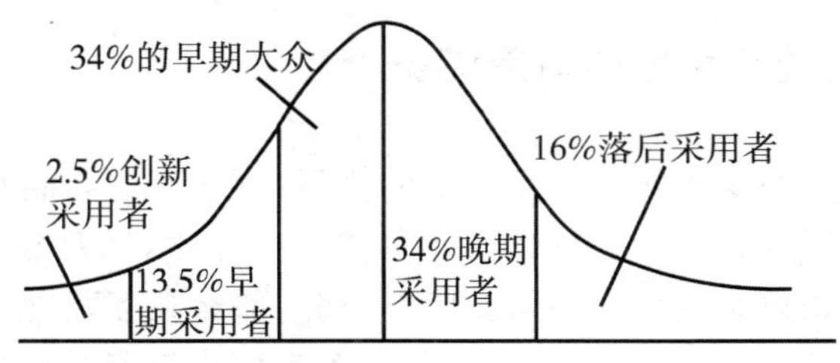

图 7-14　新产品扩散的用户分布

(1)创新采用者。任何新产品都是极少数创新采用者率先采用，这是一些敢于冒险的少数人，他们对新鲜事物有浓厚的兴趣，所以新产品一上市，他们就会积极购买和使用。这部分人只占全部采用者的 2.5%。当创新采用者感到新产品效果好时，他们的宣传就会使新产品被一批早期采用者接受。

(2)早期采用者。早期采用者往往是某些领域中的舆论领袖，他们总是在很多事情上有领先的想法。他们很容易接受创新者的影响，往往在新产品的引入期和成长期内采用新产品。这批人约占全部采用者的 13.5%。

(3)早期大众。新产品经过早期采用者的使用，被他们认可后，他们的宣传会影响到一大批能顺应社会潮流但又比较慎重的“追求时尚者”，即早期大众。这部分人占全部采用者的 34%左右。

(4)晚期采用者。新产品被早期大众采用后，新产品的目标市场接受率已达到 50%左右，这时新产品已开始影响一批多疑型消费者，即晚期采用者。这批人的特点是：他们从不主动采用或接受新产品，一定要到多数人都使用并且反映良好时才行动。这部分人占全部采用者的 34%左右。

(5)落后采用者。新产品已被绝大多数人采用，逐步变为市场上的老产品。这时部分落后采用者才顺应社会潮流而采用这种产品。这部分人占全部采用者的 16%左右。

上述新产品被消费者采用的过程和新产品的市场扩散过程表明，要使新产品尽快地被消费者接受、采用而达到市场扩散，并有较高的接受率；或者要使新产品的引入期缩短，尽快进入增长期；或者要使新产品消除进入市场后的种种障碍，就必须在新产品的研究开发中采取一系列措施，包括有关产品本身方面的措施，还包括有关包装、商标、说明书、广告、销售渠道、服务等方面的措施，以有利于加速消费者接受新产品。

第七节 趋势与热点:互联网对企业产品策略的影响

一、互联网对企业产品整体概念的影响

产品整体概念的三个层次将企业所创造的价值、顾客所需要的利益分成了三个层次,它对企业的营销活动具有很重要的意义。在实体类产品中,产品整体概念的三个层次可以界定得非常清晰。如果企业从事的是互联网业务,那么在互联网企业中,企业所提供的产品为信息服务类产品,其核心产品所提供的利益为信息价值,因此相对于产品的整体概念的三个层次而言,其实体产品和扩展产品非常薄弱,甚至没有,这是互联网产品的比较特殊的地方。

小案例 7-8　字节跳动大变阵,成立六个业务板块!

2021 年 11 月 2 日,字节跳动迎来一次重大组织架构调整。已正式接任字节跳动 CEO 的梁汝波通过内部信的方式宣布,公司将实行业务线 BU 化(Business Unit,业务单元),成立六个业务板块,分别为抖音、大力教育、飞书、火山引擎、朝夕光年和 TikTok。相关业务板块负责人均向梁汝波汇报。

2021 年 5 月,张一鸣宣布将卸任 CEO 一职,公司联合创始人梁汝波将接任。当时,张一鸣称他和梁汝波将于 2021 年年底前完成 CEO 职责的交接,目前这项工作已经完成。对于这位新任 CEO,张一鸣曾评价他是改进公司日常管理、带领公司健康发展的最佳人选。资料显示,梁汝波是张一鸣的大学同学,两人自 2009 年共同创办垂直房产搜索引擎"九九房"起,即成为长期创业伙伴。

2012 年,梁汝波与张一鸣共同创办字节跳动,随后,梁汝波陆续承担了字节跳动产品研发负责人、飞书和效率工程负责人、集团人力资源和管理负责人等工作。

此次调整的具体内容包括:

(1)将今日头条、西瓜视频、搜索、百科以及国内垂直服务业务并入抖音。该板块负责国内信息和服务业务的整体发展。

(2)将员工发展部门的部分职能转型为职业教育方向,并入大力教育板块。该板块致力于建立终身教育服务体系,覆盖智慧学习、成人教育、智能硬件、校园合作等领域。

(3)飞书、EE(企业效率部门)、EA(企业应用部门)合并成飞书板块,聚焦提供企业协作与管理服务。

(4)火山引擎板块聚焦打造企业级技术服务云平台。

(5)朝夕光年板块负责游戏研发与发行。

(6)TikTok板块负责TikTok平台业务,同时支持海外电商等延伸业务的发展。

梁汝波称最新的组织调整是基于业务需要。而在此次调整中,变化最大的莫过于成立抖音板块,并将头条、西瓜等产品并入,这一方面是进一步明确了抖音的战略地位,另一方面,也是将原先并行发展的应用产品进行收拢,未来以产品的形态进行统一管理。

此外,飞书、火山引擎等To B业务单独成立板块,也标志着字节跳动将继续发力B端市场,与此同时,朝夕光年代表的游戏板块,则意味着字节跳动要把游戏也作为一个一级业务去发展。

资料来源(有删减):白杨.字节跳动大变阵,成立六个业务板块![N].21世纪经济报道,2021-11-02.

二、互联网对企业品牌策略的影响

移动互联网时代下的移动互联和社交媒体为品牌塑造提供了新的工具和可能,对企业品牌管理的进行产生了一定的影响。毕竟网络的宣传可以使品牌得到快速的宣传,比如天猫、京东都是依托互联网推广自己的品牌。互联网对企业品牌营销主要有以下影响。

(一)让你的品牌会说话

互联网+的品牌建设体现互动和聚合,回归到产品和服务是否更好地满足消费者以及更好地和消费者的沟通上。过去做品牌,更多是创意策划和传播,互联网让产品在市场、渠道和传播上都发生了变化。而互联网品牌的崛起,得益于互联网一定程度上改变了传播的属性。互联网的碎片化更要求品牌自身会说话表达,这里我们称为会说话的品牌,需要利用社交群体说话以及各方面立体的展示品牌的内涵,并且需要很多信息来刺激客户的感知,从而建立品牌的形象。

(二)互联网+的品牌建设体现快捷扁平的聚合效应

互联网时代也更体现以市场聚合、市场差异化为特征的长尾效应。互联网思维就是用户体验至上、快捷扁平的聚合效应。过去,品牌推广多是在传统媒体上投放广告,社会化媒体的出现,目标的群体性更明显,体现了以用户为导向的快速聚合,让推广能更精准传达给目标人群。在强调互联网+的时代,整合行业优势资源比单打独斗重要得多,一家企业从产品、服务到品牌,涉及设计、创新、物流等环节,每个环节都需要严格的要求,相互借力,集中更多的力量才能更好地帮助解决用户满意度的核心问题。

(三)直面客户的应用场景建设

品牌建设很强调信任,直面客户的应用场景建设更容易给客户带来信任。随着互联网将世界越来越紧密地联系在一起,各种信息充斥我们的生活,在同质化的多品牌竞争时代,我们建立一个品牌也希望得到别人更多的信任,希望自己的品牌更加值得信赖。事实上,随着信息的流通越来越高效,碎片化时代品牌的信任也越来越难建设,所以品牌的建设更注重建立自身的品牌辨识度。互联网+帮助我们直面客户的应用场景,在建立感受—选择—分享的过程中更强调参与,极致体验带来的应该是有价值的引人注目。无论是事件营销,还是各种媒体广告以及活动,反反复复的各种应用场景充斥在消费者眼中是为了加深消费者意识中对品牌的辨识度，从而形成有效的产品驱动。

三、互联网对服务产品的影响

随着科技的飞速发展，人类已进入互联网时代。互联网已渗透到社会的方方面面，改写和重塑着人们的思维认识，越来越深刻地改变着人们的学习、工作以及生活方式，甚至影响着整个社会的发展进程。如今，通过互联网可以随时进行信息的查找与发布，在线交流沟通，进行网络购物、娱乐等消费。对于服务行业来说，互联网是提升服务效率最好的平台。

近年来，我国服务业得到了快速发展，服务业占国内生产总值的比重越来越高，对整个国民经济的发展起着重要的作用。为发展成为有中国特色的现代化服务行业，互联网将是强大的助推力。在互联网经济大潮下，各服务行业将迸发出新的活力，创造出新的服务业态。为迎合主流消费群体的消费方式，以优质服务为理念的“为您服务”平台成功创建。借助大数据、云计算、物联网等信息技术，平台整合了各行业优势资源，汇集餐饮、住宿、旅游、家政、婚庆、招聘等各领域的资讯，致力于打造中国最全面、专业的服务平台。

当前，互联网正加速对服务业的全面渗透，跨界融合、重塑行业格局成为现代服务业发展的新引擎。“互联网＋”在现代服务业中的运用有着巨大的发展空间与潜力，满足人们多元化的消费需求和高品质的服务体验，社会意义重大。

四、互联网产品的生命周期理论

对于互联网产品来说，生命周期的理论是一样的逻辑。为了稍稍区别于一般产品生命周期包含的“引进”“成长”“成熟”“衰退”四个阶段，这里把互联网产品的生命周期分为以下四个阶段。

（一）启动阶段

对于互联网产品来说，启动阶段互联网产品需要迅速从理论变成实际，从用户痛点需求和商业目标出发，迅速将产品上线并测试，然后寻求种子用户进行快速验证！

在这个阶段，用户对产品还不了解，产品也是处于探索当中，市场前景并不明朗，因此我们一般考虑的是“我们的产品是否能够解决用户的痛点”以及“我们产品的用户体验到底如何”等问题。

（二）成长阶段

在成长阶段，产品已经渡过了种子用户期，并且也获得了种子用户的认可，那么这时候就需要通过营销手段迅速提升产品的流量（销量）和品牌知名度！在这个阶段，用户逐渐熟悉产品，产品得到验证，市场前景也比较明朗，那么我们一般考虑的是“我们应该如何运营产品才能快速提升流量和品牌知名度”以及“我们在获取流量之后应该如何转化或者如何变现”等问题。

（三）成熟阶段

在成熟阶段，产品已经趋于稳定，很难再有突破性的增长，那么这时候主要就是做好用户的工作，通过运营手段活跃并留存老用户，同时保持新用户的稳定增长！在这个阶段，市场趋向饱和，用户趋于稳定，我们一般考虑的是“我们应该如何活跃我们的老用户和尽最大能力保持新用户的稳定增长”以及“如何稳定的将用户变现从而实现盈利”等问题。

（四）衰落阶段

在衰落阶段，产品正在走下坡路，已经逐渐失去了竞争力，产品的销量和利润持续下降，不能适应市场的需求，更好的竞品也已经出现，自身的用户流失率也在不断提升，那么这时候首先就是要通过运营手段做好用户回流工作，并且积极创新和寻求转型的新机会。

科技企业跑步入局新能源商用车

进入2021年以来，新能源汽车进入大乱斗阶段。在万亿级的卡车赛道，一批新势力玩家也在悄悄登场，谋划着一场好戏。百度牵手狮桥共同孵化了“卡车新势力”公司DeepWay，今年9月，DeepWay旗下首款概念产品“星途1代”正式发布，并计划于2023年6月量产。阿里达摩院在推出物流机器人“小蛮驴”后，又将L4级自动驾驶卡车“大蛮驴”的研发提上议程。更早之前，京东也曾于2018年推出全自主研发的L4级别无人重卡。

科技巨头纷至沓来，自动驾驶初创公司们也将目光转向于此。图森未来的产品是L4无人卡车，今年4月，其在美国纳斯达克上市，并斩获“自动驾驶第一股”的称号。今年8月，嬴彻科技宣布完成2.7亿美元B轮融资，投资阵容堪称豪华，京东物流、美团等位列其中。今年9月，文远知行推出首款电动自动货车Robovan。此外，小马智行、Auto X等玩家也在加速布局。而放眼国外，特斯拉、RIVIAN、Nikola、Lucid等新贵在加速推出纯电动皮卡等产品，希望复制特斯拉在乘用车领域的成功。

官方数据显示，2018年，中国物流总成本占国家GDP的14.8%，远高于发达国家物流总成本的8%左右。而在传统物流货运的成本支出中，仅司机成本就占到20%。针对居高不下的物流成本，2019年的政府工作报告也提出要“减少物流成本”。

自动驾驶技术则成为解决痛点的“一剂良药”。自动驾驶可通过节省人力与燃油成本提升物流企业的利润率。另一方面，物流公司效率的痛点也将通过更为数字化的管理得到解决。通过收集自动驾驶卡车的海量道路数据，可以实现数据闭环，推动智慧物流的发展，还会进一步为司机带来更安全的驾驶体验。

政策的东风又为新能源商用车的发展加了把劲。截至今年10月底，全国共有43座城市对新能源商用车开放了路权，28座城市推出了新能源商用车推广政策；另有22座城市出台新能源运营补贴政策，新能源商用车的政策优势让其取代传统燃油商用车已成为共识。

资料来源（有删减）：佚名.科技企业跑步入局，群雄逐鹿万亿级赛道[OL].百度百家号：36氪，2021-11-08.

五、互联网产品开发的典型流程

在互联网产品开发阶段，通常要经历以下几个典型阶段：确定用户需求和产品目标、概念设计、原型设计、界面设计、信息设计、视觉设计、前端开发、用户体验测试、产品完善、产品发布等过程。当然,这些阶段的划分有时是模糊的,并且有可能根据具体项目进行增减,修改阶段名称及工作内容。下面结合一个典型的网络产品的设计来讲解流程。

(一)明确用户需求,确定网站目标阶段

这个阶段通常是需要产品经理把关的。为了更快地了解市场情况,必须通过一些高速有效的方法来了解用户的实际需求。比如,可以通过用户访问和问卷调查取得,可以通过用户操作习惯统计、网络流量统计等手段来掌握用户的行为特征。在这个阶段,产品经理起着给产品做最初的方向定位的作用。

(二)概念设计阶段

设计是一种不断创新的思想行为,由于人的创作智慧是无穷的,因此,产品概念的构思也将是无穷的。概念设计的直接目的是生成概念产品,它是一系列有序的、可组织的、有目标的设计活动,表现为一个由粗到精、由模糊到清晰不断进化的过程。

这个时候,产品经理需要集思广益,然后对用户及市场资料进行总结梳理,通过白板或思维导图理出产品思路,把所想到的产品功能模块及亮点做好记录。这里的设计思路包括产品整体架构、功能模块规划等,也就是从概念上给出一个完整的产品雏形,可以通过文字或图示的方式来表达所要开发产品的整体构想。

(三)原型设计阶段

经过了概念设计之后,如果你的产品功能和亮点得到了认可,就可以进入产品原型的设计阶段了。在现实演示中,有人甚至会激动地发给你手绘的纸制原型,这种表达方式更加随意,沟通起来也更亲切。这就是一种很原始的原型设计。产品原型设计最基础的工作就是结合批注、大量的说明以及流程框架图,将自己的产品原型完整而准确地表述给UI、UE、程序开发人员、市场营销人员,并通过沟通,反复修改并最终确认,然后执行。

(四)界面设计阶段

用户界面就如同一张脸,在人机互动过程中起着十分重要的作用。界面设计极具挑战性,因为它不仅仅是一次页面的体现,它需要设计学、语言学,还需要研究心理学。设计页面的时候,要遵循一些基本的原则,比如:要保持页面颜色的统一,保持界面风格的一致性,尽量减少用户的审美负担、记忆负担。

产品的设计过程中,UI 负责首页风格设计,形成三套解决方案,选择最满意的两套提交给需求部门,并和需求部门经过多次协商调整后,最终形成定稿。接着 UE 开始针对原型进行操作上的优化调整,手机各类交互及用户体验方面的改善建议,比如园区白条需要把福利统一到一个一级菜单栏中,把金融功能统一到第二个一级菜单栏中。在这个过程中,一定要保证与需求部门沟通到位。

(五)视觉设计阶段

视觉设计是针对眼睛功能的主观形式的表现手段和结果。也就是说,视觉设计首先需要考虑产品给人的整体感觉,即视觉设计的风格。在现实生活中,睁开眼睛就能看到各种视觉作品并带给我们风格迥异的心理感受。同样,互联网产品也会给我们不同的视觉感受。优秀的视觉设计师能充分理解产品的固有功能,然后用一种超出你想象的方式展现在你面前,让你感觉眼前一亮。当你心底有微微一颤的感觉时,这种设计的境界也就达到了。因此，视觉设计的风格是否准确，关系着整个设计的成败。

（六）前端设计、后台开发阶段

这个阶段，前端设计师最需要的就是和视觉设计师一起将草图制作成相应的页面，并且把制作好的高质量的 PSD、PNG 图片构思成 DIV＋CSS 代码，与后台程序配合，高效率、高质量地完成前台页面的效果实现。与此同时，前端设计还要善于选择合适的框架，做到代码效率最高、用户体验最好、代码下载量最小，并且可以在单独甚至让更多产品线中最大限度地重用代码。

（七）产品测试阶段

在测试上线阶段，产品经理主要起验证作用，严格把好产品上线前的最后一关，让产品能完美上线。为了保证产品的良好体验，除了需要有优秀的测试人员之外，还要与测试人员保持沟通。产品测试，其目标就是：确定最终的产品做成什么样子。

（八）产品正式上线

经过测试后进一步调试后，正式上线。

本章小结

在营销组合策略中，产品策略是首要策略，其他策略都是围绕产品策略进行的。在产品策略首先要明确产品的基本含义并应用科特勒的整体产品概念将产品进行分层。在整体产品概念的基础上，我们首先要对单个产品应用三个层次进行设计，然后考虑企业产品线的决策和企业产品组合决策。

在产品策略中有两个特殊地方，一个品牌营销，另一个是服务营销。品牌作为整体产品中实体产品的组成部分，它又承载企业产品与消费者之间的联系。品牌因为对消费者有特殊的影响力而形成了品牌资产，因此对品牌的营销决策比较复杂。品牌营销决策包括了品牌定位、品牌名的选择与保护、品牌的持有和品牌的开发四个方面的决策。服务作为一种特殊的产品在营销上也有其特殊的地方。服务与有形产品的区别在于其无形性、不可分离性、异质性和易逝性，由此导致服务营销除了常规的外部营销外，还要注重内部营销和互动营销。

由于产品在市场中也是不断发展变化的，因此在产品策略中提出产品生命周期理论。产品生命周期理论中，将产品的生命分为四个阶段：导入期、增长期、成熟期和衰退期。由于产品生命周期的各个阶段的特征都不一样，因此针对产品的生命周期的不同阶段，企业应该采用不同的营销策略。产品生命周期理论也引发企业新产品开发的重要性。由于新产品开发的成功率较低，所以在开发新产品时注重提高新产品的成功率，另一方面也要减少新产品研发的费用。要达到这两个目的，企业的新产品开发应该按照一定的程序进行。

重要名词

整体产品　核心产品　形式产品　延伸产品　便利品　选购品　特殊品　非渴求品　品牌　产品线　向下延伸　向上延伸　双向延伸　产品项目　产品组合　品牌资产　品牌定位　制造商品牌　自有品牌　许可品牌　共有品牌　品牌延伸　多品牌　新品牌　服务　外部营销　内部营销　互动营销　产品生命周期　导入期　增长期　成熟期　衰退期　品牌说话　聚合效应　应用场景　启动阶段

案例评析

网红小酒到百元名酒，江小白的产品策略调整

江小白10年了。这是一件挺难想象的事儿，"江小白活不过1年"的论调似乎还在耳边，转眼间，"国民小酒"竟然已经十岁。不可否认，从一瓶小酒到一瓶好酒，江小白在中国白酒语境内独创了"本味清香酒"，独创"花果香松子香"的风格体系。这种风格，江小白一步一个脚印走了出来。在10周年时候，江小白第一声重磅之言，就是酒体升级，酿造技艺升级。江小白表示，要最大限度呈现高粱酒的本来味道，更大力度体现利口的粮香、花果香、松子香……要更纯正，也要更醇厚。

新品"金盖"：挑战八大名酒？

江小白有挑战名酒企业的实力吗？没有。但要是针对某个价格带做单品，各酒企都有可能。9月28日，来自五湖四海的50余位行业人士和评酒专家，去了江小白的酒厂江记酒庄，他们要亲自去称一下江小白的"斤两"。刚好，江小白推出了新品：52度、一斤装的十周年特别版，简称"金盖"。桌子上摆了6款酒，5款是200～500元价位的畅销款白酒，都是来自八大名酒旗下，"金盖"（见图7-15）也在其中。经过一轮盲品，50多位专家超过半数认为，综合口味和气味，3号酒最值得肯定。这款酒就是金盖。

国家一级品酒师腾蕾一向比较客观，注重融合白酒专业视角与用户视角，她在品鉴金盖之后表示："这款酒香气结合协调舒适，入口甘甜绵柔，有淡淡的松子香和奶油香。"另外几位行业专家也表示，3号酒体的粮香味明显。国庆节后江小白又邀请了十几位白酒泰斗来品鉴。"像金盖这类纯味清香产品，纯净协调柔和，更容易得到当下消费者的青睐。"中国食品发酵工业研究院原副院长、首届中国酿酒大师、著名白酒专家张五九评价道。中国白酒泰斗、中国食品工业协会白酒分会技术顾问胡永松的意见与张五九相近："金盖具有江小白第三代酒体的典型性和代表性，口感'纯味舒适'。"如图7-16所示。

有专家认为，这款酒不要卖贵了，定价在300元左右就行——毕竟没有八大名酒的品牌溢价。不，江小白偏偏定了"108元"。"我们不要什么品牌溢价，我们要的是用户体验和用户满意。"江小白创始人陶石泉说，做一款走体验路线、品质路线的高质价比口粮酒。这完全可能会对百元价位的产品形成"降维打击"。

图 7-15　江小白“金盖”

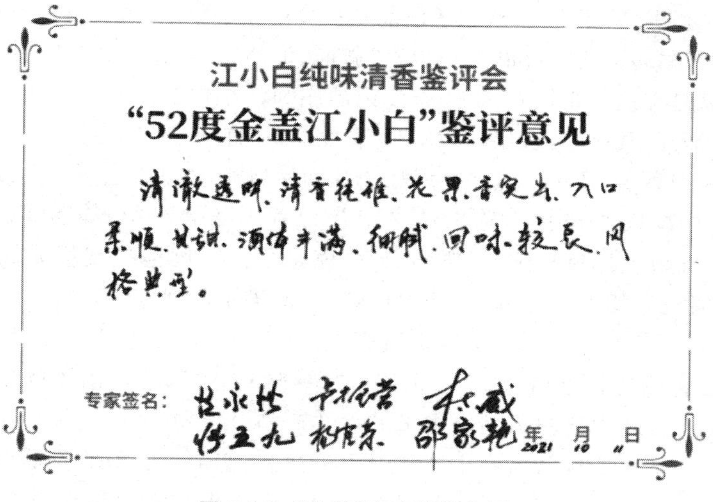

江小白纯味清香鉴评会

“52度金盖江小白”鉴评意见

清澈透明、清香纯雅、花果香突出、入口柔顺、甘甜、酒体丰满、细腻、回味较长、风格典型。

专家签名：

2021年10月11日

图 7-16　“金盖”专家鉴评意见

纯味清香，独树一帜的中国白酒

能和八大名酒放在一起做盲品，这种“自信”来自江小白的第三代酒体。陶石泉用了四个字表述了第三代酒体的特点：纯、清、和、韵。

纯，江小白一直追求的酒体特质，纯粹、纯正而没有杂味。

清，清香清雅和清远清正，更体现清香特色，更具有悠远、雅致的感受。

和，味与香融和为一，酒与菜的融合为一，花果茶配制合一，人和酒的融合为一。还有一项是，在中医体系里面，小曲清香酒可以很非常好地将药与酒融和为一，这一点的确有其他香型无法比拟的优势。

韵,江小白的酒体气质,气韵高雅,不浓、不俗、不媚,是在味之上更好的表达。酒店的菜很好吃,但家里妈妈做的菜更好吃,因为里面有对你的爱和呵护,这份爱就是韵。电子琴的声音很准,但钢琴的弹奏更好听,因为它有演奏者人琴合一的全神投入。

的确是独树一帜的风格。“不一样的工艺、不一样的技术,所有的不一样,成就了江小白的酒。”四川省酿酒研究所副所长杨官荣一直在研究白酒的“口感美学”。在他看来,江小白的花果香、松子香、餐酒融合体验等风格在业内的确是独树一帜。

“我们对自己的技术有充分的自信,广泛学习博采众长与坚持我们自己的技术路线并不矛盾。茅台是好酒、五粮液是好酒,我们的技术路线不是追随模仿茅台五粮液,而是成为和茅台五粮液一样高品质的江小白。”陶石泉说出了江小白的风格路线,他们要做酒糟香和窖泥香之外的另外一种好喝、另外一种好酒。独一无二的闻香体系和餐酒搭配口感,独辟蹊径,绕开了传统白酒的套路和体系,又附着在用户体验上,江小白确实有可能再造一个现象级大单品。“中国白酒完全可以做出像绝对伏特加、尊尼获加那样的国际化、国民化的大品牌,我们也正在往这个方向努力。”陶石泉说。

本味酿造“最纯粹的粮食酒”

第三代酒体是怎么来的?从云雾笼罩的重庆沿长江向上游走,不多时就能到达川、渝、黔三地交界,生产白酒的金三角。白沙镇恰好处于这个三角形的一边。这是重庆人口最多的镇,人口超过 18 万,长江从它的面前平缓流过。一百多年前,这里曾是川东名镇,交通便利,镇上遍布酒坊。所产烧酒上销成都、叙府、泸州,下销重庆、汉口、沙市、江苏、贵阳、遵义等地。也就是在这个小镇上,坐落着江记酒庄和江小白农庄——江小白的生产基地和原料来源。据说,江记酒庄已经累计投资近 30 亿,年产能 6 万吨,老酒储备 6 万吨,并且拥有 4 位白酒国家级评委、数十位国家高级酿酒师和品酒师,人才配备堪比一线酒企。

白酒国家评委、江小白技术总工邵家艳带记者到酿酒车间,体验了一把“本味酿造法”。这套工艺细节上比较复杂,但概括而言“就是最大限度地呈现优质高粱酿酒的本来味道”,不搞任何刻意的人工添加,不搞重口味、不搞媚俗的风格。

在 2015 年前,江小白立足传承传统川法小曲清香酿造工艺,优化改良酿造出第一代酒体;2016 年江记酒庄扩建后,江小白采取了“单纯酿造法”,打造出了顺口纯甜的第二代酒体,一举成为迎合新生代白酒品饮需求的首选产品。

而第三代“本味酿造法”,生产出了味道更为醇和、绵甜、协调的“纯味清香白酒”,也就是江小白的第三代酒体。今年 5 月,获得美国旧金山世界烈酒大赛双金奖的“三五挚友”,正是江小白第三代酒体的代表产品之一。第三代酒体的粮香味较之前更浓郁、更饱满,其他的香味也更加丰富协调。这是“最纯粹的粮食酒”,邵家艳说。对此,中国白酒大师、宝丰酒业公司总工程师卢振营说了一番话:“江小白还原了高粱酒的原生味道,口感清甜方面有很大优势。这是一套独一无二的风格体系,是清香白酒的一大突破。”

十年苦修,清香酒正热在民间

“在大江南北无数餐厅的吧台酒柜里,摆放最多的白酒香型,还是包括江小白在内的清香型白酒。”白酒行业观察者蔡学飞说,“酱酒热在酒局,清香热在民间,在酒菜搭配上,清香有它独特的优势。今天在各大餐饮终端呈现的白酒香型局面,其实也是消费者日常生活的自然选择结果”。

清香型白酒在经历了多年的下滑后，终于迎来了触底反弹。汾酒作为清香龙头，在过去几年完成了销售额的超高速增长，市值维持在 4000 亿左右，坐上了白酒上市公司的第三把交椅。引领汾酒增长的拳头产品，却是貌不惊人，价格仅几十元的玻汾。这无疑打破了此前白酒行业的规律，人们猛然发现，高增长不是千元产品的专利，几十上百元的口粮酒也可以创造奇迹。汾酒之外，江小白、宝丰、红星等清香白酒品牌在近几年也有稳定的长线增长。像江小白，市场上早已经形成了火锅加江小白、大排档加江小白、江湖菜加江小白的消费习惯。这说明，在经历了大浪淘沙后，优质的清香白酒完全可以牢牢占据人民群众的酒桌餐桌。

江小白此次推出的金盏，无论从定价还是酒体上看，都是想打破此前的藩篱，去寻求更加大众化的市场。如果它成功了，也会给清香白酒的同行们带来很多启示。甚至清香白酒打不过长江的现象，也将改变。

就像 50 元标杆玻汾一样，如果金盏能成为 100 元价位的标杆产品，成为百元名酒，那么江小白这未来，将会不可限量。从金盏的口碑来看，很有机会。

中国白酒泰斗、原中国酿酒工业协会白酒专家组组长梁邦昌说："江小白的十年发展对整个白酒行业影响深远。'本味酿造法'也是一次非常成功的工艺探索，'金盏'完全可以扭转人们对江小白的看法，纯味清香会迎来更大市场。"

十年中，江小白逐渐从年轻人喝的小酒，成长为一瓶品质可靠的口粮酒，在清香型市场恢复增长、汾酒一家独大的大背景下藏着江小白蜕变的机会。

是时候放下旧印象，去尝尝江小白了。

资料来源：郑栾.从网红小酒到百元名酒，江小白变了[OL].微信公众号：商界，2021-10-19.

问题：

1.请了解江小白早期的产品策略并分析其早期所采取产品策略的原因。

2.结合本案例资料分析江小白在 10 周年之际进行产品策略调整的原因。

实训专题

1.选取某一消费类产品，针对不同的消费群体来阐述该产品整体概念的内容。

2.对比两竞争企业的产品组合，思考企业为什么会形成这样的产品组合，在产品组合策略上有什么特点及利弊。

思政专题

2014 年 5 月，习近平在河南考察时提出：推动中国制造向中国创造转变、中国速度向中国质量转变、中国产品向中国品牌转变。请选择一个行业或市场，谈谈中国企业在产品策略上如何提升国际竞争力。

第八章 定价策略

学习目标

1.理解和掌握价格的含义，并明确价格策略在营销组合中的作用；

2.理解和掌握价格制定中的影响因素；

3.理解和掌握三种定价的基本方法，并明确不同方法的优缺点；

4.理解和掌握竞争定价策略、新产品定价策略、心理定价策略、产品组合定价策略、差异定价策略；

5.理解和掌握企业降价提价的原因、顾客对企业降价提价的反应；

6.理解和掌握竞争对手变价以及企业应该做出的反应；

7.了解和理解互联网环境中营销定价的特点和策略。

引导案例

"平替"护肤品崛起

随着国民人均可支配收入的增长和护肤意识的增强，国内护肤品市场迅速扩大。高端护肤品涨价，让本来就对其望尘莫及的小伙伴们再一次"颤抖"，随之"平替"护肤品崛起，逐渐被大家熟知。

其实，平替就是大牌产品的平价替代品。平替产品的成分和功能一般与大牌接近，但是价格却感天动地。

国内护肤品市场在高端和平替共存的情形下，虽然高端护肤品市场销售额不断增长，但仍有一部分消费者越来越关心平替产品。

在护肤品类目下，平替产品大多集中在精华上。

首先，高端精华产品占据了高端护肤品25%的市场份额。高端精华产品的平均售价高达850元。精华产品和套装产品不同，大多以单品形式售卖。

而平价精华的平均售价仅为135元，比高端精华低715元。如果说成分和功效相似的情况下，部分消费者会作出的选择就显而易见。《商界》记者通过整理微博、小红书对平替的讨论声量发现，平替讨论声量呈明显上升趋势。

平替精华的价格区间在70～500元以内。数据显示，2019年的平替精华完胜高端精华，销售额排行Top5的精华单品售价均不超过500元，平均售价为263元，其中4个产

图 8-1　小红书上的精华平替分享

品均为大牌平替。

举个例子,"欧莱雅小黑瓶"和"兰蔻小黑瓶"都是眼部精华,不管是瓶装设计还是成分,甚至是网络昵称,相似度高达 99.9%。兰蔻小黑瓶净含量 30ml,天猫旗舰店官方售价 760 元;欧莱雅小黑瓶有多种净含量包装,其中 30ml 售价 280 元,约为兰蔻小黑瓶的 1/3。

通过对比官方数据,欧莱雅小黑瓶销售额整体高于兰蔻小黑瓶,每逢重要节日和促销活动的月份,如 3 月(妇女节)和 11 月(双 11),欧莱雅小黑瓶销售增幅巨大,而兰蔻小黑瓶销售增幅则略显不足,导致销售额差距更加明显。

平替产品价格低廉,购买时消费者毫无负担,即便不好用,也不会很心疼。同时,由于成分、功效上和高端原产品差异小,因此平替需求常在。

再加上平替产品的知名度不高,为了提高人气,品牌方的营销活动丰富,且折扣力度也大。比如,蝶芙兰的"银胖子"产品,就常年在李佳琦直播间送券打折,折后价低于 100 元/支;宝洁旗下 OLAY"小白瓶"等多款平替产品也积极在社交平台上进行口碑营销,优惠力度明显。

2020 年 10 月 20 日晚,宝洁发布业绩报告称,2020 年 7—9 月底,实现销售额约 193 亿美元(约合 1289 亿元人民币),同比增长 9%;净利润为 43.08 亿美元(约合 291.8 亿元人民币)，同比增长19%，这也是宝洁近五个财年内同期实现的最大涨幅。不过，这次巨大涨幅不是得益于旗下SK-Ⅱ等高端护肤品，更多的是OLAY品牌销量的稳步增长。

宝洁相关负责人透露，中国市场业务增长率达12%，消费趋势强劲，从消费数据来看，OLAY的销量远大于SK-Ⅱ，所以宝洁将更多的品宣资源给了OLAY。

可见，护肤品也开始走“下沉”路线，平替产品的市场正在迅速扩大，更多消费者也愿意接受或选择平替产品。

资料来源：赵春雨.护肤品集体涨价，背后元凶是？[OL].澎湃在线，2021-02-03.

引导问题：“平替”护肤品定价考虑的主要因素是什么？

第一节　影响定价的主要因素

产品定价是产品和服务进入消费领域的前提与基础。无论是传统的交换双方协商定价，还是大商业时代的单一价格，再到网络时代的多个买方同时面对多个卖方的共同的价格撮合机制以及卖方或买方在网上交易平台形成的在线价格，价格始终是消费者购买心理中最敏感的因素。产品价格的高低直接关系着买卖双方的切身利益，更直接影响消费者对某些产品的购买意愿以及购买数量的多少。

一、价格的含义

(一)价格的含义

从用户角度来分析价格，有狭义和广义之分：

狭义上看，价格是客户为了取得产品所须付出的金额。一般企业主要通过提供有形或无形产品给客户来获取利润；利润的产生来自客户取得或享用商品所给付的款额减去制作准备该商品的总成本。客户取得或享用商品所给付的款额多少，通常由提供产品的企业制定，即为产品价格。

广义上看，价格是客户取得产品的代价。这种代价不仅包括金钱，也可能包括时间成本、体力成本、精力成本或其他的风险成本等购买成本。

(二)价格的意义

产品价格关系销售量、获利与市场地位。

(1)产品价格影响客户是否购买该商品、购买多少，因此决定该商品的销售量。

(2)产品价格影响企业每一单位产品利润的高低，再考虑销售量，就决定企业在该商品的总利润。因此，产品是影响企业获利表现的一项非常重要的因素。

(3)此外，企业产品价格与市场上竞争者产品价格的比较，也影响企业产品与竞争者产品相对的销售量，因此影响企业产品在市场的地位；并影响企业的竞争优势或劣势。

二、定价的主要影响因素

在一般情况下，企业运营的目的是为股东获取持续的最佳利润。因此，产品若制定一个高于成本的适当价格并吸引适当大的客户购买量，因而创造最大的获利，是企业最理想的商品定价。在这里，我们可以分别从影响定价的基本因素和其他因素来分析。

(一)影响定价的三大基本因素

(1)成本，即产品成本。成本是影响产品价格的最基本、最重要的因素。在一般情况下，成本是产品价格的最低界限。当然，有时为了打击竞争者、清存货、短期内取得现金(套现)、打开知名度，企业也会以低于成本定价。互联网某些爆品可能存在通过低于成本的定价方式来引流。

(2)价值，即客户对产品的价值感知。产品价格是否合适，最终由顾客决定。感知大于事实。根据客户对产品认定的价值，可对产品制定适当的最高价格，而不会影响客户的需求量与产品的销售量，以达成最佳利润。

(3)竞争，即竞争者的价格水平和价格策略。定价时必须考量企业与竞争者的竞争态势，以建立或维持企业与产品在市场上的竞争优势或均衡，从而达成或维持最佳或可能最佳的利润。

(二)影响定价的其他因素

在企业的实际实价过程中，影响产品定价的其他内外部重要因素还有：营销战略目标与营销组合、市场结构、宏观经济、政府政策等。不过这些其他重要因素，除政府政策外，在企业实际定价操作上，都可归纳上述三项最重要的具体因素：成本、价值、竞争。

1.营销战略目标与营销组合

营销战略透过市场细分、选择目标市场、产品定位来制定战略及战略目标，所制定的战略主要有产品定位战略、市场竞争战略、客户价值战略等，并透过营销 4P(产品、价格、渠道、推展)组合来执行这些营销战略，实现营销战略目标。其中产品定位战略涉及客户对产品认定的价值，因此可归属影响产品定价的价值因素；市场竞争战略涉及竞争态势，因此可归属影响产品定价的竞争因素；客户价值战略涉及客户对产品认定的价值，因此可归属影响产品定价的价值因素。

2.市场结构

经济学将市场区分为完全竞争、不完全竞争(又称垄断性竞争)、寡占、独占四个主要市场形态。在这四种形态市场中，由于客户可选择的购买对象从完全竞争市场到独占市场，越来越少，因此对企业所制定产品价格的承受度越来越高，可由产品需求的价格弹性越来越低表现出来。

完全竞争市场具备四个构成要件：在完全竞争市场，价格完全由市场整体的供需情况决定，个别企业完全没有决定产品价格的能力，因此无所谓产品定价。在这种市场形态下，企业应致力于产品、品牌、形象的差异化，以增加青睐自家产品的客户并提高客户的忠诚度，而可能适度调升产品价格，并提升获利。这种产品的定价是考虑客户对产品认定的价值来定价，这种定价的影响因素也归属于价值因素。

不完全竞争市场(又称垄断性竞争市场)买卖家数量多,但卖家对自家产品的市场具某种程度的影响力。产品非同质性,即各企业提供差异化的产品;企业可加强产品、品牌、形象的差异化,来提高企业的获利能力。产品定价的影响因素也归属于价值因素。

寡占市场即市场只有三四家规模相差不很大的企业在经营,企业对市场有相当程度的控制力,寡占企业通常都采取稳定市场的战略,来维持市场的安定与各自不错的获利,其产品定价通常以客户感知价值为依据来制定适度的高价,以达成企业可持续的最佳获利,其产品定价的影响因素也可归属于价值因素。

独占市场即市场由一个卖家独占。公共事业或垄断性资源的独占通常由政府经营或政府有严格的规范。民间企业的独占通常来自专利,一般都享有非常高的获利,其定价的重要考量因素也是客户感知价值,因此其产品定价的影响因素也可归属于价值因素。

3.宏观经济

整体经济情况的好坏牵动消费者对未来的展望与信心。经济情况较佳时,一般大众比较愿意消费;经济情况较差时,一般大众消费的意愿较低。通货膨胀、物价上涨时,人们比较倾向购买房产、黄金等来保值,对一般消费偏向保守。由于宏观经济情况较差或通货膨胀,人们消费意愿较低、消费偏向保守时,企业对产品的定价就须较为实惠以维持或促进销售量。宏观经济因素对产品定价的影响,涉及消费者对产品价值的衡量,因此也可归属于价值因素。

4.政府政策

政府的经济政策影响宏观经济的情况,因此影响企业的产品定价;政府在国际原物料价格大幅上涨影响国内通货膨胀时,可能推行较为严谨的平抑物价政策,企业由于原料上涨而需调升产品价格时,也须考量政府的物价政策。政府为避免房市过度上涨,采取平稳房价的措施时,开发商对房产的定价也受到影响;政府推行打击贪腐厉行廉洁的政策时,较高档产品或餐厅菜肴的定价也会受到影响。

羽绒服为何越来越贵

现如今中国羽绒服市场已经形成一个典型的金字塔发展格局,按价格段来划分,现阶段的中国羽绒服市场主要有三类玩家。第一类是,以加拿大鹅、Moncler 为代表的国际高端品牌,价格在 10000 元及以上。第二类是,以优衣库、Zara、HM 为代表的快时尚品牌,以及冰洁、雅鹿等定位大众市场的专业羽绒服品牌。第三类是,波司登、雪中飞等专业羽绒服品牌,以及 ONLY、The North 等定位中高端市场的其他品牌。

对消费者来说,最关心的是购买羽绒服的价格,可最近几年以来,羽绒服价格一年比一年贵。羽绒服价格为何越来越贵? 在新品略看来,可以从行业发展现状、消费群体及需求变化及其他市场因素等多方面来看。

首先,从行业发展现状来看,中国羽绒服市场正迈向品质化及品牌向上的发展新阶段。正如上述,从现有行业发展格局来看,目前羽绒服市场发展竞争激烈,不同品牌提供不同售价区间的羽绒服。特别是以加拿大鹅为代表的国际高端羽绒服品牌进入中国市场后,进一步激活了国内羽绒服市场,在一定程度上也推动国产羽绒服品牌不断向上突破,推动产品升级和品牌升级。

国内头部专业羽绒服品牌，在巩固原有市场地位的同时，正全力品牌向上，推动羽绒服品牌迈向品质化和高端化，自然羽绒服售价也会相应上涨。以正在力求品牌向上的波司登为例，不惜重金邀请国际顶级设计师推出联名款，走上米兰时装周、伦敦时装周等国际时尚舞台，开启品牌高端化。

方正证券研报显示，2018 年，波司登品牌羽绒服全面提价，涨幅为 20%～30%，其中高端产品提价幅度达到 30%以上。到了 2020 年，波司登品牌羽绒服线上销售收入当中，单价超过 1800 元的产品销售收入占比达到了 31.8%，同比提升了 4.3 个百分点。

其次，羽绒服消费群体年轻化及消费需求多样化。目前已经进入消费年轻化时代，其中 90 后成为羽绒服消费的主要人群，年轻人不仅要求羽绒服要保暖，还要有颜值。羽绒服消费年轻化及消费需求的变化，正在加速推动羽绒服行业升级迭代，推动羽绒服品类从单一的防寒保暖演变成极度防寒、防风、防水、透气等多功能诉求，满足不同场景的使用需求。

现在的羽绒服变得更时尚，更轻薄，更有设计感，个性化元素也在不断出现，有品牌推出了风衣羽绒服，简约时尚保暖。年轻人愿意不惜重金为自己喜欢的羽绒服买单。据观研天下数据显示，25～35 岁人群，已经逐渐成为中高端羽绒服的消费主力军。市场信息显示，在 2020 年，中高端羽绒服的客群得比往年年轻 10 岁。

此外，原材料价格上涨，企业营销成本上升等其他市场因素也会推动羽绒服价格相应上涨。

但在新品略看来，尽管中国羽绒服市场正在迈向品质化和高端化，不同定位的品牌提供不同价格区间的产品，消费者可根据自己的需求选择相应的羽绒服产品。所以说，我们完全不用担心会失去“羽绒服自由”。

展望未来，无论是存量市场，还是增量市场，中国羽绒服市场整体向好，呈复苏上升态势。根据《2020 年中国羽绒服市场分析报告》显示，预计到 2022 年，中国羽绒服行业市场规模将达到 1622 亿元。中信证券在研报中预计，中国羽绒服市场未来至少还有 20%以上的增量市场存在。相比欧美国家 30%～70%的羽绒服普及率，仅有 10%的中国市场还大有可为。

值得关注的是，全球 20%的头部品牌占据 80%的羽绒服市场份额。可以预见，未来的中国羽绒服市场，行业头部效应会进一步凸显。

资料来源(有删减)：吴文武.羽绒服越来越贵，还有“羽绒服自由”吗？[OL].百度百家号：文武商评说，2021-11-03.

第二节　定价的基本方法

根据影响定价的三个基本因素，企业为产品定价的基本方法也可以概括为：成本导向定价法、需求导向定价法与竞争导向定价法。

一、成本导向定价法

成本导向定价法是以产品成本为基础，考虑目标利润来制定产品价格的方法，是企业常用的最基本的定价方法。成本导向定价法主要有期望利润率法与目标报酬率法。期望利润率是销售的期望利润率，目标报酬率是投资资本（即所有者权益，亦即净资产）的目标报酬率；因此又可称为销售利润率法与投资报酬率法。

（一）期望利润率法

期望利润率法（又称销售利润率法）是根据生产成本再考量期望利润率来制定产品销售价格的方法。前提是企业要先预估出可达成的预估销售量（或更进一步已将生产量设定为可达成的预估销售量）。

期望利润率法先根据预估销售量算出生产的单位成本，再根据单位成本算出达成期望利润率的预计售价：

设：单位成本＝UC，变动成本＝VC，固定成本＝FC，预估销售量＝Q，期望利润率＝r，预计售价＝P，

则：

单位成本＝变动成本＋固定成本/预估销售量

预计售价＝单位成本/（1－期望利润率）

亦即

$$\mathrm{UC}=\mathrm{VC}+\mathrm{FC}/Q$$

$$P=\mathrm{UC}/(1-r)=(\mathrm{VC}+\mathrm{FC}/Q)/(1-r)$$

例一：某轿车厂年产 25 万辆轿车，固定成本 50 亿元，每辆轿车的变动成本 5 万元，该厂的期望利润率为 30%，若用期望利润率法来制定售价，则每辆轿车的预计售价为 10 万元，计算如下。

$$\begin{aligned}P&=\mathrm{UC}/(1-r)=(\mathrm{VC}+\mathrm{FC}/Q)/(1-r)\\&=(5\text{ 万元}+50\text{ 亿元}/25\text{ 万})/(1-0.3)\\&=(7\text{ 万元})/(0.7)=10\text{ 万元}\end{aligned}$$

采用期望利润率法，关键问题是要先预估出可达成的预估销售量及可达成的最大期望利润率；两者都须考量价值（客户对产品认定的价值）与竞争（市场竞争情况）。因此，期望利润率法虽归类为成本定价法，但实际上也不是完全根据成本来制定产品价格的方法，只是以成本为起始而已。

（二）目标报酬率法

目标报酬率法（又称投资报酬率法）是根据生产成本与投资资本，再考量目标报酬率来制定产品销售价格的方法。前提仍然是企业要先预估出可达成的预估销售量（或更进一步已将生产量设定为可达成的预估销售量）。

目标报酬率法仍须根据预估销售量算出生产的单位成本，再根据单位成本与投资资

本(即所有者权益,亦即净资产)算出达成目标报酬率的预计售价——

除上文所设:单位成本=UC,变动成本=VC,固定成本=FC,预估销售量=Q 以外;

再设:投资资本=E,目标报酬率=R,预计售价=P,则

预计售价=单位成本+(投资成本×目标报酬率)/预估销售量
=变动成本+固定成本/预估销售量+(投资成本×目标报酬率)/预估销售量

亦即

$$P=\mathrm{UC}+E\times R/Q=\mathrm{VC}+\mathrm{FC}/Q+E\times R/Q$$

例二:接续例一某轿车厂年产 25 万辆轿车,固定成本 50 亿元,每辆轿车的变动成本 5 万元。假设该厂的净资产为 375 亿元,年目标报酬率为 20%,若用目标报酬率法来制定售价,则每辆轿车的预计售价为 10 万元,计算如下。

$P=\mathrm{UC}+E\times R/Q=\mathrm{VC}+\mathrm{FC}/Q+E\times R/Q$
=5 万元+50 亿元/25 万+375 亿元×0.2/25 万
=5 万元+2 亿元+75 亿元/25 万=10 万元

采用目标报酬率法,关键问题是要先预估出可达成的预估销售量及可达成的最大目标报酬率,两者都须考量价值(客户对产品认定的价值)与竞争(市场竞争情况)。因此,期望利润率法与期望利润率法一样,虽归类为成本定价法,但实际上也不是完全根据成本来制定产品价格的方法,只是以成本为起始而已。

采用期望利润率法或目标报酬率法来制定产品销售价格后,如果能知道最少要有多少的销售量才能达到盈亏平衡(点),也是企业在进行营销策划或产品定价时重要的参考数据。根据变动成本、固定成本、产品售价,即可算出盈亏平衡点(亦即盈亏平衡销售量):

除上文所设:变动成本=VC,固定成本=FC 以外;

再设:产品售价=p,盈亏平衡销售量=q,则

盈亏平衡销售量=固定成本/(产品售价-变动成本)

亦即

$$q=\mathrm{FC}/(p-\mathrm{VC})$$

例三:接续例一及例二,某轿车厂净资产为 375 亿元,年产 25 万辆轿车,固定成本 50 亿元,每辆轿车的变动成本 5 万元;以销售的期望利润率为 30%及净资产的目标报酬率为 20%,所制定的产品售价均为 10 万元,则其盈亏平衡销售量为 10 万辆,计算如下:

$q=\mathrm{FC}/(p-\mathrm{VC})$=50 亿元/(10 万元-5 万元)=10 万辆

用期望利润率法或目标报酬率法来定价以及相关的盈亏平衡分析可用图形来表现,如图 8-2 所示。在例一到例三中,某轿车厂净资产为 375 亿元,年产量(预估销售量)为 25 万辆,固定成本 50 亿元,每辆轿车的变动成本 5 万元;销售的期望利润率为 30%及净资产的目标报酬率为 20%。采用期望利润率法或目标报酬率法来制定的预计售价每辆轿车均为 10 万元,则预估总利润=预估总收入-预估总成本=预计售价×预估销售量-(变动成本×预估销售量+固定成本)=10 万元×25 万-(5 万元×25 万+50 亿元)=75

亿元,符合销售的期望利润率 30%(75 亿元/250 亿元=30%)及净资产的目标报酬率 20%(75 亿元/375 亿元=20%);而盈亏平衡销售量则为 10 万辆,其预估总收入－预估总成本=预计售价×盈亏平衡销售量－(变动成本×盈亏平衡销售量+固定成本)=10 万元×10 万－(5 万元×10 万+50 亿元)=0,符合盈亏平衡。

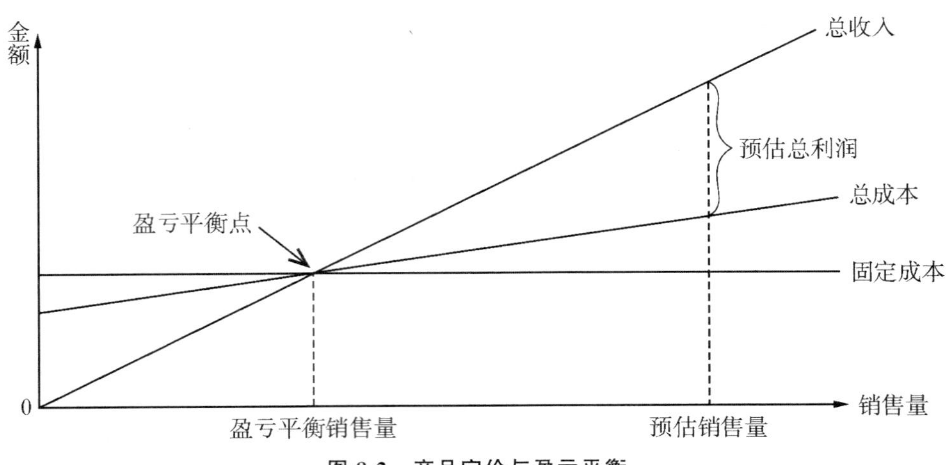

图 8-2 产品定价与盈亏平衡

二、需求导向定价法

需求导向定价法是根据市场需求的强度及消费者对产品价值的感知来制定产品价格。值得注意的是需求导向定价法主要考虑消费者可以接受的价格以及在该价格水平上的需求数量,而不是产品的成本。

(一)感知价值定价法

感知价值定价法属于需求导向定价,是企业以消费者对产品价值的感知为基础的定价方法。感知价值定价与现代市场定位观念相一致,企业在为其目标市场定价时,在质量、价格、服务等各方面都需要体现特定的市场定位观念。因此,首先要决定所提供的价值及价格;之后,企业要估计在此价格下所能销售的数量,再根据这一销售量计算在此价格和成本下能否获得满意的利润。如能获得满意的利润,则定价可行,否则,就要放弃这一产品。

感知价值定价的关键,在于准确地评估产品所提供的全部市场感知价值。企业如果过高地估计感知价值,便会定出偏高的价格;如果过低地估计感知价值,则会定出偏低的价格。为准确把握市场感知价值,必须进行营销调研。

感知价值的调研方法一般有两种。第一种直接感知价值评比法。运用直接感知价值评比法,要求顾客根据他们对不同企业的产品价值进行感知,根据感知价值高低确定不同的价格。第二种诊断法。运用诊断法,要求顾客就产品的属性各个属性进行感知,确定各属性的感知价值,同时根据不同属性重要程度的不同,进行加权平均计算综合的感知价值。

例如：假设有A、B、C三家企业均生产同一种开关，现抽一组用户作样本，调研他们对这三家企业的产品的感知价值，按照上面的两者方法进行评估。

第一，直接感知价值评比法。运用直接感知价值评比法，要求用户根据他们对三家企业开关的价值进行感知，将100分的感知价值在A、B、C三家企业的开关之间进行分配，假设分配结果为42、33和25。如果这种开关的市场平均价格为2.00元，则我们可得到三个反映其感知价值的价格：2.55元、2.00元和1.52元。

第二，诊断法。运用诊断法，首先要调研开关这类产品的用户感知属性（假定经调研后确定感知属性有产品耐用性、产品可靠性、交货可靠性、服务质量四种属性）；其次要调研用户在这四个感知属性上的重要性权重（假定经调研后确定感知属性中产品耐用性、产品可靠性、交货可靠性、服务质量四种属性重要性权重分别为0.25、0.3、0.3和0.15）；最后请用户针对A、B、C三家企业的开关的感知属性分别予以评分。对每一种属性，分配100分给三家企业。假设统计结果如表8-1所示。

表8-1　感知价值定价之诊断法

重要性权重	感知属性	产品A	产品A	产品A
0.25	产品耐用性	40	40	20
0.3	产品可靠性	33	33	33
0.3	交货可靠性	50	25	25
0.15	服务质量	45	35	20
1	感知价值	41.65	32.65	24.90

根据统计结果我们发现：A企业提供的产品的感知价值高于平均数（为42），B企业提供的产品的感知价值相当于平均数（为33），C企业提供的产品的感知价值低于平均数（为25）。A企业因为其感知价值较高，可以为其开关确定一个较高的价格。如果A企业想根据其产品的感知价值的比例定价，则可能定价为2.55元左右，因为平均质量的开关价格为2×42/33＝2.55元。

感知价值定价法透过产品品牌、功能、质量、设计、质感等较好的水平，使客户感知到较高的产品价值，因此乐意支付较高的金额，而将产品价格制定在较高售价的方法，以达成企业可持续的最大获利。感知价值定价法是企业为避免与同类近似产品陷入价格比对的情况，而拉升价格以突显区别，因此可制定较高售价，以达成可持续最大获利的价值定价法。

企业除了将产品功能、质量、设计、质感等做到较好的水平外，品牌经营即是采用感知定价法一项重要的策略，透过品牌经营提升产品在客户心中的形象与认知价值，使客户乐意支付较高的金额，因此可定较高的售价，实现感知价值定价法。耐克即是通过成功的品牌经营达成感知价格定价法的一个典型的案例。

“一分钱一分货”及“便宜无好货”是一般人的认知，感知定价法就是这种观念最贴切的体现，因此如何激发客户的这种想法，即是感知价值定价法成功的关键。感知价值定价法尤其适用于功能、质量比较受到重视的产品，如保健食品、保养品。

顾客感知的购买成本

在消费者心中有一杆天平，天平的两端分别是购买成本和产品价值，当购买成本过高时，就很难达成交易，而当天平倾向于产品价值时，交易就很容易顺利达成。所以，只有当产品价值与购买成本在消费者心中达到一种平衡或者产品价值高于购买成本时，消费者才有可能会购买。营销者的任务就是在尽量不提高经营成本或者尽可能少地提高经营成本的同时，提升产品价值，降低消费者的购买成本。

消费者的购买成本大致有四种：

一是时间成本。在现在这样一个快节奏的社会中，时间成本是消费者消费过程中很重要的一个价值参考因素，比方说，去购物场所花费时间多、购物排队耗时多、送货迟等等，这些都构成时间成本。顾客等待的时间越长，其购买意愿就越低，满意度也越低。

二是体力成本。从某种程度上来说，当前网络购物的流行，一个重要的因素就是顾客为了节省体力成本。网络的发达使得人们越来越懒，越来越宅。比如，你想吃顿饭，一种选择是自己出门，坐车，去某个饭店，排队，然后就餐；另一种选择是在家，上网或者直接用电话订餐，有专人送餐到家。哪种方式更能刺激消费？很显然是后者，因为后者的体力成本要低得多。

三是风险成本。有句话说“买家没有卖家精”，顾客在购物时，思前想后，小心翼翼，怕的就是做出失误的购买决策，吃亏上当，买到难以令人满意的产品，有的商家为了打消顾客的种种顾虑，会做出譬如延长产品保修期、完善售后服务等举措，这样做降低了顾客的风险成本，自然也就能够刺激购买。

四是选择成本。顾客在购买某种产品时，常常会在心里将好几个产品进行比较，在这个比较过程中，即使是一个微小的思维波动也能改变消费者的消费决定。顾客在选择甲产品的同时，可能也对乙产品抱有期望，这种左右难舍就是选择成本。摩托罗拉公司曾经推出一款高端手机，它采取了一项特殊的促销措施，对于一部分顾客，它允许其免费试用一个月，一个月内可以无条件、无理由地退货，结果销售异常火爆，而且真正选择退货的顾客很少。这种做法其实就是在降低顾客的选择成本。

如果企业能够有效地帮助顾客降低这四大成本，那么即使提高产品价格，产品依然会有很好的销路。除了降低购买成本，企业还可以通过提高产品价值来坚定顾客的购买信心。

产品的价值不完全由其本身的实际价值所决定，更多的是由消费者的感知价值决定。不管产品的实际价值是多少，最终影响购买的还是消费者心中对这个产品的价值认知。因此，营销者要让顾客充分体验到产品的价值，不断增加顾客对产品的心理价值筹码，使天平向产品价值的一侧倾斜，这样才能提高成交率。

总的来说，企业只有真正掌握消费者如何感知价格，才能很好地利用价格杠杆实现企业的营销目标，才能使企业在竞争中立于不败之地。

（二）反向定价法

反向定价法，是指企业测算消费者能够接受的最终销售价格，计算自己从事经营的成本和利润后，逆向推算出产品的批发价和零售价。这种定价方法不以实际成本为主要依据，而是以市场需求为定价出发点，力求使价格为消费者所接受。这种方法的特点是：价格能反映市场需求情况，有利于加强与中间商的良好关系，保证中间商的正常利润，使产品迅速向市场渗透，并可根据市场供求情况及时调整，定价比较灵活。

三、竞争导向定价法

竞争导向定价法是企业依据自身的竞争实力，通过研究竞争对手的生产条件及价格水平等，以市场上竞争者类似产品的价格作为参照的一种定价方法。竞争导向定价法基本包括随行就市定价法与竞争投标定价法。

（一）随行就市定价法

随行就市定价法是竞争导向定价方法中广为流行的一种。这种定价方法是以本行业的平均价格水平为标准的定价方法。它要求企业所制定的产品与同类产品平均价格保持一致。当企业在难以对竞争者和消费者的反应做出准确估计、企业打算与竞争对手和平共处，避免激烈竞争产生的风险、同时难以另行定价时可采用随行就市定价方法。随行就市定价法在完全竞争或寡头垄断竞争条件下经常被企业采用。企业采用这种定价方法，必须密切监视本行业的价格动向，如果竞争对手的价格未进行调整，即使本企业的市场需求或产品成本发生了变化，产品价格也应维持不变。

（二）竞争投标定价法

竞争投标定价法也称为密封投标定价法，是指在当买主通过招标方式购买时，参加投标的企业根据竞争者报价的估计来确定本企业产品的定价。这种定价方法的目的在于签订合同，所以其报价应低于竞争对手的报价。竞争投标定价法主要用于投标交易方式。当前，许多大型成套设备、原材料采购和建筑工程项目的买卖和承包等，多采用发包人招标、承包人投标的方式来选择承包者，确定最终承包价格。投标方有多个，处于相互竞争地位，而招标方只有一个一般处于相对垄断地位。标的物的价格由参与投标的各个企业在相互独立的条件下来确定。报价的高低是影响中标的关键。在买方招标的所有投标者中，报价最低的投标者通常中标，它的报价就是承包价格。竞争投标定价法可以通过市场调研及对过去资料进行分析做出正确估计。

定价过程中最容易陷入的误区

很多企业都将定价问题处理得过于简单粗糙，不够科学理性，因此而失去了很多利润。曾任通用电气 CEO 的杰夫·伊梅尔特说，该公司曾做了一个关于其家电产品的定价分析，结果发现大约有 50 亿美元的定价是随意决定的，再考虑销售代表们手中拥有的一定的定价自主权，这个数据一点也不夸张。杰夫了解到这个事实后，极为吃惊，这还仅仅是家电业务，如果推算所有的业务，那或许会有 500 亿美元是每人追踪或负责的。他反思说，当我们支付贷款时，我们会加以研究、制定、计算，可当我们给产品定价时，就显得太草率了。

定价问题，绝非通用电气这一家公司的问题，很多企业都容易陷入定价误区之中，常见的误区有:一是简单成本加成。德鲁克曾提出五种致命的经营错误,其中有一种就是成本推动定价。成本定价中的“成本”,主要指生产成本,不包括销售成本,企业定价时,还没有进行销售,销售成本还没有出来,而且,在价格不确定的情况下,也很难预测销量,这样的定价方法从逻辑上是不大能说得通的,而且这样定出来的价格,不一定就是消费者能够接受、愿意支付的价格。

二是盲目跟随竞争对手,就是以竞争者定价为标杆,采取比直接竞争者的价格低一点、高一点,或者保持一致的定价。这实际上是把对手的价格当作市场接受度,而不是以顾客为导向。如果竞争对手也没有做过深入的定价策略分析,那么,其定价本身很可能就不科学,如果企业盲目地跟随,那么后果会很难预料。企业不能盲目跟风竞争,必须多做点功课,发现自己真正能为顾客提供的价值,然后根据这种价值给产品定价。这样企业可以处于非常有利的位置,能抵御竞争、保持价格。

三是迎合消费者定价,现在越来越多的企业都在提倡“顾客价值导向”,但是,顾客价值导向不等于顾客导向。很多企业确实已经把顾客放在了一个重要位置,并努力为他们提供有价值的服务,甚至在定价的时候都会刻意迎合消费者的心意,从消费者角度来看,消费者当然希望产品越便宜越好,而企业不可能这样做,因为企业是要追求利润的。

四是草率定价,营销人员还没摸清情况就给产品随便定了个价,如果这个价位高了,企业通过打折促销等方式还能补救,但如果定价低了,那么再想提价就非常难,企业只能眼看着本可以获得的利润源源不断流失。

定价并不是一件想当然的轻松工作,它需要通盘的考虑,需要深入的调研,企业只有对市场环境、政策环境、竞争者、消费者、企业产品有足够的了解,才能定出最合理的价格。

第三节 定价策略

根据上节所剖析的基本定价方法,再按照市场、新产品引进、产品组合内容等情况,产品的定价策略可概分为:新产品定价策略、心理定价策略、产品组合定价策略、差别定价策略、折扣与折让定价策略、地理定价策略等。

一、新产品定价策略

新产品定价策略是新产品引入市场,企业能否站稳脚跟,能否取得较大的经济效益。常见的新产品定价策略主要有两种,即撇脂定价策略与渗透定价策略。

(一)撇脂定价策略

撇脂定价策略是指新产品上市之初,将其价格定得较高,以便在短期内获取厚利,迅速收回投资,减少经营风险,待竞争者进入市场,再按正常价格水平定价。这一定价策略有如从鲜奶中撇取其中所含的奶油一样,取其精华,所以称为“撇脂定价”策略。

新产品采用这一渗透定价应具备相应的条件：

(1)市场上存在一批购买力很强并且对价格不敏感的消费者；

(2)这样的一批消费者的数量足够多，使企业有厚利可图；

(3)暂时没有竞争对手推出同样的产品，本企业的产品具有明显的差别化优势；

(4)当有竞争对手加入时，本企业有能力转换定价方法，通过提高性价比来提高竞争力；

(5)本企业的品牌在市场上有传统的影响力。

苹果卖“抹布”，145元一块！

2021年10月19日凌晨1点，苹果举办了2021年第二场秋季发布会。一款用于擦拭屏幕的抛光布引发了网友们的热议——这块专为清洁苹果设备的屏幕而设计，售价19美元，国内定价人民币145元。

苹果官网介绍，这款抛光布质地柔软，可安全有效地清洁各款Apple显示屏，包括Nano-texture纳米纹理玻璃面板等。此外，苹果官方还标注了它适用的产品类型，包括苹果的iPhone、iPad、Mac电脑以及苹果最贵的屏幕Pro Display XDR。

从苹果官网上看，对这块抛光布的描述除了质地柔软外，并没有更多强大的功能和用途。而在购物平台上随便一搜，普通擦屏布价格仅为10～40元。抛光布的价格虽然离谱，但却出奇受欢迎，目前苹果官网显示的交货时间已经延长到10～12周，直接排到2022年，简直供不应求。

对于被吐槽的“天价抹布”，苹果公司内部官员近日正式回应，该人士表示对于目前抛光布卖断货的情况并不惊讶。同时，他还强调称这种配件在其工作中“非常有用”。苹果官方人员还提到，这款抛光布是采用无纺微纤维制成的，对清洁屏幕非常有效。而且它被设计得很特别，采用定制的浅灰色。

实际上，抛光布并非新品，而是苹果Pro Display XDR的专用产品，但直到“来炸场”发布会苹果才决定开始单独向大众出售。

专业维修机构iFixit日前还评测并“拆解”了苹果抛光布，发现抛光布其实是由两块布组成的。如果觉得145元比较贵，可以把它扯开变成两块。iFixit报告称，“这种材料的感觉与iPad Smart Cover的内衬相同，后者在内部有一层薄薄的微纤维。两者都有明显的合成皮革感觉，有一丝绒毛感，类似于Alcantara。”

iFixit指出，苹果抛光布“实际上是两块布粘在一起的，如果你对145元的售价感到有点不满意，把两层布拉开，突然你就有了两块布，每块布的价格为72.5元”。

iFixit还指出，在显微镜下，苹果抛光布的优质品质跃然纸上。在左边，你会看到一块普通的清洁布，很无聊；在右边，微小的纤维错综复杂地交织在一起，结合在一起，不仅仅是一个清洁工具，而是一个值得被清洁的美丽物体。在这一美景中，一条细线巧妙地描画出人类生活中常见水果：苹果的形状。

在一个搞笑的结论中，iFixit给苹果抛光布的可修复性打了0分（满分10分）。“新的苹果抛光布在我们的可修复性评分中获得了0分，因为它让我们在拆解非常重要的

MacBook Pro 2021 时分心，而且在我们用剪刀把它剪成碎片后，它也没有重新组装起来。”

除此以外，有数码博主在开箱产品后给出建议，对于普通消费者而言，完全不需要专门购买抛光布，可以直接使用普通布料来清洁 iPhone 或 iPad 的屏幕。抛光布更适合用来清洁苹果 Pro Display XDR 显示器，能有效保护表面的纳米涂层。

资料来源(有删减)：江月.苹果卖“抹布”，145 元一块！[N].21 世纪经济报道，2021-10.

(二)渗透定价策略

一如在竞争定价策略所述，渗透定价策略是运用适当的产品定价以适当的速度推展市场份额的策略。对新产品来说，渗透定价策略也可应用于目前没有参与者的市场及已有参与者的市场。若在已有参与者的市场，通常是采取渗透定价的方式吸引新客户并侵蚀竞争者的市场份额；若在没有任何参与者的新市场，渗透定价策略推展市场的速度可能稍嫌慢，尤其若是全新行业的新市场，似乎应该采取快速先占取绝大部分市场的渗透定价策略较为恰当。

新产品采用这一渗透定价应具备相应的条件：

(1)新产品的价格需求弹性大，目标市场对价格极敏感，低价会刺激市场需求迅速增长。

(2)产品打开市场后，企业的生产成本和经营费用会随着生产经营经验的增加而下降，从而进一步做到薄利多销。

(3)低价打开市场后，企业在产品和成本方面树立了优势，能有效排斥竞争者的介入，有利于长期控制市场，不会引起实际和潜在的竞争。

小案例 8-3　共享充电宝的定价策略

随着人们对手机依赖性的增强，“电量焦虑症”也越来越普遍。许多人看到手机屏幕右上角的“电池”变红，就会不由得紧张起来，疯狂寻找“救命稻草”——充电宝。

正是看到这种需求，共享充电宝以低廉的价格进入市场，并迅速收获大批用户。然而，当消费者养成使用习惯，共享充电宝却悄悄涨价了。从最初的 1 元/小时涨到 4 元/小时，24 小时封顶价从 20 元涨到 40 元……

不少消费者直呼“用不起”。

2021 年 3 月 9 日中午，成都春熙路某商场内，张女士正在扫码租借充电宝，“出门一般不带充电宝，又离不开手机，没电了只能借。”张女士很早就发现了租借费用的变化：“最开始每小时只要一块钱，现在涨到三四块，我还扫过 6 块钱一小时的，确实有点贵了。”

记者发现，同一品牌不同场所计费标准不同。目前共享充电宝收费标准为一般区域 1.5 元/半小时～2 元/半小时。影院、酒吧等区域为 2.5 元/半小时，人流量较大的景区、高铁站等区域价格略有上浮，为 4 元/半小时。

以低价占领市场后突然涨价，似乎是共享产品发展的普遍规律。以共享单车为例，起步价从最初的 1 元提高到 1.5 元，现在骑一次往往要两三元，网友吐槽“比坐公交还要贵”。

然而，就算共享产品价格不断上涨，许多消费者仍会持续使用。张女士告诉记者，她经常忘记给自己的充电宝充电，而且觉得太重懒得带，出门在外手机没电，只能租借充电宝。“以后会尽量选择便宜的，如果只有贵的也没办法，再贵还是会用。”她说。

杨女士虽然已经买了充电宝，也没有完全放弃共享充电宝。“我经常丢充电宝，现在这个不知道是第几个了。”她说，“现在吃饭、坐地铁都要用手机，如果电量掉到 10%，可能连家都回不了，这时候就必须借。”

不过她也表示，如果价格涨得太离谱，共享充电宝可能还是会被像她这样的年轻消费者淘汰。

资料来源（有删减）：赵树凯.共享充电宝每小时 1 元涨到 4 元，用户直呼“用不起”[N].吉林日报，2021-03.

二、心理定价策略

消费者价格心理是指消费者在购买活动中对商品价格认识的各种心理反应及表现，它是由消费者自身的个性心理、对价格的判断、对价格调整的反应和对价格的风险知觉共同构成的，并还受到社会生活各个方面的影响。

（一）价格的心理功能

企业在制定价格前，必须要了解商品价格的心理功能，使之有利于促进销售。商品价格的心理功能主要表现在如下三个方面：

1.衡量商品价值和商品品质的功能

消费者对大多数商品了解甚少，在这种情况下，消费者总是把商品价格和价值、品质联系起来，把价格视为商品价值大小的标志，把价格看成商品品质优劣的衡量尺度，认为价格高的商品，价值越大，品质就好。所谓“好货不便宜，便宜无好货”，就是这样心理的明显反应。

2.消费者自我意识的比拟功能

商品价格不仅表现商品的价值，有时还被认为是消费者社会地位的象征，是文化修养、生活情操的标志。商品价格在一定程度上反映了社会心理价值。价格自我意识比拟主要表现在：(1)社会经济地位比拟。例如，有些消费者只到高档商店、精品店、专卖店、大型百货商店购买商品或者进口商品，以显示自己的社会地位和经济地位，并获得心理上的满足。(2)文化修养比拟。例如，有些消费者购买大量书籍摆放在书柜中，以显示自己的文化修养。(3)生活情趣比拟。有些消费者购置钢琴、高档音响设备等商品，以期得到亲朋好友等人给予“生活情趣高雅”的评论，获得心理上的满足。

3.调节消费需求的功能

心理学的研究也表明，消费者对商品价格的知觉所产生的心理效应也同样影响着商品的需求量，主要表现在以下两个方面：(1)心理性需求越强烈，对价格的变动越敏感。例如，时装与一般服装比较，前者的灵敏性高，假如降低价格，需求量会大增；后者的敏感性较低，价格的变动对需求量的影响不是很大。(2)由于消费者的期待心理或紧张心理，价格的变动可能会使需求曲线向不同方向发展。例如，当某商品涨价时，人们出于购买的紧张心理，认为价格可能还会上涨，反而刺激其购买的心理需求；当某商品价格下跌时，人们出自期待商品价格继续下跌的心理，反而会抑制其购买。

(二)商品定价的心理策略

心理价格制定策略是企业战略的重要组成部分，常用的心理定价策略有数字定价、声望定价、招徕定价、习惯定价等。

1.数字定价策略

(1)尾数定价策略，又称零数定价、奇数定价、非整数定价，指企业利用消费者求廉的心理，制定非整数价格，而且常常以零数作尾数。例如某种产品价格定价为 9.99 元而不是 10 元。使用尾数定价，可以使价格在消费者心中产生三种特殊的效应：便宜、精确、中意，一般适应于日常消费品等价格低廉的产品。

(2)与尾数定价相反，整数定价针对的是消费者的求名、自豪心理，将产品价格有意定为整数。对于那些无法明确显示其内在质量的商品，消费者往往通过其价格的高低来判断其质量的好坏。但是，在整数定价方法下，价格的高并不是绝对的高，而只是凭借整数价格来给消费者造成高价的印象。整数定价常常以偶数，特别是“0”作尾数。整数定价策略适用于需求的价格弹性小、价格高低不会对需求产生较大影响的中高档产品，如流行品、时尚品、奢侈品、礼品、星级宾馆、高级文化娱乐城等。整数定价的好处：可以满足购买者显示地位、崇尚名牌、炫耀富有、购买精品的虚荣心；利用高价效应，在顾客心目中树立高档、高价、优质的产品形象。

(3)愿望数字定价策略。由于民族习惯、社会风俗、文化传统和价值观念的影响，某些数字常常会被赋予一些独特的含义，企业在定价时如能加以巧用，则其产品将因之而得到消费者的偏爱。当然，某些为消费者所忌讳的数字，如西方国家的“13”、日本国的“4”，企业在定价时则应有意识地避开，以免引起消费者的厌恶和反感。

拓展阅读 8-3　尾数定价对消费者消费行为的影响情况

学者在对中国内地 95 位有购买能力和购买欲望的消费者进行尾数定价对消费者消费行为的营销调查研究中发现：

从总体来看，在水果价格选择上，42.71%的问卷参与者选择 5 元/斤，57.29%选择了 9.8 元/两斤，后者略高于前者，但选择差距不大；在电器价格选择上，82.29%的问卷参与者选择 4 999 元/台，在这种价位下他们更加有消费倾向，而只有 17.71%选择了 5 000 元/台，两者差异较大，前者选择的人数大概为后者的 4.6 倍。(2)从分类情况来看，在电器选择上，在性别、年龄等不同因素影响下，参与者的选择行为基本一致，选择 4 999 元/台的人数大概为选择 5 000 元/台的 2.25～11 倍，都更倾向于在定价为 4 999 元/台的情况下消费，其中，有两个比较显著的情况，一个是有固定工作的参与者比学生和没有固定工作的参与者选择 4 999 元/台这个定价的倾向更加明显，出现这种情况的可能原因是固定收入者的收入水平波动一般不大，这也就意味着其收入提升的可能性不高，所以其更加看重价格，对价格的感知更加敏感，这种价格上的心理错觉也就更强烈。而学生的话由于其目前的收入来自家庭给予，导致其对价格不太看重；另一个是在购买商品时首要考虑商品价格的参与者比考虑商品质量的参与者选择 4 999 元/台这个定价的倾向更加明显。在水果价格选择上，女性参与者比男性参与者更倾向于在 5 元/斤的价格下消费，而男性参与者比女性参与者更倾向于在 9.8 元/两斤的定价情况下消费；学历较低的人更倾向于在 5 元/斤的价格下消费，而学历较高的人更倾向于在 9.8 元/两斤的定价情况下消费；在其他的因素下参与者选择行为差距基本不大。另外，数据表明 90.63%的参与者更喜欢单数结尾的价格，只有 9.38%的参与者选择尾数结尾的价格；10.42%的参与者更喜欢数字 4，16.67%的参与者更喜欢数字 9，33.33%的参与者更喜欢数字 8，39.58%的参与者更喜欢数字 6。

资料来源：商品定价中的心理学调研报告——尾数定价对消费者消费行为的影响情况[J].中国商论，2019-05.

2.声望定价策略

声望定价策略指根据产品在顾客心中的声望、信任度和社会地位来确定价格的一种定价策略。例如一些名牌产品，企业往往可以利用消费者仰慕名牌的心理而制定大大高于其他同类产品的价格，国际著名的欧米茄手表，在我国市场上的销价从一万元到几十万元不等。消费者在购买这些名牌产品时，特别关注其品牌，标价所体现出的炫耀价值，目的是通过消费获得极大的心理满足。声望定价的目的：可以满足某些顾客的特殊欲望，如地位、身份、财富、名望和自我形象，可以通过高价显示名贵优质。声望定价策略适用于一些知名度高、具有较大的市场影响、深受市场欢迎的驰名商标的产品。

不断涨价的乌江榨菜

2008 年后，涪陵榨菜就开始了基本每年一涨价的频次，在 2019 年，其价格已经从 2008 年的 0.5 元/70g 上涨至 2 元/80g，增长幅度达到了 350%。涨价原因：首先是成本端价格上涨；其次企业顺应消费升级趋势、主动引领行业走精品路线；再次消费者对调味品刚性需求，且榨菜本身单价低，消费者对其价格敏感度不高；最后是原材料储存原因，榨菜行业进入壁垒高，且涪陵榨菜市场占有率高，其自有品牌乌江榨菜具有极高的品牌认知度，消费者对其有较强的忠诚度，使涪陵榨菜定价权占据主导地位。

到 2021 年 11 月 14 日，涪陵榨菜因原材料价格上涨，再次对部分产品出厂价格进行调整，各品类产品价格上调幅度为 3%～9%不等，换算下来，涨幅最高的品类每袋约涨价 0.5 元。在未来，涪陵榨菜上述的涨价动因仍将持续存在。

涪陵榨菜所涉及的原材料主要为青菜头、萝卜等。青菜头一般一年只有一季，并且需要去地头现金收购，而青菜头最好的采收时间是 1 月左右，若超过这个采收时间，其品质和口感都会有所下滑。所以下游榨菜企业必须在此期间迅速采购到足够一年生产消耗的青菜头，并进行初步的预处理，随后放进原料池进行储存防止其变质。

对榨菜这一品类来说，刚收获的青菜头属于生鲜类食品，运输时间不能过长，所以运输成本相对较高。因此榨菜行业的区域性较为明显，比如涪陵榨菜所属企业都是围绕青菜头的产地进行布局，主要是在重庆涪陵和四川等地。

在采购环节，原材料主要采用“公司＋合作社＋农户”的模式，不仅能保证原料供应，又帮助了农村振兴，使当地农民增收致富。在采购数量上，涪陵榨菜也是根据生产订单计划，实行订单采购，这能有效减少资金的占用情况，提高采购质量。

生产环节中，像涪陵榨菜这样的龙头企业，在原料收贮方面具有很强的优势。青菜头是一年一产作物，为使原材料青菜头源源不断地供应生产，2011—2019 年，公司自建窖池容量由 10 万吨提升至 30 万吨，原料收贮、调运能力居行业领先地位。这可以有效地平抑原材料价格大幅波动，保持榨菜产业的可持续发展。

青菜头是榨菜生产所需要的主原料，若发生自然灾害或者其他的情形，公司就会面临原材料短缺的经营风险。2016 年至 2017 年期间，涪陵榨菜曾一度出现上述情形，导致企业一度出货紧张。

公司将原材料采购划分为青菜头和盐菜头两大类。在青菜头的采购策略上，是要确保农民种植青菜头后要获得合理、稳定的种植收益。盐菜头的采购要以市场价格为基础。如果部分加工商或其他相关人士故意囤积原材料来炒作其价格，就会使得原材料的收购价格大幅上涨，增加企业采购成本。

资料来源（有删减）：梅琳.不断涨价的乌江榨菜，是经营策略？还是品牌升级？[OL].腾讯网，2021-11.

3.招徕定价策略

招徕定价又称特价商品定价，是指企业将某几种产品的价格定得非常之低，在引起顾客的好奇心理和观望行为之后，带动其他产品的销售，加速资金周转。这一定价策略常为综合性百货商店、超级市场、甚至高档商品的专卖店所采用。

值得企业注意的是，用于招徕的降价品，应该与低劣、过时商品明显地区别开来，必须是品种新、质量优的适销产品，而不能是处理品。否则，不仅达不到招徕顾客的目的，反而可能使企业声誉受到影响。

北京地铁有家每日商场，每逢节假日都要举办“一元拍卖活动”，所有拍卖商品均以 1 元起价，报价每次增加 5 元，直至最后定夺。但这种由每日商场举办的拍卖活动由于基价定得过低，最后的成交价就比市场价低得多，因此会给人们产生一种“卖得越多，赔得越多”的感觉。岂不知，该商场用的是招徕定价术，它以低廉的拍卖品活跃商场气氛，增大客流量，带动了整个商场的销售额上升，这里需要说明的是，应用此术所选的降价商品，必须是顾客都需要而且市场价为人们所熟知的才行。

4.习惯定价策略

习惯定价策略是指根据消费市场长期形成的习惯性价格定价的策略。对于经常性、重复性购买的商品，尤其是家庭生活日常用品，在消费者心理上已经“定格”，其价格已成为习惯性价格，并且消费者只愿付出这么大的代价。有些商品，消费者在长期的消费中，已在头脑中形成了一个参考价格水准，个别企业难于改变。降价易引起消费者对品质的怀疑,涨价则可能受到消费者的抵制。企业定价时常常要迎合消费者的这种习惯心理。

麦当劳为什么总是有第二个半价?

在麦当劳、肯德基等甜品站我们经常能够看到这样醒目的广告,诱人的甜筒加上突出的文案:第二件半价。如图 8-3 所示。

图 8-3 麦当劳甜筒广告

为什么麦当来不直接写“75 折”,要绕弯子写“第二杯半价”呢,这其中到底有什么奥秘? 又有什么可以探究的呢?

首先从人性来讲,很多性情中人,判断事物更多的是从表象入手,很容易受周边环境和自己情绪的影响,就是跟着感觉走,不太在乎答案和后果,怎么舒服怎么顺手怎么来。那为什么就是“第二杯半价”,不是“第三杯半价”“第四杯半价”“第五杯半价”呢?

很简单,一般出来逛街都是两人同行最为常见,那么刚好第二个半价,也就一起购买,那么这一起同行的游客就成为潜在的客户。而从另外一个角度来看,“人”本来就是群居动物,害怕孤独。而第二杯的广告恰恰好直击人性,给人们很多的遐想空间。

而对于另外一种比较理性的消费者,他们习惯透过现象看本质,不会盲从,注重独立思考和理性思维,不会轻易相信感觉,更不会轻易相信其他人,只相信理性的结果。

如果把“第二杯半价”改为“XX 元两杯”,虽然两者的价格都是一样,但是销售结果又是全然不同的,“第二杯半价”这句话,很好地避免了计算:“第二杯”是我们要得到的东西,“半价”是我们要付出的成本,先把收益放在前头,天然吸引眼球,买买买的欲望油然而生;

而“15.9元两杯”很自然就让人聚焦在钱上面。对于“晕数字”的人，别说购买冲动了，连计算的冲动都消失了。

那么，第二份“半价”了，钱从哪赚？

第一，搞半价优惠促销，除了积攒人气、拉动消费、提升单品销量外，还能借机推出新品，增加顾客的体验互动来打开市场。

第二，推出“第二杯半价”等促销活动的饮品也可能是“特例单品”。比如消费者平时点单不多的产品，需要加快销售和推荐，能够尽快消耗原料。

第三，对于常客来说，单品的价格涨了，但由于“第二杯半价”的策略，提价部分和第二杯均摊对冲，还会让消费者有一点“赚到了”的心理。而对新顾客来说，可能他们根本没发现促销活动之前，商家刚刚涨过价。

之所以卖半价，是因为想赚更多！同样，麦当劳不会因为第二杯饮料边际成本低就卖半价，它之所以卖半价，是消费者不肯为第二杯饮料出高价。麦当劳消费者喝的第一杯饮料中赚得最多。当然麦当劳不满足于只赚第一杯的钱，对它来说，能多赚一点是一点。但是消费者已经不肯为第二杯饮料付同样多的钱，因此麦当劳采取了差别定价的策略，这就是所谓的“价格歧视”。这个价格歧视对麦当劳和消费者都是有好处的：消费者以更低的价格享受到了第二杯饮料，麦当劳也多赚了钱，双方都获得了剩余。

资料来源(有删减)：运营研究社.麦当劳“第二杯半价”背后的人性秘密[OL].搜狐网，2018-11.

三、产品组合定价策略

当产品只是某产品组合的一部分时，企业必须对定价策略进行调整。这时候，企业要研究出一系列价格，使整个产品组合的利润实现最大化。因为各种产品之间存在需求和成本的相互联系，而且会带来不同程度的竞争，所以定价十分困难。

产品组合定价是指企业为了实现整个产品组合(或整体)的利润最大化，在充分考虑不同产品之间的关系，以及个别产品定价高低对企业总利润的影响等因素的基础上，系统地调整产品组合中相关产品的价格。主要的策略有：产品线定价策略、选购品定价策略、必配品定价策略、分部定价策略、副产品定价策略、产品束定价策略等。

(一)产品线定价策略

产品线定价策略是企业为追求整体收益的最大化，为同一产品线中不同的产品确立不同的角色，制定高低不等的价格。若产品线中的两个前后连接的产品之间价格差额小，顾客就会购买先进的产品，此时若两个产品的成本差额小于价格差额，企业的利润就会增加，若价格差额大，顾客就会更多地购买较差的产品。如某品牌西服有300、800、1500元三种价格。产品线定价策略的关键在于合理确定价格差距。

小案例 8-6

《经济学人》杂志社订阅价格

这是《怪诞行为学》这本书里的一个例子。

《经济学人》杂志社有三种订阅杂志的方式，分别是电子版 59 元，纸质版 125 元，电子版＋纸质版 125 元。这种定价非常奇怪，第二种纸质版和第三种电子版＋纸质版的价格都是 125 元。

那怎么会有人只买纸质版呢？是定价失误吗，作者对这种定价方式感到奇怪。

后来对一大批参与者做了一个调查，发现大部分人会选择电子版＋纸质版套餐。而这恰好是《经济学人》希望的，纸质版利润更高，他们倾向于读者购买这种。但如果只给出前两种选择方式，很多人不好判断该买便宜的电子版，还是价格更贵但阅读体验更好的纸质版。这时列出第三种选择，纸质版加电子版，而且价格和纸质版相同。这时人们马上就会觉得同样的价格肯定是选这种更合适。

作者对读者的这种行为给出的解释是，人们一般没有绝对价值的概念，只有在与其他商品进行优劣比较时才判断出商品的价值。

作者后来在上课时，给 100 个 MBA 学生做了一个实验，重新验证了一下该结论。

在有三种套餐可选择的情况下，16 人选了电子版，0 人选了纸质版，84 人选了电子＋纸质版。

在只有电子版和电子版＋纸质版两种套餐可选择的情况下，68 人选了电子版，只有 32 人选了纸质＋电子版。

《经济学人》通过参考价格的巧妙设置，不但获得更高的利润，还提升了人们的满意度。

所有人都觉得花了同样的价格能买到纸质＋电子版，比只有纸质版合适得多。

资料来源(节选)：丹·艾瑞里.怪诞行为学[M].中信出版社，2017.

(二)选购品定价策略

选购品是指那些与主要产品密切相关的可任意选择的产品。如饭菜是主要产品，酒水为任选品。不同的饭店定价策略不同，有的可能把酒水的价格定的高，把饭菜的价格定得低；有的把饭菜的价格定得高，把酒水的价格定得低。

(三)必配品定价策略

必配品定价，也称互补品定价，是指必须与主要产品一同使用的产品，如胶卷是相机的连带品，磁带与录音机、隐形眼镜与消毒液、饮水机与桶装水等。许多企业往往是将主要产品(价值量高的产品)定价较低，连带品定价较高，这样有利于整体销量的增加，增加企业利润。

(四)副产品定价策略

在生产加工肉类、石油产品和其他化工产品的过程中，经常有副产品。如果副产品过多，处理费用昂贵，就会影响到主产品的定价。制造商确定的价格必须能够弥补副产品的处理费用。如果副产品对某一顾客群有价值，就应该按其价值定价。副产品如果能带来收入，将有助于公司在迫于竞争压力时制定较低的价格。

(五)分部定价策略

分部定价通常在服务企业中比较常见，服务性企业经常收取一笔固定费用，再收取可变使用费。固定费用的价格可以定得较低，以推动服务销售，利润可以从使用费中获取。

(六)产品束定价策略

产品束定价又称组合产品定价。企业经常将一些产品组合在一起定价销售。完全捆绑是指公司仅仅把它的产品捆绑在一起。在一个组合捆绑中，卖方经常比单件出售要少收很多钱，以此来推动顾客购买。如对于成套设备、服务性产品等，为鼓励顾客成套购买，以扩大企业销售，加快资金周转，可以使成套购买的价格低于单独购买其中每一产品的费用总和。

拓展阅读 8-4　　一揽子定价：套餐式的捆绑出售

捆绑销售主要有这样几种形式：

一是同质产品的捆绑销售，就是同类型的产品组合在一起销售，比方说，航空公司以较优惠价格推出的往返机票、饭店或酒吧里成打销售的啤酒，等等。

二是互补式产品捆绑销售，是指捆绑在一起的产品在用途上具有互补性。比方说，饭店推出某个套餐，这个套餐里包含凉菜、热菜、主食、甜品、水果以及饮料等，客人选择这个套餐就足够了；还有旅行社推荐的一些旅行方案，既包括了往返机票，也包含了景点门票，还有酒店住宿以及一日三餐等，这也是互补式的捆绑。

三是非相关性产品捆绑销售。企业将产品同另外一些产品组合，被捆绑的产品不一定是互补的，它只要能让消费者更愿意购买基本产品即可。一个最显著的例子就是微软的捆绑销售——当你购买微软的文字处理程序 WORD 时，同时还必须购买电子表格 EXCEL、数据库(Access)和演示文档(PowerPoint)等程序。这一策略使得微软迅速成为全球办公软件中绝对的“大哥大”，市场份额高达 90%。

捆绑销售可以以畅销产品带动其他高利润的非畅销产品销售，在对新产品进行市场推广时，也可以采取“搭便车”的营销策略，通过捆绑销售推动新产品。将产品捆绑在一起，进行一揽子定价，好处是显而易见的，不但能吸引消费者的注意力，还可刺激整体销售额的攀升。企业可以通过操纵产品组合的价格，获得更大的利润。比如，通过降低基本产品的价格，提高捆绑产品的销售；多种产品形成组合，可降低广告费用；销售队伍的联合与共享，可降低企业的销售成本，拓宽相关产品的销售渠道。

四、折扣折让定价策略

大多数企业为了鼓励顾客及早付清货款，或鼓励大量购买，或为了增加淡季销售量，还常常需酌情给顾客一定的优惠，这种价格的调整叫作价格折扣和折让。折扣定价是指对基本价格做出一定的让步，直接或间接降低价格，以争取顾客，扩大销量。其中直接折扣的形式有数量折扣、现金折扣、功能折扣、季节折扣，间接折扣的形式有回扣和津贴。

（一）数量折扣

数量折扣指按购买数量的多少，分别给予不同的折扣，购买数量越多，折扣越大。其目的是企业给那些大量购买某种产品的顾客的一种减价，鼓励大量购买或集中向本企业购买。数量折扣包括累计数量折扣和一次性数量折扣两种形式。数量折扣的优点：促销作用非常明显，企业因单位产品利润减少而产生的损失完全可以从销量的增加中得到补偿；销售速度的加快，使企业资金周转次数增加，流通费用下降，产品成本降低，从而导致企业总盈利水平上升。例如：顾客购买某种商品 100 单位以下，每单位 10 元；购买 100 单位以上，每单位 9 元。

（二）现金折扣

现金折扣是给予在规定的时间内提前付款或用现金付款者的一种价格折扣，其目的是鼓励顾客尽早付款，加速资金周转，降低销售费用，减少财务风险。采用现金折扣一般要考虑三个因素：折扣比例、给予折扣的时间限制与付清全部货款的期限。例如“2/10，n/30”，表示付款期是 30 天，但如果在成交后 10 天内付款，给予 2％的现金折扣。许多行业习惯采用此法以加速资金周转，减少收账费用和坏账。

（三）功能折扣

功能折扣，也叫贸易折扣或交易折扣，是指中间商在产品分销过程中所处的环节不同，其所承担的功能、责任和风险也不同，企业据此给予不同的折扣，即制造商给某些批发商或零售商的一种额外折扣，促使他们执行某种市场营销功能如推销、储存、服务等。其目的：鼓励中间商大批量订货，扩大销售，争取顾客，并与生产企业建立长期、稳定、良好的合作关系；对中间商经营的有关产品的成本和费用进行补偿，并让中间商有一定的盈利。功能折扣的比例，主要考虑中间商在分销渠道中的地位、对生产企业产品销售的重要性、购买批量、完成的促销功能、承担的风险、服务水平、履行的商业责任，以及产品在分销中所经历的层次和在市场上的最终售价等等。

（四）季节折扣

季节折扣是企业鼓励顾客淡季购买的一种减让，以使企业的生产和销售一年四季能保持相对稳定。有些商品的生产是连续的，而其消费却具有明显的季节性。为了调节供需矛盾，生产企业对在淡季购买商品的顾客给予一定的优惠，使企业的生产和销售在一年四季能保持相对稳定。例如啤酒生产厂家对在冬季进货的商业单位给予大幅度让利，羽绒服生产企业则为夏季购买其产品的客户提供折扣，旅馆和航空公司在它们经营淡季期间也提供优惠。季节折扣比例的确定，应考虑成本、储存费用、基价和资金利息等因素。季节折扣有利于减轻库存，加速商品流通，迅速收回资金，促进企业均衡生产，充分发挥生产和销售潜力，避免因季节需求变化所带来的市场风险。

（五）折让

折让又称为津贴，是根据价目表给顾客以价格折扣的另一种类型。折让是企业为特殊目的，对特殊顾客以特定形式所给予的价格补贴或其他补贴。如零售商为企业产品刊登广告或设立橱窗，生产企业除负担部分广告费外，还在产品价格上给予一定优惠。旧货折价折让就是当顾客买了一件新品目的商品时，允许交还同类商品的旧货，在新货价格上给予折让；促销折让是卖方为了报答经销商参加广告和支持销售活动而支付的款项或给予的价格折让。

(六)回扣

回扣是间接折扣的一种形式,它是指购买者在按价格目录将货款全部付给销售者以后,销售者再按一定比例将货款的一部分返还给购买者。

小案例 8-7

折扣规则复杂化,下单好比做奥数题

南都记者了解,2021 年双 11 玩法下,除了传统定金预售、平台满减和店铺优惠外,天猫方面推出"喵糖"红包、菜鸟红包、喜气红包、主播红包;京东推出"热爱环游活动"、点点券换优惠券;拼多多也推出"跨店拼单返券"等玩法。

以"喵糖"红包活动为例,用户需要进行单人或者组队竞赛,竞赛双方通过"掷骰子"比点数来占领格子,占领格子越多红包奖励越多。而为了获得"掷骰子"的机会,用户需要关注指定店铺、浏览一定时长的活动页面或者观看直播。

不难理解,不论是往年"叠猫猫""盖楼"等活动,还是如今"喵糖"红包等花式玩法,都是为了吸引用户注意力、提高其参与度,同时为店铺增加流量,激发用户消费欲望。

95 后上班族李圆告诉南都记者,自己每天都要花十多分钟完成"喵糖"任务,今年一共拿到 36 元红包。"我的队友比较给力,我沾了她们的光。我不怎么做任务的,骰子就没有队友多,所以分到的钱也很少,队友都是五六十的红包。"

但李圆也吐槽淘宝天猫商家套路很多,折上折的活动往往令人头大。比如店铺推出限时 3 件八折或 4 件八折活动,为拿到折扣自己常常凑一些不需要的商品,事后还要申请退货退款,十分麻烦。

"明明可以直接打折的,但是感觉商家在给消费者出数学题。"李圆说道。

或许可以认为,这样的营销策略背后仍是一种"价格歧视"行为。对于价格敏感、愿意付出更多时间的消费者,参与的活动越多,因此获取优惠券、红包机会越多,商品到手价也越低。而那些无暇参与平台游戏的消费者,享受的就是基础的活动折扣。

值得一提的是,不少网友将计算平台优惠折扣的过程戏称为"做作业",还有人直言"没点奥数功底不配过双 11"。在豆瓣知名购物小组"拼组""买组"里,组员往往能够交出远低于官方折扣的"好价作业",甚至提供 Excel 图表把各类折扣计算得明明白。这些小组也被调侃为"全国物价最低的地方"以及"组员人均当代华罗庚"等等。

有意思的是,"拼组"成员小柳告诉南都记者,自己今年选择"躺平",买不到就算了。但小柳也时不时给好友发送"喵糖"助力链接,无法完全置身事外。

对于消费者反映的营销活动复杂化问题,有电商平台从业者持不同意见。她告诉南都记者,今年业内已经在做营销熵减、优化定价规则,简单的定价,对平台、对消费者都是利好。

资料来源(节选):李玲,黄莉玲.电商平台告别"二选一",花式促销拼人气[N].南方都市报,2021-11-11.

五、差别定价策略

由于市场上存在着不同的顾客群体、不同的消费需求和偏好，企业为了适应在顾客、产品、地理等方面的差异，常常采用差别定价策略。所谓差别定价(歧视定价)是指企业以两种或两种以上不同反映成本费用的比例差异的价格来销售一种产品或服务，即价格的不同并不是基于成本的不同，而是企业为满足不同消费层次的要求而构建的价格结构。差别定价有以下几种形式：以顾客为基础的差别定价策略、以产品为基础的差别定价策略、以地点为基础的差别定价策略和以时间为基础的差别定价策略。

(一)顾客差别定价

企业把同一种商品或服务按照不同的价格卖给不同的顾客。例如，公园、旅游景点、博物馆将顾客分为学生、年长者和一般顾客，对学生和年长者收取较低的费用；铁路公司对学生、军人售票的价格往往低于一般乘客；自来水公司根据需要把用水分为生活用水、生产用水，并收取不同的费用；电力公司将电分为居民用电、商业用电、工业用电，对不同的用电收取不同的电费。

(二)产品差别定价

企业根据产品的不同型号、不同式样，制定不同的价格，但并不与各自的成本成比例。如：33 英寸彩电比 29 英寸彩电的价格高出一大截，可其成本差额远没有这么大；一件裙子 70 元，成本 50 元，可是在裙子上绣一组花，追加成本 5 元，但价格却可定到 100 元。一般来说，新式样产品的价格会高一些。

(三)地点差别定价

这是指对处于不同地点或场所的产品或服务制定不同的价格，即使每个地点的产品或服务的成本是相同的。例如影剧院不同座位的成本费用都一样，却按不同的座位收取不同价格，因为公众对不同座位的偏好不同；火车卧铺从上铺到中铺、下铺，价格逐渐增高。

(四)时间差别定价

产品或服务的价格因季节、时期或钟点的变化而变化。一些公用事业公司，对于用户按一天的不同时间、周末和平常日子的不同标准来收费。航空公司或旅游公司在淡季的价格便宜，而旺季一到价格立即上涨。这样可以促使消费需求均匀化，避免企业资源的闲置或超负荷运转。

企业采取差别定价策略的前提条件是：(1)市场必须是可以细分的，而且各个细分市场表现出的需求程度不同；(2)细分市场间不会因价格差异而发生转手或转销行为，且各销售区域的市场秩序不会受到破坏；(3)市场细分与控制的费用不应超过价格差别所带来的额外收益；(4)在以较高价销售的细分市场中，竞争者不可能低价竞销；(5)推行这种定价法不会招致顾客的反感、不满和抵触。

小案例 8-8

星巴克咖啡的差别定价

星巴克的菜单，我们可以发现一个非常奇特的现象：每个产品中杯和特大杯价格都差6元！星巴克在中国，主要有三种杯型，对应三种容量：中杯、大杯、特大杯。星巴克中杯/Tall：355ml，大杯/Grande：473ml，特大杯/Venti：592ml，价格分别相差6元人民币！

那么，消费者在星巴克里究竟买中杯，还是大杯，还是特大杯？

以摩卡来说，中杯，355ml，32元，而特大杯，592ml，38元。相当于消费者如果从中杯升级到特大杯，虽然多花了6元，但却多喝到了80%的中杯的量。听起来，是不是感觉赚翻了！

到星巴克，外带、外卖、商务交流，最赚的就是买特大杯了，只有真正想去闲坐发呆，思考人生的，才适合点杯中杯的。

那么星巴克是不是亏大了？No，星巴克赚得更多！

首先，我们来明确一下，到星巴克喝咖啡，消费者购买的不仅仅是咖啡，购买的是优雅的环境，享受悠闲时光，同时还有人帮忙冲出专业级别咖啡的服务。

我们点一杯咖啡的成本有哪些？

我们点的摩卡咖啡，里面有咖啡豆，有牛奶，还会放巧克力和奶油，原料成本大约只占14.3%，也就是中杯的原料成本约4.5元。咖啡店里的最重的成本是房租和人工。房租成本在北京这样的一线成本，约占到20%左右，即中杯房租成本6.4元。人工成本星巴克的还是比较高的，加上各种福利，满一年就有的咖啡豆股权计划，约占到8.2%，即中杯人工成本约2.62元。扣除其他成本，如水电、税费等，中杯净利润约2.85元。

当我们由中杯星巴克升级到特大杯星巴克时，我们可以看到，冲咖啡的人工成本不会变，水电、房租不会变，只有原材料咖啡豆、牛奶成本增加了80%即3.6元，但收入却净增加了6元，每杯净利润从2.85元直线上升到近5.25元，净利润增长近一倍！

特大杯，让消费者以低于原价值80%的价格，占了便宜，精明的消费者都选择了特大杯。星巴克的净利润也翻倍。这是一个多赢的结果，供应商多卖了咖啡豆，消费者占了大便宜，星巴克利润大长，政府还多收了税。

所以，到星巴克，店员会尽力为你推荐买特大杯咖啡！

资料来源(节选)：美食尽在你掌握.星巴克的咖啡为什么中杯和特大杯容量翻倍，价格却只差6元？[OL].网易网，2017-10.

六、地理定价策略

地理定价指由企业承担部分或全部运输费用的定价策略。它包含着公司如何针对国内不同地方和各国之间的顾客决定其产品定价。当市场竞争激烈，或企业急于打开新的市场时常采取这种做法。通常一个企业的产品不仅在本地销售，同时还要销往其他地区，而产品从产地运到销地要花费一定的运输、仓储等费用。那么应如何合理分摊这些费用？不同地区的价格应如何制定，就是地区定价策略所要解决的问题。具体有五种方法：

（一）产地定价策略

产地定价指顾客（买方）以产地价格或出厂价格为交货价格，企业（卖方）只负责将这种产品运到产地某种运输工具（如卡车、火车等）上交货，运杂费和运输风险全部由买方承担。这种做法适用于销路好、市场紧俏的商品，但不利于吸引路途较远的顾客。

（二）统一交货价策略

统一交货价也称邮资定价法，和前者相反，企业对不同地区的顾客实行统一的价格，即按出厂价加平均运费制定统一交货价。这种方法简便易行，但实际上是由近处的顾客承担了部分远方顾客的运费，对近处的顾客不利，而比较受远方顾客的欢迎。

（三）分区定价策略

分区定价介于前面两种定价之间，企业把销售市场划分为远近不同的区域，各区域因运距差异而实行不同的价格，同区域内实行统一价格。分区定价类似于邮政包裹、长途电话的收费。对企业来讲，可以较为简便地协调不同地理位置用户的运费负担问题，但对处于分界线两侧的顾客而言，还会存在一定的矛盾。

（四）基点定价策略

企业在产品销售的地理范围内选择某些城市作为定价基点，然后按照出厂价加上基点城市到顾客所在地的运费来定价。这种情况下，运杂费用等是以各基点城市为界由买卖双方分担的。该策略适用于体积大、运费占成本比重较高、销售范围广、需求弹性小的产品。有些公司为了提高灵活性，选定许多个基点城市，按照顾客最近的基点计算运费。

（五）津贴运费定价

津贴运费定价又称为减免运费定价，指由企业承担部分或全部运输费用的定价策略。有些企业因为急于和某些地区做生意，负担全部或部分实际运费。这些卖主认为，如果生意扩大，其平均成本就会降低，因此足以抵偿这些费用开支。此种定价方法有利于企业加深市场渗透。当市场竞争激烈，或企业急于打开新的市场时常采取这种做法。

第四节　竞争对手变动价格的对策

企业在产品价格确定后，由于客观环境和市场情况的变化，往往会对现行价格进行修改和调整。企业产品价格调整的动力既可能来自于内部，也可能来自外部。倘若企业利用自身的产品或成本优势，主动地对价格进行调整，将价格作为竞争的利器，这称为主动调整价格。有时，价格的调整出于应付竞争的需要，即竞争对手主动调整价格，而企业也相应地被动调整价格。无论是主动调整，还是被动调整，其形式不外乎是削价和提价两种。

一、价格变动的起因

企业常面临是否需要降低或提高价格问题。

(一)企业提价降价的起因

1.企业提价的起因

企业提价一般会遭到消费者和经销商反对,但在以下情况下企业可能会提价:(1)产品已经改进。(2)应付产品成本增加,减少成本压力。(3)适应通货膨胀,物价普遍上涨,企业生产成本必然增加,为保证利润,减少企业损失,不得不提价。(4)产品供不应求,遏制过度消费。一方面买方之间展开激烈竞争,争夺货源,为企业创造有利条件;另一方面也可以抑制需求过快增长,保持供求平衡。(5)利用顾客心理,创造优质高价效应。(6)政府或行业协会的影响。

2021 年护肤品集体涨价

没想到 2021 年第一波涨价潮竟然是护肤品。

据悉,香奈儿 Chanel 护肤品将于 2 月 19 日涨价。此外,雅诗兰黛、娇兰、祖马龙、海蓝之谜等高端美妆品牌也即将涨价,而 Dior 护肤品在 2020 年年底就已完成价格的上调。此次护肤品涨价的背后的真相是什么? 消费者会为此买单吗?

从 2020 年疫情蔓延开始,不少企业都走上了转产防疫用品的道路,阿玛尼防护服、兰博基尼口罩、法拉利呼吸机、LV 洗手液……同时,护肤品原材料卡波姆、聚丙烯等也在这时迎来一波疯涨。

卡波姆作为一种丙烯酸的高分子聚合物,在日化产品中应用广泛,乳液、膏霜、洗发水、洗手液等里面都不可缺。其最大的特点在于,能够吸收自身重量 400 倍到 500 倍重量的水,随着高分子溶胀,体系黏度增高,可以把液体变成凝胶状,进而达到增稠、悬浮和稳定的效果。因为卡波姆的工艺简单、稳定性好,也导致它很难有替代品。

疫情加速了卡波姆需求端的发展。数据显示,与 2019 年相比,卡波姆的价格涨幅已超过 100%。卡波姆主要分为卡波姆 940、卡波姆 980、卡波姆 676、卡波姆 U20、卡波姆 U21 等类型,其中,卡波姆 940 的使用占比最大。2020 年 2 月初,卡波姆 940 仅需 105~140 元/kg,不到一个月,就涨到了 380 元/kg。

除了卡波姆,“口罩心脏”聚丙烯也在影响着护肤品的价格。

由于疫情开始出现反弹,口罩需求并未减少。而熔喷布所需的聚丙烯恰恰是化妆品塑料包材的主要用料。广州尚功塑胶有限公司总经理梁其全表示,“聚丙烯的环保性能较好,常规的日化包装都会使用。它属于环保材料,可以直接与化妆品、食品接触,根据不同的分子结构,能达到三种不同的软硬程度。除了一些高端的膏霜产品,几乎大部分的护肤品、洗护用品包装都会用到聚丙烯;同时,它也是塑料泵头、真空瓶的主要原料。”

以 S2040 这种聚丙烯纤维料为例,2020 年初价格为 7950 元/吨,4 月初价格开始上行,截至 4 月 13 日中石油出台限价,价格已经为 11500 元/吨。超五成的涨幅只用了两周时间。

另外，面膜的基本布料无纺布也参与了这场战役。很多无纺布工厂把生产重点转移至口罩，大幅度挤压了面膜膜布的生产线，导致膜布涨价、断供，很多加工厂的原料储备亮起了红灯。

最后再谈到护肤品的外包装盒，近日，国内近20家纸企也发布涨价通知函，包括晨鸣集团、山东太阳纸业、App纸业等国内行业龙头。

制作护肤品套盒，用得最多的是白卡纸。之前纸张的价格是6000元/吨左右，现在已经涨到7000元/吨。若纸张成本上涨20%～30%，那么将会对客户提价5%～10%左右。

再加上临近年底，各大品牌纷纷推出新年系列，其包装盒的制作本就比平时要更复杂，今年的纸张成本太高，印厂也不得不涨价。

目前，护肤品市场本就不乐观，原料上涨与短缺，再加上包装成本上涨，无形中增加企业的压力，也对消费者进行了一次考验。

资料来源：赵春雨.2021年护肤品集体涨价[J].商界，2021，2.

2.企业降价的起因

这是定价者面临的最严峻且具有持续威胁力量的问题。企业在以下情况须考虑降价：(1)生产能力过剩，产品供过于求，急需回笼资金，企业以降价来刺激市场需求；(2)市场份额下降，通过降价来开拓新市场；(3)决策者决定排斥现有市场的竞争者；(4)由于技术的进步而使行业生产成本大大降低，费用减少，使企业降价成为可能，并预期降价会扩大销售；(5)政治、法律环境及经济形势的变化，迫使企业降价。

拓展阅读 8-5

企业降价的弊端

很多企业在产品滞销的时候，往往会武断地认为产品已经缺乏竞争力，而最常用的应对方法就是降价。降价的确可以促进销售，但它同时也会产生一些弊端。

第一，损失利润，这是显而易见的，降价直接导致的就是利润的流失。

第二，损伤品牌形象，顾客经常会对价格变化的动机产生疑问。他们会猜测这个产品将被新品所取代，或是该产品有缺陷，没有销路；要么是公司陷入了财务困境；更有甚者认为价格会进一步下调，或者产品的质量降低了。这让企业跌入低质量困境。低价策略能够赢得市场份额，却得不到顾客忠诚。同一个顾客今后可能会转向价格更低的企业。

第三，引发价格战，在今天这个同质化竞争十分激烈的市场中，一家降价，竞争对手也跟着降价，甚至降幅更大，价格这个“市场终极武器”的手段将失去作用，单纯的降价在今天的市场环境下已经显得低级且无力。

很多产品在发展到一定程度时，都会面临一个降不降价的问题。如果降价，不仅少赚了许多利润，还会损伤产品与品牌的价值及形象，不降价又难以使消费者产生一种赚到了的心理平衡。从价值营销的角度来讲，打折违反了价值原则。为了不损伤产品价值与利润，企业可以采取一种“丢车保帅”的做法，也就是保持主体产品的价格不变，但是采取各种促销策略来吸引顾客。

假设一个人来买奔驰汽车，销售人员告诉顾客可以打5折，估计顾客会转头就走，因为，买奔驰的顾客不是为了买一辆交通工具，而是来买一种身份、地位与价值，要是告诉他可以5折，那就意味着这辆车不能代表身份地位了。但是，如果销售人员告诉顾客，买奔驰可以送一块瑞士手表，或者名牌的打火机，或是100万元车险，顾客接受起来会容易得多，因为，这样既满足了顾客想在交易中占点便宜的人性特点，又维护了产品的价值。

因此，企业应该尽可能通过赠送礼品、增加服务、延长产品保修期、送货上门、组合销售等手段来提升产品价值，而不能动辄祭出“降价”的大棒。企业需要警惕这样一点，如果消费者把你的产品和别人的产品进行对比时，或只关心价格时，那就已经说明你的产品没有特色，或者说没有能够引起消费者兴趣的特色了。

成熟的消费者不会把目光停留在价格上，他们懂得一分钱一分货的道理，但前提是，企业必须突出价格之外的特色。一个产品如果能够让消费者不在乎其价格，那么，它的价格即使偏高，也照样畅销无阻。

(二)各方对价格变动的反应法

任何价格变化都将受到购买者、竞争者、分销商、供应商，甚至政府的注意。

1.顾客对价格变动的反应

不同市场的消费者对价格变动的反应是不同的，即使处在同一市场的消费者对价格变动的反应也可能不同。顾客对提价的可能反应：产品很畅销，不赶快买就买不到了；产品很有价值；卖主想赚取更多利润。顾客对降价可能有以下看法：产品样式老了，将被新产品代替；产品有某些缺点，销售不畅；企业财务困难，难以继续经营；价格还要进一步下跌；产品质量下降了。

购买者对价值不同的产品价格的反应也有所不同，对于价值高，经常购买的产品的价格变动较为敏感；而对于价值低，不经常购买的产品，即使单位价格高，购买者也不大在意。此外，购买者通常更关心取得、使用和维修产品的总费用，因此卖方可以把产品的价格定得比竞争者高，取得较多利润。

小案例 8-10　特斯拉再降价！ 下调1.5万元！

特斯拉官方微博发布消息，2021年7月30日起，特斯拉Model 3标准续航升级版的价格下调15000元人民币，调整后的价格为235900元人民币。此次价格调整反映了成本波动的实际情况。特斯拉秉承着价格公开透明的原则，将持续为大家带来更为优质的产品与体验。

此前，特斯拉Model 3已经历过多次降价：2019年10月，国产Model 3标准续航升级版发布时，售价35.58万元；2019年12月，补贴后价格调整为33.1万元；2020年1月，价格调整为29.9万元；2020年4月，为了满足“补贴前新能源乘用车价格必须在30万元以下”的政策，特斯拉在补贴后再次将价格调整为27.155万元。

2020年10月1日，特斯拉中国官网显示，中国制造的Model 3升级版补贴后售价

24.99 万元，中国制造的后轮驱动版补贴后售价 30.99 万元，比之前低 2 万元。

回顾特斯拉国产后的历次价格调整，国产特斯拉 Model 3 标准续航升级版一共进行了 3 次价格调整。就时间线来看，从 2020 年 1 月 3 日至 10 月 10 日，国产特斯拉 Model 3 标准续航升级版十个月价格总共下调了 8.565 万元。

这几轮下调均指向了一个原因——成本下调。事实上，降低成本，追逐能效一直以来都是特斯拉的“愿景”，但只靠在中国建厂进行国产化显然不可能这么大程度地降低成本，电池成本的变化显然也为特斯拉的价格调整提供了另一大助力。

据了解，特斯拉早期的电池供应商一直是日本松下，但马斯克不满松下电池的供货量，于是在 2019 年 8 月，特斯拉转与 LG 化学正式签署了供应合同。2020 年 2 月，特斯拉又与宁德时代签署了供应合同。2020 年 1 月，LG 化学向特斯拉供应了 54.39MWh 的电池，次月这一数字增长到 201.92MWh，这也成为特斯拉史上销量表现最好的第一季度。从这一数据可以看出，LG 化学的出货量完全跟得上特斯拉销量上升的速度，然而这段关系仅维持了半年，显然，电池成本或将是特斯拉选择宁德时代的主要原因。

一直以来，围绕着新能源汽车，外界大多数都把注意力放在续航里程、整车补贴价格等方面，但相比于这些，电池成本的变化或许更令人震惊。“近十年来，新能源电动车所使用的动力电池，成本下降了接近 80%，能量密度与续航里程提升了接近 3 倍。”一位来自宁德时代的内部人士告诉爱卡汽车，“无论是三元锂电池还是磷酸铁锂电池，伴随着整个产业的扩大以及技术的突破，在过去的十年成本都在飞速下降”。

资料来源(节选)：李佳佳.特斯拉再降价！下调 1.5 万元！[OL].搜狐网，2021-07-30.

2.竞争者对价格变动的反应

虽然透彻地了解竞争者对价格变动的反应几乎不可能，但为了保证调价策略的成功，主动调价的企业又必须考虑竞争者的价格反应。没有估计竞争者反应的调价，往往难以成功，至少不会取得预期效果。

在实践中，为了减少因无法确知竞争者对价格变化的反应而带来的风险，企业在主动调价之前必须明确回答以下问题：本行业产品有何特点？本企业在行业中处于何种地位？主要竞争者是谁？竞争对手会怎样理解我方的价格调整？针对本企业的价格调整，竞争者会采取什么对策？这些对策是价格性的还是非价格性的？它们是否会联合做出反应？针对竞争者可能的反应，企业的对策又是什么？有无几种可行的应对方案？在细致分析的基础上，企业方可确定价格调整的幅度和时机。

竞争者对调价的反应有以下几种类型：

(1)相向式反应。你提价，他涨价；你降价他也降价。这样一致的行为，对企业影响不太大，不会导致严重后果。企业坚持合理营销策略，不会失掉市场和减少市场份额。

(2)逆向式反应。你提价，他降价或维持原价不变；你降价，他提价或维持原价不变。这种相互冲突的行为，影响很严重，竞争者的目的也十分清楚，就是乘机争夺市场。对此，企业要进行调查分析，首先摸清竞争者的具体目的，其次要估计竞争者的实力，再次要了解市场的竞争格局。

(3)交叉式反应。众多竞争者对企业调价反应不一，有相向的，有逆向的，有不变的，情况错综复杂。企业在不得不进行价格调整时应注意提高产品质量，加强广告宣传，保持分销渠道畅通等。

二、竞争对手价格变动的对策

竞争对手在实施价格调整策略之前，一般都要经过长时间的深思得失，仔细权衡调价的利弊，但是，一旦调价成为现实，则这个过程相当迅速，并且在调价之前大多要采取保密措施，以保证发动价格竞争的突然性。企业在做出反应时，先必须分析：竞争者调价的目的是什么？调价是暂时的，还是长期的？能否持久？企业面临竞争者应权衡得失：是否应做出反应？如何反应？另外还必须分析价格的需求弹性，产品成本和销售量之间的关系等复杂问题。企业要做出迅速反应，最好事先制定反应程序，到时按程序处理，提高反应的灵活性和有效性，如图 8-4 所示。

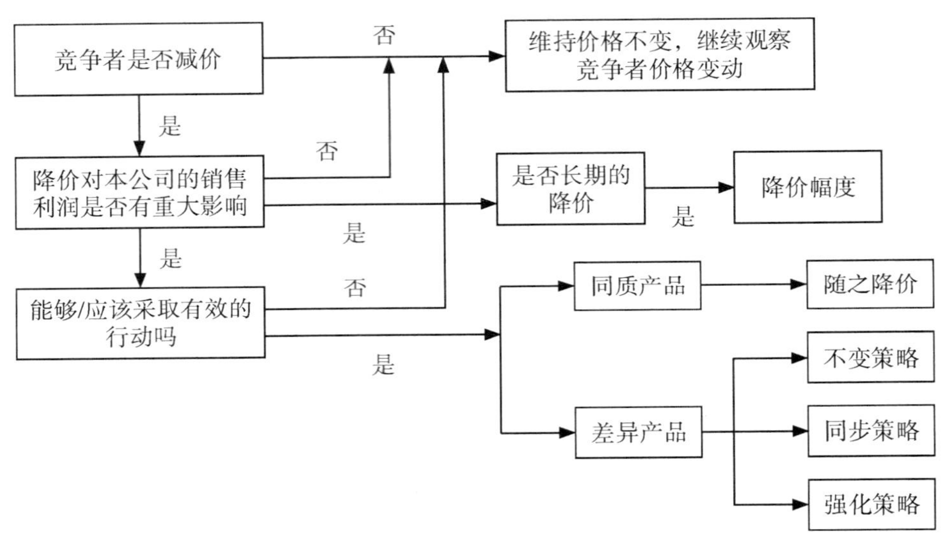

图 8-4 对竞争者调价的估计和反应

1.同质产品

在面对同质产品价格变动时，为了避免消费者转向价格较低的竞争企业，企业应该随着竞争企业降价而降价。但是，当提价会对整个行业不利时，即使竞争企业提价，其他企业也不一定会跟进。此时，市场领导者应该把价格降至原来的水平。

2.差异产品

在差异产品(异质产品)市场上，每个企业的产品在品牌、质量、包装设计，及消费者偏好等存在着明显的差异。企业在面对竞争者价格变动时，具有更多的自主权。企业可以采取如下策略：

(1)不变策略

价格不变策略即根据消费者对产品的偏好与忠诚度来抵御价格变动，等待市场环境出现有利时机或发生变化时，企业再做出行动。当确定竞争者已经降价，并且价格降低会损害销售利润时，企业可以做出维持原价的决定，保留忠诚的消费者。但是，随着竞争对手降价。其销售量会逐渐增长，因此企业等待时机不宜过长，应该有效地调整策略做出反应。

企业在保持价格不变时，可以通过提高产品质量、包装、设计，加强促销，增设销售网点等对产品进行改进，从而加强非价格竞争。

(2)同步策略

同步策略即完全或者部分跟随竞争者的价格变动，维持原来的市场格局并巩固市场地位。为了和竞争对手价格匹配，当竞争者降价时，企业跟随降价。企业需要注意的是，在产品降价的同时，必须努力维持产品的质量。

(3)强化策略

强化策略是结合非价格手段进行反击，以优越于竞争者的价格跟进。利用优越的市场地位，比竞争企业更大幅度降低价格，比竞争企业更小幅度提涨价格。

在应用上图的流程来进行决策时需要注意的是，竞争对手可能用了许多时间来做出调价的决定，但是受到威胁的企业可能不得不在几个小时或几天之内做出反应。应对竞争者的价格变动，企业要注意三个方面：一是如果对手降价，企业不能盲目地降价，因为价格竞争是种负竞争，结果只能引起恶性价格战，造成两败俱伤；二是企业要首先弄清对手改变价格的原因，分析竞争对手的实力，最后分析价格变动带来的影响；三是企业应采取相应的价格行动，选择有利的市场地位，把要付出的代价降到最低。总之，在竞争对手调整价格之时，企业必须密切关注竞争者的动向，并及时将有关信息反馈回来，以便做出进一步的决策。

第五节　趋势与热点：互联网与定价策略

无论是传统营销模式还是网络营销模式，价格策略都是构成企业营销组合策略中的重要组成部分。

一、互联网环境中的定价特点

在互联网环境中，买卖双方成交的价格，具有全球性、顾客主导、弹性化、智能化、低价位的特点。

(一)全球性

随着全球化市场的快速发展，网络营销市场面对的是开放的国际市场，消费者可以在世界各地通过网站进行商品购买，目标市场不再受地理位置限制。企业在进行网络营销定价时需考虑到目标市场范围的变化所带来的影响。

(二)顾客主导

顾客主导是以消费者需求为导向，顾客通过分析网络市场信息来选择购买自己满意的产品，同时以最小的成本获取最大的价值。

同，产品价格也会相应发生变化。

(3)商品利润。生鲜产品之所以走网络渠道也是为了盈利，而毛利率是评价企业盈利多少的一个指标，因此毛利率是定价时考虑在内的必要因素之一。所谓生鲜产品毛利率就是一定时间内生鲜产品的毛利与生鲜产品销售收入的百分比，线上平台商家在定价的时候应该保证一定的毛利率，从而赚取利润。

(4)顾客对产品的敏感度。敏感度分为敏感和非敏感，敏感生鲜商品是指那些顾客需求较大的商品。相关调查显示，大部分的客户会记住敏感商品的价格，所以敏感商品的价格变动会直接影响顾客的购买。相反的，非敏感商品是指顾客购买频率较低的商品，大多情况下顾客记不住此类商品的售价，此类产品的定价可以适当调整。因此生鲜产品在定价时需要综合考虑多方面因素，达到收益最大化。

资料来源：徐楠，等.基于大数据的生鲜产品网络营销定价策略研究[J].中国市场，2019(22)：126-127.

三、互联网下的定价策略

目前应用的网络定价策略主要有如下几种。

(一)个性化定价策略

个性化定价是依据消费者在价格上的个性化需求信息，利用网络的互动性来确定和满足顾客对商品价格的特殊需求的一种定价策略。互联网技术的发展使得企业可以在与顾客接触的过程中非常容易地获得顾客的信息，并且可以利用数据挖掘的工具有效地进行分析；同时通过互联网企业的信息(包括顾客的需求信息)可以很迅速地在企业中流动。这些高效的信息处理能力使得企业能够把很多个性化的服务需求收集整理，以一种比较规模的经济的方式提供高度个性化的服务，这些能力明显降低个性化服务的成本。例如，顾客可以在 DELL 公司的网站上 https://www.dell.com/zh-cn 方便地享受高级定制服务，包括处理器、操作系统选项、内存、系统管理等等。如图 8-5 所示。

(二)竞争定价策略

1.免费定价策略

免费定价策略是吸引消费者注意力的重要手段，一般包括两个目的：一是让用户在免费使用过程中形成习惯后，再开始收费；二是想取得后续的商业价值，先占市场，再在市场上获得收益。免费产品主要有三种形式：(1)产品和服务实行完全免费，如网易免费电子邮箱。(2)产品和服务实行限制免费，例如一些杀毒软件实行限定功能与时间免费。(3)产品和服务实行部分免费，例如电子小说、网易云音乐等。

2.促销低价定价策略

低价定价策略一般采用三种方式，即直接低价定价策略、折扣定价策略和有奖促销定价。

(三)使用次数定价策略

使用定价次数策略，即顾客通过互联网注册后，在直接使用某企业产品前，只需要根据使用次数付费，而不需要将产品完全购买。顾客每次只需根据次数付款，节省了购买产

图 8-5　戴尔 XPS13 笔记本高级定制服务

品、安装产品、处置产品的麻烦。例如微软公司将其产品放置到网站上，顾客可以通过互联网注册使用，按次数收取费用。

(四)捆绑销售的店家策略

捆绑销售策略在许多网上企业中已经应用，网上购物完全可以通过其购物车或其他形式巧妙运用合理有效的捆绑手段，突破网上产品的最低价格限制，减少顾客对价格的敏感程度。

(五)品牌定价策略

因消费者在网站购买产品无法看到实物，因此网上购物的最大顾虑就是产品质量和交付保证，注意在网上交易中企业的声誉和形象就显得更为重要，而质量和形象最终都凝结在产品品牌上。

(六)拍卖竞价策略

网上拍卖是生产厂家可以只规定一个底价，消费者通过互联网轮流公开竞价，在规定时间内由出高价者赢得产品。网上拍卖竞价方式有下面几种。

1.英式拍卖

英式拍卖形式为:在拍卖过程中,拍卖标的物的竞价按照竞价阶梯由低至高依次递增,当到达拍卖截止时间时,出价最高者成为竞买的赢家(即由竞买人变成买受人)。拍卖前,卖家可设定保留价,当最高竞价低于保留价时,卖家有权出售此拍卖品。当然,卖家亦可设定无保留价,此时,到达拍卖截止时间时,最高竞价者成为买受人。

拓展阅读 8-7

eBay 拍卖/一口价规则解析

在 eBay 网站卖东西,有三种出售形式可供卖家选择。

(1)拍卖/Auction 是 eBay 标准的出售形式,即在一定时间内将物品卖给最高出价者。

拍卖规则如下:①卖家提供一件物品,设定起标价。②在拍卖期间,买家对刊登物品出价竞投。③拍卖结束后,最高出价者以中标的金额买下物品。刊登天数:拍卖形式可刊登 1、3、5、7 或 10 日,房地产拍卖可刊登 30 日。

(2)一口价形式(立即买)。规则如下:①卖家提供一件或多件物品,设定一口价。②买家不需经过竞投过程再出价,可以直接买下物品。换言之,买家只能以设定的价格购得物品。刊登天数:可以刊登 3、5、7、10、30 日或无限期;无限期刊登会每 30 日自动重新刊登,直至所有物品售出、你结束刊登、eBay 结束刊登为止。卖家可以在网站偏好设定选择缺货控制,让你的刊登物品一直持续出售(包括暂时缺货时)。

(3)拍卖+立即买形式。规则如下:①卖家提供一件物品,在拍卖形式中加入立即买价格,两者并存。②买家可以选择对物品出价,或立即购买物品。情况 a:若有买家先选择“立即买”,就能直接用一口价,立即购买物品。情况 b:一旦有人先对物品出价,“立即买”的价格和功能就会消失,而你的物品将以正常形式拍卖。

资料来源:“eBay 出售形式有哪些? eBay 拍卖/一口价规则解析”,雨果网,2017 年 12 月。

2.荷兰式拍卖

荷兰式拍卖的竞价是一次性竞价形式,即在拍卖中第一个出价的人成为中拍者。拍卖品有一个最高期望价格。随着拍卖进行,该价格会随时间的变动自动向下浮动,如果在浮动到某个价格时有竞拍者愿意出价,则该次拍卖即成交。因此,网上荷兰式拍卖一般用于拍卖周期较短(如几个小时)的拍卖。例如荷兰鲜花拍卖,尽量缩短成交时间。

3.准增量式拍卖

标准增量拍卖是一种拍卖标的数量远大于单个竞买人的需求量而采取的一种拍卖方式。竞买人提交所需标的物的数量之后,如果接受卖方根据他的数量而报出的成交价即可成为买受人。

4.速胜式拍卖

速胜式拍卖其实是增价式拍卖的一种变体。拍卖标的物的竞价也是按照竞价阶梯由低到高、依次递增,不同的是,当某个竞买人的出价达到(大于或等于)保留价时,拍卖结束，此竞买人成为买受人。

5.反向拍卖

反向拍卖是一种为了满足会员个性化需求而设计的拍卖方式。注册会员可以提供希望得到的产品的信息、需要服务的要求和可以承受的价格，由卖家之间以竞争方式决定最终产品提供商和服务供应商，从而使注册会员以最优的性能价格比实现购买。

6.定向拍卖

定向拍卖是一种为特定的拍卖标的物而设计的拍卖方式，有意竞买者必须符合卖家所提出的相关条件，才可成为竞买人参与竞价。比较适合采用网上竞价拍卖的产品是企业库存积压品，也可以是新产品，通过拍卖起到促销效果。

本章小结

价格通常是影响产品销售的关键因素。定价的重要意义在于使价格成为促进销售最有效的手段。定价策略的奥妙，就是在一定的营销组合因素下，如何把企业产品的价格定得既为消费者乐于接受，又能为企业带来较多的利润，充分发挥价格的杠杆作用，取得竞争优势。

科学合理地制定产品价格，就要从实现企业战略目标出发，在运用科学的方法和灵活的策略的同时，综合分析营销产品的成本、市场竞争、顾客的价值，还要分析营销战略目标与营销组合、市场形态、宏观经济、政府政策、大众观感等。

企业定价的方法很多，有成本定价法，包括期望利润定价法、目标利润定价法；有价值定价法，包括创新价值定价法、超值定价法和增值定价法；有竞争导向定价法，包括随行就市定价法、挑战者定价法、抢占市场份额定价法和打击竞争对手定价法。

在互联网环境下，定价具有全球性、顾客主导、弹性化、智能化和低价位趋势。

营销定价既是一门科学，也是一门艺术，定价的艺术技巧表现在定价策略上，包括心理定价、折扣定价、地区定价、差别定价、新产品定价和网络定价等。企业处在一个不断变化的环境中，可能出于宏观环境的变化，也可能是由于行业及企业内部条件的变化，因此企业价格的调整也很重要，包括提价和降价以及重视顾客和竞争者对调价的反应，最终都不能违背补偿成本费用和获取目标盈利的一般规律，实践中灵活采用不同的定价方法和技巧，则显示了寓科学于艺术之中的企业价格决策特点。

重要名词

价格　成本　价值　竞争　市场形态　大众观感　成本定价法　期望利润法　目标报酬法　盈亏平衡法　感知价值定价法　反向定价法　随行就市定价法　竞争投标定价法　撇脂定价法　渗透定价法　心理定价　产品线定价　选购品定价　必配品定价　副产品定价　绑定品定价　折扣定价　市场差异定价　地理定价　网络定价　英式拍卖　荷兰

式拍卖 反向拍卖 定向拍卖

案例评析

北京环球影城的定价之道

还没到2021年9月14日零点，中秋节准备带家人去北京玩的小梦，就准备好北京环球度假区(下称北京环球影城)官方App的购票页面，旁边打开悬浮倒计时，等着抢9月20日开园当日的门票。“飞猪买了优速通，但是没买到门票。”小梦焦急地刷App，但怎么也进不去页面。小梦转战相对冷门的万物旅游成功买到一张门票，但为了保险，她又临时下载美团，打算着如果美团好买，她就退掉万物。“美团给我退款了。”小梦很生气，自己刚买完就显示出票失败。群里和她一起抢票的小伙伴，也在飞猪和环球影城App遇到了被退票的情况。

2021年9月14日，飞猪发布致歉声明，表示自动取消订单的原因是访问量和订单量剧增，库存对接出现了延误问题，会在全额退款的基础上，给予用户商品实际成交金额的30%作为赔付。去哪儿网的数据显示，环球影城开票半小时内，平台上中秋期间的门票和无限优速通全部售罄。另一边，李佳琦和飞猪合作，直播出售开园后90天内的门票，开票1小时后，直播间挂着的门票链接显示月销12万笔，2021年9月20日至25日门票全部告罄，就连10月都只剩一半的日期可购。抢到票的欢喜雀跃，没抢到的“晚上气得睡不着”。一票难求的表象背后，北京环球影城是如何定价的?

普通玩法人均2000元，高阶玩法上万元

在环球影城外部城市大道的试运营期间，98元的奶昔、148元的汉堡、28元的可口可乐吓退了不少人，关于门票价格，外界一度猜测高达880元。如今，迷雾散开，98元的奶昔是城市大道一家高档西餐厅“巧克力餐厅”售卖的餐品。至于门票，最高档也没有高至880元，而是748元，最低的那一档，为418元。

一位园区运营人员告诉记者，月收入在万元左右的游客，应该比较能接受景区内部的纪念品和餐饮价格。近日，记者走访了北京环球影城，发现最受游客欢迎的商品是小黄人冰激凌、哈利·波特园区的周边产品等。

小黄人冰激凌由蒙牛生产，净含量114g，售价40元。市面上常见的雪糕如巧乐滋、苦咖啡等都在70g左右，售价3元上下，小黄人雪糕的价格是其7倍。而此前被网友大呼吃不起的钟薛高78g的价格在20元左右，算下来基本与小黄人平齐。

哈利·波特的魔法世界是北京环球影城最火爆的园区，即使在内测期间，热门项目哈利·波特的禁忌之旅项目也经常要等候150分钟。店员向记者介绍，北京环球影城出售的哈利·波特魔杖分为三种:可以在园区内互动点位激活互动效果的魔杖为349元，不能互动的收藏款魔杖为299元，还有店员根据游客的生日、性格等特点专门挑选的专属魔杖为349元，且只有互动款。据记者观察，互动魔杖的重量、质感要比收藏款稍逊色，价格却贵50元。而同款收藏魔杖在华纳(哈利·波特版权公司)天猫旗舰店中的售价为203元，魔法袍售价462元，比北京环球影城所售的便宜一半左右。有游客表示，哈利·波特的周边价格略高，但也在承受范围之内，因为不是消耗品，也不是每次来都要购买的必需品，而且粉丝会更愿意买单。

但餐饮之类的消耗品价格也偏高。黄油啤酒是哈利·波特电影中的标志性 IP，除在电影原版的猪头酒吧中有售之外，园区内还设立了多个小餐车专门售卖黄油啤酒。黄油啤酒分为三款，普通款和冰沙款 50 元，哈利·波特纪念杯款 80 元。目测估算，一杯黄油啤酒的容量基本等于一杯喜茶，但要比均价 30 多元的喜茶贵出 20 元。

28 元的可口可乐尚可以解释为高档餐厅的自主定价，但在功夫熊猫园区内的一家平价餐厅“平先生面馆”里，可乐和雪碧的价格是 15 元，是市场价的 5 倍有余。其他餐点如担担面 68 元，鸡丝拌面 58 元，比定位中高端的和府捞面还要贵出一大截。而且，当记者收到餐品时，15 元的雪碧并不是市面上的罐装或瓶装，而是倒在一次性纸杯里，里面加满冰块。

此前，北京市及通州区发改委回应环球影城物价的争议表示，景区商家的定价是市场调节下的行为。也就是说，景区内部商品存在溢价是正常的，但对于具体的限制，发改委表示“如果价格高得离谱，会有处罚或者约谈等辅助手段。”是否“离谱”，只能因人而异了，但算下来，如果选择在高峰期出游，购买 748 元的门票，在园区内吃喝、购买纪念品，一个人的开销大概在 2000 元左右。

此外，北京环球影城的物价还贵在停车、存包、酒店和升级服务上。停车费每天100～150 元，每个游玩项目处设有存包柜，项目游玩期间免费，超出时间每小时 50 元。环球影城内部的环球影城大酒店每晚房价在 1900～12000 元之间，另一个更为高端的诺金度假酒店每晚则需要 3400～20000 元。如果不想排长队，购买优速通的价格要 400～500 元；有专门导览人员带玩，免排队的 VIP 服务要 1900 元。所以，人均 2000 元只是基础玩法，算上上述高消费项目，去一次环球影城花销要上万元。

门票并非暴利，靠餐饮和纪念品赚钱

六七百的门票，对于主题公园来说只是一笔小收入。北京环球影城的门票价格分为 418 元、528 元、638 元、748 元，亚洲另外两家环球影城的票价最低也在三四百元人民币左右。上海迪士尼 5 年来调价 3 次，2022 年 1 月 9 日起，最高票价为 769 元。相比之下，北京环球影城的票价还算合理。而那些加价至 5000 元，或者稍有收敛的要价近千元的门票，中间的差价其实都被黄牛赚走了。记者曾在开票前咨询一位门票代理，2021 年 9 月 20 日当天官方票价 638 元一位，她要价 980 元，问及来头，她自称“我们内部有优先购票权”。

中国主题公园研究院院长林焕杰向记者解释，影响主题公园的定价主要有两个因素，一是内部因素，包括项目等级，比如像旅游景区一样，建设标准属于 3A、4A 还是 5A；另外是主题公园的建设规模，即项目的用地面积和总投资。二是主题公园的外部因素，即游乐项目的规模、参考游乐项目和景点的数量，以及与娱乐密切相关的流动人口规模。游客进入环球影城这样的大型场所可以有 6～8 小时以上的停留时间，空间够大，项目够多，自然定价会较高。

此外，投资商的成本定价、投入与产出的比例等都会影响主题公园的票价，也就是说，资方要考虑，定价在哪个区间才能够在预期的范围内收回成本。林焕杰表示，按照国际惯例，同类城市同等项目的票价、游客的支付意愿也都会作为制定票价的参考。

如果像网传所说，开园前三个月，北京环球影城每天限流 1 万人，那门票收入只有六七百万元。此前据华尔街日报报道，北京环球影城投资额为 65 亿美元(约 420 亿人民币)，门票收入对于巨额投资来说只是杯水车薪。主题公园光靠门票吃不饱，进园后的餐饮、纪念品等二次消费才有更大的增长空间。据北京环球度假区官方网站介绍，环球影城一期(含城市大道)只有 16 个玩乐项目，但有 21 个商店和 39 个餐厅。以最热门的哈利·波特园区为例，纯玩乐的项目只有禁忌之旅和鹰马飞行两个，其他的布景都是商店和餐饮。也就是说，算在门票里的游玩项目只是一小部分，赶上排队，每个人真正能玩到的项目更是屈指可数，其余的时间，都被商店和餐饮夺去了，而且工作人员也会“适时”推销。

奥利凡德是哈利·波特故事中的魔杖商店，北京环球影城的奥利凡德表演还原了魔杖选择巫师的经典场景。记者前往探访时看到，表演中，奥利凡德店主会选择一位观众(通常是小朋友)互动，为他挑选最适合的魔杖，指导他激活一些互动效果。表演结束后，一扇后门打开，观看表演的游客直接被领到真实的魔杖商店里，工作人员像旅行团的导游一样告诉大家：刚刚看到的魔杖都可以在这里购买！一位店员赶快迎上来，询问刚刚被选中的小朋友是否要购买这支价格 349 元的“只属于你的魔杖”。有游客打趣说：这就是魔法幻灭时刻。

上海迪士尼也一样要靠二次消费创收。官方透露，营业 5 年来，共计售出 577 万个毛绒玩具，其中人气增长最快的形象是 2018 年才进入上海迪士尼的星黛露，售出的星黛露周边叠起来的高度相当于 119 座珠穆朗玛峰。

北京环球影城什么时候能“吃饱”?

总体算下来，北京环球影城并不像外界眼中“门票炒到 5000 元”那样赚钱。事实上，这种大型项目前期投入巨资、回本周期长，想要短期内赚钱没那么简单。林焕杰告诉记者，一般主题公园的回本周期在 7～9 年左右。“主题公园是投资大、回收慢、风险大的行业。初期投入只是个开始，未来还需要长期的经营、维护、维修、保养和升级的投入。”光是维修这一项的耗资就很惊人，“游乐设备设施的零配件一般都是会有两套备用，所以会积压资金。”林焕杰说。对于园内二次消费的高昂价格，林焕杰直言，这些定价和门票一样，也被主题公园方纳入回本周期来考量。自 2001 年有了雏形到正式开园，这个项目已经走过了 20 年，一拖再拖。环球影城拖延时间开园，人力资源成本、营销成本等都会不断攀升。“理论上讲，拖延一年，收益就会晚一年以上，其间可能出现的不利因素就会更加复杂，也许收益会更慢。”林焕杰说。

另外，北京环球影城的开园时间错过了暑假这一旅游旺季，疫情又会对海外客流造成截断，天气逐渐转冷，设备维护的成本会增加，游客出行欲望会大大降低，由于消费习惯和理财观念不同，二次消费在国内的情况也很难和国外平齐……

盛大开园之余，北京环球影城要面对的问题也不少。不过，环球影城还没开始回本，周边精明的商家们已经早早盯上了乐园延伸出来的增量市场。比如，有购买房产准备开办民宿的。喵呜叔曾在北京环球影城做过园区运营员，他的小红书账号也用来发布环球影城相关内容，有一定粉丝实力。他说，曾有不少民宿和酒店找过他做推广，“通州的甚至更远的都有，还有三星级的小酒店主动说自己可以提供班车”。他回忆，有的民宿酒店甚至都远在22公里以外的朝阳区的管庄，坐地铁40多分钟才能到环球影城。有小商户开始蹭免费流量。喵呜叔告诉记者，他发现在去年环球影城建成后到今年开始宣传的这段时间，环球影城周边商户纷纷改名。“以前这附近有个便宜坊土桥店，现在都改成便宜坊环球影城店了。”但是，这些商家只能在园区外部徘徊，很难打进园区内部的生意。

要“薅”到真正有价格的流量，比如入驻到园区内部，门槛很高。和上海迪士尼一样，北京环球影城的选址也远离市中心，并且在周边形成区域保护，游客放眼望去只能看到尚未开建的空地和高速公路，看不到与环球影城无关的商户。而园区最外部的城市大道集聚了所有授权商户，除泡泡玛特、施华洛世奇等外部商家，还有环球影城的内部商家或合作商家，如亚洲最大的Peet′s Coffee(中文名皮爷咖啡)。喵呜叔透露，Peet′s Coffee和环球影城是独家合作的，酒店内部、员工餐厅供应的咖啡也都是一样，没有其他的牌子。但无论如何，作为国际主题公园的“流量王者”，又坐拥速度与激情、金刚、木乃伊、辛普森等一大批王牌IP，北京环球影城是含着“金汤匙”出生的。据悉，北京环球影城目前开放的区域仅为一期，后续还有二期和三期的建设，世界上面积最大的环球影城或许还有很多故事可讲。上海迪士尼开园后一年，迪士尼CFO Christine McCarthy就表示，上海迪士尼于2017年Q2财季“小幅盈利”。重压之下，北京环球影城也许很难复制迪士尼的盛况。淡季即将到来，也许只能靠节日活动拯救。有游客买了冬天的票，说想凑凑圣诞节和万圣节主题活动的热闹，“书里哈利和罗恩总会收到礼物，霍格沃茨还有圣诞大餐。”哈利和罗恩在期待圣诞节大餐，游客在期待霍格沃茨的第一场雪，让大众等了又等的北京环球影城，现在也要开始期待自己躺赚的那一天了。

资料来源：邹帅.北京环球影城要开了，哈利·波特能打败米奇吗？[OL].微信公众号：深燃，2021-07-29.

问题：

1.结合案例资料分析北京环球影城门票定价的影响因素。

2.结合案例资料总结北京环球影城门票定价以及内部产品的定价策略有哪些？

3.根据第2个问题所归纳的定价策略分析该定价策略有何优点或缺点？请说明理由。

实训专题

任选一个消费品，试着分别从成本导向、需求导向与竞争导向的思路来制定相应的结果，并以价格策略作为主要手段做一个推广的创意。

思政专题

结合定价理论和社会主义核心价值观的要求，谈谈企业在市场定价中如何实现经济性和社会性的平衡，实现有道德的定价。

第九章　渠道策略

学习目标

1.理解和掌握渠道的含义以及渠道在营销中的功能；

2.理解和掌握直接渠道和间接渠道之间的优缺点比较；

3.理解和掌握渠道层次的含义及其应用；

4.掌握三种渠道系统，一般渠道系统、垂直渠道系统和水平渠道系统；

5.理解和掌握渠道规划的内容和步骤；

6.理解和掌握渠道管理的内容和步骤；

7.了解营销物流作用，掌握营销物流的内容；

8.理解新零售的本质与渠道变革。

引导案例

一代“鞋王”退出实体零售

2017年，百丽在港股私有化退市；2019年8月底，富贵鸟宣布破产，被港交所取消上市。如今达芙妮持续巨亏，退出实体市场。曾经占据中国休闲鞋市场份额前三的品牌如今已经逐渐消失在消费者的视野中。

一代“鞋王”貌似真的要陨落了。

2020年8月25日晚间，达芙妮国际(00210.HK)发布2020年上半年业绩报告。数据显示，截至2020年6月30日，达芙妮国际上半年营业额同比减少85%至2.12亿港元，亏损1.41亿港元。报告期末，达芙妮国际拥有销售点293家，全部为核心品牌业务；而去年年初，达芙妮国际仍拥有2820家销售网点。

如今，一代“鞋王”达芙妮宣布，彻底退出中高档品牌的实体零售业务(包括中国大陆及中国台湾)，关闭旗下所有其他品牌业务销售点，转型“轻资产”。

曾拥有“大众鞋王”的达芙妮已经再难称王。

五年亏损近40亿港元，“鞋王”再难称王

创建于1990年的达芙妮，主要从事制造及销售女鞋，曾是中国最成功的国内品牌之一。1995年达芙妮上市，2003年至2013年的十年间，其总店铺数由739家发展到6702家，增长了8倍之多。

图 9-1　达芙妮门店

2012 年，达芙妮门店数量达到峰值，共有各种品牌店铺 6881 家。这一年，不止店铺数量达到最高值，其市值也一度攀上 200 亿港元。“高光时刻”的达芙妮号称每年能销售近 5000 万双女鞋，在中国的市场占有率曾经接近 20%。低价、相对时尚以及从生产加工到终端销售全程可控的产业链，让达芙妮一度享有“鞋王”之称。

当时达芙妮、百丽、富贵鸟占据中国休闲鞋市场份额前三，而辉煌似乎就此定格。

在到达巅峰期仅一年后，2013 年达芙妮的营收开始下滑。2015 年达芙妮亏损 3.79 亿港元。在 2016—2019 年，达芙妮分别亏损 8.19 亿港元、7.34 亿港元、9.94 亿港元、10.7 亿港元。五年共计亏损近 40 亿港元。

此外，达芙妮存货周期也开始走高，从 2010 年的 128 天一跃至 2012 年的 188 天，而达芙妮至今都没有将存货周期调整至 2010 前的水平——据达芙妮国际披露，截至 2020 年 6 月 30 日，达芙妮国际的平均存货周转期为 153 天。

伴随着业绩惨淡，达芙妮开启门店收缩模式。从 2012 年巅峰时期的 6881 家门店，如今已缩减至不到 300 家。其中，仅 2019 年，达芙妮国际门店总数就从 2820 家就收缩至 425 家，日均关店 6 家。

除此之外，达芙妮国际也在不断寻求转变。不仅打折清理库存、升级品牌、向电商转型，同时也开始走向“轻资产”模式。2019 年 4 月，达芙妮着手进行供应链方面的轻资产转型，并借助苏宁物流的“智能供应链”系统，建设一个虚拟的“中央鞋柜”，实现商品在全国网络的布局。

此外，达芙妮还在产品中引入运动元素，并于 2019 年 9 月发布公告称，引入运动品牌 361 度、KAppA 母公司中国动向的高管韩炳祖，以寻求运动业务变革。对于运动鞋业务，达芙妮在公告中称，本集团积极进行产品升级，进一步增加运动休闲品类的占比，以把握运动休闲的市场潜力，并吸引更多年轻时尚的消费者，开拓更多消费客群。

为提升品牌形象，2015 年还去掉了中文名称“达芙妮”，将 LOGO 改为更加国际化的“DAPHNE”、进驻购物中心、更换门店视觉形象，并清理掉一些不符合标准或盈利较差的店铺。

达芙妮还曾和美国潮流品牌 Opening Ceremony、周笔畅和迪士尼推出跨界产品，携手韩国设计师品牌亮相首尔秋冬时装周。但这也没有挽救达芙妮业绩一路下滑的情况。

作为曾经引领时尚尖端的女鞋品牌，分析其衰败的原因，一方面是达芙妮一味做市场扩张和低价促销，使得原来高端、贵气的品牌形象逐步消失，在满大街都是达芙妮的情况下，一些原有的女性忠实粉丝已经渐渐放弃对它的喜爱；另一方面达芙妮品牌的创新能力、设计能力薄弱，无法跟上当今主流消费者更新换代的速度，舒适度也不如从前。

在前不久的财报中，达芙妮认为此次的业绩表现主要是由于销售点由 2019 年 6 月 30 日的 2208 家，大幅缩减至 2020 年 6 月 30 日的 293 家，以及新冠肺炎疫情对店铺营运和消费市场的影响。

资料来源（有删减）：张淳.一代“鞋王”退出实体零售 传统“潮牌们”正消失[N].中国经营报，2020-09-15.

引导问题：达芙妮鞋业为什么要退出实体零售？

第一节 渠道概述

渠道是营销 4P 组合中相当不容易掌控的环节，也是较容易产生混乱的环节，是营销决胜市场的作战“阵地”。企业生产出来的产品，只有通过适当、充分、有效的市场营销渠道，才能在适当的时间、地点，以适当的价格供应给广大的消费者或客户，从而克服生产者与消费者之间的阻隔障碍，满足市场需要，实现企业的可持续获利目标。企业在渠道方面的核心问题，即是如何建立适当、充分、有效的渠道。

一、渠道的含义与意义

渠道也称销售渠道，它是指产品或服务在从供应厂商向消费者转移的过程中，取得这种产品或服务的所有权，或帮助所有权转移的所有企业和个人。

产品的传递转移包括商品所有权的转移和商品实体的转移两个方面。其起点是生产者，终点是消费者或用户，中间环节是中间商，包括各种批发商、代理商、零售商、商业服务机构（交易所、经纪人等）等。

渠道决策是企业营销工作中最重要的决策之一。企业所选择的渠道不仅会影响其产品是否能“货畅其流”，而且将直接影响其他市场营销决策，如产品包装、定价和促销。恰当的渠道选择，必将增强企业的竞争能力。

同时，在顾客的角度看来，渠道就意味着企业本身，渠道所展现出来的形象就等于是企业的形象。比方说，某个产品，它如果只能在农村或者远郊的小商店里买到，那么，消费者会很自然地认为这个产品的定位比较低端，没有什么档次和品位，质量也不能让人安心；相应的，如果某个产品只能在一些中高档的商场或专卖店里买得到的话，消费者会认为该产品非常高端,企业非常有实力,购买起来也会放心很多。

一般来说,企业与渠道之间更多的是一种合作关系,企业可以对渠道施加影响,但并不能去管理渠道的每一个细节,更不用说企业对渠道管控乏力的情况。也就是说,渠道表现出来的某些不足,未必就是企业希望看到的。但是,在顾客来说,他们接触的是渠道,从渠道商那里购买产品、接受服务,当这个过程中出现问题时,顾客不仅会对渠道商不满,更会对企业和企业的品牌不满,顾客不会去理性地分析问题到底出在渠道身上,还是出在企业身上,因为渠道对他们而言,就是企业的一部分。

企业在渠道商的选择、渠道的管理与建设上不能有丝毫的疏忽,渠道出现问题就等于是企业自身出现了问题。

二、渠道的功能

渠道的作用是使产品从生产者转移到消费者的整个过程顺畅、高效,消除或缩小产品供应与消费需求之间在时间、地点、产品品种和数量上存在的差异;其具体的功能为:调研、推广、拓展、整备、协商、物流、融资和风险承担,如图 9-1 所示。

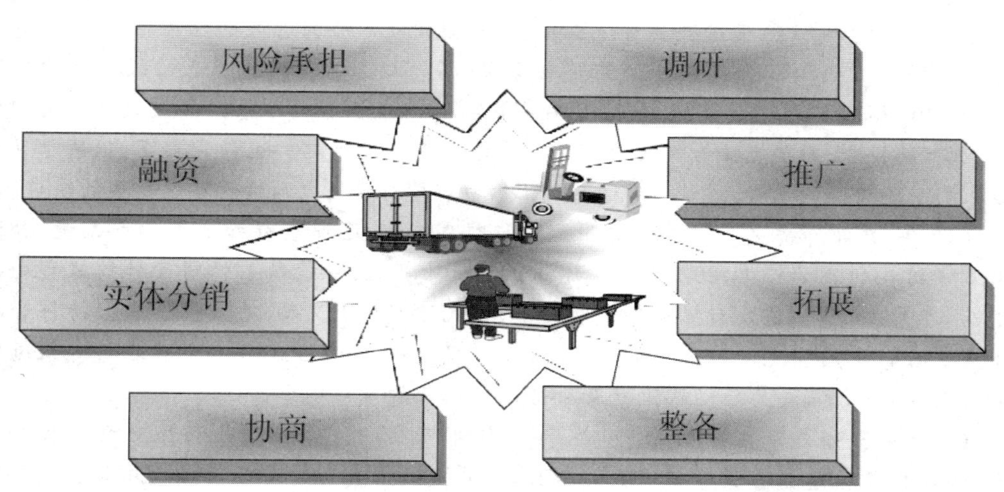

图 9-1　渠道的功能

- 调研:收集客户、市场及营销所需的信息、数据,保存、整理、分析实际销售数据。
- 推广:进行产品推介、产品体验、特定销售活动、公关活动、销售店传播等推广工作。
- 拓展:搜寻、开拓潜在客户,客户关系维护、提升,销售前中后客户咨询、服务。
- 整备:产品拆箱、摆置、分级、分装、整理、组装、搭配、包装、安装等以利销售。
- 协商:为了转移所供货物的所有权,而就其价格及有关条件达成最后协议。
- 物流:从事产品的运输、储存、配送。
- 融资:为补偿分销成本而取得并支付相关资金。
- 风险承担:即承担与渠道工作有关的全部风险。

例如:一家冰箱经销商,他在销售过程中会发现顾客的需要,像保鲜、节电等需求,同时也可收集到市场上其他厂家的同类产品的信息。这家经销商向冰箱制造商进行反馈，这就显示了渠道的信息功能；然后，当经销商发现顾客有购买的意思后会说服其购买，在这一过程中，渠道可以实现促销的功能；下一步经销商和购买者会就价格、服务等达成协议，实现所有权和占有权的转移，这又体现了谈判的功能；下一步会涉及物流、融资、风险承担等。

此外，渠道的功能表现呈现出各种流程，称为渠道的功能流，即实体流、所有权流、促销流、洽谈流、融资流、风险流、订货与市场信息流及付款流等。这些流程将组成渠道的各类组织机构贯穿起来，实现企业的营销运营。

小案例 9-1 珀莱雅的全渠道布局

作为传统的国货化妆品品牌，珀莱雅在之前主要以线下日化专营店、商超运营为主，目前在全国设有七个销售大区，与 400 余家经销商建立合作，覆盖了 30 个省级行政区，形成了全国性的销售网络，这是珀莱雅有别于近年来爆红的其他国货品牌的重要基本盘。2017 年上市后，公司对线下渠道进行了优化升级，推进单品牌店模式，并开设智慧门店布局新零售，促使线下 CS 渠道营收重返正增长，牢固树立起公司营收的防御体系。

与此同时，2017 年，珀莱雅重新组建电商团队，加大了以天猫为代表的线上直营渠道的布局力度，以适应流量的变化趋势。2021 年后，以淘宝天猫为代表的传统线上渠道增速开始放缓，而抖音、淘宝直播为代表的新型社交电商则快速崛起。这种背景下，珀莱雅开始积极布局新型渠道的运营，通过打开新的线上增量以弥补传统电商渠道增速放缓的缺口。

2018 年，珀莱雅先是通过在抖音平台进行广告投放，迅速获得知名度和曝光量，加速了第三方链接的流量转化；2020 年 10 月抖音切断外部链接后，珀莱雅则开始积极布局抖音小店，在先发优势、高效直播策略的助推下，2020 年 11 月以来，珀莱雅始终保持抖音品牌小店美妆板块的 TOP3 位置。根据 2021 年中报数据，今年上半年珀莱雅在抖音渠道已经实现营收 2 亿元，成为拉动线上直营渠道高速增长的重要引擎。

在一系列渠道改革措施下，2018 年开始，线下营收的恢复性增长和线上增量收入的带动，促使珀莱雅总体营收迎来较快的增长，尤其是线上直营渠道已经成为珀莱雅重要的增长动力。截至 2020 年，珀莱雅线上营收占比达到 70%，2021 年 H1 进一步提升至 81%，如图 9-2 所示。2017—2020 年线上营收的 CAGR 接近 60%，其中线上直营部分高达 86%。正是由于线上渠道的高速扩张和占比的连年提升，得益于线上更高的毛利率，促使珀莱雅的营收和利润水平实现了双双扩张，即使是在疫情期间也仍然维持了可观的增速。

资料来源（节选）：丁卯.4 年涨 11 倍，被人瞧不起的珀莱雅怎么就变成资本宠儿?[OL].百度百家号：36 氪，2021-10-21.

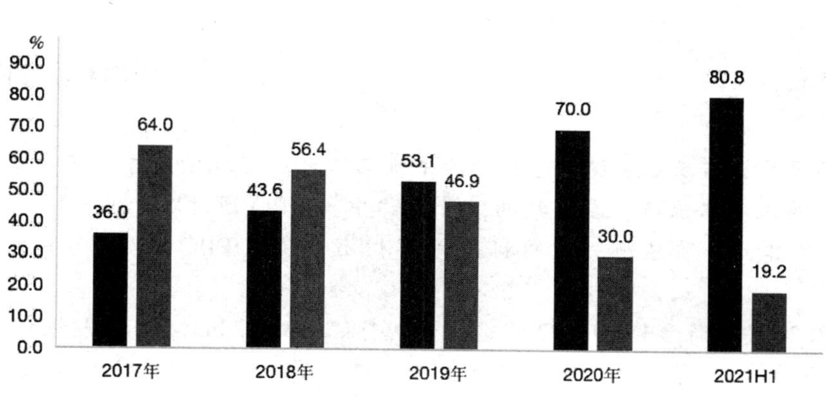

图 9-2 珀莱雅 2017—2021H1 线下线上收入占比

第二节 渠道层次与渠道中间商

一、渠道层次

产品从制造商转移到客户的过程通过中间商的数目为渠道层次;渠道层次也称为渠道长度。在产品从制造商转移到客户的过程中,任何一个对产品拥有所有权或负有营销责任的中间商,都是一个渠道层次。

根据中间商数目的多少,可以把渠道分为零层渠道、一层渠道、二层渠道、三层渠道,说明如下,亦见图 9-3。

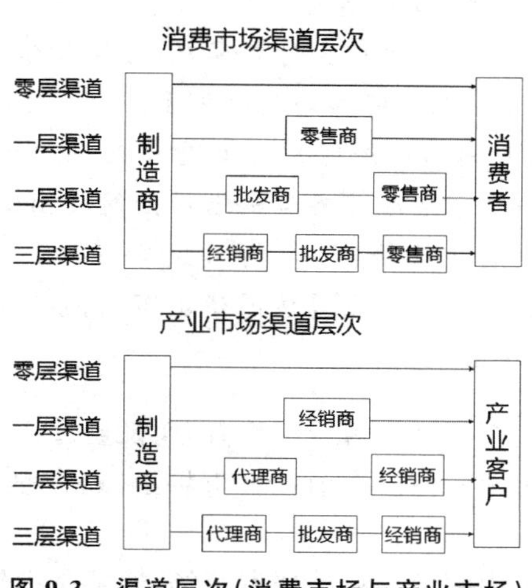

图 9-3 渠道层次(消费市场与产业市场)

OPPO 渠道协同战略

OPPO 是中国市场最重视渠道建设的手机品牌之一。OPPO 与线下渠道肝胆相照的故事更是为人津津乐道。在长期的经营合作中，OPPO 通过“厂商一体化”的渠道战略，与渠道商建立了价值观一致的利益共同体，这也是 OPPO 在 2020 年逆势发育的支柱。

面对 2020 年的新形势，OPPO 构建“金字塔”渠道体系，由上至下为超级旗舰店、旗舰店、体验店和专卖店，每一个层级都有着各自的侧重点。为此，OPPO 副总裁、中国区总裁刘波于 2020 年在媒体表态:“接下来我们继续巩固 OPPO 渠道的纵深优势，分层分级，搭建金字塔模式布局。2020 年，区县城市渠道投入加倍，进一步提升渠道效率和规模。将一线、新一线、二线及省会城市作为首要目标，跟随消费习惯和生活方式变化，进驻重点、核心购物中心，逐步覆盖三线及以下城市，目前已进驻 600 多家 Shopping Mall。据我们调研，仍然有大量 Shopping Mall 里还没有手机专场店。”

简言之，OPPO 的终端销售渠道体系更清晰，不同级别店面将匹配不同的产品策略，不再会出现资源与渠道不匹配、积压库存等资源错配问题。对于乡镇市场核心基本盘需求与喜好，OPPO 心领神会；消费能力充裕的城市渠道，OPPO 凭借产品与服务，将品牌调性迈向高端。

同时，外部与内部环境对 OPPO 有利。外部是，2020 年以来，中国高端手机市场出现“空档”期，核心渠道正在寻求具备爆款品质的高端机型；内部是 OPPO 产品规划布局形成了自己的节奏。近期 Reno5 系列产品首销 10 分钟全网销售过亿，斩获京东、淘宝、苏宁等主流线上平台单品销量冠军。

OPPO 渠道升级与扩张是摆在台面的阳谋，并非悄无声息。对大众来说，OPPO 渠道升级宣告晚了一些:近期 OPPO 副总裁、中国区总裁刘波在《致善以行远，2021 携手共创新格局》主题演讲上表示，OPPO 将从货源政策、形象建设、资金支持、服务支撑、活动引流、市场营销等多个方面，更大力度地支持大客户，为核心客户提供差异化的资源补给。

六大政策，覆盖从供应链到渠道终端的完整体系。有助于核心渠道商融入 OPPO 体系，也有助于 OPPO 将品牌理念传递给客户。渠道升级，是 OPPO 从单一的手机公司到生态科技公司转型的重要一环。渠道升级与扩张对产能提出更高需求，将部分订单释放给 ODM，是降低运行成本的稳妥抉择。

资料来源(节选):ZOL 精品科技.渠道协同研发布局高端 是时候重新认识 OPPO 了[EB/OL].中关村在线，2021-02-05.

(1)零层渠道:企业直接把商品销售给消费者，而没通过任何中间商。

(2)一层渠道:含有一个中间商。在消费者市场上，通常是零售商；在产业市场上，则可能是代理商或佣金商。

(3)二层渠道:含有两个中间商。在消费者市场，通常是批发商和零售商；在产业市场上，则通常是代理商和批发商。

(4)三层渠道:含有三个中间商。肉食品及包装类产品的制造商常采用这种渠道分销产品。这类行业中,通常由一专业批发商处于批发商和零售商之间。

更多层次的渠道较不多见。一般而言,渠道环节越多,控制和向最终用户传递信息也越困难。

二、中间商:零售与批发

零售商与批发商是渠道中间商的两种主要形态,其业务即是零售与批发,因此有必要加以探讨,以充分了解营销渠道应如何规划运作。

(一)零售

零售是指把产品或服务直接销售给最终消费者。零售处在商品流通的最终环节,直接为广大消费者服务。零售的交易对象是最终消费者,交易结束后,商品脱离流通领域,进入消费领域;零售每笔交易销售产品的数量比较少,但销售频率高;零售商数量多、分布广。零售商是从事零售业务的商家。

1.零售商的功能

(1)批量购进,零散销售,解决供求数量矛盾。

(2)了解市场,反馈信息,承担市场调查与求购信息反馈双重职能。

(3)拆箱分装,整理摆放,搭配组合,组装陈列,安装维修,服务。

(4)咨询服务,担保信用,解决购销双方信息不对称的矛盾。

(5)采购配货,保障供应,解决生产地分散与消费地集中的矛盾。

(6)预测市场,储备货物,解决供求时间不协调的矛盾。

(7)运输储存,解决生产者与消费者地域空间矛盾。

(8)广设网店,便利购销,解决生产者与消费者数量不对称的矛盾。

2.常见的零售商业态

零售商的业态形式多种多样,主要包括以下几种:

(1)专业商店。只经营某一种产品线,但该产品线所含的花色品种很多。一家服装店可以只卖服装,一家男子服装店只卖男装,而一家男子衬衣商店只卖定制衬衣。如阿迪达斯运动店专售运动商品和器具,美体小铺专营化妆品和沐浴用品等。

(2)百货商店。经营几条产品线,通常有服装、家庭用具和日用品等,每一条线都作为一个独立的部门,由一名进货专家或者商品专家管理。如王府井百货。

(3)超级市场。一种相对规模大,低成本,高销售量,自助服务式,为满足消费者对食品、洗衣和家庭日常用品的种种需求服务的零售组织。如家乐福、沃尔玛。

(4)便利商店。商店相对较小,位于住宅区附近,营业时间长,一周每天开门,并且经营周转快的方便商品,售价稍高。它们中的许多增加经营了外卖三明治、咖啡和馅饼。如7-11、屈臣氏。

(5)折扣商店。出售标准商品,价格低于一般商店,毛利较少,销售量较大。折扣零售已经超越了一般商品,而进入了特殊商品领域。如运动用品折扣商店、电器设备折扣商店和折扣书店等。如阿迪达斯工厂店。

(6)廉价零售商。购买低于固定批发商价格的商品,并用比零售更低的价格卖给消费者。它们经营过剩的、泛滥的和不规则的商品。如麦德龙俱乐部。

(7)超级商店。平均面积3.5万平方英尺,主要满足消费者日常购买的食品和非食品类商品方面的全部需要,通常提供诸如洗衣、干洗、修鞋、支票兑换和付账等服务。近年来,一种称为"目录杀手"的新集团拥有特定产品线、门类繁多的商品和知识型的支援,如宜家。

9-3

蕉内入沪

2021年9月26日,家居品牌蕉内上海首个线下门店正式开业。该家门店面积200平,位于上海黄浦区淮海中路860号,正对上海知名西餐厅"红房子西菜馆",周围不乏国内外各类品牌,包括优衣库中国首店、niko and、bosie、UR、COS、innersect等以及各大vintage买手店。

淮海中路是上海知名商业街,地处上海市中心,南连上海新天地休闲商圈、思南公馆区域、打浦桥商圈和上海文化广场,北邻花园饭店、锦江饭店高档宾馆区。"品牌本身具备引流能力,外加年轻化的客群"是蕉内能够获得这条知名老商业街青睐的主要原因。

事实上,蕉内首批门店共计五家,除了上海店,杭州湖滨银泰in77、西安赛格国际购物中心、深圳万象天地等购物中心都各开出一家,此外,2020年蕉内已开设深圳壹方城门店,但只有上海店选择了开在街边。街边店和购物中心的区别在于,购物中心更追求快和效率,会牺牲掉部分用户体验,而街边店因为位置开阔会更重视设计和场景。

据蕉内线下负责人张力的说法,团队曾经考察过上海多个购物中心如港汇、恒隆,万象城、环球港、嘉里中心,但由于门店设计对楼层、位置、面积要求都很高,最终还是选择了改造空间更大的街边位置。

蕉内的线下店计划于2020年12月份立项,半年后门店开张。上海店后,杭州店也即将开业。蕉内方面表示,上海首店并不是"样板间",随后开出的门店在设计和定位上都会与之不同,用户也能获得多样的体验。

不少线上起家的新品牌都在向线下渠道扩张。不止蕉内,完美日记、三顿半、内外、Ubras、bosie、自嗨锅(线下餐厅)、heyshop等纷纷布局线下,且将场景与线上做出区隔,更加注重体验和复购。

新品牌扎堆线下,一方面有利于品牌心智的建立,吸引更多圈层的用户;另一方面,也对运营能力提出了更新的挑战。以内外为例,其线上线下完全是两盘货,定价也完全不同,并面临着打通库存、门店运营等问题。

提及开店最大的难题,蕉内方面坦言在于如何将蕉内的产品传达给用户,洞察到用户购买蕉内的原因。例如,蕉内观察到,在选购内衣时,直接陈列会让消费者感到尴尬,但如果使用盒装陈列就能解决这个问题。接下来,蕉内希望能够在线下店推出更多颜色、尺码、设计更加匹配的产品。目前,蕉内已累积800万会员,其中70%是女性,30%是男性,用户年龄段在25～35岁之间。

资料来源(有删减):彭倩.4年涨11倍,蕉内入沪,年内将开设四家门店[OL].百度百家号:36氪,2021-09-28.

（二）批发

批发是将产品或服务销售给为了转卖或商业用途的买方。从事批发业务的商家按法律的身份可以分为代理商、经销商、批发商。代理商代表制造商，其销售行为的法律责任制造商须完全承担；经销商不代表制造商、只代为销售产品，因此须自己承担销售行为的法律责任，但制造商仍须承担产品责任；批发商销售自己买来的产品，须承担存货风险，并须自己承担销售行为的法律责任，但制造商仍须承担产品责任。有时，凡是从事批发业务的商家统称批发商，为便于讨论，有必要时再区分代理商、经销商、批发商。（有些代理商与经销商是从事销售价格较高的非日用品产品给最终消费者，这些代理商与经销商不是本小节讨论的代理商与经销商。）批发商与零售商由于面对的销售对象不同，因此在运营的方式、营业场所等方面也有所不同。

批发商主要有三种类型：商人批发商、经纪人和代理商、制造商和零售商的分支。

(1)商人批发商。商人批发商是指自己进货，取得产品所有权后再批发出售的商业企业，也就是人们通常所说的独立批发商。商人批发商按职能和提供的服务是否完全来分类，可分为两种类型：①完全服务批发商。这类批发商执行批发商业的全部职能，他们提供的服务主要有：保持存货、雇用固定的销售人员、提供信贷、送货和协助管理等。②有限服务批发商。这类批发商为了减少成本费用，降低批发价格，只执行一部分服务。

(2)经纪人和代理商。经纪人和代理商是从事购买或销售或二者兼备的洽商工作，但不取得产品所有权的商业单位。与商人批发商不同的是，他们对其经营的产品没有所有权，所提供的服务比有限服务商人批发商还少，其主要职能在于促成产品的交易，借此赚取佣金作为报酬。经纪人和代理商主要分为以下几种：①产品经纪人。经纪人的主要作用是为买卖双方牵线搭桥，协助它们进行谈判，买卖达成后向启用方收取费用。他们并不持有存货，也不参与融资或承担风险。②制造商代表。他们代表一个或若干个互补的产品线的制造商，分别和每个制造商签订有关定价政策、销售区域、订单处理程序、送货服务和各种保证以及佣金比例等方面的正式书面合同。③销售代理商。销售代理商是在签订合同的基础上，为委托人销售某些特定产品或全部产品的代理商，对价格、条款及其他交易条件可全权处理。④采购代理商。采购代理商一般与顾客有长期关系，代他们进行采购，往往负责为其收货、验货、储运，并将物品运交买主。

(3)制造商和零售商的分支。制造商设立销售分支机构从事批发业务或零售商的采购分支所从事的批发业务。

第三节　渠道冲突与渠道系统整合

渠道在4P组合中涉及的参与主体最多，尤其是有中间商参与的情况下，各主体之间如何有效运作，构建高效的渠道系统是企业渠道管理能力的重要内容。

一、渠道冲突

渠道冲突是组成渠道的各组织间敌对或者不和谐的状态，包括渠道的水平冲突和垂直冲突。水平冲突是指发生在同一渠道层次内的公司间冲突，可通过限制经销商的销售区域的方法使其不至于产生低价越区销售争抢顾客而导致冲突。垂直冲突是指发生在不同渠道层次的公司间冲突，为避免该冲突发生，需明确渠道各层次成员之间彼此所应有的权利及义务。

渠道冲突是每个企业都不愿意看到但又不得不面对的现实，渠道冲突往往会带来恶性的循环，它会导致渠道间相互窜货、价格混乱，最后经销商无利可图之下纷纷要求生产商降低供应价格或者干脆不再经销其产品，而生产商一旦调价，渠道又会陷入新一轮的价格大战中，最后甚至会引发整个市场的混乱。

产生渠道冲突的主要原因有：第一，目标不一致。渠道成员在各自的经营过程中所设定的目标不一致，是引起渠道冲突最主要的一个原因。比如，生产商的目标是增加市场份额，力求在短时间内占领市场，而分销商则是为了短期的销售利润，要求生产商给予最优惠的价格。如果分销商在短期内无法盈利，他们就会去寻找别的生产商合作。再比方说，分销商希望通过更高的毛利率、更快的存货周转率、更低的支出及更高的销售提成来谋求利润的最大化，而生产商却未必想要如此。还有，生产商可能想要通过低价策略实现快速市场渗透，而经销商则可能更偏爱高毛利和追求短期的盈利。

第二，角色和权利不明晰。渠道成员应该明确各方的权利和义务，如果没有明确双方的权利，最容易产生冲突。比方说，某大型生产企业把一定地理区域的产品经销权授予特许经销商，但是生产企业的销售人员也在这一区域内销售产品，这种地理区域划分不明确就会引起利益冲突。

第三，认知差异。生产商和中间商由于对问题的感知不同而发生分歧。比如，生产商可能对近期经济前景较为乐观，并希望经销商多备存货，但经销商却未必看好前景。再比如，生产企业派出销售人员到销售现场促销并培训经销商的营业员，但经销商却很可能认为生产商是想监督和控制自己，于是不予配合。

第四，中间商对生产商的依赖。渠道成员互相依赖的程度越大，发生冲突的可能性就越大。比如，独家的依赖程度大，双方在利益分配等方面引起的矛盾和冲突就多。企业要想顺利地化解渠道冲突，首先就要找准“病灶”，判断清楚到底是什么原因导致了渠道冲突，然后才可能对症下药。

二、渠道系统整合

渠道系统并不是将中间商联系起来就行了。渠道系统是复杂的组织与行为系统，在这个系统中，个人、中间商、公司交叉互动，以达成个人、中间商、渠道和公司目标；渠道系统也不是静止的，它随着各个产品、公司、参与者、市场、行业、宏观经济等情况的变化而改变。因此为发挥最佳功能，由于产品、行业、市场竞争、企业实力等的不同，而有个别适合的渠道系统。

渠道系统主要可概分为：一般渠道系统、垂直渠道系统、水平渠道系统、多渠道系统。其中垂直渠道系统又可分为：公司型、合约型、管理型。

(一)一般渠道系统

一般渠道系统是由制造商与无所有权、规范性或管理性关系(统称控制性关系)的中间商所组成的渠道系统；其中中间商至少有零售商，可再有批发商、也可再有经销商等。每个中间商都与制造商没有控制性关系。每个中间商相互之间通常也都没有控制性关系；每个中间商都是作为一个独立的企业实体追求自己利润的最大化，即使会损害到其他中间商或制造商，甚至系统整体的利益，有时也不在意。一般渠道系统是一种常见的基本渠道系统态。

(二)垂直渠道系统

垂直渠道系统是由制造商与中间商组成的具有控制性关系的渠道系统；其中中间商至少有零售商，可再有批发商、也可再有经销商等，而且制造商或一个中间商对整个渠道具有控制性关系(或称控制力)。控制性关系为所有权、规范性或管理性关系。控制性关系是由所有权、合约规范，或实质支配力形成；实质支配力则是由规模、营销、财务、行业、管理等综合实力形成。因此，垂直渠道系统可分为：公司型、合约型、管理型。

1.公司型垂直渠道系统

公司型垂直渠道系统是由制造商与中间商组成的具有所有权控制性关系的渠道系统；组成渠道系统的制造商与中间商均为渠道(系统的)成员，其中中间商至少有零售商，可再有批发商、也可再有经销商等，而且其中一个渠道成员对所有其他渠道成员拥有全部或支配性的所有权。公司型垂直渠道系统通常是制造商具有所有权控制力；公司型垂直渠道系统实际上是把整个渠道系统纳入一个企业或企业集团，因此具有最强大的控制力，整个渠道系统的协调性与效率通常也最好。

小案例 9-4

格力“新零售”模式转型

在过去的几次渠道变革中，格力通过返利、股权等多种办法与经销商实现利益绑定，在共赢中夯实线下渠道的竞争优势。据奥维云网市场数据显示，2019 年度格力电器中国家用空调线下市场份额排名第一，零售额占比 36.83%。线下市场零售额前 20 的家用空调机型中，格力电器产品占据 12 个，占比 60%。

尽管很早就开始布局电商，但由于格力与线下渠道绑定较深，线上渠道发展并不顺利。2013 年格力销售公司便自建电商入驻京东渠道，2014 年设立电商团队，开设天猫旗舰店。2014 年 12 月格力电器官方电商渠道“格力商城”正式上线。由于线下渠道层级较多，终端价格高于线上，且格力与线下渠道的深度绑定，在一定程度上拖累了线上渠道发展的脚步。从空调线上市占率来看，格力的线上销量市占率在 2019 年双 11 期间出现短暂提升，在 2020 年 2 月，又降到与奥克斯、海尔同一梯队，明显落后于美的集团。

疫情带来线下停摆，格力渠道变革加速

格力于 2020 年进行六次直播，销售额实现大幅增长。自 2020 年 4 月 24 日董明珠在抖音开启直播首秀后，在后续几个月中持续通过抖音、快手、京东、微信小程序等多个平台进行直播，单日累计销售额由23.25万元迅速提升至百亿元，实现销售额的大幅增长。

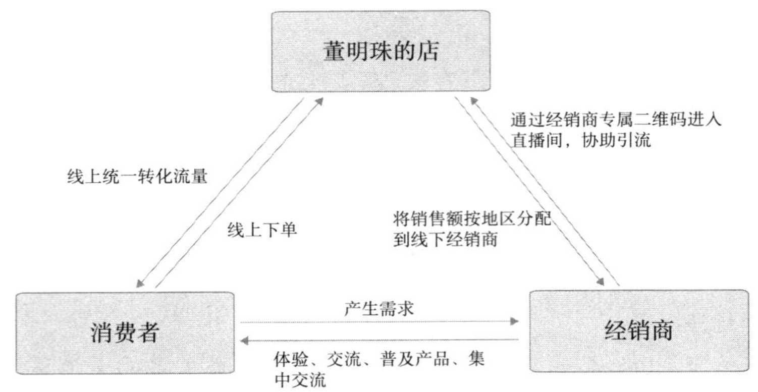

图9-4 新零售模式下的厂、商、消费者关系

第四次直播开始，格力“新零售”模式逐渐露出雏形。区别于前三次传统直播，近两次格力电器直播由线下经销商协助引流，并在线上统一转化。线下经销商以“类地推”方式将线下流量集中，流量通过经销商专属二维码进入直播间，待线上下单后，再由格力将销售额分配到线下经销商，而非引流成交销售额则由线下经销商就近发货。根据格力电器股东大会所述，未来公司将引导经销商积极转型，线下成为体验、交流、普及产品的场所，线上集中下单，实现专卖店与消费者零距离。

资料来源(节选)：开源证券.格力电器深度解析：渠道变革、行业回暖[OL].微信公众号：财是，2020-08-07.

2.契约型垂直渠道系统

契约型垂直渠道系统是由制造商与中间商所组成具有合约规范性控制力的渠道系统；其中中间商至少有零售商，可再有批发商、也可再有经销商等，而且其中一个渠道成员对所有其他渠道成员拥有合约规范的控制性关系。合约型垂直渠道系统通常是大型制造商具合约规范的控制力，但超大型零售商也常拥有合约规范的控制力。

小案例9-5 产业扶贫新模式：中国石化“渠道扶贫”之易捷·卓玛泉

易捷·卓玛泉是来自于遥远的西藏念青唐古拉山海拔3 700米处的圣洁之水，从产地到城市的每个销售网点，每瓶水都经过30多次的搬运、48小时以上的运输、数千公里的漫长旅程，才像哈达一样，为消费者送上来自西藏的天然冰川水。

2014年8月，中国石化与西藏高原天然水有限公司签署战略合作协议，双方共同打造易捷·卓玛泉天然冰川饮用水，利用中国石化2.5万家易捷便利店的销售网络优势，向全国消费者提供来自西藏的高端冰川水。同年10月，中国石化易捷注资参股西藏高原天然水公司，收购该公司40%的股权，成为第一大股东。

依托中国石化的销售网络，卓玛泉顺利走出青藏高原，走进全国各地的大中小型城市。值得一提的是，作为易捷·卓玛泉销售渠道的主力军，中国石化遍布全国的2.5万家易捷便利店发挥了关键的作用。截至2018年，"易捷·卓玛泉"累计实现销量74.45多万吨，销售收入18.45亿元，间接促进和拉动西藏地区就业近800人，累计缴纳税费超2亿元。

3.管理型垂直渠道系统

管理型垂直渠道系统是由制造商与中间商所组成具有实质支配性控制力的渠道系统；其中中间商至少有零售商，可再有批发商，也可再有经销商等，而且其中一个渠道成员对所有其他渠道成员拥有由规模、营销、财务、行业、管理等综合实力形成的实质支配性控制力。管理型垂直渠道系统通常是大型制造商拥有实质支配性控制力，但超大型零售商也常拥有实质支配性控制力。

渠道系统的控制力越强，运作协调性、效率越高；垂直渠道系统通常是制造商具有控制力。垂直渠道系统是较新形态、较具协调性与效率的营销系统。在垂直渠道系统中，公司型垂直渠道系统通常最具控制力，其次为合约型垂直渠道系统，再次为管理型垂直渠道系统，如图9-5所示。

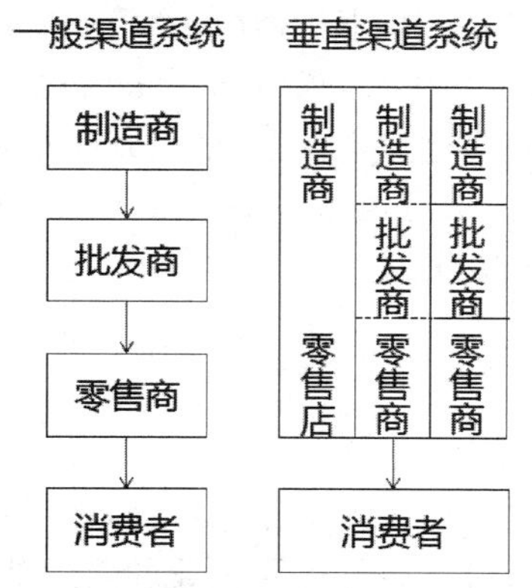

图9-5　一般渠道系统与垂直渠道系统

(三)水平渠道系统

水平渠道系统由两个或两个以上没有关联的企业联合起来，共同开发新的营销机会，通过合作，各企业将资产、生产能力或者营销资源结合起来，以达到单一企业不可能达到的经营成果。企业可以与竞争者联合，也可以与非竞争者联合；可以暂时合作，也可以长期合作，还可以建立一个新企业。例如某银行在某商店里设立了储蓄办事处和自动取款机。银行用了很低的成本就迅速进入了市场，而商店可以为其顾客提供更为便捷的服务。水平营销渠道系统甚至可以用在国际市场的营销。如雀巢公司凭借其在全球优良的业绩，与通用面粉公司合作，销售其在北美以外的谷类制品；可口可乐与雀巢建立合资公司，在世界范围内经销速溶咖啡和茶饮品。可口可乐公司提供在全球经营和分销饮料的经验，雀巢公司提供两个著名的品牌——雀巢咖啡和雀巢奶茶。

(四)多渠道系统

过去,许多企业通过单一渠道进入单一市场。今天,随着顾客细分市场和新渠道的不断出现,越来越多的企业采用营销多渠道系统。当一个企业利用两个或多个营销渠道以接触一个或更多的顾客细分市场时,就形成了营销多渠道系统。通过营销多渠道系统,企业可以得到一个好处,就是增加市场覆盖率,赢得机会调整产品和服务以满足各种消费者细分市场的需要。但是这种混合渠道系统很难控制,当越来越多的渠道相互竞争消费者和销售时,还会产生渠道冲突。

第四节 渠道规划

企业在渠道方面的核心问题,是如何建立适当、充分、有效的渠道。渠道规划是指根据产品特性以及目标市场预拟不同的渠道布建方案,然后按照绩效性、控制性、适应性的标准来评估选择确定渠道的最佳结构,即中间商的类型、每层渠道商的数量以及渠道商的权责等。

渠道规划则应先了解客户需求与市场情况,及企业的内外部环境与宏微观环境;其次是客户的需求与偏好、期望与市场生态、竞争状况来设置明确的渠道目标;然后再根据渠道目标来拟列可能适合理想的渠道建构方案;最后则对这些可能的方案进行评估,并选定最佳的渠道布建方案。简言之,渠道规划主要可分为四个程序:分析客户需求、确定渠道目标、预拟适当方案、选择最佳方案。

一、分析客户需求

根据消费客户的构成、特性、购买力、偏好、习惯,或产业客户的需求产品、总量、批量、质量、交货期、物流、服务强度、付款条件以及企业的内外部条件、农村或城市市场、市场环境、行业状况、宏微观等因素,进行客户需求的确实分析、了解及把握。

从另一个角度来看消费者的需求,渠道规划必须首先了解目标消费者希望从渠道系统中得到什么?消费者希望就在附近购买还是到较远的商业中心去购买?他们看中产品类型多样化还是专业化?消费者是否需要较多的增值服务(运输、维修、安装)还是愿意从别处获得这些服务?制造商及其渠道成员是否具有提供最快的运输、最广的产品和最多的服务等期望服务的资源和能力,也须探究;并且服务水平越高,渠道成本越高,消费价格越高,与消费者愿意承受的价格也须匹配。

例如:相对于最近的大型沃尔玛超市或者中型的屈臣氏商店,位于你所在小区的便利商店可能提供更个性化、更方便的服务、更便利的位置和更少的购物麻烦,但是它也可能价格较高。公司不但要将消费者对服务的需求与服务的可能性和成本进行平衡,还要与顾客的价格偏好进行平衡。折扣零售业的成功显示,有相当庞大数量的消费者愿意接受较低水平的服务,只要那意味着较低的价格。

二、确定渠道目标

分析探究客户的需求明细、市场情况后，接下来就须根据企业与产品的特性、内外部条件、中间商生态、竞争对手的气息等因素，来确定明确的渠道目标。

例如：公司的规模和财务状况决定了哪些营销职能由公司自己完成，哪些由中间商完成；销售易腐烂的产品的公司需要更多的直销，以避免耽误时间和手续过多。

此外，企业应通过怎样的渠道系统来跟竞争者竞争最有利？也是重要课题与渠道构建目标。有时候，企业跟主要的竞争对手几乎在每个销售点都临近在一起，是造成群聚市场与相互销售量差距不致过大的最适当布局。例如，耐克与阿迪达斯几乎每个销售点都紧邻，即是双方都不打算落后而概略均分市场的策略。

三、设计适当的渠道方案

明确制定了渠道构建布局目标后，就必须设计出可行的而且能创造最佳销售量的适当方案，渠道的方案中包括不同中间商的种类、数量、不同的渠道成员的责任等。例如戴尔过去一直通过它精细的电话和互联网营销渠道向最终消费者和企业客户直接销售；它也使用它的直接销售队伍向大型企业、组织和政府客户直接销售；为了增强企业竞争能力，开始使用百思买、史泰博和沃尔玛等零售商进行间接销售；也通过能增加价值的经销商进行间接销售。

铂岚的渠道模式

从品牌成立至今，铂岚CEO孙海铭一门心思地在电子雾化烟的高端品质上不断死磕，不依赖上游的供应商，聚焦产品、死磕技术，掌握烟油、雾化芯等核心科技。

但有时候，在身边人看来，孙海铭是一个“疯子”。当其他品牌在想如何赚“大钱”的时候，而孙海铭却在想，如何让加盟商赚“大钱”，朋友说他“疯了”，但他觉得有意义。

当铂岚品牌的质量在行业里赚足了口碑，全国各地陆续有人联系到公司希望能拿下当地代理权。孙海铭和公司的态度让人意外：“做代理，先来公司和工厂考察，回家思考三天再决定，现场一律不签约”。孙海铭要寻找的是事业的终身合作伙伴，而非看到盈利就跟过来的附庸者。

市面上，绝大多数品牌对代理的态度是：把产品给代理商，让代理商自己想办法销售。但代理铂岚，从签约的第一天，就会收到《专卖店运营指导手册》和《岗前培训资料》等非常系统的学习资料，保姆级的教程指导协助加盟商把品牌在当地做起来。

在代理模式上，铂岚采取全营销链零风险、无压力的营销模式，约定产品无效果，接受退货退款，且没有加盟费、品牌使用费，只需要一个5～15平的店面，就可以在这个巨大的蓝海市场获得丰厚利润。

总部强大的补贴政策，单店仅需5万～10万的投入，确保每家专卖店1～3个月回本，单店年产值在80万以上，毛利50万以上。这其实才是铂岚全国专卖店能够快速开展的重要原因。

铂岚的运营指导在炙热的电子烟行业独树一帜，包括了经营理念、选址要求、店面装修、店内氛围、人员招聘、系统培训、岗前考核、试营业、正式营业、售后服务、宣传推广等12个板块的指导资料，内容详实且系统，体现着铂岚品牌的实力与能力。正是基于好产品、零风险代理模式、强运营扶持的三重驱动，才让铂岚在短短数月的时间里在全国数百个地级市全面铺开。

孙海铭觉得，除了要提供高质量的产品给消费者，最重要的，还要有责任让代理加盟商受益，“领入行，扶上马，再送一程”，无愧于品牌，无愧于所获得的荣誉，无愧于加盟商。

资料来源(节选)：马冬.被加盟商疯狂追捧的背后：铂岚的“破圈”秘钥[J].商界，2021(4)：62-63.

销售渠道各层次中间商在消费市场是零售商、批发商、经纪商等，在产业市场是产业经纪商、批发商、代理商等。其各层次中间商的数量在最接近客户的层次最多，向上越来越少，呈金字塔往上明显缩减的样式，因此只要确定最接近客户层次的零售商或产业经纪商的数量，往上层次中间商的数目也大致可确定。

以消费市场对消费者销售点的数量布局来看，有三种主要方式：密集分销、选择分销、独家分销。这三种分销的密度的布局，主要是跟客户数量与购买次数、金额的密度(统称消费密度或购买密度)相匹配对应的(当然制造商自设专卖店的多寡，也影响借重外部零售商的需要)。

比如说，在城市中，至少每20万人口才可开设1家大型超市；至少每2万人口才可开设1家中型超市；每天人流量至少2万人的路段至少100米间隔才可开设1家便利商店等等。但这些门槛随着电子商务越来越发达，必然也越来越高。

在产业市场，这三种分销(点)密度的布局，不但与购买密度有关，也与技术咨询指导、维修等服务密度有关；当然电子商务推行的程度，也会明显降低销售密度的需要(而制造商自设营销点的多寡，也影响借重外部的产业经销商的需要)。

(一)密集分销

由于购买密度高，因此需要较高的销售密度，而需要尽可能多的密集销售点；密集销售点能扩大市场覆盖面，或使产品充分满足市场，在消费市场使广大的消费者能随时随地买到产品。消费市场中的便利品、快消品等和产业用品中的供应品、消耗品等，通常采取密集销售点。例如牙膏、糖果、卡夫、可口可乐、金佰乐、保洁、文具、办公用品等产品在许多商店里销售，为客户创造购买的便利性，也把握了市场需求。

优点是渠道成员之间的激烈竞争和最大限度的产品市场覆盖率，能最大限度地便利消费者而推动销售的最快速增长。缺点在于公司的服务、培训和支持系统，以及沟通网络负担很大；经销商之间的过度竞争会造成销售努力的浪费，还会降低对消费者的服务水平；经销商对公司的忠诚度低；影响公司统一稳定的价格水平

(二)选择分销

由于购买密度不是很高，因此只需要适度的销售密度，而只需要几个精心选择的限定

销售点就可充分适当地满足市场。在消费市场，选择分销大致适用于所有产品，但相对而言，选购品和特殊品最适合采取选择分销；在产业市场，需要销售密度相当高的地区或涵盖范围很大的区域才适合选择分销。例如大型家电产品通常通过选择分销来销售。

（三）独家分销

独家分销又称单一销售点。由于购买密度不高因此不只需要较高的销售密度，而只需要精心挑选的单一销售点就可充分适当地满足市场。除顶级客户非常密集的极少数区域外，顶级市场的产品都采用独家分销；有利于制造商与经销商掌控市场，强化产品形象，强化制造商与经销商的合作并简化管理，但采用独家销售，双方的相互依赖度大为提高，可能会使制造商受制于独家经销商，或由于经销商疏失导致销售不佳而造成制造商的损失。

例如宾利汽车都是独家经销商，即使大城市有两家经销商，也是划分区域，各自为各别区域的单一经销商；通过独家经销，宾利公司获得经销商强力的支持与配合，也能很好地控制价格、促销、信誉和服务；同时也提高了宾利公司与经销商的形象，确保良好的销售量和高获利。

四、评估并选择最佳方案

如果公司设计出几个不同的但可行而且能创造最佳销售量的适当方案后（个别的方案包括不同中间商的种类、数量、不同的渠道成员的责任等），接下来就须对这些方案进行评估，从中选择出最能达成可持续最大获利的最佳渠道方案。

评估标准有绩效性、控制性、适应性三项标准。

一是绩效性：评估比较不同渠道的可能销售额、成本和获利能力；考虑每种渠道需要多少投资、带来多少回报。

二是控制性：评估比较不同中间商所要求对产品营销方面自主权的程度与适当性。

三是适应性：渠道商通常要求长期的承诺，而制造商则希望尽可能保持渠道的灵活性以适应市场与环境的变化。

第五节　渠道管理

渠道管理是制造商为使渠道运作发挥最大的绩效并不断改进渠道结构，而对渠道进行的管理，以确保最佳渠道的渠道架构与成员组成、渠道成员间及公司和渠道成员间相互协调和通力合作顺畅、绩效表现优异。渠道管理主要内容有选择渠道成员、激励渠道成员和渠道评价改进。

一、选择渠道成员

渠道各层次成员中间商的选择。要从各个中间商过去的营业状况、经营历史，信誉，销售能力及管理能力，业务人员的素质和工作态度，产品销售组合内容，储存、运输等设备条件，市场覆盖范围，顾客类型及购买力，目标市场的一致性，地理位位置及合作意愿高低等方面进行查核选择。

二、激励渠道成员

激励渠道成员的方式有正反两种。正面激励的方式包括销售奖金、交易折扣折让、销售竞赛等奖励的方式；负面激励包括提高产品售价、减少销售优惠等惩罚的方式。然而正确的激励方式应该注意渠道成员间的长期性配合，根据彼此的基本需要及利益，建立互助互利的合作关系。可考虑下述的概念与方式。

其一，合作。采用“胡萝卜加大棒”的做法，激励与处罚兼具，既使用积极的激励手段，也采用适当的处罚措施。

其二，合伙。着眼于与中间商建立一种长期的合伙关系，达成一种协议，仔细研究并明确自身应该为中间商做些什么，如产品供应、技术指导、售后服务等，也让中间商明白自身责任和义务。

其三，营销计划。建立一个有计划的、实行专门化管理的垂直营销系统，把生产者和中间商需要结合起来。

拓展阅读 9-1 理解渠道成员的需要和欲望才能激励其达到最高绩效

从某种程度上来说，渠道中间商也是企业的特殊顾客，企业需要理解他们的需要和欲望，并采取恰当的激励措施，以提高中间商的绩效。有的企业会采取较高的毛利、特殊优惠、奖金、合作性广告补助、陈列津贴以及销售竞赛等正面激励；有的企业则会对表现不佳的中间商采取威胁、降低毛利、延迟发货或终止关系等反面制裁。而更为精明的公司则会努力与中间商构建长期的合作伙伴关系，他们清楚地告诉中间商自己想要什么，包括市场覆盖率、存货水平、营销开发、客户要求与技术建议和服务，同时他们也会明确地承诺会给中间商回报什么。这种合作伙伴式的关系能让中间商的潜力最大化地发挥出来。

激励中间商的方法很多，不同企业所用方法不同，同一企业在不同地区或销售不同产品时所采取的激励方法也可能不同。激励方式的选择要具有针对性。依据企业销售产品的不同和选择中间商的不同，激励方式也会有所不同。任何一家企业在选用激励方式之前都要分析激励对象，即中间商和其他分支机构的需求，然后设法满足。如果不分析中间商的需求情况，随便采取一种激励手段，其激励效果可能不会很好，有时甚至起负面效果。对于每个经销商来说，促使他们参加渠道体系的条件固然已提供了若干激励因素，但是这些因素还需要通过制造商经常的监督管理和再鼓励得到补充。对渠道成员的激励其实就是了解各个中间商的不同需要和欲望，然后以相应的方式去满足他们。企业为中间商提供市场热销产品，及时提供必要的业务折扣，给予中间商适当的利润，对中间商进行适当的培训等等，都是不错的激励形式。

三、渠道评估与改进

制造商必须定期对渠道进行评估，并根据渠道整体运作情况、渠道成员绩效表现、市场发展变化趋势，加以改进以维持渠道竞争优势。评估中间商业绩的指标有：销售定额完成情况、平均存货水平、向顾客交货时间等。可将一定时期内各中间商的销售额列出，且依销售额大小排出名次，促使先进的中间商努力保持已有的荣誉，后进的中间商为了自己的荣誉奋力上进。此外仍有两种办法可供使用，即将每一中间商的销售绩效与上期的绩效进行比较和将各中间商的绩效与根据该地区的市场环境、销售实力所设立的销售定额相比较。也可考虑对绩效表现较差的中间商进行边际分析及替换分析：分析增加或减少某一家中间商，对整体销量、利润及成本的影响及变化；以及分析由一家中间商取代另一家中间商时所产生的正、负影响，分析除了包括销售、利润、成本的影响外，同时也要考虑渠道功能的整体性问题及变化。

茶颜悦色的渠道调整

茶颜悦色官微突然公告称，最近将临时关闭部分门店，涉及区域主要为大本营长沙。公告显示，此次闭店时间预计约两个月，至 2021 年 12 月底。

对于关店一事，茶颜悦色创始人吕良随后回应称，此次临时关闭 87 家门店，主要针对“布局太密集”的部分门店，且这已是他们今年第三次闭店，前两次分别发生在年初、七月底。用吕良的话来说，疫情之下临时关店的举措，“茶颜人都习惯了，大家还没习惯”。

这家品牌在长沙确实有着极高的密度。据了解，2018 年茶颜悦色在长沙尚只有 70 家店，此后两年迅速开了 200 家，其中单 2020 年便在长沙核心商场开了 120 家。

尽管没有直接断臂求生，但临时关店的止损做法，仍暴露出这个品牌门店经营层面的短板，即使是在最熟悉的湖南地界，也有摔跟头的时候。更何况这次摔得并不轻。据吕良透露，茶颜悦色目前有近 500 家店。也即是说，这次关店涉及约 1/6 门店，并非小数目。

据了解，茶颜悦色 2021 年目标开出 150 家，其中 100 家位于“长株潭”地区，由过去长沙五个区加一个县，扩展为 8 个区，进行一体化发展。此外 50 家分布在常德和武汉。

显然，茶颜悦色在开始认真考虑长沙以外地区开店的事了。只是这一向外开拓的动作稍显保守，从目前的城市开拓情况来看，仍然是首选长沙周边城市，对于之外的地方，并没有太多野心。

据了解，茶颜悦色内部认为仅在长沙单一城市，便可以做到 1000 家店。这一逻辑有两个对标业态，一是便利超市，本身茶颜悦色也是以社区型门店为主；另一个是香港的麦当劳，在他们的逻辑里，在香港弹丸之地麦当劳就有 300 多家，密度非常高。

高密度是茶颜悦色标志性的开店打法。一般而言，茶饮门店会有比较明确的"围栏距离"做流量保护，而茶颜悦色反其道行之，在一条街上，甚至你可以在街头、街中、街角看到三家茶颜悦色门店。仅在长沙网红坡子街，便有6家之多。

支撑他们密度开店的另一个重要原因是，在过去三年间，随着在长沙门店密度的逐步提高，并没有足够的信息证明单店营收受到多大影响。据了解，茶颜悦色2018年单店营收为26万元/月，而到2020年这一数字提高到了35万元/月。

资料来源（节选）：杨亚飞.大量关店的茶颜悦色，还能走出长沙吗？[OL].百度百家号：36氪，2021-11-13.

从企业整体营销来看，渠道评估与改进可分为三个层面：

第一，整体渠道层面（整体渠道策略）：企业整体直接间接渠道、渠道类别的配置是否已达最理想状况。比如是否须要大力拓展网络销售渠道，以把握网络经济来势汹汹的大趋势？

第二，个别渠道层面（各别渠道系统）：各别细分市场渠道系统结构是否已达最理想状况。比如是否需要增加或剔除某些个别渠道、某些渠道类别，或调整某些个别渠道的长度？

第三，渠道成员层面（渠道成员配置）：各别渠道成员配置与表现是否已达最理想状况。比如是否须要替换、增加或剔除某些个别成员？

渠道评估与改进主要具体内容还应该包括：

一是渠道结构评估：主要是评估渠道结构、布局、覆盖是否理想或需要改进，使产品销售完全达到市场最大潜能，以实现企业可持续最佳获利的目标。

二是渠道成员评估：主要是评估渠道中间商销售业绩表现，以及如何辅导表现较差的成员达到应有表现、如何协助整体成员业绩持续亮丽增长。

三是渠道改进评估：主要是评估整个渠道结构、布局是否需要改进、如何改进，是否需要进行中间商的增减、替换，使产品销售完全达到市场最大潜能，以实现企业可持续最佳获利的目标。

第六节　营销物流

物流是企业在进行生产与营销的活动中，原料运送及产品递交的物体流动过程。因此，商业物流可分为生产物流与营销物流；生产物流是原料运送的物体流动过程，营销物流是产品递交的物体流动过程。（在此，原料是所有生产所需投入物质的统称；含原物料、添加料、耗材、零部件、设备厂房修护器物等。）优异的营销物流是让客户方便地买到产品，或让客户在最短时间满意地收到订购的产品；因此，营销物流也涉及生产物流。本节即在探讨营销物流。

一、物流管理

营销物流的目的是以最低的成本，让客户能在最方便的时候买到产品，或在最短时间内满意地收到所订购的产品。营销物流管理是探讨并实现营销物流的目的的举措；或者说，营销物流管理是探讨并实现以最低的成本，让客户能在最方便的时候买到产品，或在最短时间内满意地收到所订购的产品的举措。因此物流涉及最适当的产品铺货量、最适当的产品库存量，甚至最迅速的产品组装规划、最适当的原料供应规划。

拓展阅读 9-2

营销物流是最前沿的成本经济学

企业在渠道管理中，必须重视营销物流成本。有数据表明，营销物流的总成本在某种情况下约占产品成本的30%～40%。所以，很多渠道专家称营销物流是"成本经济的最后一道防线"。控制住物流成本，企业就能向市场提供更低价格的产品，获取更高的毛利润。

企业从原材料和零部件采购、运输、加工制造、分销直至最终送到顾客手中的这一过程被看成是一个环环相扣的链条，这就是供应链。供应链管理就是指对整个供应链系统进行计划、协调、操作、控制和优化的各种活动的过程，其目标是要将顾客所需的适当的产品在适当的时间，按照适当的数量、适当的质量和适当的状态送到正确的地点——即"6R"，并使总成本最小。

营销物流成本现在已经成了企业不得不考虑的成本控制环节。地理距离、人口密度、辅助性基础设施等都会影响市场进入的难易程度以及物流效率。尤其在我国，国土面积大且不利的地貌阻碍了交通网络的完善。我国在物流领域的开支占到GDP的15%，而美国仅占10%。

随着互联网时代的来临，现代物流具备了一系列新特点，物流信息化是其中一个重要表现。物流信息化，也就是物流信息的商品化、物流信息搜集的数据库化和代码化、物流信息处理的电子化和计算机化、物流信息传递的标准化和实时化、物流信息存储的数字化等。借助于互联网信息技术，企业能够在微利时代从物流成本中挤出效益来。

二、主要物流功能

营销物流涉及最适当的产品铺货量、库存量、订单处理、运输、仓储、配送、各相关环节掌控等过程。营销物流主要功能为存货管理、仓储管理、运输配送、物流信息管理。

京东物流的六大优势

京东在2007年自建物流，2017年全面开放，经历14年发展的京东物流即将登陆资本市场。

在招股文件中，京东物流详细梳理了自身具备的六大优势：行业领先的一体化供应链物流服务商、强大的运营效率驱动高服务品质、卓越的品牌形象及客户体验、赋能全供应链的先进专有技术、协同共生的开放式供应链解决方案平台、经验丰富且富有远见的管理团队及强大的企业文化。

一体化供应链优势明显，客户体验和品牌形象领先行业

京东物流是中国领先的技术驱动的供应链解决方案及物流服务商。相较于传统物流服务商，其一体化程度更高，体现在全链条数字化及端到端的全面覆盖，解决方案能够适应不同的垂直领域。基于自身在一体化供应链服务上的优势，京东物流在2017年全面开放后，外部订单收入占比不断提升，从2018年的29.9%、2019年的38.4%提升至2020年前9个月的43.4%。同时，2020年前三季度京东物流收入达到495亿元，一体化供应链客户产生的收入占比达到79.1%。

通过物流网络优化和技术驱动带来的强大运营效率和优异服务质量，京东物流为客户的供应链运营带来了效率提升，比如加快存货周转、减少配送时间，同时通过提供销售预测及其他智能决策，帮助客户实现业务增长。在过去的10余年间，京东物流在助力京东集团服务4亿多消费者的同时，通过800多个仓库把自营的数百万个SKU的库存周转天数降低至34天，履约费用率降至6.5%，打造了全球物流科技创新的最佳案例。而约90%的京东线上零售订单能够实现当日及次日达，京东物流在背后的高效运营发挥了重要作用。

京东物流创立的最初目标，就是为了解决客户体验问题。在消费者感知更为深刻的客户体验和品牌形象方面，京东物流建立了中国电商与消费者之间的信赖关系，其客户满意度持续领先行业。国家邮政局此前发布的有关数据指出，2018—2020年，京东物流快递用户满意度连续三年位居前三。这一客户体验和品牌形象优势还充分体现在企业客户中。目前，京东物流的企业客户数超过19万，其中一体化供应链客户从2018年12月31日的32465家增长至2020年9月30日的46083家，增长42%，帮助企业客户提升了用户黏性和服务形象。

技术赋能供应链全环节，搭建开放式供应链平台

在近年来物流企业相继加大投入的技术方面，京东物流因为布局更早，优势明显。基于5G、人工智能、大数据、云计算及物联网等底层技术，京东物流正在持续提升自身在自动化、数字化及智能化方面的能力，不仅包括通过自动搬运机器人、分拣机器人、智能快递车等，在仓储、运输、分拣及配送等环节大大提升效率，还自主研发了仓储、运输及订单管理系统等，支持客户供应链的全面数字化，通过“智能大脑”，在销售预测、商品配送规划及供应链网络优化等领域实现决策。到2020年9月30日，京东物流已运营28座“亚洲一号”智能物流园区，包含了全球首个全流程无人仓以及行业首个5G智能物流园区。

在技术赋能整个供应链的同时，京东物流还与中国及全球各行业合作伙伴，搭建了协同共生的开放式供应链解决方案平台，进行多式联运、最后一公里配送、仓储、跨境及冷链服务上的能力互补，满足客户需求。资料显示，2017 年，京东物流创新推出云仓模式，将自身的管理系统、规划能力、运营标准、行业经验进行云端开放，让中小物流企业也能充分享受京东物流的技术、标准和品牌，提升自身的服务能力。截至 2020 年 12 月 31 日，京东物流已运营 1400 多个云仓。而在国际物流服务方面，通过与国际及当地合作伙伴的合作，截至 2020 年 12 月 31 日，京东物流已触达超过 220 个国家及地区。

把互联网零售行业的供应链优势赋用到产业领域

自 2007 年京东自建物流以来，京东物流建立了广泛的物流网络，减少中间环节并缩短履约时间，创造了极佳的客户体验。其意义不仅在于深入理解了中国一体化供应链物流服务行业的独特特征，还在于全面开放后，能够针对不同垂直领域的特定需求，量身定制一体化供应链解决方案，把互联网零售行业的供应链优势复用到产业领域和实体经济中。

著名经济学家、清华大学中国与世界经济研究中心主任李稻葵认为，京东物流与传统物流的不同在于与供应链的结合，形成了一个以消费为引擎带动生产和供应链发展的新模式。供应链的发展正在成为推动实体经济的核心能力，一方面，助力生产更加有目的，更加有连续性；另一方面，让消费者能够更及时享受到自己需要的商品和服务，供应链的数字化、智能化升级将带动整个中国经济的高效发展。

资料来源（节选）：佚名.招股书干货来了！详解京东物流的六大优势[OL].百度百家号：金融界，2021-02-16.

（一）存货管理

库存控制系统是物流大系统中重要的子系统，是物流管理的一个重要领域。把库存量控制到最佳数量，尽量少用人力、物力、财力把库存管理好，获取最大的供给保障，是很多企业追求的目标，甚至是企业之间竞争生存的重要一环。物流的库存控制系统可提供以控制库存为目的的相关方法、手段、技术、管理及操作过程的集合，这个系统提供了入库、储存、订货、出货的详细信息，甚至产生最适库存量的参考数据供库存决策参考，以实现制造商最适当地控制库存的目的。

（二）仓储管理

在物流系统中，仓储功能包括了对进入物流系统的货物进行堆存、管理、保管、保养、维护等一系列活动。仓储的作用主要表现在两个方面：一是完好地保证货物的使用价值和价值，二是为将货物配送给用户，在物流中心进行必要的加工活动而进行的保存。随着经济的发展，物流由少品种、大批量物流进入多品种、小批量或多批次、小批次物流时代，仓储功能从重视保管效率逐渐变为重视如何才能顺利地进行发货和配送作业。流通仓库作为物流仓储功能的服务据点，在流通作业中发挥着重要的作用，它将不再以储存保管为其主要目的。流通仓库包括拣选、配货、检验、分类等作业，并具有多品种，小批量、多批次小批量等收货配送功能，以及附加标签、重新包装等流通加工功能。根据使用目的，仓库的形式可分为：

(1)配送中心型仓库:具有发货,配送和流通加工的功能。

(2)存储中心型仓库:以存储为主的仓库。

(3)物流中心性仓库:具有存储、发货、配送、流通加工功能的仓库。

物流系统现代化仓储功能的设置,以生产支持仓库的形式,为有关企业提供稳定的零部件和材料供给,将企业独自承担的安全储备逐步转为社会承担的公共储备,减少企业经营的风险,降低物流成本,促使企业逐步形成零库存的生产物资管理模式。

(三)运输配送

运输配送是物流的核心业务。选择何种运输手段对于物流效率具有十分重要的意义,在决定运输手段时,必须权衡运输系统要求的运输服务和运输成本,可以从运输机具的服务特性做判断:运费、运输时间、频度、运输能力、货物的安全性、时间的准确性、适用性、伸缩性、网络性和信息等。

配送功能的设置,可采取物流中心集中库存、共同配货的形式,使中间商实现零库存,依靠物流中心的准时配送,而无须保持自己的库存或只需保持少量的保险储备,减少存货成本的投入。配送是现代物流的一个最重要的特征。

装卸搬运是随运输配送而产生的必要物流活动,是对运输配送、仓储、生产等活动进行衔接的中间环节,以及在保管等活动中为进行检验、维护、保养所进行的装卸活动,如货物的装上卸下、移送、拣选、分类等。装卸作业的代表形式是集装箱化和托盘化,使用的装卸机械设备有吊车、叉车、传送带和各种台车等。在物流活动的全过程中,装卸搬运活动是频繁发生的。因而是产品损坏的重要原因之一。对装卸搬运的管理,主要是对装卸搬运方式、装卸搬运机械设备的选择和合理配置与使用,以及装卸搬运合理化,尽可能减少装卸搬运次数,以节约物流费用,获得较好的经济效益。

(四)物流信息管理

现代物流是需要依靠信息技术来保证物流体系正常运作的。物流系统的信息服务功能,包括进行与上述各项功能有关的计划、预测、动态(运量、收、发、存数)的情报及有关的费用情报、生产情报、市场情报活动。物流情报活动的管理,要求建立情报系统和情报渠道,正确选定情报科目和情报的收集、汇总、统计、使用方式,以保证其可靠性和及时性。

信息化处理运送、保管、装卸、包装等功能,可使物流更具系统化及效率化。物流系统信息化的概念起源于个人计算机及网络的普及,信息化可促进企业有效管理生产、运送、保管、装卸、包装、出货等过程,达到省力化、效率化的目标。

从信息的载体及服务对象来看,该功能还可分成物流信息服务功能和商流信息服务功能。商流信息主要包括进行交易的有关信息,如货源信息、物价信息、市场信息、资金信息、合同信息、付款结算信息等。商流中交易、合同等信息,不但提供了交易的结果,也提供了物流的依据,是两种信息流主要的交汇处;物流信息主要是物流数量、物流地区、物流费用等信息。物流信息中的库存量信息,不但是物流的结果,也是商流的依据。

物流系统的信息服务功能必须建立在计算机网络技术和国际通用的 EDI 信息技术基础之上,才能高效地实现物流活动一系列环节的准确对接,真正创造“场所效用”及“时间效用”。可以说,信息服务是物流活动的中枢神经,该功能在物流系统中处于不可或缺的重要地位。

信息服务功能的主要作用表现为：缩短从接受订货到发货的时间；库存适量化；提高搬运作业效率；提高运输效率；使接受订货和发出订货更为省力；提高订单处理的精度；防止发货，配送出现差错；调整需求和供给；提供信息咨询等。

第七节 趋势与热点："新零售"与渠道变革

2016年10月，阿里巴巴创始人马云在演讲中第一次提出了新零售："纯电商时代很快会结束，未来10年、20年，将没有电子商务这一说，只有新零售这一说。也就是说，线上线下和物流结合在一起，才能诞生新零售。"

区别于以往任何一次零售变革，新零售将通过数据与商业逻辑的深度结合，真正实现消费方式逆向牵引生产变革。它将为传统零售业态插上数据的翅膀，优化资产配置，孵化新型零售物种，重塑价值链，创造高效企业，引领消费升级，催生新型服务商并形成零售新生态，是中国零售大发展的新契机。

一、零售业发展史

零售业是伴随着人类文明产生的，在人们知道以物换物时，零售业就已经存在了。在零售业历史研究中，西方经济学家总结的三次革命分别是百货商店、连锁店以及超级购物中心的出现。近年来，第四次零售革命的概念也逐渐兴起。零售业正从以生产为导向的传统零售逐渐转向以消费为驱动的新零售，新的零售业态不断丰富。如表9-1所示。

表9-1 零售业态的四次革命及第四次革命不同细分领域

零售革命	出现时间	业态类型	成本/效率	体验
第一次	1852	百货商店	支持大批量生产，效率提升、价格降低	博物馆式陈列，购物更便捷
第二次	1859	连锁商店	通过统一化管理和销售规模化，实现成本和效率再次升级	选址贴近居民社区，更具便捷性
第三次	1930	超级市场	现代化IT系统，进一步提高流通速度和周转效率	开架销售、自我服务、体验较好
第四次	1990	电商（互联网时代）	颠覆传统多级分销体系，降低分销成本	虚拟空间不受物理限制，商品选择范围不断扩大
	2013	O2O（移动互联网时代）	人工配送，成本部分提升	在家、公司消费，体验进一步提升
	2016	新线下零售（物联网等新技术，改善基础设施）	降低人工成本，但技术成本仍待优化	通过人脸自动支付等手段提升消费体验

对于零售业态的第四次革命可以再细分为三类：第一类，互联网时代的电商，代表是阿里、京东等巨头，时间要求在1～3天内，适合标准化的大众商品；第二类，移动互联网时代所兴起的以最后3公里配送为核心的饿了么、美团等对及时性要求非常高的O2O平台(包含O2O)，其更适合餐饮类产品，但也正逐渐拓展到更多品类；第三类，通过物联网改造线下零售基础设施的"新线下零售"，带来的是传统线下零售体验感的进一步提升，比如无须排队支付等着力于解决消费者或者厂家痛点的变革。

这三类业态中，从成熟度来看，以京东、阿里为代表的互联网电商已经比较完善，盈利模式和能力已经在资本市场获得认可；而饿了么等O2O平台(包括达达、闪送)虽然现阶段争议比较大，但未来发展可期；以RFID物联网、人脸识别、电子价签等新技术为代表的新线下零售，目前仍在探索阶段，市场前景广阔。

而从零售产业的四次升级革命浪潮来看，零售业态的本质并未改变，始终是围绕着效率&成本和体验感在不断演化。我国零售业态经历了"百货商店—大型集市—购物中心—线上购物—新零售"五个发展阶段，从2016年起，我国零售业进入新零售时代。

拓展阅读 9-3　中国消费模式引领全球零售变革

后疫情时代当全球零售行业还在苦苦寻找复苏契机时，中国的从业者已经通过各种创新的数字工具与服务模式，重新和消费者建立起紧密、有温度的连接，引领零售行业新一轮变革。

据介绍，随着智能手机和信息技术的更新迭代，中国零售行业在探索行业模式中不断推陈出新。受益于行业蓬勃发展，线上线下消费模式的融合加快。直播、短视频带火了众多线下实体，私域、社群拓宽了服务的时空边界，消费者不再"买完即走"，而是发展成为"粉丝"，与品牌方频繁"互动"。

近日，企业微信副总裁李致峰在《经济学人》举办的线上论坛上特别分享了他的看法，他认为，中国的互联网企业非常善于把复杂的系统和技术藏在后面，让服务的过程极度简单，"我们用企业微信对微信的连接方式，就直接把所有的服务像聊天、像一个语音、一个朋友圈、一个打折券或者是一个在线的一个链接网址直接发给对方、完成订单交易。"他同时强调，在连接的同时是提供一种叫"有温度的服务"。"如果不断地把用户当成一种流量，迅速地去用很多的内容吸引他的眼球，然后提升转化率，是一定会带来用户的反感的。我们说的是，你应该跟他形成一个好友关系，我们加的是一个好友，那他认识你，你也认识他，然后你跟他去(交流)，你给用户一种'你更懂他'的服务理念。"

他举例道，作为新生代消费品牌，完美日记利用企业微信等数字化工具，为客户提供伴随式的咨询和推介服务，通过图文并茂的引导和真金白银的优惠，打造了从"种草"到下单、再到复购的服务链条。泡泡玛特则通过运营官方社群，短时间内便吸引了超10万潮玩爱好者加入，这些用户在社群里体验泡泡玛特小程序最新功能、交流产品购买心得、分享潮玩资讯，建立并提升了对品牌和IP的归属感。2020年，泡泡玛特卖出了各类潮玩5000万只，收入25亿元，其中线上收入9.5亿元，增长76.5%，仅微信小程序"泡泡玛特抽盒机"，就贡献了4.6亿元的销售额。

据介绍，中国零售行业的变化，以及这种变化所带来的机遇，正在吸引全球同行的目光。诸如Facebook、沃尔玛、屈臣氏等行业龙头，也开始尝试以社群运营、直播推介等形式提供服务。

2020年5月，Facebook宣布推出Shops服务，让企业能在这个全球最大的社交网络平台上展示和出售产品。这项服务的结账功能将会支持应用内购买，而深度整合的消息功能则可以让企业与其客户通过WhatsApp或Messenger聊天。

美国零售业巨头沃尔玛也在效仿中国盛行的“直播带货”。2020年12月，沃尔玛举办了首次购物直播活动，今年3月还举办了一场名为“Spring Shop-Along：Beauty Edition”的美妆直播活动。

深耕中国市场多年的屈臣氏则“入乡随俗”，使用企业微信连接用户。屈臣氏通过企业微信发放的无门槛优惠券核销率超过60%，实现了“线上引流、线下消费”的商业闭环。

企业微信副总裁李致峰表示，企业微信提供的就是数字化，提供的就是一种连接力，帮助企业去实现整个连接到全社会这张价值大网络的融入，帮助企业做数字经济中的进一步发展的工具。未来零售行业面临的形势依然严峻，而中国数字经济及其带来的新变化、新模式已经在推动全球经济复苏方面作出新贡献，相信随着未来线上经济与实体产业进一步融合，会有更多数字工具和服务模式发于中国，走向世界。

资料来源(节选)：余颖.在线经济发力，中国消费模式引领全球零售变革[OL].百度百家号：金台资讯，2021-10-25.

二、新零售

(一)新零售概念

新零售是零售模式与形态创新发展下催生的一个泛华的“概念”，在概念形成和探索的过程中，各个企业的探索和尝试，对于新零售的理解各不相同(见表9-2)，也反哺了零售业的发展。

表9-2 对新零售概念的不同解读

2016年10月 小米创始人雷军	新零售就是更高效率的零售。我们要从线上回到线下，但不是原路返回，而是要用互联网的工具和方法，提升传统零售的效率，实现融合。
2016年10月 阿里创始人马云	未来，线下与线上零售将深度结合，再加现代物流，服务商利用大数据、云计算等创新技术，构成未来新零售的概念。
2017年02月 阿里CEO张勇	这个世界上本来不存在新零售，新零售是靠人创造出来的，今天我们正在走这条路的过程当中。给任何定性的描述都是不完整的，最终都要靠实践不断地去探索。
2017年03月 阿里研究院	新零售以消费者体验为中心的数据驱动的泛零售形态，从单一零售转向多元零售形态，从“商品+服务”转向“商品+服务+内容+其他”。

续表

2017 年 07 月 京东创始人刘强东	第四次零售革命下，基础设施变得可塑化、智能化、协同化，实现成本、效率和体验的升级。零售将变成“无界”和“精准”两个关键词，零售将变成“以客户为中心”和“人人市场”。
2017 年 09 月 商务部	新零售是以消费者体验为中心，以行业降本增效为目的，以技术创新为驱动的要素全面更新的零售。
学术界	“新零售”是指未来电子商务平台将会消失，线上线下和物流结合在一起，产生的一种经营业务模式，即“线上＋线下＋物流”。线上是指云平台，线下是指零售门店或制造商，强物流将库存降到最低，减少囤货量，其核心是以消费者为中心的会员、支付、库存、服务等方面数据的全面打通。

通过将以上各种说法的关键词提取，按照新零售的表现形式、影响、目标以及最终形态进行高度归纳，新零售概念总结出以下知识图谱，如图 9-6 所示。

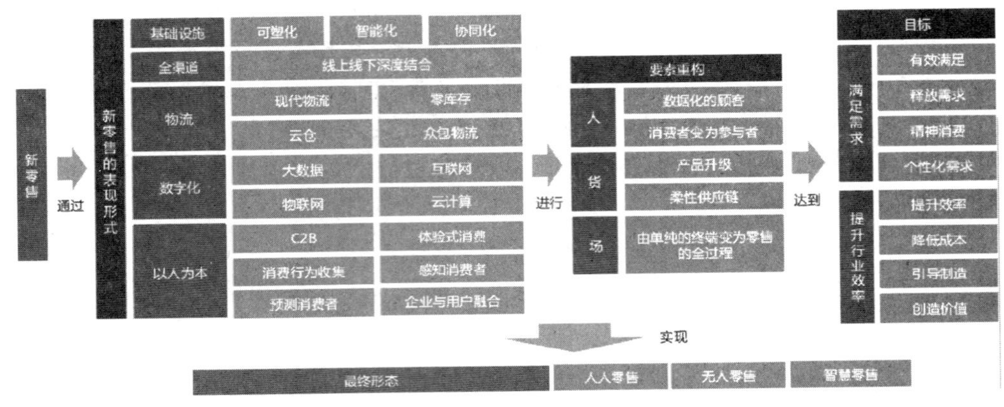

图 9-6 新零售概念下的知识图谱

资料来源：亿欧智库《2018 年中国新零售市场研究报告》。

可以认为，新零售是多种业态、多种产业的融合，线上＋线下，商品＋服务，零售＋科技，以消费者为核心，通过数据驱动＋人工智能＋万物互联，实现消费方式逆向牵引生产变革。总体来讲，新零售只是互联网实现社会信息化、数字化的过程中，零售行业发展、变化的一个阶段，只不过在这个阶段，进步与变化出现了加速和集中，变得更快、更具有爆发力。当然，新零售概念也有其独特的逻辑：新零售发展孕育的背景是行业成本降低，效益增速，其核心动力依然是经济利益，是企业对于市场利润的寻找和追逐；而新零售的实现基础，则是科技的进步；新零售的特点，可以概括为数字化、全渠道以及更为灵活的供应链；新零售的发展方向，依然是跟随着消费者的需求变化，使零售创造的价值匹配消费者的需求。

拓展阅读 9-4

新零售与传统零售的不同之处

1.渠道布局不同

传统零售:局限于从早期的“行商”比如货郎担,“坐商”比如绝大部分固定的门店,到“网商”比如第三方网店平台,这些都是靠体力、线下位置、平台流量产生购物。

新零售:新零售强调“云商”概念,从用“脚”出门购物到用“手”握住鼠标和触摸手机购物,到接下来的用“嘴”语音购物、用“眼”VR购物,用“脑”意念购物。购物的通道不断增加,从单一渠道到多渠道,再到所有渠道的协同。全渠道,是商业的未来!

2.场景不同

传统零售:传统场景是到店、拿货、付款、走人,网店零售的场景是浏览、购物车、付款、收包裹,相对来讲都比较简单。

新零售:场景因为时间和空间的变化,复杂得多,一个环节都不能掉链子,要深度闭合,玩法也比较多,更精彩!包括门店购、小程序购、店中店触屏购、VR购、智能货架购、直播购等。

3.购物时间、空间、方式不同

传统零售:消费者只能在规定的时间、固定的场所、买到大众化的商品。

新零售:今天的消费者,希望在任何时间、任何地点,用任何方式购物,想买就买。并且可以到店自提、门店配送、快递配送、定期送等。如果我们的商家做不到,任何时间、任何地点,用任何方式让消费者接触并购买你的产品和服务,那你最终会被消费者所遗忘。

4.对顾客态度不同

传统零售:以商品为本,想方设法把商品卖给消费者。

新零售:以人为本,聚集同一社群属性的消费者,根据他们特点和所需提供相应的产品和服务。这样,商家就需要更多商品和服务资源提供给消费者,这对传统的供应链体系是极大的挑战。

(二)新零售特点

新零售最大的特点便是数字化、全渠道以及更灵活的供应链这三个维度的交互融合。其中,数字化是最核心的特点,也是全渠道和更灵活的供应链的实现基础。

1.数字化

数字化是高效统筹零售全流程中人、货、场、物流等各个元素的基础,是提升零售整体运营效率、减少流通损耗的关键点。新零售时代,线下场景成为数据节点,各种传感器使得企业可以收集到更多数据,帮助去管理渠道、供应链、商品状态检测以及消费者行为分析。借助数字技术,不只是食品生鲜业,文化娱乐业、餐饮业、物流业乃至未来将有更多行业衍生出新零售形态。更多的商业元素走向数据化,更多新零售物种不断孵化产生,最终甚至实现“人人零售”。如图9-7所示。

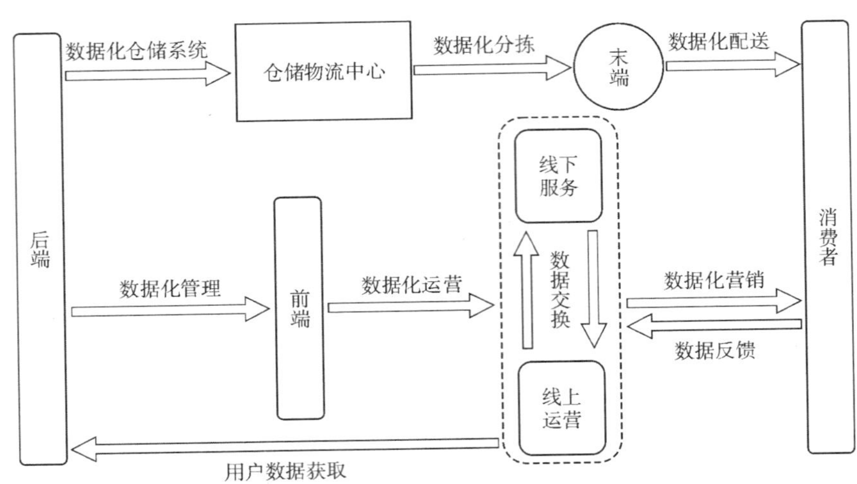

图 9-7 数据交换实现消费者全方位信息闭环

资料来源：亿欧智库《2018 年中国新零售市场研究报告》。

数字化大众美妆零售连锁品牌“ONLY WRITE 独写”

“ONLY WRITE 独写”于 2020 年 3 月 28 日首次亮相，截至目前已开出 29 家门店，共覆盖全国 15 个省份及直辖市。“ONLY WRITE 独写”以 100%扫码下单的去 BA 化购物模式、前店后仓及创新组合产品模式为其特色，希望为大众消费者提供实惠有效的美妆护肤产品，并将美妆零售线下体验优势发挥到极致。

国家统计局数据显示，到 2022 年中国美妆行业市场规模将突破 5000 亿元，并预测 2023 年其规模将增长至 5490 亿元左右。另据艾瑞咨询相关数据显示，2020 年中国美妆集合店行业市场规模为 419 亿元。背靠千亿美妆市场，美妆集合店赛道仍然有着不小的发展潜力。

Z 世代是美妆行业的主力消费群体，其悦己大于悦人、好玩多于好用的消费观念使得线下购物成为兴趣驱动而非需求驱动。随着线上流量运营成本和线下独立开店成本逐渐增高，加之传统美妆集合店进入门槛较高，新型美妆集合店便成为美妆新品牌的入驻首选。

“ONLY WRITE 独写”将前置仓引入门店，几乎所有产品都放入门店仓库，展示在前端的每一个产品都是试用装。“美妆作为一个强体验品类，需要给消费者乱用、试用甚至蹭装的感觉，否则很难产生购买欲。那么，凡是影响这种感觉的相关因素，我都会把它砍掉。”创始人周建雷表示，在打通后台数据的前提下，前店后仓的模式不仅满足了消费者试用体验的需求，还能及时准确地实现智能补货以及库存控制。

全链路数字化用户运营是“ONLY WRITE 独写”的另一特色。消费者通过扫码下单、完成支付后，凭借手机里的取货提醒，前往收银台提货。这种去 BA 化的一站式购物模式，不仅提升了用户的交易效率，还可以收集用户从进店到离店的数据，如手机消费频次、金额品类偏好等信息，并形成人群标签，沉淀数据，实现精细化运营。用户离店后，通过线上平台持续为用户提供个性化美妆新零售服务，打破了时间和空间的限制。

在私域运营方面，“ONLY WRITE 独写”设立粉丝星选官，与用户共创产品体系。据周建雷介绍，凭借这套运营模式，目前“ONLY WRITE 独写”已有超过 70 万私域会员，私域销量占整体销量的 15%，且呈持续增长态势。

资料来源(节选)：姚兰.美妆零售迎来发展风口[OL].百度百家号：36 氪，2021-11.

2.线上线下全渠道打通(见图 9-8)

无论是线下门店，还是线上 App、电商商城、小程序、短信、邮件 EDM 等，打通线上线下都是新零售的重点环节之一。全渠道的核心，在于为消费者提供无缝的购物体验，作用是实现线上线下流量的无缝转化。通过对数据的整合、分析、挖掘，帮助零售商实现运营策略、产品设计制作、供应链、物流交付、线上线下管理全过程的高效协同配合。同时了解消费者内心需求，开展“以消费者体验为中心”的全渠道营销，提升品牌转化率。

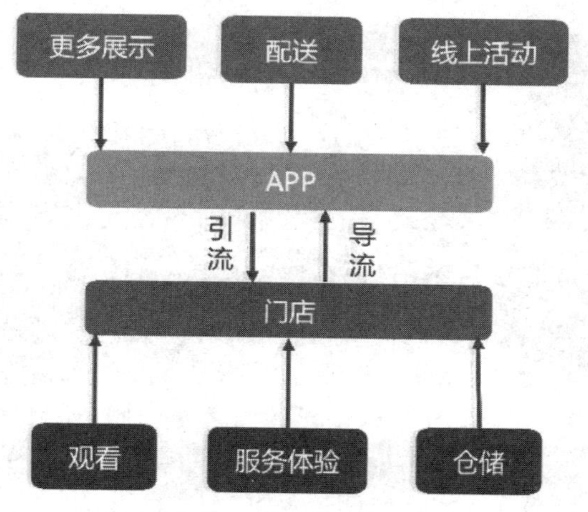

图 9-8 线上线下融合

资料来源：亿欧智库《2018 年中国新零售市场研究报告》

3.以消费者为中心(见图 9-9)

新零售之“新”，还体现在供给方和消费者在市场中主客位置的变化，话语权如今转移到 C 端的手中。基于消费需求数据的 C2B 的新生产模式，真正实现了消费方式逆向牵引生产方式，从研发设计、生产制作、装备、原材料，到分销批发、零售、营销等整个商品流通过程中，各方都围绕消费者而协调运作。

4.新技术应用催生新业态(见图 9-10)

大数据、区块链、人工智能、物联网等先进技术正在改变零售业态。采用 3D/4D 打印改变商品生产方式；利用 AR/VR 创造虚实结合的消费体验；使用传感器和物联网技术，打造智能门店，提升门店消费体验；运用智能化会员营销平台，在全渠道向用户自动、精准推送个性化营销信息等；数据和智能技术帮助零售业不断“突破天花板”，实现新零售模式及业态发生变化。

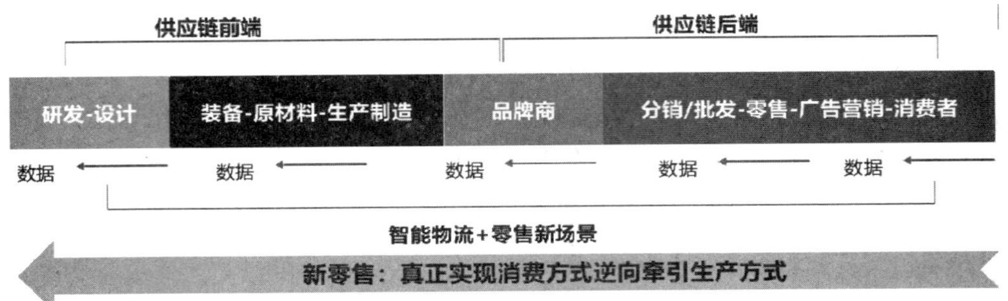

图 9-9 消费方式逆向牵引生产方式

资料来源：亿欧智库《2018 年中国新零售市场研究报告》

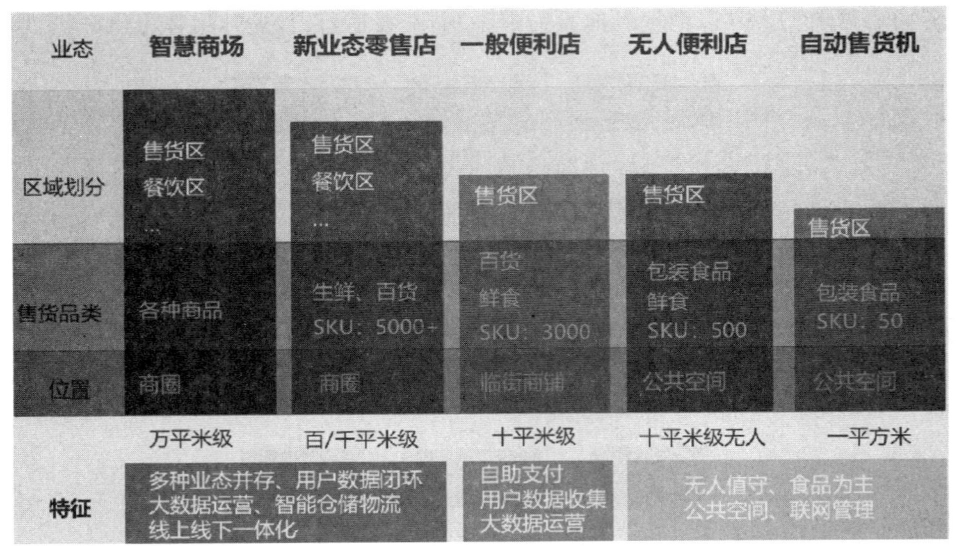

图 9-10 新技术应用催生新零售业态

资料来源：亿欧智库《2018 年中国新零售市场研究报告》

5.从“货—场—人”到“人—货—场”

围绕着人、货、场当中所有商业元素的重构是走向新零售非常重要的标志。新零售情境下，“人”成为零售活动的核心要素，生产商与零售商的经营活动均围绕“人”展开；零售商则成为零售活动的服务者，渠道功能有所弱化。如图 9-11 所示。

除了以消费者为中心，智能手机、电视端、智能终端，VR/AR 等技术的成熟，使消费场景无处不在。消费者对于个性化的消费需求日益升级，大众化消费时代进入到小众化消费时代，商品趋于个性化，并赋予其更多的情感交流。新的生产模式使“货”的价格退居次要位置，品质、情怀越来越重要。

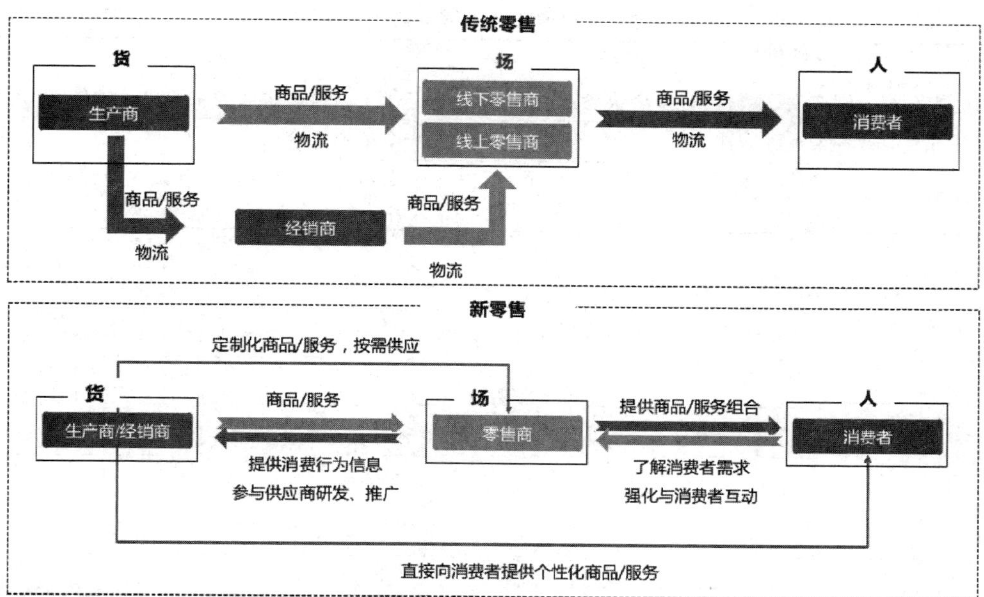

图 9-11 新零售重构人—货—场三要素

资料来源：亿欧智库《2018 年中国新零售市场研究报告》

三、全渠道

大数据、移动技术和物流网络的迅猛发展推动了零售渠道的变革。2013 年法国零售专家 Burdin 从空间维度把零售渠道的发展划分为单渠道、多渠道、跨渠道和全渠道四个阶段，如图 9-12 所示。

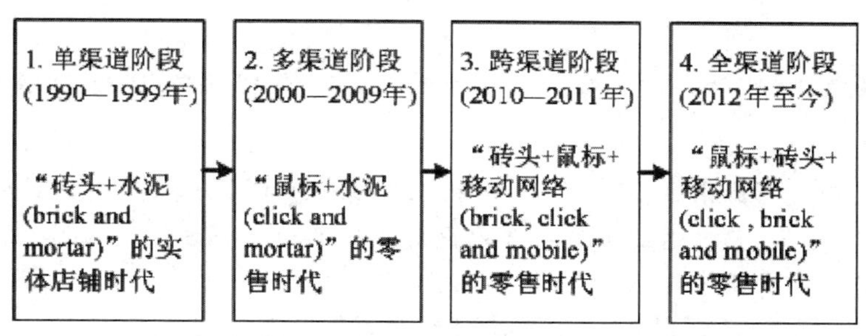

图 9-12 零售渠道变革路线图

(一)全渠道

全渠道是多渠道的一种提升和完善，其与多渠道的对比如表 9-3 所示。企业为了满足消费者任何时候、任何地点、任何方式购买的需求，采取实体渠道、电子商务渠道和移动电子商务渠道整合的方式销售商品或服务，提供给顾客无差别的购买体验。全渠道零售行为过程如图 9-13 所示。

表 9-3 多渠道与全渠道零售决策对比

	多渠道	全渠道
决策者	制造商、零售商等多个决策者	以全渠道零售商为主要决策主体
决策角度	各渠道独立决策	全渠道整合
决策变量	以定价为主,同时考虑服务水平、订货量等决策	渠道价格多数统一,更关注库存等其他决策

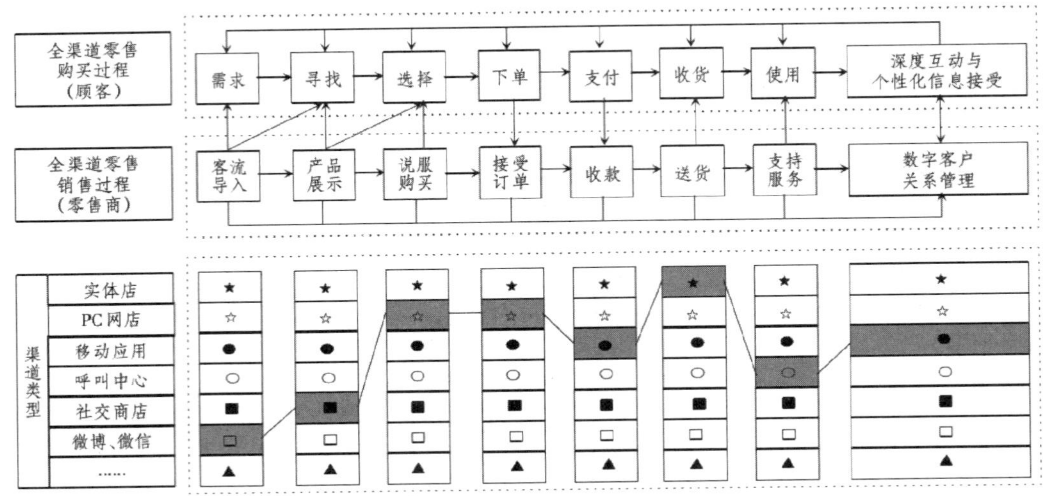

图 9-13 全渠道零售行为过程流程图

资料来源:根据颜艳春《第三次零售革命》中的顾客购物过程图总结绘制而得。

全渠道包括了实体渠道、电子商务渠道、移动商务渠道的线上与线下的融合;跟踪和积累消费者的购物全过程的数据、在这个过程中与消费者及时互动、掌握消费者在购买过程中的决策变化、给消费者个性化建议,提升购物体验。

全渠道和新零售的区别与联系

全渠道是一种商业渠道,从以往的单渠道到多渠道再到全渠道,更多的销售渠道上的变化,其核心问题是,如何通过渠道整合以更好地满足顾客全方位的购物体验。

新零售是一种商业模式,核心逻辑是:人—货—场。

新零售也要做到全渠道营销,全渠道思维可以运用在新零售上。

(二)全渠道营销

全渠道营销是个人或组织为了实现目标,在全部渠道(商品所有权转移、信息、产品设计生产、支付、物流、客流等)范围内实施渠道选择的决策,然后根据不同目标顾客对渠道类型的不同偏好,实行针对性的营销定位,并匹配产品、价格等营销要素组合策略。

总的来说,全渠道营销并不是公司营销战略选择的一个"备胎",而是营销变革的必然方向。在实施过程中,需要把握以下几个关键要素:

(1)线上线下同款同价:传统零售面临着渠道分散、客户体验不一、成本上升、利润空间压缩等多个困局;新零售将从单向销售转向双向互动,从线上或线下转向线上线下融合。

(2)消费体验、定制化服务、聚会交流“社区”将成为终端门店最主要的三大功能:营销从原来的规模和标准化驱动,走向个性化灵活定制;消费者不管是在线上还是线下,他只想高效且愉悦地买到所需要的优质产品。

(3)实现全渠道数据打通:实体门店、电商(自建官方商城或入驻平台)、社交自媒体内容平台、CRM会员系统打通,通过融合线上线下,实现商品、会员、交易、营销等数据的共融互通,向消费者提供跨渠道、无缝化体验。

四、新零售与渠道变革

(一)新零售推动用户消费行为的改变

(1)消费习惯。在以前,消费是要在线下进行的,必须要去超市、商场进行购物。现在的消费模式更多的是碎片化的,随时随地,只要有信号、有智能设备就能进行购物。消费习惯发生了翻天覆地的变化,现在更多的人愿意在线上渠道随时随地进行购物。

(2)消费时段。过去在线下实体店购物,只有在店铺开业开门的时间段才能进行购物。而现在不管白天黑夜,只要有网络,都能进行购物。“618”“双11”期间,有数百万消费者凌晨都在进行抢购。

(3)消费场景。过去的消费场景比较单一,只能在商店内看着产品或者样品进行选购。而现在随着“新零售”的提出,消费场景更加多元化、碎片化。消费者在阅读、看视频、听歌时,通过点击链接就能购买书籍、视频中涉及的产品。消费者还可以体验O2O模式消费场景,在线下体验线上订单或者线上订单线下提货等等。

(4)消费体验。随着互联网科技的发展,现在对产品的体验了解已经不必再经过亲身体验,只需要通过图片浏览、人机互动体验,就可以很好地了解一件商品。举个例子,天猫在城西银泰开设的“新零售体验馆”,顾客不需要亲自使用商品,只需要通过虚拟试衣间以及化妆间等科技产品,就可以感受到产品用在自己身上的效果。

(5)消费决策。过去消费者了解产品的渠道比较单一,一是通过身边亲戚朋友的口碑宣传,二是通过商家的宣传广告。而现在消费者进行购物时,首先了解的是商家的信誉度以及其他用户的评价。现在的消费者不再单单局限于身边小范围、片面的信息,而是通过参考“大数据”来进行消费决策。

(6)消费渠道。实现了无缝式对接,过去单纯的线上线下联合只不过是扩展了消费渠道,并没有提升顾客的消费体验。想要让顾客感受到新零售的优势,就需要全渠道网络的融合。中国电子商务研究中心将新零售总结为“线上+线下+物流,其核心是以消费者为中心的会员、支付、库存、服务等方面数据的全面打通”,大数据云平台与线上线下商店的联合将为顾客带来跨渠道消费的无缝式对接,但这需要一定的技术支持。

(7)支付手段。随着支付宝、财付通等金融支付平台的出现,消费者的支付手段更加多样,不再局限于现金、银行卡。现在消费者出门购物只需要一个智能手机就能轻易地支付。随着“新零售”的发展，支付手段会更加多样，指纹识别、面目识别、文身识别等识别技术都可能成为未来的支付手段之一。

(二)新零售与渠道变革

在当前新零售的大环境下，不同类型的零售企业因掌控零售的环节不同，根据各自特点采用了不同的策略，如图 9-14 所示。

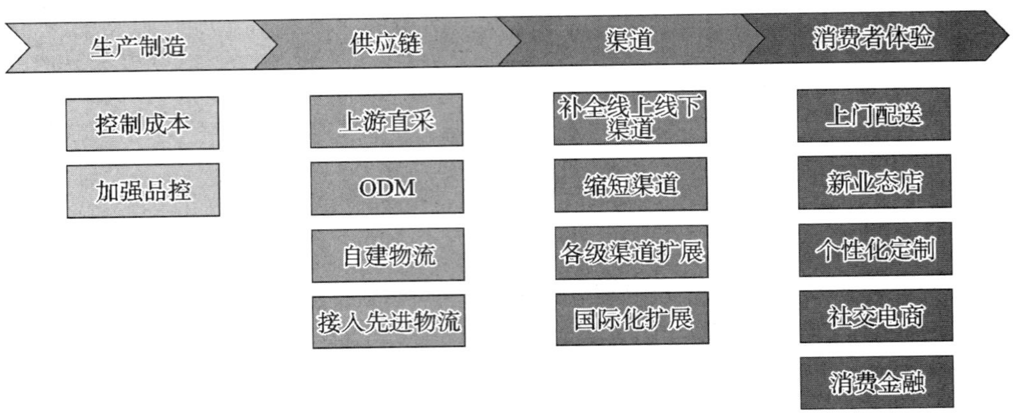

图 9-14　新零售业态下企业不同的应对策略

(1)减少中间环节，缩短渠道：通过压缩后端供应链，减少中间环节的渠道成本，从而实现为消费者提供优质低价产品。如图 9-15 所示。

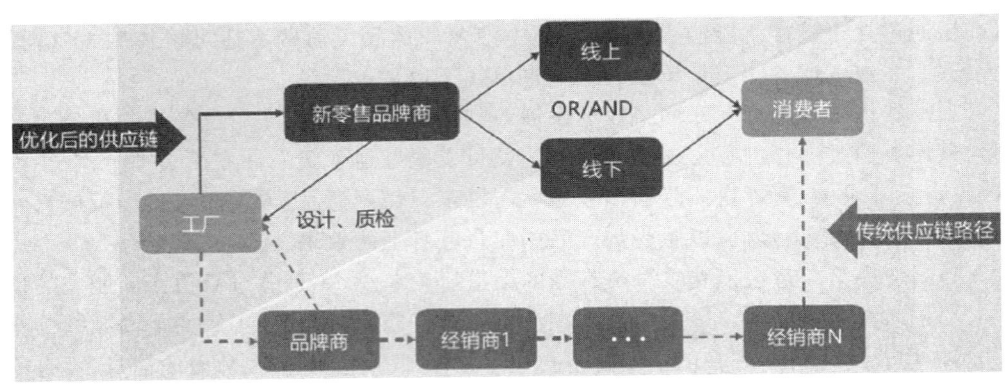

图 9-15　减少中间环节，缩短渠道策略

(2)补全线上线下全渠道，实现无缝衔接：传统的线下品牌通过拥抱社交软件或是电商平台实现线上渠道。而阿里、京东以及亚马逊等综合实力较强的电商平台，则通过投资或收购，布局线下零售；同时，利用自身的技术和互联网基因，对线下零售进行相应的改造，打造全渠道、全互联的新零售生态。

每日优鲜坚持高质量可持续发展

2015 年，每日优鲜首创了前置仓即时零售，目前其前置仓网络已经覆盖到了全国 17 个一二线城市。多年以来，每日优鲜坚持深耕一二线城市，聚焦新中产群体。

根据前瞻产业研究院发布的《中国生鲜行业研究报告》，年龄在 35 岁以下（占比达到 72.2%）、月收入在 5001～10000 元区间（占比达到 48.41%）的“新中产”是生鲜消费的主力军。未来，新中产消费能力及消费需求的不断增强，势必将为每日优鲜的高质量增长提供源源不断的动力。

每日优鲜一贯重视的供应链建设方面，“每日优鲜坚持围绕用户需求打造生鲜快消全品类精选超市的经营理念，继续扩大、深入与产地与优质品牌供应商的直采合作。”事实上，早在 2020 每日优鲜供应链生态大会上，徐正就提出了在未来五年，每日优鲜会重仓供应链，决胜第一公里。

每日优鲜在全国范围内已经有了近 200 个“优鲜农场”直采基地，覆盖水产、蔬菜、水果、水产等品类，以及约 350 个“优鲜工厂”，与肉蛋、快消品类的优质供应商展开深度直供合作。

重仓供应链带来的直接效果就是实现了毛利率的提升——通过直采合作大幅降低了产品的生产成本和流通成本，推动每日优鲜本季度的毛利率增长至 12.3%。目前，每日优鲜对于供应链的投入还在持续加码中。据悉，不久前其在安徽蒙城的蔬菜直采基地达到了 11000 亩，预计全年能够出产蔬菜 60000 吨。

每日优鲜基于供应链能力的自有品牌，通过差异化的商品，发展出了全新的商业壁垒，实现了从价格优势到价值优势的飞跃，进一步助力提升毛利率。资料显示，每日优鲜从 2016 年开始全方位建设自有品牌，目前已经建立起了生鲜类自有品牌“享安心”、乳制品类自有品牌“一只诚实的牛”、日用百货类自有品牌“优鲜造物”等。每日优鲜抢先布局自有品牌赛道，为其赢得了宝贵的时间窗口。

2020 年，每日优鲜确定了“（前置仓即时零售＋智慧菜场）×零售云”的全新战略，多维布局社区零售下沉市场：一方面对传统菜场进行数字化改造，另一方面通过零售云赋能中小商超。在智慧菜场方面，截至 2021 年 9 月 30 日，每日优鲜已在 18 个城市签约了 73 家菜场，其中 52 家已经开始运营；在零售云方面，与腾讯智慧零售合作进一步加深，每日优鲜已与 11 家客户签订了合作协议，逐步进行产品部署，为下一步快速拓展和加速成长打下基础。

资料来源（节选）：时氪分享.每日优鲜净收入、毛利率双增长，徐正：将坚持高质量可持续发展[OL].36 氪，2021-11-12.

(3)通过无人零售业态覆盖更广义的渠道：新零售环境下，产生了科技含量十足的新型业态——无人零售。新零售业态下不同的消费场景如图 9-16 所示，无人零售帮助补足了离消费者更近的消费场景。

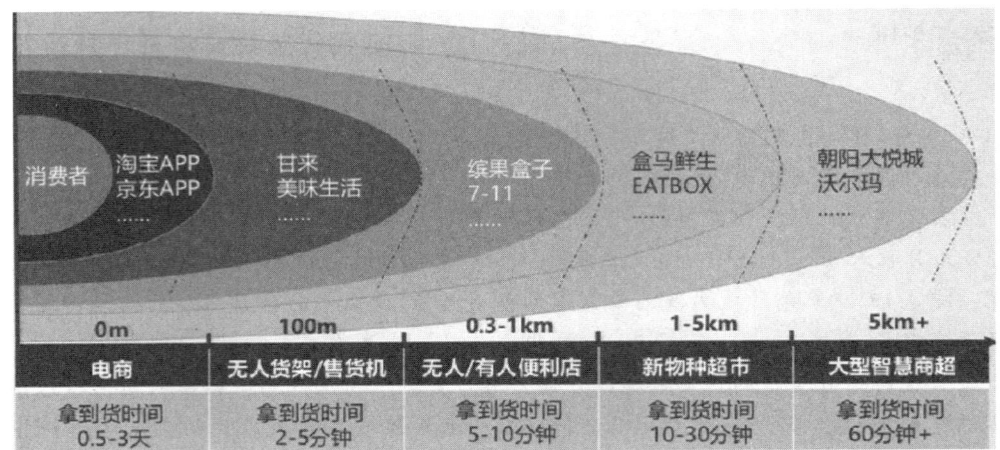

图 9-16 新零售业态下不同的消费场景

拓展阅读 9-6 消费者眼中的购物中心，变了

购物中心是消费市场最主流的线下消费场所，也是城市商业生活的重要组成部分。2020 年以来，受新冠疫情冲击，购物中心面临双重境遇。一方面，购物中心客流量受到限制，不少购物中心内品牌频繁关店，部分新项目筹备延迟或无法开业；另一方面，疫情促使境外消费明显回流，诸多首店品牌的引进也为购物中心带来新活力。

2021 年 6 月，尼尔森 IQ 联合中国连锁经营协会发布了《2020—2021 年中国购物中心消费者洞察报告》。

报告的核心内容，即以购物中心消费者这一关键词为核心，通过梳理消费者指数，分析各大购物中心的客群人气情况、客群消费情况和受欢迎情况。全国购物中心客流数据显示，购物中心的消费主力是 20～40 岁的年轻女性。一个典型的消费者月均光顾购物中心 2.9 次，单次光顾 3.9 家店，店内停留时长约 18 分钟。不同时间段，消费者光顾购物中心的动机也各不相同，晚间消费最为集中，不带目的的逛街购物体验主要发生在这一时段，上午和用餐时段消费频次相对低，且以目的性消费为主。

根据尼尔森 IQ 的数据，经历疫情影响后，2020—2021 年的消费者综合指数明显回升。其中客群人气指数、消费意愿指数仍低于 2019 年，但对比 2020 年已呈全面复苏趋势，受欢迎指数则因满意度和推荐度逐年攀升而连续 3 年走高。

具体来看，首先值得关注的是客群人气指数。这项指标的复苏主要源于黏性指数的大幅回升，也就是说，消费者的光顾频次和游逛时长均有所增长。与此同时，消费者光顾指数却呈明显下降趋势，这意味着在所有类型商场中，选择前往购物中心的消费者比例降低了。疫情影响下，消费者购物的目的性增强，部分消费者转而光顾免税和百货项目，再加上政策的完善促使上述项目供应增加，这些因素都影响了消费者的出行决策。

其次是消费意愿指数。2020年以来消费意愿指数同样有所回升，这主要源于购物中心会员满意度的大幅上升，反映出核心消费者与购物中心间的紧密度进一步增强，以及这类消费者的购买潜力。但从其他细分指数来看，购物中心的消费转化率和消费额指数进一步下降，消费者光顾购物中心“只逛不买”的现象越发明显，这在一定程度上反映出，在消费者心中，购物中心的地位正进一步向社交场所转化。

从受欢迎指数来看，2020—2021年购物中心的该项指数创近年新高，意味着消费者对购物中心的满意度、推荐给他人的意愿不断上升。但对比去年，消费者再次光顾的指数有所降低，一定程度说明疫情之后，如何增强与消费者的关联以提升黏性，是购物中心经营者需要深入思考的问题。

根据不同的辐射能级，购物中心可划分为都市型、区域性、社区型等不同类型。举例来说，如果都市型购物中心是城市商业的主动脉，社区型购物中心则是深入各家的毛细血管。不同类别的购物中心，在辐射范围、运营思路和业态配比上也有着显著的差异。

尼尔森IQ的问卷调查结果显示，2020—2021年，消费者最常去的购物中心仍是都市型购物中心，这一结论与疫情前的结果持平。但与疫情前不同的是，选择前往社区购物中心、区域型购物中心，以及目的性更强的奥特莱斯的消费者比例显著提高，三项指标均超过了疫情前。这种分化还与城市层级有关，调查结果显示，一线城市消费者更倾向区域型购物中心与奥特莱斯，二三线城市消费者更青睐社区型购物中心。

城市层级的差异不仅反映在消费者对购物中心类型的选择上，也体现在消费者的光顾频率上。根据尼尔森IQ的调查，后疫情时代，一线城市每周逛街3次以上的消费者占比达41%，二三线城市的占比则依次下降。地域也是影响消费者光顾频率的因素之一，在华东、华南、西南三地，保持每周一次以上逛街频率的消费者均占7成以上，而西北、东北每周逛街两次以上的高频消费者相比疫情前上涨了10%以上，占到整体份额的近40%。

对购物中心来说，选择合适的入驻品牌至关重要。新鲜、有品质、符合趋势的品牌往往意味着更强的吸引力，比如线上品牌落地线下，首店和旗舰店的开设，都能给购物中心带来话题效应。疫情以来，国际和国内消费品牌都呈现出一定的变化，这也影响了消费者对于品牌的偏好。就时尚零售、美妆和餐饮等品类而言，国际品牌仍具有广泛的关注度，但与此同时，国际快时尚持续走低，国货品牌势头强劲，这些新的消费趋势同样会左右购物中心对入驻品牌的选择。

一项值得注意的变化是，经历疫情后，消费者对购物中心各项软硬件的要求正显著提高。从尼尔森IQ公布的购物中心细项指标满意度情况来看，2020年至2021年，消费者对购物中心的满意度整体指标有所提升，但诸如整体购物环境、工作人员服务等细项指标出现下降趋势。相较于新一线、二三线城市，一线城市购物中心各项指标的满意度最低，消费者满意度与城市层级呈负相关。

按购物中心的各类业态来看，以日用超市为代表的刚需零售类业态，获得的消费者满意度评分普遍较高，而亲子儿童体验类、美妆类、数码电子等细分零售业态评分偏低，这意味着消费者已不满足于购物中心提供刚需，他们期待更具兼容性与丰富度的购物场所。

值得一提的还有购物中心的会员注册情况，越来越多的消费者成为购物中心的会员，但他们倾向于仅成为一家购物中心会员，这意味着未来更高的会员集中度，购物中心的"会员争夺战"即将打响。王祥表示，不同年龄的消费者对会员权益的关注点各不相同，具体来说，30 岁以上的消费者相对于年轻消费者更看重高效服务，如活动信息提前告知、高级会员预约免排队，40 岁以上的消费者则更享受专属选择，如会员专供商品等。

总的来说，购物中心的消费者呈现出如下特点：他们的逛街消费越来越趋于日常化，消费理念更为自主、明确，对国内品牌、不同生活场景品牌产生了更高的认可度，同时对购物中心也提出了更新更高的要求。为更好地吸引消费者，购物中心应加强线上与线下的非零和协作，拓展传播渠道和内容，并通过提供个性化的会员权益抓住消费者。

资料来源(节选)：陶紫东.消费者眼中的购物中心，变了[OL].第一财经，2021-10-11.

本章小结

渠道是指某种产品或服务从生产领域向消费领域移动时所经过的整个通道。企业生产出来的产品，只有通过适当、充分、有效渠道提供给目标顾客，才可能实现企业的营销目标。渠道在产品转移的过程中主要承担的功能为：调研、推广、拓展、整备、协商、物流、融资和风险承担。

根据中间商在渠道中的作用可以按渠道层次进一步细分为零层、一层、二层等等。中间商包括批发商和零售商，企业也要深入了解其功能和类型。

处理渠道成员之间的冲突，包括水平冲突与垂直冲突。处理渠道冲突可以考虑整合企业的渠道系统，一般有四种形式：一般渠道系统、垂直渠道系统、水平渠道系统和多渠道系统。垂直渠道系统有三种类型，分别是公司型、契约性和管理型垂直渠道系统。

企业在渠道决策方面的核心问题，是如何建立适当、充分、有效的渠道。科学的渠道规划要通过分析顾客需求、确定渠道目标、设计适当的渠道方案、选择渠道方案几个步骤。另外还要注意规划国际营销渠道。

企业在渠道运营过程中要注意对渠道成员的管理，包括选择渠道成员、激励渠道成员、对渠道运营效果的评估与改进。

在渠道功能中还有一项重要的功能就是营销物流，营销物流的水平既对顾客的满意度有影响，同时又对营销成本产生影响。营销物流包括存货管理、仓储管理、运输配送和物流信息管理四个方面。

新零售的发展对零售业发展提出新的要求，新零售的发展渠道的变革产生了巨大的影响。

重要名词

分销渠道 零售商 批发商 渠道层次 水平渠道冲突 垂直渠道冲突 一般渠道系统 垂直渠道系统 公司性垂直渠道 契约性垂直渠道 管理型垂直渠道 水平渠道系统 多渠道系统 渠道规划 密集分销 选择分销 独家分销 存货管理 仓储管理 运输配送 物流信息管理 新零售 全渠道 渠道变革

案例评析

全球热恋美妆集合店

如今，十几岁的小姑娘都能侃侃而谈兰蔻、雅诗兰黛、CPB，谁还没几只口红呢？

在过去很长一段时间里，国内化妆品市场被欧美系、日韩系的大品牌牢牢攥在手里，压得本土品牌和小众品牌难以翻身。但一个可见的趋势是，本土品牌正在慢慢苏醒，小众品牌也走进了大众视野。尤其是现在，像 HARMAY（简称：话梅）、THE COLORIST（简称：调色师）这样的美妆集合店，正借助完善的产业链条和广阔的购物空间让更多品牌落地开花。

而女神必打卡、工业风、简约陈列、全场免费试妆、超 1000 件单品……这些彩妆集合店的代名词，会是新的风口吗？

图 9-17 彩妆集合店

不同的品牌,同样的陈列

楼晨第一次走进 WOW COLOUR,看到一大群漂亮小姐姐围在柜台前,拿着各种各样的彩妆小样(试用装)在手背上涂涂抹抹,“我脑海中浮现出外婆在菜市场买菜时的场景,走走停停、挑三拣四。当时是工作日的上班时间,可 WOW COLOUR 的店里却像高峰期的菜市场一样热闹,就连收银台前都排长队。而它隔壁的大牌专柜,门可罗雀。”

除了 WOW COLOUR,喜燃、调色师等彩妆集合店亦是如此,不管是工作日还是假期,都是必排队的去处。而这些集合店有个特质:陈列方式相似度高达 99%。

在美妆集合店里,每个品牌都有自己的风格和调性,要想突出各个品牌,找到合适的陈列方式尤为重要。WOW COLOUR 是按照品类细分排列,也采用宫格式,按照盒子的大小分为四宫格、六宫格甚至九宫格,既方便客户购买,也可凸显每个品牌的不同;调色师则采用九宫格的方式,统一货架和面板,再融合每个品牌不同的风格及主打色,最终让其可以保留自己的风格元素,又保留店铺的统一;喜燃凭借打造“沉浸式”体验爆红,为产品提供重要的试用场景,成为消费者社交与体验的重要平台。

统一风格的好处在于,能够高效、快速地变更门店形象。此外,店铺还会摆放一些道具,根据节日布置门店,这么做就是为了迎合年轻人,因为年轻人对颜值的要求很高。

数据显示,调色师门店总数量超过 150 家,WOW COLOUR 已达 300 家,入场最晚的喜燃也开了 7 家门店。

除了表象,品牌的选择也不容小觑。以调色师为例,因为背靠资源强大的 KK 集团,有专属品牌资源库,所以在店内不仅可以看到像完美日记等紧随流行趋势的知名品牌;也能看到像橘朵等很多线上的国潮新品牌,美妆集合店恰巧可以帮助这些品牌落地线下,提高知名度,增强产品与用户之间的黏度。同时也会引进一些像 Mistine 这种有调性的小众品牌来满足追求个性的年轻人。

选定品牌后,还要经过严格的选品,一般分为四个步骤:

第一步,美妆集合店有专门的买手团队,先由他们做初选;

第二步,买手团队对每款产品进行背调,包括用户满意度和口碑等;

第三步,由独立的新品考核团对产品进行投票,只有通过才可进入门店试销阶段;

第四步,随时关注试销产品,一般是半个月到一个月的时间,而这段时间也基本可以判断出该产品的后续销售趋势。

选品过程虽复杂,但也只有这样才会得到受众的认可。

另外,在美妆集合店中你可以试用每一款产品。彩妆是一种强体验式的品类,因此线下集合店也一直坚持百分百开样,并在每个产品旁配备卸妆棉,以便消费者试用满意后再购买。这种方式虽然会加大商品损耗,但却值得。因为这些店铺更多是针对 80 后、90 后甚至 00 后,他们属于感受主义的一代,对体验的要求很高。如果没有好的体验,他们就不会来你的店里。并且他们愿意为好的体验花费更多的精力和时间。只要他们认可并且喜欢,就会主动往外传播。

可见,相较于传统的集合店,现在的集合店更像一个自由开放的社区,是邂逅多姿多彩的各种生活方式、享受每一刻美妙时光的主题乐园。

目前,国内彩妆集合店主要分为像调色师、WOW CLOUR 这样的多品牌集合店和小样集合店，一方面是满足个性化消费者的需求，而另一方面是为了抓住集合店带来的新机遇。

图 9-18 WOW CLOUR 门店

小经济，大生意

张扬，地标北京，职业摄影记者，小样产品的忠实粉丝。自从接触且习惯用小样后，她会主动找线上的代购店购买，也会因为小样购买正品，像“双 11”“618”等购物节，直播间内抢得相当于 4.5 折的正装，几乎都会送正装等量的小样。

起初，张扬只是觉得小样特别适合旅行、出差，后来发现，如果想尝试新产品，小样可以提供多样的选择，还不怕直接买正装踩雷。

她告诉《商界》记者，线上的小样经常断货，有时代购需要好几个月，时间成本很高。“北京开了话梅后，我就很少在线上代购了。因为线下可使用，如果有熟悉的品牌也可以直接在线上购买，非常方便”。

像张扬这样的消费者还有很多，随着大牌美妆市场的迅速发展，大牌“小样”也顺势成为新的消费趋势。除了数量迅速增加的线上美妆小样代购门店，线下也开始出现越来越多的小样集合门店，有连锁的，有城市独有的。目前小样已成功“上位”，成为消费者可接受、所认可的一种品类。

《商界》记者调查发现，仅在淘宝，粉丝超过 10 万人、月销量超过 1000 的小样代购店铺，数不胜数。某代购店铺客服表示，门店售卖的小样都是代购正装赠送的，因为代购正装的利润较少，小样更挣钱。但不是所有正装都可以代购，因此部分小样也会缺货。

现在，售卖大牌“小样”的盈利模式已延伸至线下，除了有市场需求，也得益于美妆集合店。像话梅、苏宁极物、DL Makeup（简称：DL），都是以卖大牌“小样”走火，包括彩妆、护肤品、香水。并且店内大部分都卖得大牌，价格合适，吸引了大批消费者。

以 DL 为例，Sk2 洗面奶 20g 售价 75 元；科颜氏面霜 14ml 仅售 59 元；YSL 黑鸦片香水售价 99 元……此外，店铺还有会员专享，只需 49 元就可以办理永久会员，享有标价 5 折优惠。店家也可以通过朋友圈宣传最新活动及新到货品，节约了一笔宣传费用。

显然，和几百上千的大牌正装相比，小样的价格更容易被年轻的消费者接受。但也有很多消费者依旧保持对小样渠道的质疑。

货品到底来自哪里？

曾有媒体爆料，通过对比话梅店内多个货品，虽然外包装上均贴有同专柜产品相同的中文标签，但对其产品集团进行了采访，除了未回复外，都表示话梅不是其品牌直接授权的合作伙伴，同时建议消费者通过品牌授权渠道购买产品。

而话梅对其回应："我们是保真的，我们这边是供应商直接供货的，跟品牌商没有关系，如果货品有问题可以来找我们，还可以去检验货品，现在有很多途径都可以鉴定。"

双方各有说辞，真伪难辨。

所以说，不管小样的价格有多"白菜"，总会被货品来源不明、销售大牌非卖品的质疑声牵制住发展的脚步。如果商家大量出售非卖品，涉嫌不当得利、存在安全隐患等问题时，监管部门是可以依据相关法条进行查处的。因此，赛道中的企业应该重视起来，还未加入赛道的玩家也要谨慎思考。

未来

集合店已成为一种趋势与流行，而以万宁、屈臣氏为代表的老牌零售却在话梅、调色师这样的新零售品牌的冲击下陷入业绩萎靡。换句话说，目前集合店的方式已出现冰火两重天的局面。

而新零售的集合店爆红，最核心的原因是资本加持。

《商界》记者统计，话梅已完成 A 轮融资，由高瓴资本领投，投资金额未披露，投后估值 5 亿元人民币；调色师的母公司 KK 集团，以完成 10 亿元的 E 轮融资；WOW COLOUR 母公司色界（广东）美妆有限公司获得了来自赛曼基金的 10 亿元战略融资。不难看出，集合店深受到资本的青睐。除了资本，渠道也是不容小觑的机遇。

以 KK 集团为例，其是通过直采的方式与品牌供应商取得稳定的合作关系，省去了中间商等费用，既保证货源的真实性，也可以用低采购价拿货。同时，KK 集团还利用增长的采购量和优质的商业选址与品牌谈合作，推出联名甚至定制款。这既可以帮 KK 集团稳固地位，带来流量转化，也可以为品牌打造爆款。

有好就有不好，和 KK 集团旗下品牌 KKV 模式相似的 NOME，就没有这么幸运。

NOME 虽然有货源渠道，但店内产品都来自瑞典设计师设计，过高的设计费用导致企业出现现金流问题，最终进入关店模式。所以说渠道变革很重要，现在已不是"一条路走到黑"的时代，只有多元化发展，才能为企业加固堡垒。

值得注意的是，品牌的真正主战场依旧在线下，没有线下近距离的消费者接触谈不上是真正的品牌。数据显示，2020 年化妆品类零售额增速为 20.5%，成为复苏最快的品类。预计到 2022 年，中国美妆行业市场规模将突破 5000 亿元。

在这样的环境下，新生美妆品牌更应该创新，因为线上流量已经饱和，要想出圈必须走线下。这不仅仅是为了增加销量或是拓宽渠道，更是品牌持续发展的必经之路。而美妆集合店的出现，就是为了满足这些品牌的需求，相互成就。

不过，美妆集合店在运营中也会存在问题。虽然线下可试用、即买即取，但是相比于线上缺少了价格优势。经常会出现线下使用、线上下单的情形。针对这些，现在的美妆集合店也开始建立私域流量，通过关注公众号、加客服微信等方式，反馈给消费者代金券甚至直接减免。这样既可以留住消费者，也可以增强消费者与店铺之间的联系。

消费者的关注点一直在变，根据消费者的变化进行相应的调整和改变，才能真正地留住他们。所以说，用最短的时间搜集、整理出消费者的需求，形成最快的反应机制，是美妆集合店未来的发展方向。

资料来源：赵春雨.美妆集合店是怎么忽悠你买单的"[OL].百度百家号：商界，2021-03-05.

问题：

1.应用所学的渠道知识分析美妆产品选择分销渠道时的考虑因素。

2.应用所学的渠道知识分析美妆产品线下实体店与线上渠道相比有哪些优势？

实训专题

任选某一类消费品为其进行渠道规划，阐述设计方案并说明理由。

思政专题

2021年2月，中共中央、国务院印发了《国家综合立体交通网规划纲要》，提出要构建"全球123快货物流圈"（国内1天送达、周边国家2天送达、全球主要城市3天送达）。要实现"新技术广泛应用，实现数字化、网络化、智能化、绿色化"，请结合纲要精神，谈谈纲要提到的物流发展规划对未来企业分销渠道带来的机会及应对策略。

第十章 促销与沟通策略

学习目标

1.理解促销与沟通策略在4P中的意义；
2.理解促销与沟通组合策略，区别推式与拉式策略，理解影响促销策略制定的不同因素；
3.掌握营销沟通的决策步骤；
4.理解和掌握整合营销沟通的含义以及与传统营销沟通的区别；
5.了解整合营销沟通的主要方法；
6.了解不同营销沟通方式的作用及其形式；
7.理解广告、销售促进、公共关系、人员推广与直接营销的决策过程；
8.了解新媒体，理解新媒体营销，掌握新媒体营销的核心策略。

引导案例

一串糖葫芦串起三代人的情感

在广告信息繁杂的当下，"根据真实故事改编"总能一眼就抓住人们的眼球，这类广告不见得有多宏大，却总能通过细腻的情感触动人们的心绪。

最近，新式茶饮品牌奈雪の茶就根据阿尔茨海默病病人的故事，改编了一支公益广告，成功地让人落泪，收获了一波好感。

这几年来，阿尔茨海默病人群不断增加，他们经常忘了亲人是谁，忘了自己是谁，他们不记得回家的路，他们甚至任性到只会如孩童般乱发脾气。

但不论他们如何忘记，却总是记得自己的孩子们喜欢什么，好比一串小小的糖葫芦。

故事以老人离家前的自述开场，因为发现了很多以前不知道的地方，决定离家去走走，但离家前他还给儿子和孙子买了他们最喜欢的冰糖葫芦。

但这哪里是什么以前不知道的地方，只是他们病了，忘记了。

画面随之一转，原来老人得了阿尔茨海默病。

整支广告再现了很多此类病人的精神世界，"爱"就是贯穿整支广告的一条线——

病人们茫然无措，但除了接受别无他法，他们生活不能自理、忘东忘西，但一句"我儿子小时候最喜欢吃糖葫芦"就让人破了防，且将短片推向了高潮。

家人们呢，则是无条件的爱和包容。

而片尾放出来的真实故事:86 岁的患有严重的阿尔茨海默病的陈云老先生,因忽然想起儿子小时候最喜欢吃冰糖葫芦突然出门,差点走失,更是引发了人们对现实的思考和关注。

图 10-1 广告画面

通过这支短片,奈雪の茶向大众传递了"爱,是抵抗遗忘最坚强的力量"的理念,呼吁大众关注阿尔茨海默病人群。

由此,引发了不少用户的情感共鸣,吸引了不少用户分享自身的故事,而用户 UGC 内容再次深化了此次公益营销的立意。

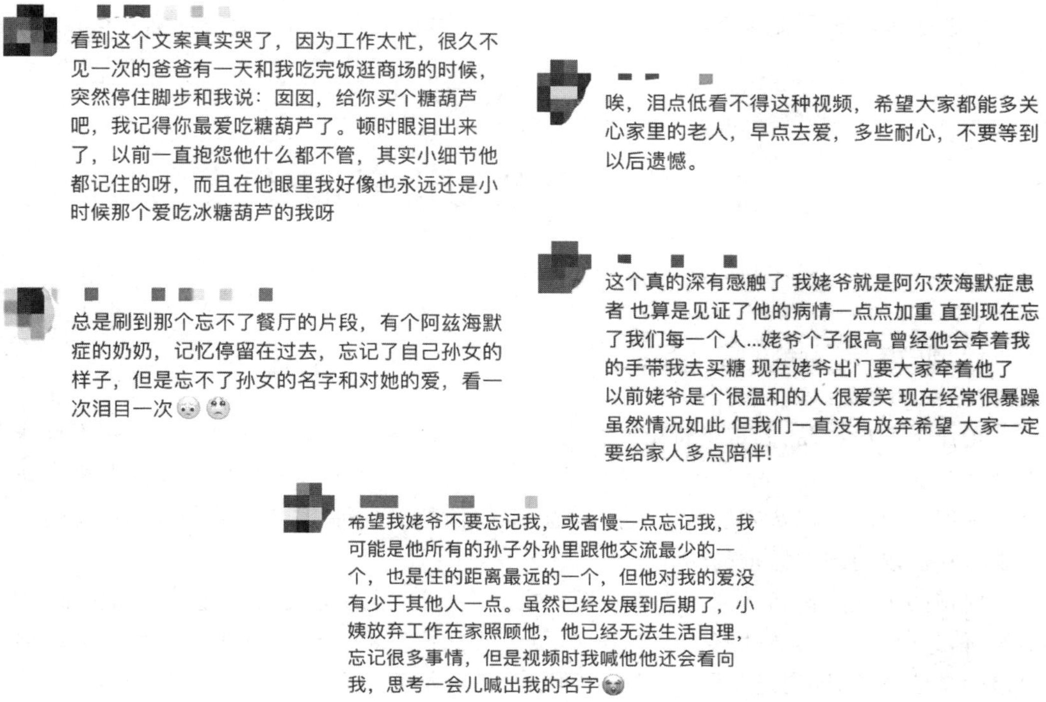

看到这个文案真实哭了,因为工作太忙,很久不见一次的爸爸有一天和我吃完饭逛商场的时候,突然停住脚步和我说:囡囡,给你买个糖葫芦吧,我记得你最爱吃糖葫芦了。顿时眼泪出来了,以前一直抱怨他什么都不管,其实小细节他都记住的呀,而且在他眼里我好像也永远还是小时候那个爱吃冰糖葫芦的我呀

唉,泪点低看不得这种视频,希望大家都能多关心家里的老人,早点去爱,多些耐心,不要等到以后遗憾。

总是刷到那个忘不了餐厅的片段,有个阿兹海默症的奶奶,记忆停留在过去,忘记了自己孙女的样子,但是忘不了孙女的名字和对她的爱,看一次泪目一次

这个真的深有感触了 我姥爷就是阿尔茨海默症患者 也算是见证了他的病情一点点加重 直到现在忘了我们每一个人...姥爷个子很高 曾经他会牵着我的手带我去买糖 现在姥爷出门要大家牵着他了 以前姥爷是个很温和的人 很爱笑 现在经常很暴躁 虽然情况如此 但我们一直没有放弃希望 大家一定要给家人多点陪伴!

希望我姥爷不要忘记我,或者慢一点忘记我,我可能是他所有的孙子外孙里跟他交流最少的一个,也是住的距离最远的一个,但他对我的爱没有少于其他人一点。虽然已经发展到后期了,小姨放弃工作在家照顾他,他已经无法生活自理,忘记很多事情,但是视频时我喊他他还会看向我,思考一会儿喊出我的名字

图 10-2 用户分享自身故事

而出现在片中的“冰糖葫芦”既连接了短片，又连接了现实——片中的冰糖葫芦是引子，片外的冰糖葫芦经过奈雪の茶购买新品霸气芝士山楂草莓赠送冰糖葫芦的方式，加深了奈雪の茶与公益之间的联系。

图 10-3 “冰糖葫芦”画面

资料来源（节选）：孙明.用真实故事改编，奈雪の茶新广告太暖了！[OL].微信公众号：营销报，2021-11.

引导问题：

1.这个案例中的传播属于促销与沟通中的什么手段，其目的何在？

2.通过真实故事改编的传播，对品牌起到什么样的正面作用？应当注意什么？

第一节 促销与沟通概述

一、促销与沟通的含义与目的

企业生产出产品，制定了价格，又通过分销渠道传递到消费者面前，但这并不意味着消费者就能发现企业产品的价值，进而接受该产品并产生现实的购买。这就需要企业通过各种促销手段与消费者进行有效的沟通，引起消费者的注意与兴趣，激发购买欲望，以实现潜在需求向现实需求的转化。

促销的本质是沟通。商品交换活动的实现，要求在买卖双方之间建立信息桥梁，沟通不畅，信息闭塞，交换活动就是一句空话，更无法达成交易。促销扮演了这种角色。促销传递的是信息流，即通过多种有效的沟通方式和沟通工具传递产品及相关信息，以促成交换活动的顺利开展。

在 4P 营销组合中，促销和营销沟通属于第 4 个 P(promotion)，意即推广策略。推广策略过去被简单地等同为促销，即销售促进，这实际上是狭义上的推广策略；广义上，推广策略是一种营销沟通策略，除了促销之外，也将涉及广告、公共关系、人员推广与直接营销等营销沟通方式。本章所讨论的促销与沟通正是广义的推广策略。

促销与营销沟通的目标主要有两大类，销售目标与非销售目标。销售目标包括增加现场购买量、通过增加使用频率、用途或购买量增加品牌销量等。非销售目标包括建立品牌或公司形象、提高品牌认知水平及促进新品牌成功推出等。

二、促销组合（营销沟通组合）

促销与营销沟通的手段多种多样，我们把这些手段分门别类，形成了五个主要的策略，即广告、公共关系、销售促进、人员推广、直接营销，除人员推广外，其他四种都是非人员推广。这五个策略我们称之为促销组合或营销沟通组合，如图 10-4 所示。

图 10-4　营销沟通组合

（一）广告

广告是由明确的主办人发起，通过付费的任何非人员方式来促销其创意商品或服务的行为。广告具有如下鲜明的特点：

（1）公开展示：广告是一种高度公开的信息传播方式。

（2）普及性：广告是一种普及性的媒体，一方面销售者可多次重复这一信息，另一方面购买者便于接受和比较各种竞争者的信息。

（3）夸张的表现力：广告可通过巧妙地应用印刷艺术、声音和颜色，提供将一个公司及其产品戏剧化的展示机会。

（4）非人格化：广告是一种单向沟通行为，受众不会感到有义务去注意或做出反应。

（二）销售促进

销售促进又称营业推广，是指在一个特定时期内采用特殊方法与手段刺激目标顾客、企业采购人员或中间商以产生所期望的反应，如购买兴趣或购买行为。销售促进具有如下特点：

（1）引起注意：销售促进采用的刺激手段能把顾客的注意力直接引向产品。

（2）刺激性：销售促进采取某些让步、诱导或赠送的方法给顾客以某些好处，具有刺激顾客购买的作用。

（3）邀请性：销售促进能够明显地诱导顾客即时地或大量地购买产品。

(三)公共关系

公共关系是一组设计用来推广和保护公司形象或个别产品的计划与行为。与广告相比,它是一种非付费的方式。公共关系具有如下特点:

(1)高度可信性:公共关系不同于广告的自吹自擂,它既可以是新闻媒体对企业的正面宣传与报道,也可以是企业对社会的回报行为,容易被受众所接受和信任。

(2)消除防卫:新闻媒介的报道和企业的公益行为更容易接近目标受众。

(3)戏剧性:公共关系像广告那样,有一种能使公司或产品惹人注目的潜能。

(四)人员推广

人员推广是企业通过销售人员与一个或多个可能的购买者面对面接触以进行介绍、回答问题和获得订单的行为过程。人员推广的主要特点有:

(1)面对面接触:人员推广是一对一或一对多的直接、互动的过程。每一方都能在咫尺之间观察对方的反应和特征,在瞬息之间做出调整。

(2)人际关系培养:有效的销售代表会记录完整的顾客兴趣爱好、特征、对产品的特定要求等信息,有利于建立顾客同销售人员的良好关系。

(3)造成实际销售:人员推广在多数情况下能实现潜在交换,增加实际销售额。

(五)直复营销

直复营销(direct-marketing),即直接回应的营销,是指一种为了在任何地方产生可度量的反应和达成交易而使用一种或多种广告媒体的互相作用的市场营销体系。具体而言,直复营销是使用邮寄、电话、传真、互联网和其他非人员接触工具与顾客沟通,征求特定顾客和潜在客户的回复,直接导致销售。直复营销伴随着信息技术的发展而大行其道,其主要特点有:

(1)针对性:直复营销的沟通信息一般发送至特定的人,目标受众明确。

(2)个体化:直复营销的相关信息可以根据沟通对象特点而单独设置,可以实现一对一顾客化服务。

(3)及时性:由于借助和采用了先进的技术手段,直复营销中的信息沟通变得非常快捷及时。

营销沟通组合体现了现代市场营销理论的核心思想——整体营销。沟通组合是一种系统化的整体策略,五种基本沟通方式构成了这一整体策略的五个子系统。每个子系统都包括了一些可变因素,即具体的促销手段或工具(见表 10-1),某一因素的改变意味着组合关系的变化,也就意味着一个新的促销策略。企业需要根据市场和自身实际创造性的整合推广。

表 10-1 常用的促销与沟通工具

广告	销售促进	公共关系	人员推广	直复营销
电视广告	折扣	报刊新闻	销售会议	目录营销
报纸广告	折让	演讲	推广陈述展示	邮寄服务
网络广告	抽奖	研讨会	交易会	电话营销

续表

广告	销售促进	公共关系	人员推广	直复营销
广播广告	游戏	慈善捐款	展销会	电子信箱
户外广告牌	赠品/赠券	出版物	……	电视购物
包装广告	交易印花	热点事件		传真邮购
邮寄广告	特价包	公益活动		音控邮购
招贴/传单	销售竞赛	游说		……
工商名录	展销会/展览会	……		
销售点陈列	……			
标识和标识语				
……				

三、推式营销与拉式营销

根据促销与沟通手段的出发点与作用的不同，营销沟通组合可以分为推式营销与拉式营销两大类。

推式营销主要通过运用销售人员和贸易促销来推动产品的销售。实施该方式时，制造方向零售商和批发商推广特定产品，并促使他们向终端消费者推广该产品。一般的，该策略适用于以下几种情况：(1)企业经营规模小，或无足够资金用以执行完善的广告计划。(2)市场较集中，分销渠道短，销售队伍大。(3)产品具有很高的单位价值，如特殊品、选购品等。(4)产品的使用、维修、保养方法需要进行示范。

拉式营销则通过广告和客户导向促销，吸引终端消费者购买特定产品。如果拉式营销奏效，消费者将决定从零售商或批发商处购买该产品，从而促使零售商或批发商向制造方订货并销售该产品。一般的，这种策略适用于：(1)市场广大，产品多属便利品。(2)商品信息必须以最快速度告知广大消费者。(3)对产品的初始需求已呈现出有利的趋势，市场需求日渐上升。(4)产品具有独特性能，与其他产品的区别显而易见。(5)能引起消费者某种特殊情感的产品。(6)有充分资金用于广告。

以下为两类营销沟通方式的对比，见图 10-5。

四、营销沟通的过程

(一)确认沟通对象

营销沟通过程首先需要进行目标市场选择，意即选定公司的营销沟通对象。通过详细的竞争分析与评估多个细分市场的机会，公司会选择进入一个或多个细分市场。我们通常把具有相同需求、对营销沟通做出相似反应的消费者归为一个类别。选定目标受众

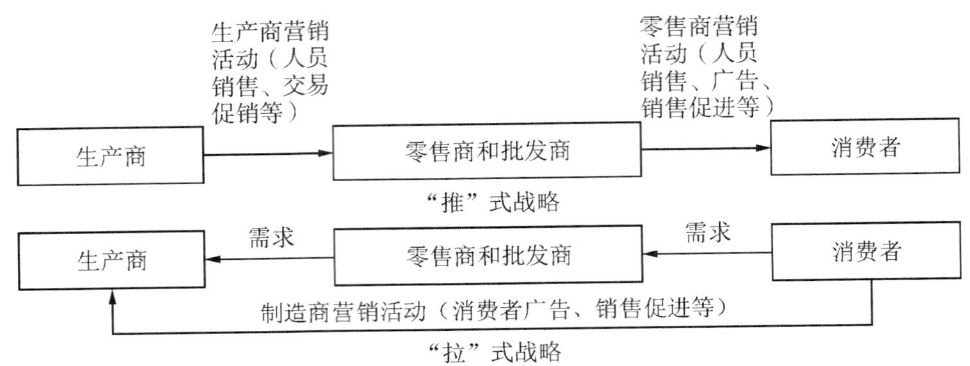

图 10-5 推式营销与拉式营销

是所有营销沟通决策的第一步，针对特定的目标受众，才能更精确地传递讯息，避免对目标市场以外的人群进行无效信息覆盖。

(二)确定沟通目标

营销沟通决策应当包含需要被实现的目标，它是各种营销沟通方式在一段时期内要单独或共同实现的目标。特定目标的选定也影响了后续营销沟通方式的选择。

营销沟通目的一般分为两类，销售目标与非销售目标。销售目标主要包括说服商业企业经销制造商的品牌，通过增加使用频率、用途或购买量增加现有品牌销量，让客户做出立即购买的决定，增强客户忠诚度，增加现场购买量，对抗竞争对手的营销沟通活动及建立销售领先优势。非销售目标主要包括促进新品牌成功推出，让消费者了解新品牌的购买地点，使商业企业和消费者了解品牌的改进情况，建立品牌或公司形象，提高品牌认知水平、接受度和持久度，增进公司与特殊利益群体的关系，消除负面报道给品牌带来的不良影响及促进正面报道。

(三)沟通信息的设计

信息设计是将营销沟通者的意念用有说服力的信息表达方式表现出来的过程。有效的信息设计必须引起消费者注意、提起其兴趣、唤起其欲望，导致其行动。设计营销沟通信息需要解决这样四个问题：

1.确定信息内容

企业在设计沟通信息时，要考虑诉求或构思问题，即企业必须了解对消费者、用户或社会公众说些什么才能产生预期的认识、情感和行为反应。一般来说，信息主题形式有三类，即理性主题、情感主题和道德主题。理性主题是直接向目标顾客或公众诉求某种行为的理性利益，或显示产品能产生的消费者所需要的功能利益与要求，以促使人们做出既定的行为反应；情感主题是试图向目标顾客诉求某种否定(诸如恐惧感、罪恶感、羞耻感等消极情感因素)或肯定(诸如幽默、喜爱、自豪、快乐等积极情感因素)的情感因素，以激起人们对某种产品的兴趣和购买欲望；道德诉求主题是为使广告接收者从道义上分辨什么是正确的或适宜的，进而规范其行为。

2.确定信息结构

信息结构包括提出结论、论证方式以及表达次序三个问题。提出结论，即向接收者提供一个明确的结论，用以诱导消费者做出预期的选择，也可以留待接收者自己去归纳结论；论证方式可分为单向论证与双向论证，采用哪种论证方式使广告更具说服力，取决于信息接收者对产品的既有态度、知识水准和受教育程度；表达次序要求在单向论证时，首先提出最强有力的论点，可以即刻吸引目标顾客注意并引起兴趣。在采用双向论证时，应考虑先提出正面论点还是先提出反面论点。

3.确定信息格式

确定信息格式即选择最有效的信息符号来表达信息内容和信息结构。信息的表达格式通常受到媒体的制约，如有的只能用文字传播，有的则只能用声音传播，而所能传播的又只能是有限的信息内容。信息沟通者必须为信息设计具有吸引力的形式。对于印刷广告，要重点考虑标题、文字、插图、色彩等等；对于广播，则要注意选择字眼、音质、单调、语气、节奏等等；对于电视，则应注意形体语言如表情、举止、姿势、服装等等；如果信息是通过产品本身或外包装来传递，则必须注意色彩、质地、气味、尺寸、外形等等。

4.确定信息来源

营销沟通的信息源是指那些直接或间接传递销售信息的人。直接信息源即是传递信息并展示产品或服务的代言人；间接信息源，并不真正传递信息，只是吸引人们的注意或增加广告出现的频率。信息源要具有可靠性、吸引力和有感染力。有吸引力的信息源发出的信息往往可获得更大的注意与回忆，信息由具有较高信誉的信息源进行沟通时，就更有说服力。

设计信息是营销沟通过程中实践性、操作性极强的一个问题，也是差异性、特殊性、个性极为突出的沟通决策。

(四)选择沟通渠道

传递促销信息的沟通渠道主要有人员沟通渠道与非人员沟通渠道。人员沟通渠道向目标购买者当面推荐，能得到反馈，可利用良好的“口碑”来扩大企业及产品的知名度与美誉度。非人员沟通渠道主要指大众媒体沟通。大众传播沟通与人员沟通的有机结合才能发挥更好的效果。

营销沟通方式应当与营销沟通目的相匹配，下面我们将通过表 10-2 说明适合于特定沟通目的的营销沟通方式。

表 10-2　沟通目的与营销沟通方式

沟通目的	适用的沟通方式
促进新品牌推出	广告、促销、口碑营销和购买现场广告
说明品牌改进	人员推广与经销商导向的广告
提高品牌知名度	广告、购买现场广告
提升品牌形象	广告、活动赞助、事件营销和营销导向的公共关系
对抗竞争对手的营销沟通活动	广告、促销
改善公司与特殊利益团体的关系	营销导向的公共关系
处理品牌公关危机	营销导向的公共关系

续表

沟通目的	适用的沟通方式
提供消费者立即购买的理由	广告、促销
提高现有品牌的销量	广告、促销
建立销售领先地位	广告
提高消费者忠诚度	广告、促销

（五）确定促销预算

企业应从自己的经济实力和宣传期内受干扰程度大小的状况决定促销组合方式。如果企业促销费用宽裕，则可几种促销方式同时使用；反之，则要考虑选择耗资较少的促销方式。通常有以下几种促销预算的方法：

（1）量入为出法是根据企业财务的承受能力确定沟通预算的方法。在经济繁荣时期，利用量入为出法从事大规模的销售活动，有利于充分利用市场机会，扩展产品市场。由于这种确定预算的方法忽视了沟通对销售量的影响，因而容易导致年度沟通预算的不确定性，给制订长期市场计划带来困难。

（2）销售百分比法是以一定期间的销售额（销售量）或产品销售价的一定比率确定沟通费用数额。使用销售百分比法确定沟通预算的主要优点是：沟通费用可以因企业财务承受能力的差异而变动；促使企业管理者依据销售成本、产品售价和销售利润之间的关系去考虑企业经营管理问题；有利于保持同类企业之间竞争的稳定性。这种方法的不足之处是没有考虑竞争因素。

（3）竞争对等法是以主要竞争对手的沟通费用支出为基准，确定足以与其抗衡的支出额。使用竞争对等法强调企业必须与竞争企业比较。

（4）目标任务法是根据营销计划确定的企业特定目标，确定达到这一目标必须完成的任务以及估计为完成该任务所需费用，以此来决定沟通预算。目标任务法在逻辑程序上具有较强的科学性，在实际操作中则难度较大。

（六）确定沟通的具体组合

企业在确定了促销总费用后，面临的重要问题是如何将促销费用合理分配于不同的促销方式和手段上，也就是要根据不同的情况，将费用在人员推广、广告、营业推广、公共关系和直接营销五种促销方式进行适当搭配，使其发挥整体的促销效果，同时还应考虑的产品的属性、价格、寿命周期、目标市场特点、“推”或“拉”策略等影响因素。

（七）建立信息反馈渠道

营销沟通者把产品信息传播到目标购买者之后，整个传播过程并未结束，还必须通过市场调研，调查这些信息对目标沟通对象的影响，这种调查通常需与目标沟通对象中的一组样本人员接触，询问他们对信息的反应、对产品的态度和购买行为的变化等。营销人员根据反馈的信息，再决定是否需要调整整体营销战略或某个方面的营销策略。为了提高信息传递的效果，企业在传递信息过程中应当防范各种可能发生的干扰或失误。这些干扰或失误有可能导致目标受众的怀疑、困惑甚至反感。

第二节　整合营销沟通

一、整合营销沟通概述

由于促销与沟通手段和工具多种多样，制定与执行促销手段的人员也可能来自不同部门甚至不同企业，为了有效避免促销沟通中可能形成的部门分割、策略分割的局限，实现整体沟通效果的最大化，我们必须重视整合营销沟通。

（一）整合营销沟通的出现

传统上来看，企业和组织几乎都是将广告、促销、销售现场沟通和其他沟通工具完全分开，因为组织内各部门仅在各自的营销沟通领域具备特长，而不具有所有的营销沟通工具方面的知识和经验。外部的供应商，例如广告公司、公关公司等也倾向于在营销沟通的特定领域具备特长。公司和组织不愿意改变单一功能的模式，原因在于各部门的孤立视角或对其控制范围预算、权利和力量削减的恐惧。

20 世纪 80 年代，一些公司从长远的战略性视角出发，意识到整合营销沟通工具的必要性。之后的十年是销售促进、直接营销、公共关系营销沟通方式迅猛发展的时期，他们的发展开始挑战广告在营销沟通组合中的优势地位。于是，仅仅依赖于传统媒体广告的局面被终结，多手段多工具的营销沟通整合开始成为主流。

（二）整合营销沟通的含义

整合营销沟通（integrated marketing communication，简称为 IMC），又称整合营销传播，是指将与企业进行市场营销有关的一切传播活动一元化的过程。整合营销传播一方面把广告、促销、公关、直销、CI、包装、新闻媒体等一切传播活动都涵盖于营销活动的范围之内，另一方面则使企业能够将统一的传播资讯传达给顾客，如图 10-6 所示。其中心思想是以通过企业与顾客的沟通满足顾客需要的价值为取向，确定企业统一的促销策略，协调使用各种不同的传播手段，发挥不同传播工具的优势，从而使企业实现促销宣传的低成本化，以高强冲击力形成促销高潮。

企业通过实施整合营销传播具体来说要达到三个目标：

第一，以消费者为中心，研究和实施如何抓住消费者，打动消费者，与消费者建立一种“一对一”的互动式的营销关系，不断了解客户和顾客，不断改进产品和服务，满足他们的需要。

第二，整合营销传播要通过各种营销手段建立消费者对品牌的忠诚。

第三，是整合的概念。过去企业习惯于使用广告这一单一的手段来促进产品的销售，但现在的传播手段越来越多，传播本身开始分化和组合。这就要求企业在营销传播过程中，注意整合使用各种载体，达到最有效的传播影响力。

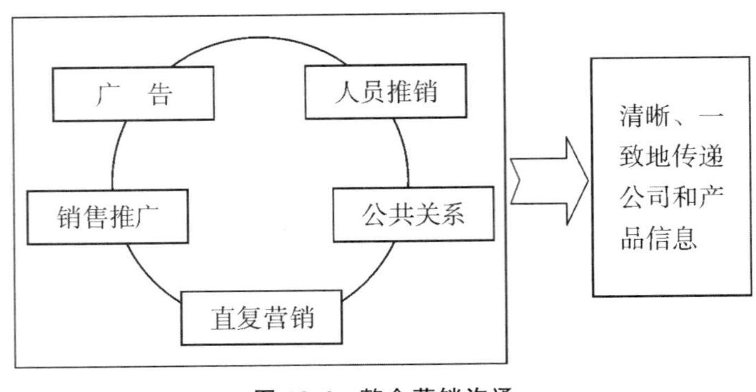

图 10-6 整合营销沟通

二、整合营销沟通与传统营销沟通的区别

整合营销沟通区别于传统营销沟通的关键在于整个活动的中心由生产商向消费者的转移。严格地说，它改变的不仅仅是传播活动，而是整个营销活动。整合营销传播并不是最终目的，而只是一种手段，其根本就在于以消费者为中心。在整个传播活动中，它具体表现在以下四个方面：

(一)以消费者资料库为运作基础

消费者资料库是整合营销传播活动的起点，也是关系营销中双向交流的保证。现代技术的发展使测量消费者行为成为可能，它具有比态度测量更高的准确性。从资料库的信息中，可以充分掌握消费者、潜在消费者使用产品的历史，了解他们的价值观、生活方式、消费习惯、接触信息的时间、方式等等，分析、预测他们的需求，由此确定传播的目标、渠道、信息等，真正做到针对不同的消费群体采取相应的策略。

(二)整合各种传播手段塑造一致性

这是由消费者处理信息的方式决定的。由于每天需要接收、处理大量的信息，消费者形成了"浅尝"式的信息处理法。他们依赖认知，把搜集的信息限制到在最小的范围内，并由此做判断与决定。对于消费者来说，无论正确与否，他们认知到的就是事实。这就要求生产者提供的产品或服务的信息必须清晰、一致而且易于理解，从而在消费者心中形成一致性的形象。

要做到这一点，必须充分认识消费者对于产品或服务信息的各种接触渠道，它们包括广告、公关、促销、人员销售、产品包装、在货架上的位置、售后服务等经过计划的接触渠道，也包括新闻报道、相关机构的评价、消费者口碑，办公环境等未纳入计划甚至无法控制的接触渠道。理想的整合营销传播是把消费者的接触渠道尽可能地纳入计划之中，同时把这些接触渠道传递的信息整合起来。这种整合，不是信息的简单叠加，而是发挥不同渠道的优势，使信息传播形成合力，从而形成鲜明的品牌个性。

(三)以关系营销为目的

整合营销传播的核心是使消费者对品牌萌生信任，并且维系这种信任，使其长久地存在消费者心中。然而,你不能单单靠产品本身就建立这种信任,因许多产品实质上是相同的,而与消费者建立和谐、共鸣、对话、沟通的关系,才能使你脱颖而出。

尽管营销并没有改变其根本目的——销售,但达到目的的途径却因消费者中心的营销理论发生了改变。如果说以往只要通过大量的广告、公关、活动等就可以形成产品的差异化,今天的生产商们远没有那么幸运。由于产品、价格乃至销售通路的相似,消费者对于大众传媒的排斥,生产商只有与消费者建立长期良好的关系,才能形成品牌的差异化,整合营销传播正是实现关系营销的有力武器。

(四)以循环为本质

以消费者为中心的营销观念决定了企业不能以满足消费者一次性需求为最终目的,只有随着消费者的变化调整自己的生产经营与销售,才是未来企业的生存发展之道。消费者资料库是整个关系营销以及整合营销传播的基础与起点,因而不断更新、完善的资料库成为一种必需。现代计算机技术以及多种接触控制实现了生产商与消费者之间的双向沟通,由此可以掌握消费者态度与行为的变化情况。一些航空公司、宾馆、大型零售商也建立起消费者资料库,形成固定联系;更有一些企业利用新兴的互联网技术设置虚拟社区,为消费者的信息反馈提供空间,从中了解消费者对产品的满意程度,汲取有价值的信息,为企业的进一步发展寻找新的机会点。

可以说,没有双向交流,就没有不断更新的资料库;没有不断更新的资料库,就失去了整合营销传播的基础。因而建立在双向交流基础上的循环是整合营销传播的必要保证。

三、整合营销沟通的方法

(一)建立消费者资料库

这个方法的起点是建立消费者和潜在消费者的资料库,资料库的内容至少应包括人员统计资料心理统计消费者态度的信息和以往购买记录等等。整合营销传播和传播营销沟通的最大不同在于整合营销传播是将整个焦点置于消费者、潜在消费者身上,因为所有的厂商、营销组织,无论是在销售量或利润上的成果,最终都依赖消费者的购买行为。

(二)研究消费者

这是第二个重要的步骤,就是要尽可能使用消费者及潜在消费者的行为方面的资料作为市场划分的依据,相信消费者"行为"资讯比起其他资料如"态度与意想",测量结果更能够清楚地显现消费者在未来将会采取什么行动,因为用过去的行为推论未来的行为更为直接有效。在整合营销传播中,可以将消费者分为三类:对该品牌的忠诚消费者;他品牌的忠诚消费者和游离不定的消费者。很明显这三类消费者有着各自不同的"品牌网络"而想要了解消费者的品牌网络就必须借助消费者行为资讯才行。

(三)接触管理

所谓接触管理,就是企业可以在某一时间、某一地点或某一场合与消费者进行沟通,这是20世纪90年代市场营销中一个非常重要的课题,在以往消费者自己会主动找寻产品信息的年代里,决定"说什么"要比"什么时候与消费者接触"重要。然而,现在的市场由于资讯超载、媒体繁多,干扰的"噪声"大为增大。目前最重要的是决定"如何,何时与消费者接触”,以及采用什么样的方式与消费者接触。

(四)发展传播沟通策略

这意味着什么样的接触管理之下,该传播什么样的信息,而后,为整合营销传播计划制定明确的营销目标,对大多数的企业来说,营销目标必须非常正确同时在本质上也必须是数字化的目标。例如对一个擅长竞争的品牌来说,营销目标就可能是以下三个方面:激发消费者试用该品牌产品;消费者试用过后积极鼓励继续使用并增加用量;促使他牌的忠诚者转换品牌并建立起该品牌的忠诚度。

(五)营销工具的创新

营销目标一旦确定之后,第五步就是决定要用什么营销工具来完成此目标,显而易见,如果我们将产品、价格、通路都视为与消费者沟通的要素,整合营销传播企划人将拥有更多样、广泛的营销工具来完成企划,其关键在于哪些工具、哪种结合最能够协助企业达成传播目标。

(六)传播手段的组合

所以这最后一步就是选择有助于达成营销目标的传播手段,这里所用的传播手段可以无限宽广,除了广告、直销、公关及事件营销以外。事实上产品包装、商品展示、店面促销活动等,只要能协助达成营销及传播目标的方法,都是整合营销传播中的有力手段。

第三节　广告决策

一、广告的作用与形式

广告是由特定广告主出资发布的、非人格化的,对观念、商品或服务的各种形式的展示和促销。广告是营销沟通中最大、最快、最广泛的信息传递媒介。

(一)广告的作用

第一,通过广告,企业或公司能把产品与劳务的特性、功能、用途及供应厂家等信息传递给消费者,沟通产需双方的联系,引起消费者的注意与兴趣,促进购买。

第二,广告能激发和诱导消费。消费者对某一产品的需求,往往是一种潜在的需求,这种潜在的需要与现实的购买行动有时是矛盾的。广告造成的视觉、感觉映象以及诱导往往会勾起消费者的现实购买欲望。有些物美价廉、适销对路的新产品,由于不为消费者所知晓,所以很难打开市场,而一旦进行了广告宣传,消费者就纷纷购买。另外,广告的反复渲染、反复刺激,也会扩大产品的知名度,甚至会引起一定的信任感。

第三,广告能较好地介绍产品知识、指导消费。通过广告可以全面介绍产品的性能、质量、用途、维修安装等,并且消除他们的疑虑,消除他们由于维修、保养、安装等问题而产生的后顾之忧,从而产生购买欲望。

第四,广告能促进新产品、新技术的发展。新产品、新技术出来后,靠行政手段推广,既麻烦又缓慢，局限性很大，而通过广告直接与广大的消费者见面，能使新产品、新技术迅速在市场上站稳脚跟，获得成功。

（二）广告的形式

1.媒体广告

任何可以对讯息进行宣布的手段都是潜在的广告媒体，可分为：

（1）传统广告媒体：包含报纸、杂志、广播与电视。

（2）新型广告媒体：近几十年来新型广告媒体层出不穷，其中运用最为广泛的有三种形式——影视作品中的广告植入、电影院广告、微电影广告。

2.户外广告

户外广告是我们日常生活中常见的广告形式。除了繁华交通路段或高速公路边常见的告示牌广告外，户外广告的类型还有候车棚广告、车身广告与商场外部展示等。户外广告不仅在营利性组织中运用普遍，对于非营利组织而言，交通繁华路段的户外广告能够有效接触到大量受众人群。随着时间的推移，除了传统的平面海报外，户外广告的形式还出现了多种创新的形式。

3.购买现场广告

购买现场，或称 POP(point-of-purchase)，为品牌方与销售商提供了影响消费者购买决定前的最后机会，具有不可替代的作用。购买现场决策包括以下三类：第一，进入购买现场之前有计划购买该产品，进店后才选定品牌；第二，进入购买现场之前无计划购买该产品；第三，进入购买现场之后，购买了原计划购买产品的替代品或购买与原计划品牌不同的其他品牌。

常见的购买现场广告形式主要有为三类，第一，永久性广告，以自动贩卖机为例；第二，临时性广告，以纸质展示装置为代表；第三，店内媒介，比如我们经常接触的店内广播、购物车广告、货架上的宣传材料、地面广告等。

4.网络广告

随着网络覆盖越来越立体，企业越来越重视网络广告的投入。网络广告也出现了各种各样的形式，如表 10-3 所示。

表 10-3　网络广告的主要形式

网络广告形式	描述说明
横幅广告	通栏广告，全横幅广告，半横幅广告；垂直旗舰广告
按钮广告	120×90、120×60、120×125 像素按钮广告
文本链接广告	以一排文字作为一个广告，点击都可以进入相应的广告页面
电子邮件广告	利用提供免费的电子邮箱网站，向个人邮箱直接发送电子广告
关键字广告	用户搜索关键字时，结果界面会出现相关的广告内容
弹出式广告	访客在请求登录网页时强制插入一个广告页面或弹出广告窗口
赞助式广告	如某企业赞助搜狐世界杯频道
浮动广告	随着鼠标的移动而移动的图标广告形式

续表

网络广告形式	描述说明
网页广告	企业通过自己的官网发布网页广告,如可口可乐
全屏广告	在用户打开浏览页面时,该广告将以全屏方式出现,3～5 秒后逐渐收缩成顶部横幅/按钮或消失不见的广告形式
画中画广告	大小为 360×300 像素,发布在新闻文本中,面积较大,表现内容较为丰富
摩天大楼广告	普通:120×600;宽幅:160×600
对联广告	出现在主页面两侧的竖幅广告
播客博客广告	在播客视频放映前后出现在画面上的广告/放置在播客上的各种广告
富媒体广告	流媒体广告,指能达到 2D 及 3D 的 Video、Audio、JAVA 等具有复杂视觉效果和交互功能效果的网络广告形式,包括浮层类、视频类等。
背投广告	尺寸大于传统的弹出式广告,在浏览网页的下方,当关闭浏览网页时会看到
BBS 广告	一般采取写文章、发帖子和参与讨论的方式发布广告信息
聊天工具广告	放置在即时聊天工具,比如 QQ 聊天对话框上的链接广告
其他广告	巨幅连播广告、翻页广告、祝贺广告

二、广告决策过程

广告决策与管理工作主要包括以下几个方面的内容:

(一)确定广告受众和广告目标

广告受众和广告目标直接影响到广告媒体的选择和主题信息的表达。广告受众是广告信息传递的对象,与企业的产品、目标市场、竞争策略密切相关,企业需要根据自身实际和竞争要求来确定广告受众。广告目标则是企业在一定时期针对广告受众所要完成的沟通任务。广告目标归纳起来一般有三个方面:

1.告知目标

告知目标主要是向消费者提供新产品的质量、特性、用途、服务以及技术等各方面的情况的介绍。以告知为目标的广告属于宣传广告,主要用于产品的投入期,着重介绍新产品,刺激消费者的潜在需求,促进新产品尽快进入市场。

2.劝导目标

劝导目标主要是通过劝说和引导使消费者建立起对本企业和企业产品的偏爱,以达到提高知名度和产品市场占有率的目的。以劝导为目标的广告属于劝导广告,它适合于产品进入成长期和成熟期时使用。该类广告要突出宣传本企业的优异之处,宣传本企业的产品的特色,以唤起消费者对本企业产品的注意。

3.提示目标

提示目标主要包括两个方面:一是提示消费者现在和将来购买该产品在何处可以购买得到;二是在产品过时或滞销时,提醒消费者不要忘记该产品。以提示为目标的广告属于提醒式广告,它适合产品进入衰退期时使用,其目的是提示消费者产生回忆性的需求,尽可能地保持原有的市场份额。

(二)制定广告预算

企业在确定广告目标之后,就要进行广告预算。所谓的广告预算就是确定在广告活动上应花费多少资金。一般要涉及两个方面的内容:一是预算总额的确定;二是预算的分配,即在不同市场、产品和媒体之间进行合理的安排。可供企业采用的广告预算方法主要有量入为出法、销售额百分比、竞争对等法目标任务法等,与整合沟通中预算决策方法相一致,在此就不另外讨论了。

(三)广告信息决策

广告信息决策的核心问题是制定一个有效的广告信息。广告信息是指以作品为主要载体,旨在推销产品、劳务或观念的符号和消息。有效的广告信息是实现广告活动的目的,获取广告成功的关键,广告信息决策主要包括以下几个方面:

1.广告主题的确定

广告主题是企业通过广告向消费者表达的主要问题,是广告策划成功的关键,直接统帅广告作品的创意、文案及表达形式等其他要素。广告主题贯穿于企业广告策划的整个过程。一则主题鲜明的广告主题非常容易被消费者理解和接受。一般而言,广告主题的确定可以从以下几个方面考虑:

(1)产品的原产地,包括原料的产地、历史与起源、原材料的品质。

(2)产品的效用,包括产品的视觉、听觉、触觉印象、使用方法、产品的特点、售后服务承诺等。

(3)价值,包括与同类商品相比价格的优势、产品的耐用性等。

2.广告信息诉求策略

广告信息的诉求策略是围绕广告主题,通过作用于受众认识的情感层面,促使受众产生购买动机。常用的广告信息诉求策略有两种基本的策略,即理性诉求策略和感性诉求策略。

(1)理性诉求策略

理性诉求策略是指广告诉求定位于消费者的理智动机,通过真实、准确、公正地传达企业和企业产品的客观情况,使消费者经过概念、判断、推理等思维过程理智地做出决定。这种广告信息诉求策略一般用于消费者经过深思熟虑以后才决定购买的产品和服务,如高档耐用品等。

(2)感性诉求策略。感性诉求策略是指广告诉求定位于消费者的情感动机,通过表现企业和企业产品、服务相关的情绪和情感因素来传达广告信息,以此对消费者的情绪和情感带来冲击,诱发其购买动机。

理性诉求策略与感性诉求策略各有优势,也各有缺点。理性诉求能够完整、准确地传达各种有利信息,但由于往往注重事实的传达和道理的阐述,因此,在广告文案上经常显得比较枯燥,很难引起消费者对广告信息的兴趣。感性诉求策略比较贴近消费者的切身感受,容易引起消费者的兴趣,但是由于注重对情绪和情感的描述,往往很难把商品的一些信息传达给受众者。在实际的广告策划中,常常把这两种广告诉求策略结合起来以达到理想的效果。

3.广告信息的表现手法

广告信息要借助于一定的表现形式来传达。作为广告信息形式基本成分的表现手法，经过这么长时间的发展已经非常丰富，在这里只简单介绍常用的几种。

(1)写实。写实是广告信息表现的最基本的手段，它通过逼真、生动的手法真实地表现商品的品质和效用，直观的，具体地把商品介绍给消费者。

(2)比较。这种表现手法是通过广告商品与其他商品的对比来显示本企业产品的独到之处，提高自己的身价，以达到在消费者心目中建立本企业产品超群的形象。

(3)示范。这种方法是通过实物的实际表演、操作、使用、品尝等方式来证实商品品质优良、功效良好，诱发消费者的购买。

(四)广告媒体决策

广告媒体，又称为广告媒介，是广告信息的载体，是把广告信息传达给目标公众的物质手段。研究媒体特点，科学地选择媒体，直接关系到广告投入产出的效益。影响广告媒体决策的主要因素有：

1.不同媒体的优缺点

广告媒体多种多样，不断发展，各有其优缺点，企业在进行广告媒体决策时必须考虑各种媒体的优缺点，以便做出科学的决策。这里我们主要列举了常见的几种媒体来进行比较，见表 10-4。

表 10-4　主要广告媒体的比较

媒体	优点	缺点
电视	覆盖面大，平均费用低，生动性强，送达率高	绝对费用高，内容庞杂，目标对象不明确，不易保存
报纸	灵活、及时、弹性大，易被接受和被信任	保存性差、时间短，转阅读者少
广播	大众化宣传，地理和人口方面的选择性强，成本低	仅有音响效果，不如电视效果吸引人，展露时间短
杂志	可选择适当的地区和对象，可靠且有名气，时效长，传阅者多	广告购买前置时间长，有些发行量是无效的
户外	灵活，展露重复性强，成本低，竞争少	不能选择对象，创造力受到局限
邮寄	沟通对象选择性强，有灵活性，在同一媒体内没有广告竞争	成本较高，容易造成滥寄“垃圾广告”的印象
网络	非常高的选择性，交流机会多，相对成本低	受到计算机普及的影响，在一些国家用户少

2.产品特性

不同的产品特性对媒体有不同的要求。技术性能高的，可采用报纸、杂志作详细的文字说明，也可以用电视短片作详细介绍。对于特别需要表现外观和质感的商品，如服装、化妆品，就需要借助具有强烈色彩性的宣传媒介，那么广播、报纸等媒介就不宜采用，而电视、杂志则能更好地表现其视觉效果。

3.沟通对象的媒体习惯

有针对性地选择为广告沟通对象所易于接受并到处可见的媒体，是增强广告促销交易的有效措施。例如，若广告信息的传播对象是青年学生，那么互联网的主流视频网站与论坛是比较合适的选择。

4.信息类型

比如，宣布明日的销售活动，必须在电视、报纸等时效性强的媒体上做广告。若信息的传播对象仅仅局限于某一地区，则在地方性媒体上做广告即可，不需动用全国性媒体。以文字为主的信息，选择报纸、杂志等印刷媒体就较适宜；而以画面及动作为主的信息，以电视广告为适宜。

5.媒体成本

不同媒体所需成本不同。电视广告是最昂贵的媒体，而报纸则较便宜。不过，最重要的不是绝对的成本数字的差异，而是目标对象的人数与成本之间的相对关系。如果用每千人成本来计算，可能会出现电视广告比报纸广告更便宜的情形。

6.竞争态势

广告商品竞争对手的有无及其选择媒体的情况和所花费的广告支出的多少，对企业的媒体选择有着显著的影响。如果企业尚无竞争对手，那么它就可以从容地选择自己的媒体和安排广告费用；如果企业竞争对手尚少，还不足以对它产生重大影响，只需在交叉的广告媒体上予以重视；如果竞争对手多而且强大，在企业财力雄厚的情况下，就可以采取正面交锋，以更大的广告开支在竞争媒体上以及非竞争媒体上均压倒对方；在该企业财力有限、无法支付庞大持久的广告开支的情况下，可以采取迂回战术，或采用其他媒体，或在同样的媒体上避免正面交锋而将刊播的日期提前或移后。

（五）广告效果的评估

广告效果的测定主要是通过销售效果和传播效果来测定。

传播效果是指广告的收视率、收看率以及人们对广告的印象和产生的心理效果。目前测量的方法主要有两种：一是直接评价法，即邀请一些广告专家和目标消费者对广告进行评价；二是测试法，即邀请一些看过、听过广告的人，回忆对广告的记忆程度、印象及感想。

销售效果的常用测量方法有两种，一是广告效果比率法，即：销售（利润）效果比率＝本期销售（利润）额增长率/本期广告费用增长率×100％；二是广告效益法，即：单位广告费用销售增加额＝（本期广告后销售或利润总额－上期广告后或未做广告前销售或利润总额）/本期广告费用总额。

一般来讲，广告的销售效果要比传播效果难测定。因为影响产品销售的因素很多，如价格、质量、竞争等，并非只受广告的影响，这在广告效果评估时必须考虑在内。

老乡鸡战略发布会

一场“预算200元”、短短10分钟的战略发布会，一经推出，阅读量即破10万＋，在看2.7万＋。作为餐饮品牌，其破圈C位出道的风头甚至堪比iPad Pro新品发布会，堪称“教科书般的事件营销案例”。

其核心文案10分钟的时间，只讲了三件事：(1)获得授信及投资10个亿；(2)进军全国市场；(3)干净卫生战略全面升级。没有鲨纹黑科技，没有PPT概念，没有铺天盖地的行业冷知识。发布会也只有三个元素：村头舞台、老母鸡、升级店面。

这种独特的反差选址和戏剧性的预算投入，以及简洁有趣的内容瞬间引爆微信，随后蔓延至微博，尽管老乡鸡的官微内容是日常无聊打卡"咯咯哒"，但长时间低成本品牌结合度高，看似随意，实际上形成了老乡鸡的自己的"鸡设"，也引发了网友的二次传播。

在发布会的第二天，微信原文阅读量即破10万＋，在看突破2万＋，其话题相关度达到17日的62倍，达到2713条。这时通过常规的热度造势＋KOL转发，将热点事件推上热搜，原地C位出圈。从数据可以看出，所有围绕话题的营销体系短平快、稳准狠。这种截拳道式直击要害的营销方式是本次老乡鸡成功的关键因素。

资料来源：徐梦迪.年终盘点|2020年刷屏广告片TOP10[OL].微信公众号：销售与市场，2021-01-18.

第四节 人员推广决策

一、人员推广的作用与形式

人员推广指企业的销售人员通过销售展示促成交易并建立客户关系。人员销售的对象除了一般消费者，还有针对企业组织的人员推广活动。

（一）人员推广的作用

人员推广作为一种面对面的促销方式，是最古老的沟通方式，也是现代市场营销活动中不可或缺的重要手段。人员推广提供了营销工作者与消费者面对面培养关系的机会。人员推广的作用主要有三点：首先，维护现有客户关系，发展长期客户关系；其次，影响现有客户，增加其购买量；再次，人员推广对于发展新的客户有明显的促进作用。

（二）人员推广的基本形式

（1）上门推广。上门推广是最常见的人员推广形式。它是由推广人员携带产品样品、说明书和订单等走访顾客，推广产品。这种推广形式可以针对顾客的需要提供有效的服务，方便顾客，故为顾客广泛认可和接受。

（2）柜台推广。又称门市，是指企业在适当地点设置固定门市，由营业员接待进入门市的顾客，推广产品。门市的营业员是广义的推广员。柜台推广与上门推广正好相反，它是等客上门式的推广方式。由于门市里的产品种类齐全，能满足顾客多方面的购买要求，为顾客提供较多的购买方便，并且可以保证产品完好无损，故顾客比较乐于接受这种方式。

（3）会议推广。会议推广是指利用各种会议向与会人员宣传和介绍产品，开展推广活动。譬如，在订货会、交易会、展览会、物资交流会等会议上推广产品。这种推广形式接触面广、推广集中，可以同时向多个推广对象推广产品，成交额较大，推广效果较好。

这句话让星巴克多6000万销售额

你去星巴克时是否曾经遇过这样一件事

我："你好，我要一杯中杯咖啡。"

店员："小姐，中杯是最小杯型哦。"

我："哦……那我要大杯吧。"

星巴克的门店通常只有三种杯型，容量分别是355ml、437ml和592ml，我们一般会按照杯型的大小将其称为小、中、大杯。然而，星巴克却偏偏不按常理出牌，把杯型分为了中杯、大杯和超大杯。难道星巴克没有小杯吗？据了解，其实在星巴克门店还有一种容量为237ml的杯型，名为"Short"，只是小杯并没有出现在菜单牌上。

星巴克的这种推销方式背后隐藏的却是企业的利益链。据测算，星巴克每家店每天的客人数量在300名左右，推荐成功的比例大约为10%，也就是30名客人会改变初衷，增加消费额。如果按照最少的升杯消费(3元)来计算，一个门店一天的销售额能增加90元，目前星巴克中国的门店超过2000家，这意味着光升杯这一项，星巴克一年就能增加营业收入6570万元。

不仅如此，根据日本经济学家吉本佳生的《在星巴克要买大杯咖啡》一书中的分析，从消费者的角度而言，大杯咖啡的性价比的确高于中杯咖啡；但是对于星巴克而言，咖啡豆的成本在其总成本中所占比重极小，通过计算咖啡豆的采购、运输、保管、烘焙等成本，分摊门店装修、运营和人力等其他成本后，算得的大杯型咖啡利润及利润率皆更高，大杯型咖啡的获利能力显而易见。

企业追求利益最大化无可厚非，"中杯问题"本质上是星巴克门店推销方式的问题，店员在询问的过程中其实是带有引导倾向的。但是这样一成不变的、机械的，甚至质疑式的询问对于购买目标明确的顾客而言，容易引起消费者的不适合和反感，若是为了小利而破坏与消费者之间的关系却未必值得。

资料来源：http://www.sohu.com/a/336646711_465378。

二、人员推广的流程

人员推广没有固定的模式，只有根据顾客的需求和购买特性进行推广和沟通，才能取得满意的成效。一般的，我们可以把人员推广的流程划分为七个重要步骤：

(一)寻找顾客

推广程序的第一步是寻找顾客，识别潜在顾客。尽管企业可能提供顾客线索，但推广员还是需要有自己开发顾客线索的技能，通常寻找顾客线索可以通过以下方法进行。

(1)向现有顾客询问和寻找潜在顾客的姓名；

(2)培养其他能提供线索的人员，如供应商、非竞争性的推广人员、银行和有关协会负责人；

(3)加入潜在客户所在的组织;

(4)从事能引人注意的演讲和写作活动;

(5)通过细阅各种资料如报纸、指南等寻找顾客;

(6)通过电话和邮件寻找线索等。

推广人员必须懂得如何淘汰那些没有价值的线索。对潜在的顾客,可以通过研究他们的财务能力、业务量、具体的需求、地理位置和连续进行业务的可能性,来衡量他们的资格。推广人员应当给潜在顾客打电话或写信,以便确定是否访问他们。

(二)访问准备

推广人员在访问顾客之前必须做好充分的访问准备工作。

(1)企业及其产品的详细情况、资料或样品等。

(2)竞争者的相关产品的特点、价格、竞争能力和市场定位等。

(3)顾客情况。推广人员应尽可能多地了解潜在客户企业的情况(它需要什么、谁参与购买决策)和购买者的情况(性格特征、购买风格)。可以向熟人或其他人询问该企业的情况。

(4)确定访问目标、时机和方式。走访目标一般有:通过走访考察鉴别目标对象的资格,搜集更多的信息资料,达成交易。走访时间要先征求客户的意见,了解他们在哪个时间段比较合适。走访方式可以是直接面访,也可以是电话访问或者信函访问。

(三)接近顾客

推广人员应该知道初次与客户交往时如何会见、如何问候、如何开场。这包括推广人员仪表、开场白和随后谈论的内容。用户的第一印象常常是促销成功的基础,推广人员必须充分重视。

(四)推广交谈

这一阶段,推广人员可以按照“刺激—反应”模式(AIDA 模式)向顾客进行推广,具体可采用讲解、示范表演等方式,即争取顾客关注产品(attention)—引起兴趣(interest)—激发欲望(desire)—付诸行动(action)。推广人员在该过程中应以产品性能特点为依据,强调产品能给消费者带来的利益(如价格低廉、省力、美的享受或给消费者的更多优惠等)。一般顾客如能看到或自己使用产品时,会更好地记住产品的特点和好处。

(五)异议处理

在产品介绍过程中或要求他订货时,消费者几乎都会表现出抵触情绪。这些抵触有心理上的也有逻辑上的。心理抵触包括:对外来干扰的抵触;喜欢已建立的供应来源或品牌;生性淡漠;不愿放弃某些东西;不喜欢做决定;对别人的不愉快联想;对金钱的过敏。逻辑上的抵触包括:对价格、交货安排或某些产品或公司特征的抵触。推广人员应采取积极应对措施,一一化解,如请顾客说出反对的原因,或将对方的反对意见转化为购买理由。在推广员的谈判技巧培训中,如何化解或应对反对意见就是重要内容之一。

(六)达成交易

推广人员必须懂得如何从顾客那里发现可以达成交易的信号,包括顾客的动作、语言、评论和提出的问题。达成交易有几种方法。推广人员可以要求顾客订货,重新强调一下协议的要点,帮助秘书填写订单,询问顾客是要产品 A 还是产品 B,让顾客对颜色、尺寸等次要内容进行选择，或者告诉顾客如果现在不订货将会遭到什么损失。推广人员也可以给予购买者以特定的成交劝诱，如特价、免费赠送额外数量，或是赠送一件礼物等等。

（七）跟踪服务

推广人员要想保证顾客感到满意并能继续订购，这最后一步是必不可少的。交易达成之后，推广人员就应着手履约的各项具体工作：交货时间、购买条件及其他事项。推广人员接到第一张订单后，就应制定一个后续工作访问日程表，以保证为顾客提供及时的指导和服务。这种访问还可以发现可能存在的问题，使顾客相信推广人员的关心，并减少可能出现的任何认识上的不一致。推广人员还应该制订一个客户维持计划，以确保客户不会被遗忘或丢失。

第五节 销售促进

一、销售促进作用与形式

销售促进是一种适宜于短期推广的促销方法，又称营业推广，是企业为鼓励购买、销售商品和劳务而采取的除广告、公关和人员推广之外的所有企业营销活动的总称。

（一）销售促进的作用

（1）可以吸引消费者购买。这是营业推广的首要目的，尤其是在推出新产品或吸引新顾客方面，由于营业推广的刺激比较强，较易吸引顾客的注意力，使顾客在了解产品的基础上采取购买行为，也可能使顾客追求某些方面的优惠而使用产品。

（2）可以奖励品牌忠实者。因为营业推广的很多手段，譬如销售奖励、赠券等通常都附带价格上的让步，其直接受惠者大多是经常使用本品牌产品的顾客，从而使他们更乐于购买和使用本企业产品，以巩固企业的市场占有率。

（3）可以实现企业营销目标。这是企业的最终目的。营业推广实际上是企业让利于购买者，它可以使广告宣传的效果得到有力的增强，破坏消费者对其他企业产品的品牌忠实度，从而达到本企业产品销售的目的。

（二）销售促进形式

一般我们可以根据对象差别分为三大类的销售促进，每类销售促进各有不同的形式。

1.针对企业组织的贸易促销

贸易促销的形式主要有交易折让、合作广告和卖方支持计划、商业竞争和激励措施、特殊品广告与行业博览会。一个成功的贸易促销计划通常具备以下特征：金钱激励、准确的时间选择、减少零售商的人力和财力耗费、见效快并有效改善零售商的业绩。

贸易促销的主要目的有推出新产品或改进产品、增加新包装形式或新包装尺寸的分销量、增加零售库存量、保持或增加制造商对货架空间的占有率、在正常货架位置之外获得其他展示位置、减少库存加快周转、促使零售商在自己的广告中介绍产品、对抗竞争对手的营销活动与提高终端消费者的购买量。

2.针对客户的促销

客户导向促销的目标一般分为三大类:促使试用性购买、鼓励重复购买及改善品牌形象。实现三类目标的具体形式如下:

(1)促使试用性购买,有效形式包括免费试用、兑换券、邮寄赠品等。

(2)鼓励重复购买,一般通过降价、加大包装容量、赠品、兑换券、部分返款的形式。

(3)改善品牌形象,常见的方式一般有举办竞赛与抽奖活动。

3.针对员工的促销

这主要是针对企业内部的销售人员,鼓励他们热情推广产品或处理某些老产品,或促使他们积极开拓新市场。一般可采用的方法有:销售竞赛、免费提供人员培训、技术指导等形式。

门店年终促销怎么做? 避开这4个误区

赠品不懂顾客心

赠品的作用可以分为两种:一种是引导顾客重复购买,另一种是迎合顾客贪小便宜的习性刺激其购买冲动。而目前一些门店在做买赠促销时却没能好好把握顾客的心态去选择赠品,不经意间又犯了这种错误:强调赠品价格而非价值,未能迎合消费者最强烈的需求心理。

促销赠品的选择不在于有多贵,而在于能根据不同消费群的心理选择最能打动他们内心的东西,在促销时要因人而异,根据不同消费群的心态去找他们最想要的赠品。而赠品只是意外收获,而非诱导顾客重复购买的原动力。

因此,根据消费人群的心理特征选择一种能吊起他们胃口的促销赠品促成他们多次购买是买赠促销的最佳选择。

忽视对忠诚顾客的培育

搞促销不外乎要达到三个目的:

到竞争对手那里抢顾客;

给自己的顾客一个回报;

刺激新顾客的购买。

在策划促销时要达到什么目的呢? 实际上,我们在抱怨消费者缺乏忠诚度的同时,自己也从来没有将忠诚的消费者和一般的消费者分别对待,我们一年做一百次的促销也只是为了促成更多的人在一个时段内购买自己的产品而已。

那么,针对不同类型的顾客怎样区别对待,创建顾客忠诚度呢?

对于某些能让消费者多次购买的产品,特别是单品金额较大的产品来说,在消费者第一次购买后给她一张会员卡,在平时给予适当优惠,在促销期更能得到促销优惠之外的优惠,当这张卡的主人消费到一定金额时还可以向她赠送礼物作为意外的惊喜,这样做不是更能让顾客忠诚于你的品牌吗?

一味打折降价

毫无疑问，现在低价促销成了促销活动的主要内容，很多化妆品店觉得用价格当作促销工具，将降价当作促销活动，战无不胜。但这是一把“双刃剑”，刺伤了别人，同时也刺伤了自己，是将被抛弃的一种促销手段。

所以，促销创新如果能让价格不受促销活动的影响而下跌，继续保持稳定且又能让促销效果良好的话，将是促销创新的极大突破。

单纯追求销量

当前大多店主都认为，促销就是为了提升销量，有这样一种现象，就是每个促销报告的申请单后面都附上目标销量，把销量作为衡量促销效果的唯一标准。

其实，促销不只是为预定目标完成销量，而是以挖掘客户需求来激发购买。

促销目标不应仅局限于销售目标，而是一些更大范围的沟通与传播目标：信息传递的到达率、新产品认知率、知名度、美誉度的提升指数，品牌形象的强化程度，老用户的回头率和忠诚度等，这些都应成为我们的促销目标，而不仅限于销售量的短期提高和销售目标的一次性完成。

资料来源：门店年终促销怎么做？[OL].微信公众号：销售与市场，2021-1-18.

二、销售促进决策

销售促进决策与管理工作主要有以下几个方面的内容：

(一)确定销售促进对象与目标

同样的，销售促进决策也必须从明确对象和目标开始，销售促进对象大致可以分为三类：一是面向消费者，二是面向中间商，三是面向销售队伍。而这不同的类别中又可以细分出更多的类别，如消费者有区域、年龄、收入、忠诚度等等的差别。只有明确销售促进对象，才能进行有针对性地进行销售促进方案的制订。

销售促进目标与销售对象紧密相关。就消费者而言，目标包括鼓励消费者更多地购买和使用本企业的产品，以及争取未使用者使用，并能够吸引竞争者品牌的使用者购买本企业的产品；就中间商而言，目标包括吸引中间商经营新的商品和维持较高水平的存货，鼓励他们购买积压商品，鼓励储存相关产品，建立中间商的品牌忠诚和获得进入新的零售网点的机会；就销售队伍而言，目标包括鼓励他们积极销售新产品，开拓新市场，激励他们寻找更多的潜在顾客和刺激他们推销积压商品。

(二)选择销售促进的手段

在明确目标之后，就要考虑选择合适的手段进行销售促进。而影响销售促进手段选择的因素，除了销售促进对象和目标外，还要考虑到另外两个重要方面：一是销售促进费用，二是时间期限。

1.费用

通过营业推广可以使销售额增加，但同时也增加了营销费用。企业应当权衡推销费用与营业收益的得失，把握好费用与所得的正确比值，从而确定营业推广的规模和程度。

2.期限

营业推广的时间选择必须符合整体营销策略，并与其他经营活动相协调，如果时间太短，可能收效甚微；如果营业推广时间过长，又会给消费者造成一种印象，好像销售促进是变相降价，从而失去吸引力。因而在营业推广的时间上要恰到好处地把握，给消费者制造“欲购从速”的吸引力。

(三)制定销售促进方案

制订销售促进方案就是要具体安排企业的销售促进活动。在制订方案时应包括这样几个方面：

(1)诱因的大小。企业必须确定所提供的诱因的大小。如果要使销售促进取得成功，最低限度的刺激是必不可少的，较高的刺激程度会产生较高的销售反应，但是随着刺激因素的提高，刺激的增加率是递减的，因而企业必须把握好诱因的程度。

(2)参与者的条件。在制订推广方案时，必须考虑本次营业推广参与者的条件，如任何人都可以参加，或需持券、提供身份年龄或是必须有一定的产品购买量等等。

(3)销售促进媒体的选择。在进行销售促进时，必须考虑本次营业推广的信息如何传达给目标消费群体，例如，一张价值 20 元的优惠券是在商店里分发，还是通过邮寄或附在广告媒体上送达给消费者，每一种方式所取得的效果、花费的成本都是不同的。

(4)营业推广时机的选择。企业还应制定出在何时、花费多长时间开展营业推广。有关专家认为，企业最有效的营业推广活动大约是在每个季度搞三周左右，每次的持续时间以平均购买周期的长度为宜。

(5)营业推广预算的分配。

(四)销售促进的实施与效果评估

销售促进实施计划必须包括前置时间和销售延续时间。前置时间是开始这种方案前所必需的准备时间，包括的：最初的计划工作、设计工作，以及包装修改的批准或者材料的邮寄、通知现场的销售人员、购买或印刷包装材料、预算存货的生产等等一系列工作。销售延续时间是指从开始实施优待办法起到大约 95%的采取此优待办法的商品已经在消费者手里的结果为止的时间。

效果评估一般可以从市场占有率的变化、产品知名度的提高、分销渠道的扩展与稳固等方面进行评价，另外还要看与其他促销活动相配合的程度。

第六节　公共关系决策

一、公共关系的作用与形式

公共关系一词的英文为 public relations，简称 PR。所谓公共关系，就是指企业运用现代传播手段，为创造与公众和相关社会环境间的和谐发展而采取的一种独特的管理活动。企业的公共关系活动，应以公众利益为前提，以服务社会为方针，以交流宣传为手段，以谅解、信任和事业发展为目的。公共关系被企业广泛用于配合市场营销，尤其是开展促销活动。

（一）公共关系的作用

（1）有助于树立良好的企业形象。通过新颖别致的对外宣传和广泛的交往可以联络公众的感情，通过支持赞助公益事业可以显示企业的社会责任感等。

（2）有助于增进企业之间的交往与合作。企业的生存与发展，需要与其他企业进行交流与合作。

（3）有助于提高企业的经济效益。公共关系通过信息传播、形象竞争、感情联络等手段，可以吸引公众的注意力，赢得大量的消费者，促进产品的销售，提高经济效益。

（二）公共关系的形式

著名营销学者菲力普·科特勒教授曾以“PENCILS”（铅笔）的比喻，形象地提出了公共关系营销所涉及的七个领域：出版物（publication）、事件（event）、新闻（news）、社区关系（community relation）、确定媒体（identify media）、游说（lobby）、社会理念营销（social cause marketing）。

1.出版物

企业出版物是一种由工商企业、公用事业等单位出版的连续出版物或小册子，被称为“商业喉舌”。出版物散发的对象是内部员工、股东和消费者等，其目的是宣传企业的组织、产品和服务项目，是一种促进营销公关的工具。

2.事件

对市场营销人员和公关人员来说，特殊事件无疑可以创造新闻。对不同的企业来说，特殊事件是不同的，可以是一次时装表演，也可以是一次个人电脑讲座及演示，或是筹建一幢玩具博物馆。这样，既制造了新闻，又传递了营销信息。

3.新闻

无论是新产品的新闻发布会，还是在露天场地举行一项工程的揭幕典礼，都提供了引起新闻界注意的极好机会。争取报刊录用新闻稿、参加记者招待会或举行新闻发布会，需要营销技巧和人际交往技巧。与新闻界的交往越多，企业获得较多好新闻的可能性也就越大。

4.确定媒体

媒体的确定是运用科学的方法对不同的媒体进行有计划的选择和优化组合的过程，其基本任务是以较低的投资通过选择的媒体达到预期的目标。媒体选择与确定，必须与企业的营销战略相关，如果企业的营销战略属于进攻性战略，其媒体的选择就应以大众传媒为主。选择适当的媒体与符合媒体性质要求进行宣传极为重要。在收视率高的言情连续剧中插播化妆品及美容知识的广告，其效果远远大于利用其他媒体进行的宣传。

5.社区关系

社区既是国家的缩影也是个体的缩影。社区关系是指企业与所在地政府、社会团体、其他组织以及当地居民之间的睦邻关系。社区关系的好坏，取决于企业的行为和社区居民的意向，这对企业的生存与发展有着十分重要的影响。

6.游说

游说是创造产品与企业知名度的另一种手段，指游说者在特定的情景中，借助语言和体语，面对广大的听众发表意见、抒发情感，从而达到感召听众的一种现实的营销公关活动。

7.社会理念营销

社会理念营销，就是指企业不仅要满足消费者的需要和欲望，并以此获得利润，而且要符合消费者自身和整个社会的长远利益，要正确处理好消费者的欲望和利益，以及社会长远利益之间的矛盾。例如，刊登公益广告呼吁保护野生动物、减少环境污染、劝诫吸烟等等，都是社会理念的推广。除此之外，企业还应采取一些实际行动，这样才能达到社会营销的目标，建立企业长期的良好形象。

小案例 10-3 **《后浪》刷屏事件**

五四青年节之际，Bilibili 网站发布了一个“献给新一代的演讲”——《后浪》，随着演讲刷屏，“后浪”一时间成为热词，并引起了不少争议。

图 10-7 《后浪》演讲场面

在片中，国家一级演员、60 后何冰所代表的“前浪”，主动走向了“后浪”，以一场慷慨激昂的演讲表现出对年轻一代的理解和祝福，点赞当今年轻人的专业态度及自信、开放等优秀特质。

何冰凭借出色的台词功力，搭配着激昂的 BGM、青春影像剪影与动情的文案，贡献出了 2020 年至今最具感染力之一的演讲。

随手摘抄一段演讲文案，读来都容易让人热血沸腾。

“你所热爱的，就是你的生活。你们有幸，遇见这样的时代，但是时代更有幸，遇见这样的你们。我看着你们，满怀敬意，向你们的专业态度致敬。你们正在把传统的变成现代的，把经典的变成流行的，把学术的变成大众的，把民族的变成世界的，你们把自己的热爱变成了一个和成千上万的人分享快乐的事业。”

一夜之间,《后浪》席卷微信朋友圈、微博等多个媒体平台,知乎、豆瓣等内容社区也出现相关话题讨论,似乎所有人都被这股“后浪”拍中了心弦。

但随着《后浪》的刷屏,还有不少批评声音出现,认为这部宣传片“鸡汤味太浓”“并没有完全展现当代年轻人的风貌,只展现有钱‘后浪’的生活”。

《后浪》在B站热评中顶在第二位的网友喵星人黑猫君直言:“《后浪》里面充斥着高级电子产品、昂贵手办……全是纸醉金迷的都市生活。可是,生活在小城市的青年们呢?那些数以亿计的赚着三四千块,每天被房价压弯了腰,加班,秃了头,送着快递打着工,日复一日,年复一年的螺丝钉们呢?他们眼里的光,又在哪啊?”

甚至有很大一部分声音认为,“这宣传片是拍给前浪们看的”,因为有数据显示,在朋友圈里面转发《后浪》最多的人群是70后和80后,真正的“后浪”们反而安静很多。

资料来源(节选):搜狐网,https://www.sohu.com/a/393697953_448408,2020-5-6.

二、公共关系决策

公共关系是企业整合沟通的重要策略,其决策工作主要有:

(一)公共关系调查

公共关系的调查是开展公共关系工作的起点和基础。通过调研,企业一方面可以了解与实施的政策有关的公众的意见并反馈给管理层,以提高企业决策的正确性;另一方面可以将企业的决策传递给公众,使之加强对本企业的了解。

(二)确定公共关系的目标

一般而言,企业公共关系的目标是促使公众了解企业,改变公众对企业的认识,最终目的是通过传播信息,唤起消费者的需求与购买行为。

(三)编制公共关系计划

公共关系是一项长期性的工作,企业必须有一个长期的、连续的计划。公共关系计划必须依据一定的原则来确定公共关系的目标、工作方案、具体的公关工项目、公关策略等。

(四)公共关系计划的执行

在公共关系的实施过程中,需要依据公共关系的目标、对象、内容和企业自身条件和不同的发展阶段等来选择适当的公共关系媒介和方式。

(五)公共关系的效果评估

公共关系评价的指标通常有三种:

(1)曝光频率,即企业出现在媒体中的次数。

(2)反响,分析由公共关系活动引起公众对产品的知名度、认知、态度前后的变化。

(3)销售与利润贡献,可以通过公关前后的销售额和利润的比较来评估公共关系的效果。

第七节　直复营销

一、直复营销的作用与形式

直复营销，或称直接营销，指不经过中间渠道直接与客户进行沟通。相较于其他沟通方式，直复营销具有私密性强、能够针对目标受众设计沟通信息、实现双向沟通的特征。因此，直复营销适用于针对性强的营销沟通活动，且有利于建立一对一的客户关系。

(一)直复营销的作用

(1)直复营销降低了整体顾客成本。直复营销剔除了中间商加价环节，从而降低了商品价格；同时让顾客无须出门就可购物，使他们的时间、体力和精神成本几乎降为零。

(2)直复营销顺应顾客讲求时间效率的趋势。相比较逛街购物，现代人更愿意把宝贵的时间投入工作、学习、交际、运动、休闲等更有意义的事情中，而直复营销电话(或网络)订货、送货上门的优点为顾客的购物提供了极大的便利。

(3)网络通信技术的推广促进了直复营销的发展。媒体是直接营销成功的关键。今天，发达的通信设施特别是互联网络技术的运用，正使电子购物成为一种趋势。

(4)直复营销顺应顾客个性化需求的趋势。通过直复营销，生产商可根据每位顾客的特殊需要定制产品，从而为顾客提供完全满意的商品。

(二)直复营销的形式

直复营销依赖于各种能够直接面向用户的媒体。常见的直复营销媒体包含直邮、电话营销、搜索引擎与电子邮件营销。

1.直邮

直邮的具体形式包含信件、明信片、价目表、菜单与产品目录等。在技术高速发展的今天，直邮仍是与个体消费者或企业组织进行营销沟通时的重要工具，原因在于以下四点：首先，电视广告的费率不断提升，电视观众分化严重。其次，直邮的针对性较强。再次，与其他营销沟通方式相比，直邮更便于统计沟通对象中有多少人最终购买了广告产品。最后，仍有部分消费者偏好直邮广告。在网络购物普及率不断提升的同时，产品目录仍有其不可替代的重要性；产品目录利于消费者保存、分享，因此具有较为长期的影响。

2.电话营销

电话营销是直复营销的一种方式，销售人员通过致电潜在客户促成产品或服务的销售。通过电话营销的方式，销售人员可能在电话的通话过程中达成交易，也可能在电话中约定的后续面对面或网络会议中达成交易。

3.搜索引擎与电子邮件

搜索引擎与电子邮件广告是互联网广告中占比最高的两种形式。搜索引擎广告一般包括关键词匹配广告与内容导向广告。电子邮件广告的表现方式多种多样，企业可以设计纯文字广告，或包含图片、音频、视频的广告并通过电子邮件传递给目标受众。

4.电视直销

电视直销是指营销者购买一定时段的电视时间，播放某些产品的录像，介绍功能，告示价格，从而使顾客产生购买意向并最终达成交易的行为，其实质是电视广告的延伸。电视营销的优点是：通过画面与声音的结合，使商品由静态转为动态，直观效果强烈；通过商品演示，使顾客注意力集中；接受信息的人数相对较多。电视营销的缺点是：制作成本高，播放费用昂贵；顾客很难将它与一般的电视广告相区分；播放时间和次数有限，稍纵即逝。为了克服上诉弊端，有些经营者创造了一种新的电视营销方式——家庭购物频道(home shopping channels)。

5.网络直销

网络直销是指营销者借助电脑、联网网络、通信和数字交互式媒体而进行的营销活动。它主要是随着信息技术、通信技术、电子交易与支付手段的发展而产生的，特别是国际互联网和移动互联网的出现更是为它的发展提供了广阔的空间。网络直销是直复营销的各种方式中出现最晚的一种，但也是发展最为迅猛、生命力最强的一种。我们将在第十一章探讨网络营销的问题。

拓展阅读 10-2

直播带货

作为数字经济新业态的“爆款”，最近一年多，直播带货风头正劲。无论是职业主播还是各路明星、博主、素人，纷纷走进直播间，从卖口红到卖房子，主播们个个能说会道：“好吃”“好看”“买它”……越来越多的消费者也适应了直播购物方式，中国互联网络信息中心发布的数据显示，截至 2020 年 12 月，我国电商直播用户规模达到 3.88 亿人，在所有网络直播细分中排名第一，66.2%的直播电商用户购买过直播商品。

在直播带货红红火火的同时，一些直播间也集聚了假冒伪劣、夸大其词、货不对板、售后不力等诸多消费陷阱。直播带货还能“香”多久？2021 年能从野蛮生长回归理性吗？

看着热闹　买得闹心

今天，看直播购物已经是一件再平常不过的事。随时打开淘宝、京东、苏宁、蘑菇街等网购平台，都能听到主播们一声声“亲们”“宝宝”的呼唤，每隔几分钟还有空降的红包礼券，往往，消费者还没来得及想明白自己是否真有需求，就已经头脑发热，“下单，买！”然而，等快递上门，很多人才发现，买到的产品与主播所说的相差甚远。

就职于北京市大兴区一传媒公司的刘静前不久就踩了一回直播带货的坑。她听某平台主播推荐的护颈枕能够缓解颈肩疼痛，就抱着试一试的想法，花了 500 多元下单，可惜拿到手之后才发现，这款枕头粗制滥造，压根儿和主播说的不一样，想去退货，却发现连直播平台都找不到了。刘静说：“本以为物超所值，却被割了‘韭菜’，想到相关部门投诉都拿不出证据。”

中国消费者协会秘书长朱剑桥分析了直播带货维权难的主要原因。他说，直播带货参与销售的主体多元，责任不清晰，造成消费者维权的时候不知道该找谁。消费者是看直播买的，结果主播可能说，你是和淘宝、京东发生的交易，跟我无关；找旗舰店的销售者，他可能会说，你是通过直播间引流来的；找平台，他可能又说，我只是提供场地，你要去找主播。

直播带货的问题，既有质量低劣、虚假宣传、售后不到位等老问题，还有公众人物带货刷单造假、流量造假、虚假举报等新问题。刷单、刷流量是其中较为恶劣的行为。业内人士告诉记者，尽管天猫、京东等购物平台对刷单的打击力度不断加大，但是网络上的流量贩子并不难找，甚至在一些网站直接输入“涨粉”“直播流量”等关键词，就能找到卖家。在某网店的报价单上，机器刷单包年价格1000元到5000元不等，人工账号贵一些，还对应不同观看人数、点赞分享、带货销量和真人评论数。甚至为了数据好看，会把同一店铺不同商品如苹果的数据嫁接到香蕉上。这些假数据看似维护了艺人或网红的“身价”，却严重误导了消费者，同时对商家而言，也不过是稍纵即逝的赔本赚吆喝。

创新监管　规范经营

消费者诉求集中的现状，使直播带货位列中国消费者协会发布的《2020年全国消协组织受理投诉情况分析》11大消费投诉热点之一。在今年的“315国际消费者权益日”，各地消费者协会也都根据本地的情况画了重点，如安徽省消费者权益保护委员会就在2021年1号消费提示中特别提醒消费者，尽量在官方旗舰店或知名主播的直播间购买商品，不要轻信商家作出的“特价”“清仓价”“全网最低价”等宣传，要留存相关凭证，遇到权益受损要积极维权。

2020年下半年开始，从行业协会到监管部门，针对网络直播尤其是直播带货出台了一系列规章制度，政策发布之密集程度历年少见，目的正是助推直播带货尽快向健康方向发展。

首先，从激活消费市场的高度，相关职能部门以积极支持的态度和期待的眼光给予网络直播更多信心。2020年7月，国家发改委、人力资源和社会保障部等13部门发布的《关于支持新业态新模式健康发展 激活消费市场带动扩大就业的意见》明确提出，培育新个体，支持自主就业，支持网络直播等多样化的自主就业、分时就业。同月，在人社部、市场监管总局、国家统计局联合发布的新职业中，“直播销售员”位列其中，这代表着“电商主播”“带货网红”作为一个新职业获得了官方认证。

在规范网络购物行为规则方面，“互联网＋”的监管方式在不断创新。直播带货有三个主体，分别是平台、主播、商家，遇到消费纠纷该找谁？在市场监管总局2020年11月发布的《关于加强网络直播营销活动监管的指导意见》中，明确了直播带货过程中涉及各方主体的责任义务，同时要求依法查处产品质量违法、广告违法和侵犯消费者合法权益等8项直播带货中常见的违法行为。

直播带货数据造假被重点整治。网信办2020年11月发布的《互联网直播营销信息内容服务管理规定（征求意见稿）》中，明确要求直播间运营者、直播营销人员从事互联网直播营销信息内容服务，应当真实、准确、全面地发布商品或服务信息，不得“虚构或者篡改关注度、浏览量、点赞量、交易量等数据流量造假”。对于违反上述规定，给他人造成损害的，分别就相应行为程度做出了明确处罚规定。

对网络平台的管理，同样采用了创新的监管措施。网信办的征求意见稿中加大了电商直播平台承担的管理责任。国家广电总局发布的《关于加强网络秀场直播和电商直播管理的通知》中，对网络直播和电商直播的登记、内容、审核、主播、打赏等方面提出了具体管理细则。其中明确要求，相关平台的一线审核人员与在线直播间数量总体配比不得少于1∶50。

2021年，直播带货新业态能否将景气延续，关键要看其能否从野蛮生长、挣快钱走向合法规范经营。毕竟，只有合法合规，才能走得长远。

资料来源：敖蓉.直播带货：热闹过后能走多远[EB/OL].中国青年网，2021-03-15.

四、直复营销决策

与传统的非人员沟通方式相比，直复营销沟通是一个互动沟通的体系，营销人员通过多种针对性很强的媒介与目标顾客进行沟通，为他们提供服务，每个目标顾客也可以直接向营销人员反应。直复营销沟通决策需要考虑以下内容：

（一）确定直复营销沟通目标

直复营销的主要目标在于刺激潜在消费者的购买欲望，并采取购买行动。顾客的反应率是一个重要的衡量目标，一般而言，如果有2%的反应就是成功。这并不意味着另外98%的机会是浪费，因为直复营销对产品知名度和日后的购买意图会产生影响。

（二）确定目标顾客

直复营销非常强调目标市场的细分，直复营销人员必须找出现实顾客和潜在顾客的特征，尤其是那些有购买欲望并准备购买的顾客。目标市场一旦确定，直复营销人员就需要获得目标市场上潜在顾客的名单。名单的来源可有不同的方式，可以是过去购买过企业产品的顾客记录，也可以是市场调研所获得的有购买欲望的顾客，还可以直接从名单经纪人或其他竞争企业里获取购买名单。一般认为，较好的名单应包含顾客个人资料、心理特征以及简短的地址。

（三）选择相应的直复营销沟通方式

直复营销沟通方式的选择并不是单一的，企业需要根据目标市场的特性和企业的能力有效地组合运用直复营销的各种方式，甚至创造性地开发直复营销的新手段来加强与消费者的沟通，促进销售。

（四）确定直复营销沟通方案

在确定了沟通目标、顾客和沟通方式之后，直复营销人员需要针对市场制订一套完整的营销方案，也就是也对产品本身、报价、媒体、营销渠道和创新策略等进行详细安排。

（五）绩效衡量

直复营销人员需要估计直复营销的总成本，以及达到保本点所需要的顾客反应率。而这个反应率还必须扣除退货和呆账损失因素。当然，单纯以反应率来衡量直复营销可能会低估这一沟通方式的长期效果。所以许多企业现在采用“欲购买率”“认知率”等来衡量一次营销活动的效果，而不是单纯的反应率。

第八节 趋势与热点：新媒体环境下的营销沟通

一、新媒体概述

(一)新媒体的界定

新媒体概念是 1967 年由美国哥伦比亚广播电视网(CBS)技术研究所所长戈尔德马克(P.Goldmark)率先提出的，随着科技的飞速发展，新媒体越来越受到人们的关注，成为人们议论的热门话题。但对于新媒体的界定，可谓众说纷纭，至今没有定论，如表 10-5 所示。

表 10-5 对新媒体概念的不同解读

美国《连线》杂志	所有人对所有人的传播
联合国教科文组织	以数字技术为基础，以网络为载体进行信息传播的媒介
清华大学熊澄宇	在计算机信息处理技术基础之上出现和影响的媒体形态
新传媒产业联盟王斌	新媒体是以数字信息技术为基础，以互动传播为特点、具有创新形态的媒体
BlogBus 副总裁魏武挥	受众可以广泛且深入参与(主要通过数字化模式)的媒体形式
中国传媒大学黄升民	构成新媒体的基本要素是基于网络和数字技术所构筑的三个无限，即需求无限、传输无限和生产无限

新媒体并非新兴或者新型媒体的统称，应该有其相对准确的概念。故而，业内经过对媒体的研究、大量市场数据分析，以及纵观业内对新媒体认识看法，结合消费者的观点，总结出新媒体相对准确的定义：新媒体是新的技术支撑体系下出现的媒体形态，如数字杂志、数字报纸、数字广播、手机短信、移动电视、网络、桌面视窗、数字电视、数字电影、触摸媒体、手机网络等。相对于报刊、户外、广播、电视四大传统意义上的媒体，新媒体被形象地称为“第五媒体”。

(二)新媒体特点

以数字技术为代表的新媒体，其最大优势是打破了媒介之间的壁垒，消融了媒体介质之间，地域、行政之间，甚至传播者与接受者之间的边界。相对于传统媒体，新媒体有以下几个方面的特点：

(1)信息呈现的数字性和超文本性：信息内容可与其物质载体相分离，并实现海量存储。

(2)信息传播的复合性和集成性：利用网络技术和移动技术，新媒体终端可以非常便捷地将信息进行跨媒体和跨时空的传播与分享，从而极大地提升信息传播的时效和覆盖面。

(3)信息传播的交互性和及时性：利用新媒体，普通大众可以自发、自由地发表见解、表达诉求、交流思想、传递信息，从而形成双方乃至多方的及时互动、交流与反馈。

新媒体、自媒体、融媒体的区别

新媒体是新的技术支撑体系下出现的媒体形态，是相对于传统媒体（报刊、广播、电视等）而发展起来的一种新的媒体形态。

自媒体又称“公民媒体”或“个人媒体”，是指私人化、平民化、普泛化、自主化的传播者，以现代化、电子化的手段，向不特定的大多数或者特定的单个人传递规范性及非规范性信息的新媒体的总称。

“融媒体”是充分利用媒介载体，把广播、电视、报纸等既有共同点，又存在互补性的不同媒体，在人力、内容、宣传等方面进行全面整合，实现“资源通融、内容兼容、宣传互融、利益共融”的新型媒体。

（三）新媒体的兴趣与发展

新媒体的兴起和发展是20世纪中叶以来人类传播中媒介层面的新突破，它使得信息产业成为社会发展中最为显著的产业，知识、信息成为生产力发展的基本要素和主要资源，人类社会出现了信息化趋势，全球化的出现也与新媒介的产生具有密不可分的联系。

新媒体中，人际传播、群体传播、大众传播三种传播类型呈现出融合趋势和一体多功能的态势，这在互联网中表现最为突出。由于媒介的融合，新媒介的信息传播具有高速、高质、超量、多样化、范围广的特征。信息的传播者与受众的身份不再有明显的差别，每个人都可能既是信息的制造者又是信息的传播者，同时又充当信息接收者的身份。

新媒介是时间上相对的、不断更新的概念。在大众传播历史上，20世纪20年代出现的无线电广播、40年代出现的电视媒介，相对于当时的报纸媒介等而言，就可以称之为“新媒介”。但是，到了20世纪80年代，人们对于一些新出现的电子传播手段赋予“新媒介”的称谓，而将广播、电视等称为传统媒介。

新媒体不是自发地、孤立地出现，而是从旧媒介的形态变化中逐渐脱胎出来的，每一种新媒介都把一种旧媒介作为自己的内容。作为最古老的媒介——语言，几乎存在于一切新媒介中。拼音字母是语音的视觉表达，电报发送的是电子编码的文字，电话、唱机和收音机传递的是言语，电影成为电视的内容，而这一切又都迅速地成为互联网的内容，互联网成为一切媒介的媒介。一切形式的传播媒介都在一个不断扩大的、复杂的自适应系统之中共同相处和共同演进。每当一种新形式出现和发展起来，它就会长久地和不同程度地影响其他每一种现存媒介形式的发展，新的传播媒介会增加原先各种形式的传播媒介的主要特征，并通过语言的传播代码传承和普及。

二、新媒体营销概述

新媒体营销是以新媒体平台为渠道，实现宣传和销售目的的营销活动。通常，企业的新媒体营销有两条基本路径。第一条路径是向新媒体平台或第三方账号投放广告或内容来传播;第二条路径是自建新媒体账号矩阵,并通过自运营来传播。

(一)当前新媒体营销传播的主要平台

新媒体传播主要通过社交、资讯、网络播客、直播、视频等平台为载体,进行内容的精准分发;其传播媒介特点是重新构建人与人之间的沟通方式,实现信息的全网覆盖,按表现形式可以分为社交媒介、资讯媒介、声讯媒介、视频媒介。

1.社交媒介

社交媒介源于社交工具的应用兴起,衍生而成的资讯订阅平台。例如:微信公众号、微博自媒体、博客、qq 空间、微信、qq、微博等,主要建立在订阅与社交传播的基础之上。传播机制是利用六度人脉理论为基础,形成内容的社交化、社会化传播。其明显的特征是,有关注才有内容的订阅,方能形成分享式传播。目前,在微信、微博等社交媒介的应用上,很多企业还是停留在发布信息的阶段。

(1)优势:链接粉丝的黏性比较强,本身带有社交属性传播、分发的打开率会更高;

(2)劣势:需要有一定的基础订阅用户,现在面临阅读及订阅量下降的挑战。

拓展阅读 10-4 **六度理论**

六度理论,也称为六度空间理论、六度分割理论、小世界理论,由哈佛大学的心理学教授 Stanley Milgram(1933—1984 年)于 1967 年创立。六度理论,简单地说:"你和任何一个陌生人之间所间隔的人不会超过六个,也就是说,最多通过六个人你就能够认识任何一个陌生人。"按照六度分割理论,每个个体的社交圈都不断放大,最后成为一个大型网络。这是社交网络的早期理解。后来有人根据这种理论,创立了面向社交网络的互联网服务,通过"熟人的熟人"来进行网络社交拓展,比如 ArtComb、Friendster、Wallop、adoreme 等。

2.资讯媒介

资讯媒介源于传统新闻门户的模式,在内容订阅机制上加以创新,通过用户行为轨迹及大数据分析,实现对内容、人群的精准推荐。该领域将会是未来 3～5 年内,企业网络营销拉新、引流、转化、留存用户的主要战场之一。例如:今日头条、一点资讯、搜狐、新浪、网易、百度、知乎、企鹅、UC 等自媒体平台等,主要通过用户行为轨迹,精准实现图文、视频的智能推荐。目前,该领域还是自媒体人的主要战场、大部分中小企业都未及时进入的流量蓝海。

(1)优势:创作者无须一定的用户关注量,通过优质的内容便实现大量推荐量,形成爆文完全凭借文章的内容;

(2)劣势:观点争议性越大的文章,获得曝光的可能性越大,真正干货文章未必有较高的阅读量。

3.声讯媒介

网络播客源于传统广播电台的形式,借力网络平台实现数字化的内容制作,采用订阅机制实现内容的传递。例如:喜马拉雅、荔枝、蜻蜓等,有声传播的形式提供内容输出。

(1)优势:创作成本相对较低,不会受到创作空间的限制,能在开车、乘车等特定环境下收听；

（2）劣势：新人很难获得大量的曝光度，需要依靠原始积累。

4.视频媒介

视频媒介又涉及门户视频及直播视频，利用影像录制的形式制作内容，同样采用订阅机制实现内容的传递。门户视频的自媒体内容创作相对直播视频，无论在制作内容、人员、周期、成本都更高，内容属性要求更强，传播效果也是最佳。

视频媒介分发平台主要有：搜狐、腾讯、优酷、网易、爱奇艺等，提供视频短剧、原创短视频内容的输出，这类视频的传播，更适合用户价值的培养，品牌宣传的打造。

（1）优势是形成持续存在的传播性，借力热门视频的内容植入导流效果好。

（2）劣势是对于普通人无论是题材的创作，编导、录制都有非常高的门槛，传播的机制需要借力推荐机制才能上热门。

直播分发平台主要有：花椒、映客、快手、斗鱼等，提供直播类视屏内容的输出。直播类视频的传播，讲究实时性互动，对主播的个人性格、品牌建立有很大的帮助作用。适合自由度更大的内容输出，进行粉丝互动与情感培养，电商导购等商业模式的变现。优势是简单、方便、快捷的内容输出形式，亲近感更强，互动性更好，容易建立情感链接。

（二）新媒体营销与传统媒体营销对比分析

传统媒体营销与新媒体营销对于企业营销活动的开展各有千秋，企业对于传统营销以及新媒体营销的重视程度并没有固定标准，这需要企业对自身产品及消费者的行为习惯进行调查，以着重发展适合企业自身需要的营销方式。我们可以通过媒体形式、传播者、传播目的、特点、优劣势等方面对两者进行对比，如表10-8所示。

表10-8 传统媒体与新媒体营销对比

	传统媒体营销	新媒体营销
媒体形式	报刊、户外、广播、电视等	社区平台、短视频平台、直播平台、社交平台等
传播者	权威媒体组织	所有人
目的	以交易达成为中心	以用户价值为中心
特点	单向输出、多层级销售、漏斗式获取、反馈周期长	双向互动、直接销售、扩散式获取、反馈周期短
优势	权威性强，资源丰富，机制成熟	信息量大，成本低，传播迅速及时，覆盖面广，交互性强，精准收集用户信息，C端产品营销效果较好
劣势	传递信息延迟，时效性差；单向甚至单一渠道传播；受众被动接受，互动性极弱；受政策与技术的制约，影响力有限	严谨性、深刻性、权威性偏弱；信息较杂乱冗余；有时候会受到网络制约

三、新媒体营销与运营策略

新媒体营销与运营是紧密相关的，他们有交集也有不同。营销重在发现或挖掘准消费者需求，从而创造顾客价值并传递顾客价值，而运营是营销的支撑系统，包括了计划、组织、实施和控制，是与产品生产和服务创造密切相关的各项管理工作的总称。

本质上新媒体营销与运营都是围绕用户展开的，通常包括吸引用户（引流）、维系客户（沟通）、客户转化（成交）、客户口碑（扩散），而为了服务好用户，内容和活动就成为营销与运营的核心工作。所以，我们把新媒体营销与运营的核心工作内容理解为三大块：内容营销与运营、活动营销与运营、用户营销与运营，如图 10-9 所示。

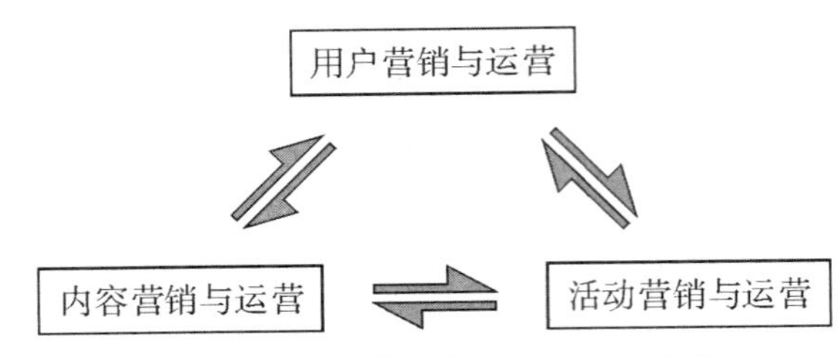

图 10-9 新媒体运营的核心工作内容

（一）内容营销与运营

1.含义

内容营销与运营是指运营者利用新媒体渠道，用文字、图片，或者视频等形式将企业信息友好地呈现在用户面前，并激发用户参与、分享、传播的完整运营过程。

内容运营中内容有两层含义：第一，内容指的是内容形式。用户通过手机或电脑通过网络看到的文章、海报、视频或音频等数字内容。第二，内容指的是内容渠道，用户浏览的互联网内容一般来自公众号、微博、门户网站、新闻类应用等内容渠道。相应的，运营者也要将内容布局在相应的内容渠道，与用户的内容浏览习惯相匹配。

2.策略

一个好的内容，通常需要以下七个环节的流程和规划：

（1）选题规划：新媒体运营的第一个环节是进行选题规划，策划出下一阶段的主要内容形式、内容选题等，并做成计划表，作为下一阶段的内容运营总纲。

（2）内容策划："选题规划"做的是阶段性的内容设计，而"内容策划"做的是更具体的内容设计，也就解决以下重要问题：制作本次内容的目的是什么？内容投放的渠道在哪里？该渠道的用户是谁？内容制作的周期是多久？内容的主题、风格如何设计？

（3）形式创意：确定内容后，要根据企业调性、用户习惯、渠道特点、竞品内容等设计新颖的、创意的表现形式，完成内容的展现。

（4）素材整理：内容形式敲定后，需要进行素材的收集与整理。素材包括：①内部素材，如产品图、产品理念、活动流程、内部数据等；②行业素材，如行业数据、行业新闻、网民舆论、近期热点等。

（5）内容编辑：根据上面步骤的执行结果，进行文章、海报、H5、视频等内容的创作。

（6）内容优化：内容编辑工作完成后需要进行测试、反馈及优化，如果转化率低或反馈不好，需要对内容进行优化与调整。

（7）内容传播：设计传播模式及便于传播的内容，引导粉丝将内容转发到朋友圈、微信群或更多渠道。

江小白的内容营销

江小白在2018年从营销的手段到创意都越加多元化，内容也从单方面的情感输出转变为让消费者参与创作的形式。我们就一起去看看江小白在2018年内容营销的“神操作”。

1.文案

江小白的文案不仅犀利而且非常具有情怀，比如说在母亲节发布的海报文案就是“长大后常以嘴馋的名义表达你羞于说出的爱”，这些都是消费者在喝酒消费的场景中想要表达情感的话。

2.固定话题

江小白在微博拥有“劝止酒驾”固定话题系列、“简单生活”系列、“我有一瓶酒，有话对你说”系列、话题互动系列，更是拥有秒拍视频的这一个话题系列，固定话题的重复性可以培养用户的互动习惯，通过重复也能让消费者记住品牌所要传播的理念。

3.青年文化节

江小白在2018年举办了属于自己的“YOLO青年文化节”，通过青年节上几个小时的现场视听体验表达了年轻人的生活态度，也培养了年轻人的品牌偏好。

4.蹭热点

江小白在2018年更加注重从品牌和产品两方面来表达自己的生活态度，用各种各样的营销热点来表达自我。比如说在《后来的我们》上映期间，就打造了“美好的爱情大都相似，不幸的爱情成了故事”这个瓶身文案。

5.《我是江小白》动漫

江小白携手两点十分动漫制作了一部以江小白酒业品牌形象为原型的动画《我是江小白》，在2018年制作了《我是江小白》第二季，用年轻人更青睐的二次元方式表达自己的观点，拉近和消费者的距离。

江小白正在一步一步地把年轻人的生活方式和情绪与品牌挂钩，好的产品也很需要优质的内容为它服务。

(二)活动营销与运营

1.含义

活动运营指的是围绕企业目标而系统地开展一项或一系列活动，其中完整地包括阶段计划、目标分析、玩法设计、物料制作、活动预热、活动发布、过程执行、活动结束、后期发酵、效果评估等全部过程。

2.活动运营策略

(1)策划阶段：运营者需要在每年年底结合节假日、周年庆等热点，制订第二年的年度活动计划。

(2)目标分析：在每次活动开始前，运营者都要先把活动的目标拆解清楚，根据目标设计活动玩法。

(3)玩法设计:玩法要紧扣活动目标,同时在设计玩法时要充分考虑用户特性、渠道特性、品牌特性。另外玩法设计过程中要进行内部验证,多方挖掘玩法漏洞,规避玩法漏洞带来的风险。在设计玩法的同时,运营者需要将目标数据植入玩法,便于对活动进行监控。

(4)物料制作:活动物料既包括线下物料(易拉宝、宣传单、条幅),又包括线上物料(如活动海报、活动视频、活动文字)。物料必须在活动发布前制作完成。

(5)活动预热:指在活动正式发布前的一系列宣传、引流、聚客等行为。预热的时间长短不一,但一般不超过一周。一般通过设置悬念、透露细节、发布优惠等手段开展。

(6)活动发布:在方案预定时间准时发布,包括活动的完整玩法、注意事项、规则解释等。

(7)过程执行:按照预定方案逐步执行。过程中密切监控数据,如果没有达到预期目标或出现突发状况,要启动预案,调节活动进程,化解风险。

(8)活动结束:及时发布活动结束信息,同时对活动中涉及的需要对外公布的信息(如中奖名单)等及时发布。如果不能同步发布的,要给出明确的发布时间和渠道。

(9)后期发酵:整理活动照片、视频、留言截图等,进行二次传播,完成活动后期的发酵工作。

(10)效果评估:评估活动效果,并带领团队复盘,把活动经验归档,便于后期活动的持续改进。

(三)用户营销与运营

1.含义

用户运营是指以用户为中心,遵循用户的需求设置运营活动与规则,制定运营战略与运营目标,严格控制实施过程与结果,以达到预期所设置的运营目标与任务。

相对来讲,用户运营是一个很烦琐的过程,运营者要有足够的耐心和细心去整理用户资料和信息,要知道用户从哪边来,是通过什么渠道过来的,做好用户画像,清楚你的用户需要什么。其中了解用户需求是用户运营最重要的一个点。用户运营的目的就是对用户:开源(拉动新客户)、节流(防止用户流失与流失用户挽回)、维持(已有用户的留存)、刺激(促进用户活跃甚至向付费用户转化)。

2.策略

要做好用户运营,必须考虑和抓住以下几个核心要素:

(1)用户群体

对于用户运营来说,发动用户来实现数据增长,优先需要思考的是:这些用户是谁?他们在哪?有哪些特征?目前有哪些方式能够和他们链接?

(2)分享激励

想清晰用户为何要帮你达成运营目的,你可以满足他们的需求,还是满足他们的好奇心?如是没有好的方法的话,那就只能给他们送福利,毕竟用户都有逐利心理。

(3)分享工具

进度可视化和个性化是分享工具的开发关键。工具的最大价值在于降低用户参与成本,帮助他们更好地去邀请好友加入产品。

(4)包装传播

对用户来说将活动链接分享到社交媒体,其实是消耗他们个人品牌的,为了减少用户的抵触心理,你需要去把整个活动进行包装。

(5)渠道研究

大部分用户邀请用户的活动流量都来源于社交媒体,所以对于运营来说需要去分析不同社交媒体渠道的特性,比如朋友圈用户与QQ空间用户的区别,这决定了分享文案的差异化。针对单纯朋友圈来说,让用户分享到朋友圈的信息,采用图片形式的转化率应该会比图文形式好。

德克士:搜一搜领券试吃,扩大新品声量+销量

德克士推出新品干锅咔辣鸡腿块,如何快速打开市场,让新品信息为更多消费者所知?

图10-10 德克士公众号内容

德克士以"一块干'锅'瘾"为主题发起新品免费试吃活动,以微信搜一搜官方区作为活动主阵地。德克士通过"官方微博+微信社群+店员朋友圈"等私域资源,以及微博段子手和公众号文章等公域传播资源合作,多渠道联合推广,引导用户前往搜一搜官方区领取0元免费试吃券。同时,品牌要求用户需要转发官方微博并@好友才能在线下核销,通

过活动规则设置提升了活动社交声量。

活动期间，官方区曝光QV同比增长3.25倍，活动运营卡片点击率同比增长8倍。通过前端大力联合推广，官方区收拢承接流量，拉动用户领券，引流至线下门店参与免费试吃活动消费，从而实现了新品声量的推广和销售转化。

资料来源（节选）：借力营销新玩法："微信搜一搜＋线上发券"［OL］微信公众号：餐饮界，2021-11-19.

本章小结

营销沟通是营销活动中的重要组成部分，在很大程度上影响着整体营销活动的成败。营销沟通组合可以分为人员推广与非人员推广，非人员推广包括广告、公共关系、销售促进、直接营销等形式。营销沟通组合按照沟通对象与重点也可以分为推式营销与拉式营销两大类。推式营销主要通过运用销售人员和贸易促销来推动产品的销售。拉式营销则通过广告和客户导向促销，吸引终端消费者购买特定产品。营销沟通组合的选择会受产品类型、推拉策略、促销目标、生命周期阶段、经济发展前景等因素影响。营销沟通的决策过程包括了沟通对象确定、沟通目标确定、沟通信息设计、沟通预算确定、沟通组合确定等步骤。

整合营销沟通是一个沟通过程，针对目标顾客及潜在客户，进行具有时间跨度的计划、创造、整合及执行各种形式的营销沟通工具，实现"一个声音，一个形象"的对外传播。整合营销沟通的目的在于影响目标受众的行为。即便是同一种营销沟通方法，相较于单独使用或是在未充分协调多种沟通方式状态下使用，结合其他方法使用将产生更加积极的沟通效果，充分协调各种营销沟通方式将带来协同效应，尤其是新媒体碎片化的营销沟通环境中，整合营销显得尤为必要。整合营销沟通通常需要通过建立数据资料库、研究消费者、接触点管理、发展沟通策略、营销工具创新、传播手段组合这六个方法来实现。

广告、人员推广、公共关系、销售促进和直复营销各有自己的作用和形式，企业需要根据实际情况来优化组合，进行恰当的决策和管理。

新媒体环境下，营销传播载体发生很大变化，对营销策略也提出了新的要求，内容营销、活动营销与用户营销是新媒体营销传播的三大核心工作。

重要名词

营销沟通　营销沟通组合　推式营销　拉式营销　整合营销沟通　广告　销售促进　公共关系人员推广　直接营销　新媒体　新媒体营销

案例评析

学不会种草，就做不好新品牌

2020 年被零售行业称为消费元年。这一年，不仅有完美日记、泡泡玛特等头部品牌顺利登陆资本市场，屡现市值“神话”，还有诸如喜茶、奈雪的茶等新消费品牌正排队等待敲响上市钟声。

Z 世代群体的崛起，生活方式多样化给商业世界创造了越来越多机会。流量的玩法变了又变，“淘品牌”之后有了“微品牌”，还不断有基于内容平台的“小红书品牌”正在崛起。可以预测的是，2021 年，新消费品牌的战火只会愈演愈烈。

推出一个新品牌不是难事。市场中早已具备现成的供应链体系、营销体系，流量平台的玩法也早已经被头部品牌反复书写、刷新。

但消费习惯、内容宣传渠道的变化，直接导致单纯卖货、凭借价格优势已经很难再打动今天的消费者。怎样在品牌丛林中脱颖而出，才是每个新品牌需要面对的重要课题。

“消费品牌诞生在抖音、快手、B 站、小红书、微信这类新媒体基础设施中，它们就像创业者的水、煤、电，无处不在。”梅花创投创始人吴世春在最近的一次采访中提到，现在是新老交割的时代，Z 世代成为消费主流，懂得他们的需求，懂新媒体，有审美能力，“只有具备了这些能力，你才能说你是符合这一代年轻人的创业者”。

作为 Z 世代活跃的主要场所，小红书在内互联网平台成为品牌触达用户的重要方式。逸仙电商(完美日记品牌母公司)创始人兼 CEO 黄锦峰就曾表示，小红书在品牌打造的过程中创造了不可替代的价值。

得内容者得天下，如何讲好品牌故事，更好地触达消费者与之形成正向互动，或许是在剧烈变动的商业世界中，新品牌需要习得的解题方式之一。

一、2020：疯狂的消费元年

几乎所有的消费品牌，都期望自己能成为下一个“完美日记”或者“泡泡玛特”。它们在 2020 年成功上市，成为首批登陆资本市场的新消费品牌。泡泡玛特千亿市值甚至与创办于 1984 年的海尔电器相当。

但在 2017 年，泡泡玛特被评选为年度零售新物种时，很多人还不以为意。泡泡玛特将原本小众且更多作为玩具存在的“盲盒”，改造成适宜年轻消费群体的潮流玩具，切中了人类的本质收集需求，成为新一代消费群体“精神愉悦”需求的一种释放方式。

新的消费变化是在这两三年中迅速发生的。新一代消费群体崛起，电商直播、短视频种草、图文种草的新流量爆发，让消费品牌变得炙手可热。

据“新消费 Daily”不完全统计，截至 2020 年 12 月中旬，新消费品牌共有 195 起投融资事件，其中并不包含平台、服务、渠道等，多为实体消费品牌。同时，有包括泡泡玛特、三顿半、王饱饱、自嗨锅等 28 家企业获得了超过亿元人民币规模的大笔投资。

而在小红书上，2020 年全年，用户对国货品牌的搜索次数超过 7 亿次，总讨论量达 28 亿次，讨论量同比增长超 100%。

本质上这一切的变化都是因为，新一代消费群体的逐渐细化和新需求的诞生。

以元气森林为例，近两年，“抗糖化”作为一种健康标准开始在年轻群体中盛行。仅在“小红书”上，关于“无糖”的笔记超过100万篇，比2019年增加了145%，是年度最热门的话题之一。主打“0糖”的元气森林顺应了这一流行趋势，成立四年估值已超过20亿美元。

如果说，过去的产品更倾向于标准化，寻找广泛群体需求的最大公约数。那如今的消费品牌产品逻辑更多变成了，针对特有人群的特殊需求，提供独特的产品。细分领域的需求爆发成为刺激新消费品牌崛起的重要因素。

在2021年1月36氪的一篇报道中，黑蚁资本管理张沛元就表示，“新一代消费人群更知道自己要什么、自信心更强”，这是当下新消费的底层逻辑变化。

二、谁在助推消费品牌？

消费者群体的变化让越来越多的品牌将目光瞄准逐渐成为消费主流的Z世代用户——他们带着更强的消费意愿，有着新一代人的消费习惯。无论是传统品牌还是新消费品牌，都在围绕年轻人的喜好和沟通方式做营销推广与产品服务。

作为数字时代的原住民，Z世代对于互联网络有着非常大的依赖。QuestMobile最新数据显示，5年时间里，Z世代用户规模攀升至3.2亿，月人均使用移动终端时长在174.9小时。

也正源于此，Z世代活跃的虚拟空间成为品牌蜂拥而至的场所。互联网平台为品牌提供了新的流量及内容阵地，成为其触达用户的重要方式。

2020年下半年，一款名为半懒“日夜巾”的洗脸巾在小红书成为爆款，出现在许多小红书主播的直播间中。半懒创办于2020年，是一个极其年轻的消费品牌，半懒小红书渠道负责人李鸿彬告诉Tech星球，他们从2020年5月正式入驻小红书，半年多的时间，去除投放及运营等成本外，在小红书平台上实现了盈利。

半懒入驻时，恰逢小红书发力直播及扶持新品牌。借此东风，半懒迅速将小红书站内所有能够触达流量和用户的方式都尝试了一遍，包括KOC投放、直播、企业号、运营效果投放。最终复制出来两个爆款单品，据李鸿彬透露，迅速与首批直播博主建立稳定合作后，所有半懒产品的直播中，“目前一半以上的直播都是纯佣金直播，很多都是主动找过来的”。

半懒首先看中的是小红书丰富的KOC（关键意见消费者）资源，完美日记在小红书的成功营销经验早已被无数次复制在新消费品牌身上：通过小红书KOC迅速直接触达用户，创造巨量曝光形成“种草”效应促进购买，而用户使用后的内容分享能再次将品牌口碑发酵，形成正向循环的品牌价值传播。

截至2020年12月，小红书社区中汇聚了全球230多个国家和地区近8万个品牌。依靠用户生产的海量真实笔记，美妆护肤品牌完美日记、自然之名、谷雨、花西子，服饰鞋靴品牌致知、Maia Active、Ubras、Orange desire等越来越多新国货品牌在小红书走红。

以小红书为主的互联网内容平台，成为消费品牌的“必争之地”。另一边，电商平台做了什么？

早期，包括韩都衣舍、三只松鼠等“淘品牌”，都吃准了电子商务对传统零售改造的红利。正如知名投资人刘二海所说，“淘品牌”的塑造给到市场两个提醒，传统行业还有新机会；通过电商可以接触年轻时尚的人群。

而今天，随着直播带货的崛起，不断有新品牌涌现随后被消费群体热捧。淘宝天猫总裁蒋凡就曾表示，新消费品牌的崛起是中国未来5～10年里最确定性的机会。他预计，未来3年，天猫上将会出现1000个年销售过亿的新品牌。

几乎互联网平台都在试图结合自身优势，为新品牌从各个维度赋能，某种程度上，它们在打一场未来战争，看谁更有能力为新品牌更大程度地助力，成为基础设施更完善、想象空间更广阔的品牌孵化地。

“无论在小红书上‘种草’和‘拔草’，还是在快手、拼多多、淘宝直播消费，抑或是像SKP-S这样，用体验型零售重新定义新的奢侈品购买，乃至整个空间商业游戏规则。它们都是在表明：品牌的可解释是解构时代的参与式共建。”场景实验室创始人吴声总结当前的新消费主义，他认为，“解释”是其中最难的一环。

换句话说，品牌需要以更为恰当和有效的方式触达消费者，让消费者看到品牌已经不再是难点。难的是，如何塑造一套属于品牌的内容体系，让消费者认识产品背后的故事和文化。

三、得内容者得天下

源源不断的新品牌正在中国各地破壳而出。如何在消费品牌过剩的时代中，从众多新品牌中脱颖而出，则是留给未来品牌真正的难题。在搞懂销售逻辑之外，不重视内容对新品牌来说几乎是致命的。

一家小红书MCN机构负责人告诉Tech星球，在小红书上，铺量的投放是最“蠢”且收益最差的。一篇内容真正触及痛点和卖点的优质笔记，效果会远超于投放10篇不痛不痒的内容。只有优质的内容才能换得到小红书社区内用户对内容、产品的关注和消费。

贝玲妃是LVHM集团旗下年轻的品牌之一。贝玲妃品牌经理朱静回忆称，2018年6月，蜜粉整个品类在小红书社区内热度一路走高，在几篇高互动率的笔记的推动下，贝玲妃的流光蜜粉随着这波趋势走红。在没有做天猫投放的情况下，产品在天猫的搜索也呈上升趋势。

李鸿彬认为，种草笔记在小红书社区内可以通过主动搜索、被动推荐的方式反复呈现，一些高质量笔记反而会因为高互动而被置顶推荐。这就意味着，优质内容会得到持续曝光，品牌在内容上投入一次，获得的是长期效应。

青山资本发布《2020中国消费品线上市场研究报告》中提到，“种草”一般限于拔草，“拔草”又会引发新的“种草”，这样的内容和货品、需求和产品在线上不断地轮回形成了当下消费者、消费品和消费渠道上最普遍的循环。

也就是说，没有内容种草能力，将会在现如今的消费品竞争中失去先机。这正是小红书的天然优势。

在朱静看来，小红书的去中心化分发机制，让好的内容成为吸引流量的最主要因素，用户不单单只看KOC的个人粉丝量，这一点跟中心化平台有比较大的差别。同时，由于小红书的用户对新事物的接受能力高，推新品的效果更好。

创立于2013年的小红书，如今的内容已覆盖时尚、美妆、个护、美食、旅行等各个生活方式领域。

截至2020年12月，小红书上已有超过3000万分享者；每天产生超过100亿次的笔记曝光，日均产生近1亿次搜索行为。同时，截至2019年10月，小红书月活跃用户数已经过亿，其中70%用户是90后，超50%以上是95后。他们是新品牌最核心的受众。

也正因于此，小红书形成了一套平台独有的B2K2C模式，即“品牌—KOC—消费者”的影响链路。在B2K2C模式中，品牌通过KOC的真实体验和分享在小红书树立口碑，以此影响更多用户的消费行为，而用户则通过分享消费体验，再反向影响品牌和其他用户，形成正循环。

在这一传播链条中，KOC扮演了品牌和消费者间链接纽带的角色，通过KOC在垂直领域的影响力，新品牌能更加快速地找到目标消费群体。

基于B2K2C思路，2020年7月，小红书为品牌提供了“四个一”工具，即企业号、品牌合作平台、广告投放平台和直播带货，覆盖品牌不同发展阶段的不同需求。

2020年，知名经纪人杨天真在小红书上投入短视频、直播带货的风潮中，并创办个人品牌大码女装“Plusmall”。她知道自己无法做淘宝直播的高密度带货，而只能做内容分享、分享生活方式和理念式的直播。而“Plusmall”想传递的也正是女性悦己、接纳自我的力量。这些都与小红书的消费群体、品牌调性很好地契合。

“做大杀八方的品牌越来越难，除非是完全的低价策略。但是找到精准匹配的人群，服务好这群人，洞察你的消费者，跟他们建立真正的情感连接，这是我自己理解中的好品牌。”在2020年小红书 will 未来品牌大会上杨天真这样表示。

资料来源：李晓蕾.学不会种草，就做不好新品牌[OL].Tech 星球，2019-7-12.

问题：

1.从以上案例上看，当前沟通的环境发生了怎样的变化？

2.为什么内容营销对当下品牌传播越来越重要？

实训专题

任选一个中式快餐连锁品牌，分析其目标消费群体特征和偏好，并根据他们的特征和偏好制定整合营销沟通计划。该计划应包括但不局限于广告设计、促销方案与公关活动。

思政专题

2020年9月，中共中央办公厅、国务院办公厅《关于加快推进媒体深度融合发展的意见》中指出，要推进内容生产供给侧结构性改革，更加注重网络内容建设，始终保持内容定力，专注内容质量，扩大优质内容产能，创新内容表现形式，提升内容传播效果。请结合意见精神，以某行业或企业为例，谈谈在新媒体甚至融媒体营销中应该如何做好内容营销。

参考文献

1.(美)菲利普·科特勒.营销管理[M].第15版.上海:格致出版社,2019.

2.(美)菲利普·科特勒.营销革命4.0:从传统到数字[M].北京:机械工业出版社,2018.

3.(美)菲利普·科特勒,加里·阿姆斯特朗.市场营销原理[M].第17版.北京:清华大学出版社,2021.

4.(美)菲利普·科特勒,加里·阿姆斯特朗.市场营销原理[M].亚洲版·原书第4版.北京:机械工业出版社,2020.

5.(美)菲利普·科特勒,加里·阿姆斯特朗.市场营销:原理与实践[M].第17版.北京:中国人民出版社,2020.

6.郭国庆.市场营销学通论[M].第8版.北京:中国人民大学出版社,2020.

7.曹虎,王赛.什么是营销[M].北京:机械工业出版社,2020.

8.许宏.科特勒的营销思维[M].北京:群言出版社,2018.

9.吕一林,陶晓波.市场营销学[M].第5版.北京:中国人民大学出版社,2014.

10.吕一林.市场营销学原理[M].第2版.北京:高等教育出版社,2016.

11.钱旭潮,王龙.市场营销管理:需求的创造与传递[M].第4版.北京:机械工业出版社,2016.

12.吴健安,钟育赣.市场营销学:应用型本科版[M].北京:清华大学出版社,2015

13.(美)迈克尔·波特.竞争战略[M].北京:中信出版社,2018.

14.(英)戴维·乔布尔,(爱)约翰·费伊.市场营销学[M].徐瑾,杜丽,李莹,等,译.大连:东北财经大学出版社,2013.

15.(美)卡尔·麦克丹尼尔,查尔斯·W.兰姆,小约瑟夫·F.海尔.市场营销学[M].时启亮,朱洪兴,金玲慧,译.上海:格致出版社,2013.

16.(美)迈克尔·R.所罗门,格雷格·W.马歇尔,埃尔诺·W.斯图尔特.市场营销学:真实的人,真实的选择[M].罗立彬,姚想想,等,译.北京:电子工业出版社,2013.

17.温伟胜.市场营销学基础与应用[M].广州:华南理工大学出版社,2018.

18.钟旭东.市场营销学:现代的观点[M].上海:格致出版社,2012.

19.陆剑清.消费行为学[M].北京:清华大学出版社,2015.

20.(美)利昂·G.希夫曼(Leon G. Schiffman),(美)莱斯利·拉扎尔·卡纽克(Leslie

Lazar Kanuk),(美)约瑟夫·维森布利特(Joseph Wisenblit).消费者行为学:全球版[M].张政,译.北京:清华大学出版社,2017.

21.(美)托马斯·巴塔,帕特里克·巴韦斯.深度营销:营销的12大原则[M].北京:北京联合出版社,2019.

22.叶茂中.营销的12个方法论[M].北京:机械工业出版社,2020.

23.舒腾杰,刘佳佳.互联网市场营销实战手记[M].北京:北京大学出版社,2019.

24.唐文龙.市场营销学通理[M].北京:经济管理出版社,2019.

25.(英)拉塞尔-琼斯著.市场营销[M].上海:上海交通大学出版社,2014.

26.陈凯.市场调研与分析(第2版)[M].北京:中国人民工业出版社,2021.

27.(美)弗雷德·R.戴维.战略管理:概念与案例[M].第13版.全球版.北京:中国人民出版社,2012.

28.程宇宁.整合营销传播——品牌传播的策划、创意与管理[M].第2版.北京:中国人民工业出版社,2019.

29.胡介埙,周国红,周丽梅.市场营销调研[M].大连:东北财经大学出版社,2015.

30.(美)小卡尔·麦克丹尼尔.当代市场调研[M].原书第10版.北京:机械大学出版社,2017

31.刘勇为.全网整合营销[M].北京:中国经济出版社,2019.

32.孟韬.营销策划:方法技巧与文案[M].第4版.北京:机械工业出版社,2021.

33.王海燕.市场营销理论与实务策略[M].北京:中国书籍出版社,2019.

34.马连福.市场调查与预测[M].北京:机械工业出版社,2016.

35.沈武贤.市场调查:有效决策的最佳工具[M].台北:三明书局股份有限公司,2014.

36.乔瑞中,李冰.市场营销学[M].北京:机械工业出版社,2015.

37.殷博益.市场营销学[M].第2版.南京:东南大学出版社,2012.

38.倪自银.新编市场营销学:理论与实务[M].北京:电子工业出版社,2011.

39.郑艳群,杜春丽,涂洪波.市场营销学[M].上海:上海财经大学出版社,2013.

40.徐飞.战略管理(第三版)[M].北京:中国人民大学出版社,2016.

41.王建民.战略管理学[M].北京:北京大学出版社,2013.

42(美)小阿瑟 A.汤普森,玛格丽特 A.彼得拉夫,约翰 E.甘布尔,A. J.斯特里克兰三世.战略管理:概念与案例[M].原书第19版.北京:机械工业出版社,2015.

43.赵玉明,杜鹏.网络营销[M].北京:人民邮电出版社,2013.

44.江坤礼.网络营销推广实战宝典[M].第2版.北京:电子工业出版社,2016.

45.冯英健.网络营销基础与实践[M].第5版.北京:清华大学出版社,2016.

46.李沂濛.SoLoMo营销下的O2O电子商务商业模式研究[D].哈尔滨:黑龙江大学,2015.

47.姜丽.网络视频营销的模式、类型和策略研究[D].武汉:华中科技大学,2013.

48.孟涛,必可贵.营销策划方法技巧与文案(第3版)[M].北京:机械工业出版社,2016.

49.冯雪飞,董大海,张瑞雪.互联网思维:中国传统企业实现商业模式创新的捷径[J].

当代经济管理,2015,37.

50.孟韬.市场营销:互联网时代的营销创新.[M]北京:中国人民大学出版社.2018.

51.易点.商品定价中的心理学调研报告——尾数定价对消费者消费行为的影响情况[J].中国商论,2019(05)

52.刘怡伽.浅析拼多多成功上市的原因与现存问题[J].现代营销(经营版),2019(08):72.

53.刘军,邵晓明.消费心理学[M].北京:机械工业出版社,2016.

54.秦星宇.基于顾客导向定价的苹果手机定价策略研究[J].全国流通经济,2017(04):8-9.

55.王锐.团购策略定价的内在机理研究[J].现代商业,2017(18):40-41

56.赵国栋.网络调查研究方法[M].2 版.北京:北京大学出版社,2013.

57.皮兴鄂.基于大数据技术的市场调研方法应用[D].广东财经大学.2017.

58.魏玲如.大数据营销的发展现状及其前景展望[J].江苏商论.2014(15)

59.PHILIP KOTLER, GARY ARMSTRONG. SWEE HOON ANG, et al. Principles of marketing: an asian perspective [M] Beijing: Tsinghua University Press, 2014.

60.BAUCELLS M, HWANG W. A Model of mental accounting and reference price adaptation[J].Managementscience, 2017, 63(12): 4201-4218.

61. LEWIS A, MOITAL M. Young professionals' conspicuous consumption of clothing[J]. Journal of fashion marketing and management, 2016, 20(2): 138-156.

62.PHILIP KOTLER, KEVIN LANE KELLER. Marketing management[M].14th ed. 北京 :中国人民大学出版社,2016.

63.SPANN M , FISCHER M , TELLIS G J . Skimming or penetration? Strategic dynamic pricing fornew products[J]. Marketing science, 2015, 34(2): 235-249.

64.PHILIP KOTLER,et al.. Marketing management : an Asian perspective[M], 6th ed. Singapore : Pearson Education South Asia Pte Ltd, 2013.

65.CHARLES W LAMB, JOSEPH F HAIR, JR., CARL MCDANIEL. Marketing [M].12th ed. Mason, OH: South-Western/Cengage Learning, 2013.